Potenzialorientierte Förderung in den Fachdidaktiken

Begabungsförderung

Individuelle Förderung und Inklusive Bildung

herausgegeben von
Christian Fischer

Band 7

Marcel Veber, Ralf Benölken
& Michael Pfitzner (Hrsg.)

Potenzialorientierte Förderung in den Fachdidaktiken

Waxmann 2019
Münster • New York

Bibliografische Informationen der Deutschen Nationalbibliothek
Die Deutsche Nationalbibliothek verzeichnet diese Publikation in
der Deutschen Nationalbibliografie; detaillierte bibliografische
Daten sind im Internet über http://dnb.dnb.de abrufbar.

Begabungsförderung: Individuelle Förderung und Inklusive Bildung, Band 7

ISSN 2363-5746
Print-ISBN 978-3-8309-4024-1
E-Book-ISBN 978-3-8309-9024-6

© Waxmann Verlag GmbH, Münster 2018
Steinfurter Straße 555, 48159 Münster

www.waxmann.com
info@waxmann.com

Umschlaggestaltung: Anne Breitenbach, Münster
Umschlagabbildung: Jacqueline Dinges, © Marcel Veber, Ralf Benölken, Michael Pfitzner
Satz: Roger Stoddart, Münster

Gedruckt auf alterungsbeständigem Papier,
säurefrei gemäß ISO 9706

Printed in Germany

Inhalt

Christian Fischer

Vorwort:
Potenzialorientierte Förderung in den Fachdidaktiken

Nach dem „PISA-Schock" und „Inklusions-Schock" (Heinrich, 2015) steht im Kontext der Debatte um Bildungsgerechtigkeit und Leistungsgerechtigkeit immer mehr die individuelle Förderung *aller* Schülerinnen und Schüler auf der bildungspolitischen Agenda. Und diese individuelle Förderung richtet sich nicht mehr nur auf vermeintliche Schwierigkeiten von Kindern und Jugendlichen vor allem mit speziellen Beeinträchtigungen oder aus bildungsbenachteiligten Lagen (Boban & Hinz, 2012; KMK, 2010). Vielmehr rücken nun die Potenziale von allen Schülerinnen und Schülern zunehmend in den Fokus wissenschaftlicher wie auch bildungspolitischer Bemühungen, wobei hier nicht nur die Potenziale von Kindern und Jugendlichen mit besonderen Begabungen gemeint sind (Amrheim, Veber & Fischer, 2014; KMK, 2015 & 2016). Dieser schulische Veränderungsprozess muss jedoch mit den curricularen Rahmungen in den Unterrichtsfächern synchronisiert werden, um nachhaltig im Bildungssystem implementiert werden zu können (z.B. Behrensen, Gläser & Solzbacher, 2015). Daher ist die Notwendigkeit einer Transformation in den Fachunterricht, die Intention des vorliegenden Bandes, aktueller denn je, gleichzeitig aber auch ein Forschungsdesiderat. In diesem Band wird diese Forschungslücke auch mit Arbeiten aus verschiedenen Fachdidaktiken schrittweise zu schließen versucht.

Aktuell richtet beispielsweise die Förderinitiative „Leistung macht Schule" (LemaS) den Fokus darauf, einen Beitrag zu einem solchen Lückenschluss zu liefern, dies ebenfalls aus der Perspektive der individuellen Begabungsförderung und damit einer übergreifenden Sicht auf die Entwicklung und Entfaltung individueller Leistungspotenziale. Die gemeinsame Initiative von Bund und Ländern adressiert als Zielgruppe nicht nur leistungsstarke, sondern auch potenziell leistungsfähige Schülerinnen und Schüler im Sinne der potenzialorientierten Förderung. Diese Initiative umfasst in den Kernmodulen sowohl die Entwicklung entsprechender schulischer Leitbilder ausgerichtet auf eine leistungsförderliche Schulentwicklung, wie auch die Erprobung tragfähiger didaktischer Formate des Forderns und Förderns bezogen auf den Regelunterricht in den diversen Fächern (KMK, 2016). Für den Forschungsverbund LemaS umfasst Begabung die leistungsbezogenen Potenziale von Schülerinnen und Schülern, die sich als individuelle Konstellation aus Fähigkeitspotenzialen (,can do') und Persönlichkeitspotenzialen (,will do') ergeben. Der damit verbundene Leistungsbegriff erfordert ein entsprechendes Verständnis in den Schulfächern wie Mathematik, Naturwissenschaften, Sprachen, Musik, Kunst und Sport, was eine Aufgabe und Herausforderung für die Fachdidaktiken bedeutet (LemaS, 2018).

Der vorliegende Band setzt an dem beschriebenen Desiderat an und versucht im Sinne individueller Begabungs- und Potenzialförderung eine Brücke zwischen Erziehungswissenschaft und Schulpraxis zu schlagen, wobei die Fragen danach, wie Potenzialorientierung in den Fächern bzw. Fachdidaktiken verstanden wird und welche entsprechenden Kulturen und Praktiken es jeweils bereits gibt, zentrale Anker bilden. Damit fokussiert der Band ein erweitertes Verständnis vom Umgang mit Diversität: Während defizitorientierte Zugänge die Perspektive diesbezüglich vielfach auf Abweichungen von einer wie auch immer gearteten Normvorstellung richten, verstehen potenzialorientierte Zugänge demgegenüber Verschiedenheit als Gewinn und als Ressource für alle Lernenden. Vor diesem Hintergrund stellt der Band konkrete Diskussionen um potenzialorientierte fachdidaktische Konzepte vor und gibt vielfältige Einblicke in bereits existente oder mögliche unterrichtspraktische Umsetzungen in verschiedenen Schulstufen. Hierbei ist es den Herausgebern gelungen, Autorinnen und Autoren zu gewinnen, die in diesem Sinne Mathematik, Naturwissenschaften und Sachunterricht, Politik, Geschichte und Sozialwissenschaften, Deutsch, Englisch und romanische Sprachen, Sport, Musik, Religion und Philosophie sowie ausbildungsvorbereitende Bildungsgänge beleuchten.

Literatur

Amrhein, B., Veber, M. & Fischer, C. (2014). Potenzialorientierung in der inklusiven Bildung. Konsequenzen für die Professionalisierung von Lehrpersonen. *journal für begabtenförderung – für eine begabungsfreundliche Lernkultur, 14* (2), 7–19.

Behrensen, B., Gläser, E. & Solzbacher, C. (Hrsg.) (2015). *Fachdidaktik und individuelle Förderung in der Grundschule – Perspektiven auf Unterricht in heterogenen Lerngruppen.* Baltmannsweiler: Schneider Verlag Hohengehren.

Boban, I. & Hinz, A. (2012). Individuelle Förderung in der Grundschule? Spannungsfelder und Perspektiven im Kontext inklusiver Pädagogik und demokratischer Bildung. In C. Solzbacher, S. Müller-Using & I. Doll (Hrsg.), *Ressourcen stärken! Individuelle Förderung als Herausforderung für die Grundschule* (S. 68–82). Köln: Wolters Kluwer.

Forschungsverbund Leistung macht Schule – LemaS (2018). *Welcher Leistungsbegriff liegt „Leistung macht Schule" zugrunde?* Verfügbar unter https://www.leistung-macht-schule.de/de/Welcher-Leistungsbegriff-liegt-Leistung-macht-Schule-zugrunde-1774.html [21.07.2019].

Heinrich, M. (2015). Inklusion oder Allokationsgerechtigkeit? Zur Entgrenzung von Gerechtigkeit im Bildungssystem im Zeitalter der semantischen Verkürzung von Bildungsgerechtigkeit auf Leistungsgerechtigkeit. In V. Manitius, B. Hermstein, N. Berkemeyer & W. Bos (Hrsg.), *Zur Gerechtigkeit von Schule* (S. 235–255). Münster: Waxmann.

KMK (2010). *Förderstrategie für leistungsschwächere Schülerinnen und Schüler.* Berlin [u.a.].

KMK (2015). *Förderstrategie für leistungsstarke Schülerinnen und Schüler.* Berlin [u.a.].

KMK (2016). *Gemeinsame Initiative von Bund und Ländern zur Förderung leistungsstarker und potenziell besonders leistungsfähiger Schülerinnen und Schüler.* Berlin [u.a.].

Michael Pfitzner, Ralf Benölken und Marcel Veber

1. Einleitung

Marcel Veber wird im nachfolgenden Beitrag aus seiner inklusionspädagogischen Warte heraus mögliche Zugänge zur Potenzialorientierung darlegen. Dem folgen in diesem Buch insgesamt 15 fachdidaktische Perspektiven in ausführlichen Beiträgen. Wir danken allen Beitragenden für die Bereitschaft, ihre Sichtweisen auf das Thema in einen Sammelband einzubringen, dessen Herausgeber ihnen manches Mal vollkommen unbekannt waren. Die Kontaktaufnahme von unserer Seite beruhte darauf, dass wir für unser Anliegen interessante Texte der in diesem Band vertretenen Autorinnen und Autoren gelesen, von ihnen Vorträge gehört oder dass wir bisweilen einen Fingerzeig von anderen Kolleginnen und Kollegen erhalten hatten, wessen Arbeiten weitere konstruktive Verbindungen zum Ansinnen des Bandes bieten mochten. Wir hoffen, dass die Leserinnen und Leser nach der Lektüre zu dem Ergebnis gelangen, dass dieses durchaus explorative Vorgehen ertragreiche Einblicke in eine potenzialorientierte inklusionssensible Fachdidaktik ermöglicht.

Die Genese und die Struktur des Bandes stehen in engem Zusammenhang mit Initiativen Marcel Vebers. In jeweiligen Zweierkonstellationen haben wir in „multiprofessionellen Teams" unsere fachdidaktischen Perspektiven mit Marcel Vebers inklusionspädagogischer zusammengebracht, als an der Westfälischen Wilhelms-Universität (WWU) Münster eine verstärkte Zuwendung zum Inklusionsthema in der Lehrerinnen- und Lehrerbildung erfolgte. Die „Outcomes" sind nicht ohne Kontroverse geblieben, sondern haben durchaus intensive Diskussionen auch mit Beteiligung unserer Studierenden ergeben. Ohne Zweifel hat es die Sichtweisen erweitert, z.B. im zwölf Monate andauernden Lehrprojekt „Praxisphasen in Inklusion Sport (PinI Sport)" (Pfitzner & Veber, 2017a; Veber, Pfitzner, Frohnert & Schellig, 2015), das durch das Zentrum für Lehrerbildung der WWU sowie die Arbeitsbereiche „Bildung und Unterricht im Sport" im Institut für Sportwissenschaft (Prof. Dr. Nils Neuber) und „Begabungsforschung/Individuelle Förderung" im Institut für Erziehungswissenschaft (Prof. Dr. Christian Fischer) finanziert wurde. Im Fach Mathematik entstand an der WWU zunächst als Lehrprojekt (IMU, „Inklusiver Mathematikunterricht"; z.B. Benölken, Berlinger & Veber, 2018) eine interdisziplinär angelegte Seminarveranstaltung, die auf die Professionalisierung angehender Lehrkräfte für inklusive Bildung unter potenzialorientierter Sicht bereits in der ersten Phase der Lehrerinnen- und Lehrerbildung gerichtet und mit an der WWU etablierten Lehr-Lern-Laboren im Fach Mathematik verwoben war (Benölken, 2016; Käpnick, 2008). Aus diesem Rahmen heraus entstanden außerdem diverse offene, substanzielle Problemfelder als ein möglicher Gestaltungsbaustein für einen potenzialorientierten inklusiven Mathematikunterricht (u.a. Benölken, Berlinger, Hammad & Veber, 2017). Ferner wurden mit Beiträgen auf

Tagungen in den einzelnen Fachgesellschaften wie der Deutschen Vereinigung für Sportwissenschaft (DVS), Sektion Sportpädagogik (Pfitzner & Veber, 2014), der Gesellschaft für Didaktik der Mathematik (Benölken, Veber & Berlinger, 2017) oder der Inklusionsforscherinnen und -forscher (Pfitzner & Veber, 2017b) Grenzen von Inklusionspädagogik einerseits und jeweiliger Fachdidaktik andererseits zumindest ein Stück weit überschritten und ein Zueinanderfinden von Inklusion und Fachdidaktik vorangebracht. Die Zielsetzung, einen kollaborativen Lernprozess bei den Beteiligten zu initiieren, glauben wir erreicht zu haben, ohne zu wissen, wie dieser ganz genau ausfällt. Alle berichteten Facetten verfolgen zudem differenzierte Begleitforschungen, oft in einem komplexen Mixed-Methods-Design (u.a. Veber et al., 2015), die uns fundierte Zuversicht geben, dass die begonnene Zusammenarbeit einen Mehrwert generiert. Diese Zuversicht war der Motor zur Zusammenstellung der in diesem Band zu findenden Beiträge.

Ohne der thematischen Einleitung im nachfolgenden Beitrag vorweg zu greifen, geht es uns um den Umgang mit Diversität über einen potenzialorientierten Zugang. Defizitorientierte Konstruktionen richten die Perspektive vorschnell und vielfach vereinseitigend auf negative Abweichungen von einer wie auch immer gearteten Normvorstellung. Die Potenziale der Schülerinnen und Schüler drohen dabei aus dem Blick zu geraten. Mit dem in der Drillstange des Kreisels in Abbildung 1.1 dargestellten Verständnis einer potenzialorientierten Förderung stellen wir die Schülerinnen und Schüler und eine an ihren jeweiligen Potenzialen ansetzende Förderung in das Zentrum der pädagogisch-didaktischen Bemühungen. Der Kreisel – und damit die jeweilige Schülerin bzw. der jeweilige Schüler – kommt, um im Bilde zu bleiben, dann ins Gleichgewicht, wenn die Potenziale in den einzelnen Fächern zum Tragen kommen können. Der vorliegende Band stellt einen Versuch dar, potenzialorientierte fachdidaktische Zugänge nebeneinander lesen zu können und erste Bilanzen zu ermöglichen, wie die Potenziale gefördert werden. Um das Bild des Brummkreisels nochmals unter anderer Perspektive zu bemühen: Die vorliegenden Beiträge mögen als ein Impuls der Drillstange dienen, um potenzialorientierte Sichtweisen in den Fachdidaktiken zu befördern, den Kreisel also in eine produktive Bewegung zu versetzen. Am Ende dieses Bandes findet sich unser Angebot zum Weiterdenken.

Zur Reihung der Beiträge haben wir Baumerts „Modi der Weltbegegnung" herangezogen (Baumert, 2002). Dieses Konzept der Allgemeinbildung ist ein „nichtfunktionales", da „Gebildetsein" hier heißt, über unterschiedliche Perspektiven zu verfügen, die Welt „lesen" zu können. Es bietet u.E. eine lohnenswerte Perspektive, Schülerinnen und Schülern ausgehend von ihren Potenzialen unterschiedliche Möglichkeiten der Welterschließung zu verschaffen, damit sie zwischen diesen wechseln und kontextbezogen relevante Modi identifizieren können. Beispielhaft verdeutlicht das folgende Zitat dieses Anliegen:

Abbildung 1.1:   Potenzialorientierte Förderung – Chancen für inklusive Bildung

> Die Verlässlichkeit einer Brückenkonstruktion ist weniger eine moralische Fra-
> ge als ein Problem ingenieurwissenschaftlicher Kompetenz. Um die ästhetische
> Qualität eines Gemäldes zu beurteilen, benötige ich nicht die chemische Ana-
> lyse seines Farbmaterials. (Dressler, 2006a, S. 6)

In dieser Auslegung besteht wie von Dressler (2006a, 2006b) dargestellt die Chance, Bildung aus einem vielfach vorherrschenden „Zweck-Mittel-Verhältnis" zu
„befreien":

> Alle Versuche, zukünftige Qualifikationsbedarfe zu prognostizieren und daran
> Bildungsziele auszurichten, widersprechen nicht nur der Bildungsidee, sie sind
> auch bislang empirisch gescheitert. D.h. die Intentionen von Bildung sind ganz
> in die lernenden Subjekte und die von ihnen selbst zu entscheidenden Mög-
> lichkeiten zurückzunehmen, niemals aber dürfen die Heranwachsenden als
> Mittel übergreifender gesellschaftlicher Zwecke verstanden und behandelt wer-
> den. Funktional ist Bildung – scheinbar paradox – nur dann, wenn sie nicht
> nur funktional ist. (Dressler, 2006a, S. 3)

Einem solchem Bildungsverständnis stehen Konzepte gegenüber, die einen Inhaltskanon zu bestimmen versuchen. Dressler stellt aufgrund gesellschaftlicher Ausdifferenzierungsprozesse der Postmoderne „den Verlust eines substanziell gehaltvollen allgemeinbildenden Themenkanons" (Dressler, 2006a, S. 6) fest und sieht in den vier von Baumert unter Rückgriff auf Humboldt aufgezählten Modi

1. „kognitiv-instrumentelle Modellierung der Welt" (Mathematik, Naturwissenschaften),

2. „ästhetisch-expressive Begegnung und Gestaltung" (Sprache/Literatur, Musik/Malerei/Bildende Kunst, Physische Expression),

3. „normativ-evaluative Auseinandersetzung" (Wirtschaft und Gesellschaft, Geschichte, Ökonomie, Politik/Gesellschaft, Recht) und

4. „Probleme konstitutiver Rationalität" (Religion, Philosophie) (Klieme et al., 2007, S. 68).

derzeit relevante unterscheidbare „Lesarten" der Welt. Keiner der vier Modi ist dabei als einem anderen überlegen charakterisiert oder kann einen anderen ersetzen (Dressler, 2006a, S. 5). Die vier Modi sind auch nicht vollkommen trennscharf und manche der in Klammern erfolgten Zuweisungen von Domänen diskussionswürdig. Jeder Modus für sich – so die bildungstheoretische Position – eröffnet Schülerinnen und Schülern einen spezifischen Zugang zur Welt (Dressler, 2006a).

Nach diesem Bildungsverständnis haben wir die Beiträge in diesem Band sortiert. Im Bereich der kognitiv-instrumentellen Modellierung der Welt lassen sich Perspektiven aus der Mathematik- und der Naturwissenschaftsdidaktik finden. Die ästhetisch-expressiven Zugänge sind maßgeblich in den Beiträgen aus englisch-, deutsch-, sport- und musikdidaktischer Warte und der Didaktik der romanischen Sprachen. Unter den normativ-evaluativen Zugängen zur Welt sind Beiträge aus der Sachunterrichts-, Politik-, Geschichts- und Sozialwissenschaftsdidaktik ebenso vertreten wie aus der Beruflichen Bildung und ihrer Didaktik. Schließlich mögen die Beiträge aus den Religionsdidaktiken (evangelisch und katholisch) sowie aus der Philosophiedidaktik zu einem insgesamt breiten Blick auf Ansätze einer potenzialorientierten inklusiven Förderung von Schülerinnen und Schülern beitragen.

Danksagung

Unser anfänglich im Zeitplan sehr ehrgeiziges Buchprojekt wurde durch für uns erfreuliche berufliche Entwicklungen erheblich gebremst, was die Geduld aller Beitragenden arg strapaziert haben dürfte. Wir entschuldigen uns dafür und danken allen für das Stillhalten uns gegenüber.

Ein großes „Dankeschön" gilt Dagmar Günther und Jennifer Liersch, die immer wieder an die Textvorlagen gegangen sind, die Kommunikation mit den Beitragenden koordiniert haben usw. Ohne Frau Wilken vom Waxmann Verlag wäre die in der finalen Phase rasante Fertigstellung nicht möglich gewesen; Danke dafür. Schließlich bleibt dem Förderer dieses Buchprojektes, dem Reihenherausgeber Prof. Dr. Christian Fischer, unser aller Dank für die gewährte Möglichkeit, fachdidaktische Perspektiven zum Ansatz der Potenzialorientierung in einem Buch versammeln zu können.

Literatur

Baumert, J. (2002). Deutschland im internationalen Bildungsvergleich. In N. Killius (Hrsg.), *Die Zukunft der Bildung* (S. 100–150). Frankfurt am Main: Suhrkamp.

Benölken, R. (2016). „MaKosi" – Ein Förder-, Lehr- und Forschungsprojekt im Themenkomplex „Rechenprobleme". In R. Benölken & F. Käpnick (Hrsg.), *Individuelles Fördern im Kontext von Inklusion* (S. 51–63). Münster: WTM-Verlag.

Benölken, R., Berlinger, N., Hammad, C. & Veber, M. (2017). „Was entdeckst du?". *mathematik lehren*, 201, S. 24, und Beihefter „*MatheWelt – Das Schülerarbeitsheft"*.

Benölken, R., Veber, M. & Berlinger, N. (2017). Wie lassen sich universitäre Lehrveranstaltungen zu Inklusiver Bildung im Mathematikunterricht konzipieren? Ein Erfahrungsbericht aus dem IMU-Lehrprojekt. *Beiträge zum Mathematikunterricht 2017*, 75–78.

Benölken, R., Berlinger, N. & Veber, M. (2018). Das Projekt „Inklusiver Mathematikunterricht". Konzeptuelle Ansätze für Unterricht und Lehrerbildung. *MNU Journal, 5*, 340–345.

Dressler, B. (2006a). *Fachdidaktiken im Umbruch. Neue bildungstheoretische Ansätze für die Gestaltung und Erforschung von schulischen Lehr-Lernprozessen. Marburger Perspektiven? Referat bei der Eröffnung des Zentrums für Lehrerbildung an der Philipps-Universität Marburg.* Zugriff am 14. Januar 2015 unter https://www.uni-marburg.de/zfl/ueber_uns/artikel/rede_dressler_fachdidaktiken.

Dressler, B. (2006b). *Modi der Weltbegegnung als Gegenstand fachdidaktischer Forschung.* Zugriff am 14. Januar 2015 unter https://www.uni-marburg.de/zfl/ueber_uns/artikel/rede_dressler_modi.

Käpnick, F. (2008). „Mathe für kleine Asse" – Das Münsteraner Konzept zur Förderung mathematisch begabter Kinder. In M. Fuchs & F. Käpnick (Hrsg.), *Mathematisch begabte Kinder. Eine Herausforderung für Schule und Wissenschaft* (S. 135–148). Berlin: Lit Verlag.

Klieme, E., Avenarius, H., Blum, W., Döbrich, P., Gruber, H., Prenzel, M., Reiss, K., Riquarts, K., Rost, J., Tenorth, H.-E. & Vollmer, H. (2007). *Zur Entwicklung nationaler Bildungsstandards. Expertise.* Berlin.

Pfitzner, M. & Veber, M. (2014). PinI-Sport – Inklusive Bildung an der Schnittstelle von Praxisphasen und Sportdidaktik. In C. Ernst, G. Gawrisch, C. Kröger, W.-D. Miethling & V. Oesterhelt (Hrsg.), *Schul-Sport im Lebenslauf – Konturen und Facetten Sport-Pädagogischer Biographieforschung – Abstractband* (S. 33). Hamburg: Czwalina.

Pfitzner, M. & Veber, M. (2017a). Praxisphasen in Inklusion Sport (PinI Sport). In P. Neumann & E. Balz (Hrsg.), *Sportlehrerausbildung heute – Ideen und Innovationen* (S. 153–164). Schorndorf: Hofmann.

Pfitzner, M. & Veber, M. (2017b). Zählen „Behindertentore" doppelt? – Ein theoretisch-empirischer Blick auf inklusiven Sportunterricht. In A. Textor, S. Grüter, I. Schiermeyer-Reichl & B. Streese (Hrsg.), *Leistung inklusive? Inklusion in der Leistungsgesell-*

schaft, Band II. Unterricht, Leistungsbewertung und Schulentwicklung (S. 88–102). Bad Heilbrunn: Klinkhardt.

Veber, M., Pfitzner, M., Frohnert, J. & Schellig, M. (2015). PinI-Sport – Inklusive Bildung an der Schnittstelle von Praxisphasen und Sportdidaktik. In S. Meier & S. Ruin (Hrsg.), *Inklusion als Herausforderung, Aufgabe und Chance für den Sportunterricht* (S. 185–206). Berlin: Logos.

Marcel Veber

2. Potenzialorientierung, Partizipation und Fachlichkeit – eine reflexive Verortung

> Kürzlich berichtete der Leiter einer inklusionsorientierten Modellschule, dass seine Schule im Zuge des Ausbaus des Sekundarbereichs zwei „Großbaustellen" habe: das jahrgangsübergreifende Lehren und Lernen sowie – damit verbunden – fachfremd erteilter Unterricht. Die eine „Großbaustelle" sei, so beschrieb er es im weiteren Gespräch, das Ringen des Kollegiums um die Beachtung der individuellen Fachlichkeit. Diese Fachlichkeit sei primär durch die studierten Unterrichtsfächer sowie die Schulformen (Primar-, Förderschul-, Sekundar- & Gymnasiallehramt) der einzelnen Lehrkräfte geprägt. Es gebe zudem auf der Organisations- und Personalentwicklungsebene hohe Hürden, um den Rahmen für ungeteilte Partizipation aller Schülerinnen und Schüler im Unterricht zu schaffen.

Beide Bereiche, jahrgangsübergreifendes Lernen und fachfremdes Unterrichten, stellen separat betrachtet deutliche Herausforderungen für eine diversitätssensible Umgestaltung von Lehr-Lern-Arrangements dar. Da diese beiden Herausforderungen wechselseitige Überschneidungen haben, ist es sinnvoll, auf grundlegende Fragen zu blicken. Und anhand dieses konkreten Beispiels wird auf ein wesentliches Moment derzeitiger Schulpraxis hingewiesen, das sich mit vielfältigen Facetten auf den schulischen Alltag auswirkt: eine verengte Sicht auf Fachlichkeit sowie damit verbunden eine immanente Defizitorientierung, auch – aber nicht nur – in Form von kategorisierender Abweichung[1] von den konstruierten Fachlichkeitsebenen.

Wo ist der Bezug zu dem genannten schulischen Beispiel? Jahrgangsübergreifendes Lehren und Lernen ist von dem Gedanken geprägt, dass Vielfalt auf inter- wie auch intraindividueller Ebene eine Bereicherung für individuelles wie auch kollektives Lehren und Lernen darstellt. Somit ist die jahrgangsübergreifende Komposition von Lerngruppen – in der Terminologie dieses Beitrags – ein potenzialorientierter Schritt zur Realisierung diversitätssensibler Lehr-Lern-Settings (als

---

1 Bezogen auf Abweichungen in Folge von konstruierten Kategorien sei ein kurzer einordnender Kommentar zu meinen vorgenommenen sprachlichen Engführungen auf Zweigeschlechtlichkeit (bspw. ‚Schülerinnen und Schüler') angefügt: Aufgrund von formaler Einheitlichkeit in diesem Band erfolgt dieses Vorgehen. Wohl wissend, dass es u.a. auf biologischer Ebene nicht ‚nur' zwei Geschlechter gibt, auf legislativer wie auch judikativer Ebene sich mehr und mehr das sogenannte ‚dritte' Geschlecht etabliert und nicht zuletzt durch die Queer-Bewegung zahlreiche Geschlechtskonstruktionen ins kollektive Allgemeingut überführt werden, sind bei meinem sprachlichen Dualismus alle Facetten zwischen, neben … den beiden Geschlechtern impliziert.

ein schulisches Beispiel: Stähling & Wenders, 2018). Wenn nun z.B. durch jahrgangsübergreifendes Lernen ein Abschied von der Homodoxie, dem orthodoxen Festhalten am Homogenitätsgedanken (Wocken, 2011), eingeleitet wird, hat dies existenzielle Auswirkungen auf die Konstruktion und Bedeutung von Fachlichkeit (zur schulpraktischen Bedeutung des Zusammenhangs: Stähling & Wenders, 2018).

Die Konstruktion von Schulfächern – in einem tradierten Verständnis – ist eng verknüpft mit dem Bildungsverständnis (Schneuwly, 2018) und kongruent zum Aufbau des gegliederten Schulsystems: Mit der Konstruktion von Schulfächern wird ein Teil von Bildung operationalisiert. Die Professionalisierung von Lehrkräften erfolgt in Deutschland (zum großen Teil) entlang dieser Schulfachkonstruktionen. Als zweites konzeptionelles Axiom für die Professionalisierungsprozesse ist die spezifische Altersgruppe (z.B. Primar- oder Sekundarbereich) zu nennen. Eine dritte Bestimmungsgröße ist die anvisierte Leistungsebene (Förder- versus Regelschullehramt, Haupt- & Realschul- versus Gymnasiallehramt etc.). Alle drei Axiome sind eng miteinander verknüpft und werden – gerade aber nicht nur – durch jahrgangsübergreifendes Lernen – sowie weitere potenzialorientierte Schritte – grundlegend in Frage gestellt: Welche (Form von) Fachlichkeit wird für die Gestaltung diversitätssensibler Lehr-Lern-Settings benötigt? Oder anders formuliert: Mit dem Wechselverhältnis von Potenzialorientierung und Fachlichkeit wird der Referenzrahmen von Fachunterricht, was im Folgenden expliziert wird, neu justiert. Somit sind das jahrgangsübergreifende Lernen und das fachfremde Unterrichten zwei Beispiele, die für grundlegende Momente im Rahmen der Gestaltung von diversitätssensiblem (Fach-)Unterricht stehen. Diese Momente werden im Folgenden hinterfragt.

Damit sei zur zentralen These dieses Beitrags, die im Folgenden aus differenten Foki betrachtet wird, hingeführt: Wenn Fachlichkeit eingeschränkt-kategorial betrachtet wird, droht eine Einschränkung der Partizipationschancen in unterrichtlichen Settings – mit weitreichenden Folgen darüber hinaus. Dies äußert sich darin, dass weiter in tradierten Strukturen denkend und handelnd – in der Terminologie des Index für Inklusion (Booth & Ainscow, 2017) – an exkludierenden Kulturen, Strukturen und Praktiken festgehalten wird.[2] Ein Weg, so die Ergänzung der genannten These, zur Ermöglichung von Partizipationschancen ist eine umfassende Potenzialorientierung.

---

2   Mit dem Index für Inklusion, einem Schulentwicklungsmanual, wird einerseits ein prozessuales Verständnis von diversitätsorientierter Umgestaltung von Lehr-Lern-Prozessen in das Zentrum pädagogischer Bemühungen gerückt; daher erfolgt an dieser Stelle auch der vertiefende Verweis auf dieses Manual. Andererseits wird mit der Trias aus Kulturen, Strukturen und Praktiken ein Hinweis gegeben, wie umfassend Umgestaltungsprozesse angelegt sein müssen, wenn „nur" unterrichtliche Praktiken – im Sinne der Potenzialorientierung – ins Rollen gebracht werden sollen. Ergänzend sei an dieser Stelle auf die der Arbeit mit dem Index für Inklusion immanenten Prozess- und Ressourcenorientierung sowie dem zugrunde gelegten Partizipationsverständnis hingewiesen (Boban & Hinz, 2017a).

Fachlichkeit und Partizipation werden im Folgenden als zwei Seiten einer Medaille verstanden (zur inklusionsbezogenen Einordnung: Simon, 2018). Es bedarf jedoch einer umfassend verstandenen Potenzialorientierung. Diese weitreichende Orientierung an Potenzialen wird als Leitsatz pädagogischer wie auch erziehungswissenschaftlicher Bemühungen sowohl auf Professions- als auch auf Disziplinebene in diesem Beitrag interpretiert. Es bedarf einer Potenzialorientierung, um fachlich-konsistente Partizipationsprozesse, wie sie für eine inklusionssensible Umgestaltung des Schulsystems grundlegend sind, zu realisieren (Veber, 2015b).

Dabei soll nicht außer Acht gelassen werden, dass sowohl aus schulpraktischer als auch aus bildungswissenschaftlicher Warte bereits zahlreiche Ansätze vorliegen, wie mit inklusionsorientiertem Fokus ein Umgang mit Diversität in schulischen Settings realisiert werden kann. Womöglich bedarf es einer Übertragung der Erkenntnisse von Leuchttürmen auf schulischer (u.a. anhand der Jakob-Muth-Preisträgerschulen) und forschender Ebene (v.a. aus Sicht einer Inklusionsforschung in Abgrenzung zur Selektions- und Integrationsforschung: Merz-Atalik, 2014) in die Breite.[3]

Daher wird aufbauend auf der genannten These im Folgenden ein inklusiv-partizipativer Blick zum potenzialorientiertem Umgang mit Vielfalt in schulischen Settings expliziert. Die Ausführungen sollen bei der Betrachtung und Einordnung der in diesem Band unternommenen fachdidaktischen Ausführungen bereichernd zur Seite stehen. Um es an dieser Stelle klar zu artikulieren: Nicht zuletzt aufgrund der unterschiedlichen Erörterungen – ausgehend von den differenten (hier: fachdidaktischen) scientific communities – sind die Ausführungen in diesem Artikel nicht als einengende Rahmung zu verstehen. Vielmehr sind die anschließenden Gedanken als Impulse gedacht, die den Lesenden die Chance eröffnen, mithilfe dieser Impulse ihre eigene Analysefolie mit einem potenzialorientiertem Blick auf (Fach-)Unterricht zu erweitern.

Mit diesem inklusiv-partizipativen Blick zum potenzialorientiertem Umgang mit Vielfalt wird ein Wechsel von der zumeist üblichen kausalen zu einer finalen Sichtweise von Vielfalt angeregt. Deren Entwicklung wird auch auf wissenschaftlicher Ebene diskutiert – wie in der sonderpädagogisch geprägten Inklusionsentwicklung schon seit Jahren. Dieser Wechsel ist ein Analogon zur Differenzierung zwischen Defizit- und Potenzialorientierung. Ein Pendant auf schulpraktischer Ebene ist in den Prinzipien von ILEA-T (Individuelle Lern-Entwicklungs-Analyse im Übergang: Geiling, Liebers & Prengel, 2015), einem Verfahren zur potenzial-

---

3   Mit dieser Trias wird zwischen drei Forschungsblickwinkeln differenziert (Merz-Atalik, 2014): Der Fokus der Integrationsforschung ist die Integration bzw. Förderung von Schülerinnen und Schülern, die von Exklusion bedroht sind. Die Exklusionsforschung rückt exkludierende Faktoren bzw. Strukturen im System in das Zentrum ihrer Bemühungen. Und die Inklusionsforschung richtet den Fokus auf Inklusion und Diversität; u.a. werden hier interdisziplinäre Kooperationen interdisziplinär betrachtet, was in diesem Band mit den unterschiedlichen fachdidaktischen Positionen in Bezug auf Potenzialorientierung erfolgt.

orientierten Diagnostik (Veber, 2015a), zu finden, wenn in der didaktischen Diagnostik eine Offenheit für Interessen und Themen der jungen Menschen, sprich: den Potenzialen, oder die Arbeit mit Hypothesen – anstatt von festen Diagnosen – gefordert wird: Es erfolgt ein erweiterter Blick auf Fachlichkeit, indem die differenten Potenziale systematisiert werden. Dies korrespondiert mit dem in diesem Beitrag zugrunde liegenden Inklusionsverständnis, das prozessual verstanden wird (s.u.). Diesem Verständnis folgend kann es keine ‚cut-off‘-Zielmarke geben, ab der Inklusion erreicht ist. Gleiches gilt, wie nachfolgend erläutert wird, für die in diesem Artikel angebotene Sicht auf Potenzial.

Die Lesenden werden eingeladen, ihre eigenen Themen und Interessen an den folgenden Ausführungen zu reiben und womöglich zu schärfen, wobei der eigene Blick nicht eingeengt wird. Die Lesenden werden die eigenen Hypothesen womöglich im Diskurs – bei Offenheit – nicht unverändert aufrechterhalten. Ein kategorial-subsumtionslogischer Blick, den ich in der Vergangenheit mehrfach expliziert habe (Veber, 2015b), wird in den folgenden Ausführungen möglichst weitgehend zugunsten einer eher konstruktivistischen Ausrichtung vermieden. Dies geschieht bewusst, um dem prozessualen Charakter von Inklusion, der die Basis der folgenden Ausführungen ist, Rechnung zu tragen.

Um diesem Ziel näher zu kommen, werde ich folgende Schritte gehen: Eingangs wird aus einer inklusionspädagogisch-demokratischen Warte das Verhältnis zwischen Potenzialorientierung, Partizipation sowie Bildung und Erziehung beleuchtet. Da sich dieser Mehrwert, wie es auch das eingangs skizzierte Beispiel verdeutlicht, jedoch gerade im Rahmen der Betrachtung von Fachlichkeit zeigt, wird anhand der Trias „spezifische pädagogische Grundlagen", „Fachdidaktik" und „Fachwissenschaft" die Bedeutung spezifischer Fachlichkeit aus Sicht von verschiedenen Fachdidaktiken zur Realisierung inklusionssensibler Lehr-Lern-Settings anhand eines aktuellen Forschungseinblicks skizziert. Diese triadische Verbindung erfolgt auch vorbereitend auf die nachfolgenden Beiträge aus den verschiedenen Fachdidaktiken. Daraufhin wird ein Zwischenresümee gezogen, das im Abschluss zu diesem Band anhand der vorliegenden Beiträge noch einmal aufgegriffen wird.

2.1   Potenzialorientierung – ein inklusionsbasierter partizipativer Blick

Dass Inklusion mehr ist als die gemeinsame Unterrichtung von jungen Menschen mit und ohne attestiertem sonderpädagogischen Unterstützungsbedarf, scheint auf der offiziellen Vorderbühne unstrittig zu sein; dies betrifft zumindest den erziehungswissenschaftlichen Diskurs. Dieser Schein leuchtet nicht nur in einer schwer zu überblickenden Anzahl an wissenschaftlichen Publikationen deutlich auf. Auch kaum ein Vortrag auf einer Tagung kommt ohne den Hinweis aus, dass ein vermeintlich weites Verständnis von Inklusion verfolgt werde (zur Explikation: Demmer & Heinrich, 2018). Ohne nun die berechtigte Frage zu stellen oder gar zu beantworten, was in diesem Kontext weit und was eng bedeuten könnte, ob diese Einteilung gerade angesichts der weitreichenden Expertise der deutschen Integrations-/Inklusionsbewegung (u.a. Müller, 2018) sinnvoll erscheinen könnte und warum diese Äußerungen so zahlreich anzutreffen sind, seien einige Hinweise von Kolleginnen und Kollegen angeführt, die für die folgenden Ausführungen hilfreich erscheinen. Gerade da das Gros der Beiträge in diesem Band direkt oder indirekt auf die Arbeiten genau dieser wissenschaftlichen Bewegung Bezug nimmt, erscheint die detaillierte Betrachtung und Einordnung dieser Diskussionslinien hier geboten.

Feuser brachte jüngst die Metapher in den Diskurs ein, dass wir derzeit eine „Integration der Inklusion in die Segregation" (Feuser, 2016) vorfinden würden. Für diese ernüchternde Feststellung, dass wir aktuell – allegorisch artikuliert – alten (segregierenden) Wein in neuen (inklusiven) Schläuchen vorfinden, gibt es zahlreiche empirische Belege (u.a. Miller & Kottmann, 2017). Diese machen es notwendig, dass weiter um den Kern von Inklusion gerungen wird (Boban & Hinz, 2016) und so der Blick auf Inklusion geschärft wird. Dies schließt mit ein, dass wichtige Erkenntnisse nicht in Vergessenheit geraten (z.B. die Theorie integrativer Prozesse: Gerspach, 2016), da sie auch heute noch zur Blickschärfung einen entscheidenden Beitrag leisten können, wie Boban & Hinz es jüngst in ihrer ausführlichen Verortung herausgestellt haben (2017a). Darüber hinaus ist eine deutliche Standortbestimmung notwendig, in welcher Form welche Professionen und Disziplinen welchen Platz im Inklusionsdiskurs (auch wechselseitig zueinander) einnehmen sollten (siehe Abschnitt 2). Besonders geprägt ist dieser Diskurs durch die historische Entwicklung der deutschen Sonderpädagogik (zur prononciert-kritischen Einordung: Schumann, 2018), was, wenn es unkritisch übernommen wird, zur segregierenden Systemstabilisierung beiträgt (essayistisch-pointiert: Mand, 2018).

Es ist notwendig, genau zu eruieren, wie die Hauptaufgaben von Schule, Erziehung und Bildung untrennbar für alle realisiert werden können, damit der Kern von Inklusion, der die Vielfalt in und zwischen Personen als Bereicherung betrachtet, als leitendes Axiom im Blick bleibt. Und diese nun folgende Einordnung betrifft nicht nur die Rolle von Sonderpädagogik im Inklusionsdiskurs. Diese Einordnung kann auf weitere erziehungswissenschaftliche Subdisziplinen oder Fachdidaktiken übertragen werden (u.a. in Bezug zum Wechsel von einer kategorialen Begabten- zu einer inklusiven Begabungsförderung).

Hechler (2016) verdeutlichte das Zusammenspiel von Erziehung und Bildung (Abb. 1), die nur schwer voneinander getrennt definiert werden können (Benner, 2015). Dies ist für den Fokus dieses Artikels leitend. Aus inklusionspädagogischer Warte kann ergänzend hieran aufgezeigt werden, dass alle Menschen als erziehungsbedürftig in das Leben eintreten, jede/r bildungsfähig ist und durch Erziehung der Weg zur Bildung geebnet werden kann. Demnach haben alle Menschen das Recht auf Erziehung und Bildung. Da jede/r bildsam ist, wird somit vorausgesetzt, dass jede/r Potenziale hat, die Bildung ermöglichen. Somit wird durch diesen

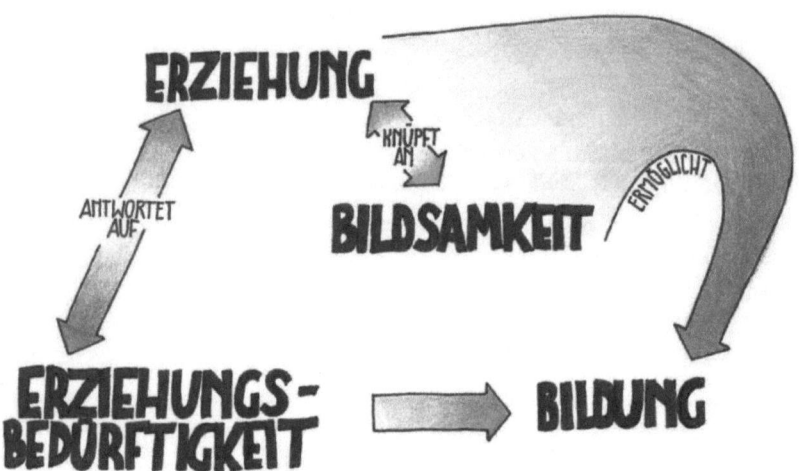

Abbildung 2.1: Begründung erzieherischen Handelns (erstellt in Anlehnung an: Hechler, 2016, S. 56)

unteilbaren Anspruch auf Erziehung und Bildung das Moment der Partizipation verbunden mit der Orientierung an Potenzialen.

Dazu seien zwei kurze Anmerkungen angeführt. Erziehung ist endlich bzw. sollte diese Endlichkeit – auch in Abgrenzung zu Bildung – als Maxime verfolgen:

> Sofern Erziehung in normativer Perspektive mit Kant nicht nur als irgendeine Beeinflussung psychischer Dispositionen zu verstehen ist, sondern als eine solche, die auf Mündigkeit, d.h. auf den selbstständigen Gebrauch des eigenen Verstandes zielt, besteht ihr Ziel immer auch darin, sich selbst überflüssig zu machen. Erziehung ist dann zu Ende, wenn ihr Zweck erreicht und sie deshalb nicht mehr notwendig ist. (Koller, 2009, S. 164)

Benner knüpft an dieses Verständnis an und stellt bezogen auf Erziehung ergänzend fest, „dass pädagogisch inszenierte Erziehungsprozesse Bildungsprozesse zum Ziel haben." (Benner, 2015, S. 483) Dabei konzentrieren sich Bildungstheorien – auch in Abgrenzung zur Kompetenzdiskussion – auf Blickwechsel u.a. im reflexiven Verhältnis „von Welterfahrung und zwischenmenschlichem Umgang zu reflektierten Formen von Erfahrung" (Benner, 2010, S. 23). Da – in dem zugrunde gelegten inklusiven Verständnis – jede/r erziehungsbedürftig und gleichzeitig bildsam ist, hat Schule die Aufgabe, Bildung ohne Ausschluss zu ermöglichen. Neben dieser allgemeinen Einordung ist die Frage nach dem spezifisch inklusiven Moment von Bildung zu explizieren. Damit wäre das Moment der Partizipation wieder deutlicher konturiert. Es könnte „einfach" festgehalten werden, dass mit der normativen Festschreibung der Bildsamkeit aller die Frage beantwortet werden kann.

Aus inklusionspädagogischer Warte, meinem Blickwinkel, bedarf es zumindest auf zwei Ebenen einer Erweiterung bzw. Präzisierung: Zum einen betrifft dies den Aspekt Partizipation (als Weg und Ziel von Bildung) sowie Potenzialorientierung (in Abgrenzung zur Defizitorientierung) zum anderen. Beide Ebenen sind, was im Folgenden ausgeführt wird, reflexiv miteinander verbunden. Darüber hinaus sind sie, wie in der eingangs genannten These beschrieben wurde, mit differenten Konstruktionen von Fachlichkeit verknüpft.

Potenzialorientierung

Allein mit Blick auf den Diskurs in der deutschsprachigen sonderpädagogischen Wissenschaftsgemeinde ist eine prägnante Einordnung, was im Inklusionsdiskurs unter Potenzial- versus Defizitorientierung zu verstehen ist, vielfältig, wobei unmittelbar anzumerken ist, dass differente Termini und theoretische Bezugsrahmen zu finden sind (u.a. Eggert, Reichenbach & Lücking, 2007; Erbring, 2014). Diese begriffliche Vielfalt erfährt noch eine Erweiterung beim Blick in andere Diskurse wie der individuellen Begabungsförderung (zur Übersicht: Rott, 2017). Daher wird nun eine Fokussierung vorgenommen, von der aus der Blick geweitet wird. Im Folgenden wird ausgehend von dem sonderpädagogisch geprägten Inklusionsdiskurs, der in diesem Band im Gros der Beiträge aufgegriffen wird (u.a. bei Benölken, Berlinger & Dexel), eine Verortung vorgenommen.

Ohne detailliert auf den Kern einer umfassend verstandenen Inklusion einzugehen, was an anderer Stelle mehrfach gerade von Boban & Hinz (u.a. 2017a) vollzogen wurde und für mich an dieser Stelle leitend ist, sei die Essenz als Ausgang für die weitere Argumentation skizziert: Inklusion, im hier interpretierten Verständnis, wird als menschenrechtlich verankertes Anrecht auf Partizipation am Leben in der Gesellschaft verstanden, wobei die inter- und intrapersonale Diversität als Bereicherung betrachtet wird, was einer Potenzialorientierung zugeordnet wird. Da in diesem Buch der Fokus auf Schule gerichtet wird, sei dies anhand eines schulbezogenen Zitats konkretisiert:

> Es geht um die doppelte Zielsetzung, sowohl die Entwicklung der individuellen Potenziale zu ermöglichen und anzuregen als auch die Gemeinsamkeit und Zugehörigkeit aller zu pflegen. Die widersprüchlichen Pole Verschiedenheit und Gleichheit müssen durch eine dialektische Balance von Individualisierung und Gemeinsamkeit ausgeglichen und versöhnt werden. (Wocken, 2014, S. 55–56)

In diesem unterrichtsbezogenen Blick von Wocken werden differente didaktische Aufgaben für Lehrpersonen deutlich. Lehrende sind auch aktuell mit tradierten Konstrukten von Vielfalt konfrontiert. Besonders deutlich wird dies in der Differenzierung zwischen Schwierigkeiten und Stärken. Diese in der individuellen Begabungsförderung häufig anzutreffende Unterscheidung tritt als Differenzierung zwischen ‚Fordern' und ‚Fördern' (Rott, 2017) zu Tage, deren Termini zumindest im Rahmen einer Kritik an neoliberalen Tendenzen im Bildungssystem (u.a. Dammer, 2015) kritisch hinterfragt werden können. Mit der sich anschließenden Einteilung zwischen Forder- und Förderbedarf wird nur vordergründig eine Abkehr von der Defizitorientierung vorgenommen. Meist wird einzelnen Personen nicht-intersektional entweder das eine oder das andere Label kategorial zugeschrieben. Auch gibt es Konstrukte, wie ‚twice-exceptionality', in denen die beiden kategorial erfassten Ebenen Förderbedarf (bezogen auf ‚Disability') sowie Forderbedarf (bezogen auf ‚Giftedness') gemeinsam betrachtet werden (u.a. Ronksley-Pavia, 2015): Hier werden zwei kategoriale Konstrukte zusammengeführt, womit jedoch noch kein dynamisches Verständnis von Vielfalt einhergeht. Auch wenn mehrere kategorial erfasste Konstrukte in einem neuen Konstrukt zusammengeführt werden, entsteht hieraus kein dynamisches Verständnis von Vielfalt, wie es Inklusion erfordert. Bezogen auf das Konstrukt Begabung bedeutet dies, dass Unterscheidungen, ob eine Person als begabt oder nicht einsortiert wird, an Bedeutung verlieren (Weigand in: Weigand, Hackl, Müller-Oppliger & Schmid, 2014).

Zurückkommend auf die eingangs genannte These sei angemerkt, dass die kategorialen Zuschreibungen entlang der Unterscheidung zwischen ‚Fordern' und ‚Fördern' mit differenten, meist getrennt voneinander betrachteten fachlichen Fundamenten im erziehungswissenschaftlichen wie auch schulpraktischen Diskurs verankert sind. Dies zeigt sich gerade, wenn in traditionellen sonderpädagogischen Erörterungen sog. Förderbedarfe jeweils einseitig betrachtet werden, wie dies auch mit sog. Forderbedarfen in Feldern der Begabtenförderung geschieht. Eine Überwindung dieser vorgenommenen Grenzen würde auch eine Veränderung der theoretischen fachlichen Basis erfordern bzw. implizieren (Veber, 2015b).

Ist somit ein geforderter Wechsel im Rahmen einer inklusionsorientierten Umgestaltung des Schulsystems, wie er von Hinz 2002 (auf praktischer Ebene) gefordert wurde, dass „In [sic!] radikaler logischer Konsequenz [...] das Konzept der ‚disability' durch das von ‚giftedness' ersetzt" (Hinz, 2002, S. 357) wird, nicht passend? Aus der in diesen Ausführungen eingenommenen Warte ist es nach wie vor eine adäquate Orientierung. Die Trennung zwischen beiden Bereichen, dem Forder- und dem Förderbedarf, wird aufgeweicht, und der Ausgangspunkt für pädagogisches Handeln (aber auch das Ziel, die Partizipation aller – ohne Ausnahme) wird neu justiert. Heimbach-Steins formulierte die angesprochene reflexive Verbindung so: „Wer die bestimmten und besonderen Potenziale, Talente, Fähigkeiten eines Menschen wahr- und ernst nimmt, sieht auch die Grenzen seines/ihres Vermögens. Das individuell Besondere ist sowohl Potenzial als auch Grenze." (2013, S. 43) Gerade angesichts von in der gesamtgesellschaftlichen Entwicklung wahrnehmbaren allgemeinen Pathologisierungstendenzen, u.a. im Zuge der Inflation psychiatrischer Diagnosen (Frances, 2013), erscheint die Betrachtung von Potenzialen hoch aktuell. Diese Entwicklung hat direkte und indirekte Auswirkungen auf pädagogisches Handeln – auch im Kontext von Schule. Schulisches Handeln, das sich inklusiv im oben genannten Verständnis versteht, hat daher die Aufgabe, diesen Tendenzen entgegen zu wirken, um Partizipation zu ermöglichen.

Demnach ist ein Wechsel, wie er von Hinz gefordert wird, potenzialorientiert. Gleichzeitig kann so auf die Individualität aller eingegangen werden. Es ist somit keine naive Simplifizierung, wenn die von Hinz geforderte Wende umgesetzt wird. Diese Wandlung ist prozessual zu verstehen, und es ist keine generelle Diskreditierung von einzelnen scientific communities, u.a. der Sonderpädagogik, pauschal impliziert. Deutlich wird dieser Wechsel, indem genauer betrachtet wird, was Potenzial bzw. Potenzialorientierung bedeuten kann.

In Abgrenzung zu neoliberal geprägten und teilweise utilitaristisch verorteten Ansätzen zur Betrachtung von Vielfalt (zur kritischen Einordnung: Boban & Hinz, 2017b) wird mit Ericsson und Pool „Potenzial [als] ein dehnbares Gefäß, geformt von den Dingen, die wir im Lauf unseres Lebens tun [verstanden]. Lernen dient nicht dazu, sein Potenzial auszuschöpfen, sondern es zu entwickeln." (2016, S. 22).

Es ist somit eine delphische Definition, wie sie auch in aktuellen Begabungsmodellen meist zu finden ist, die adaptiert wird. Demnach erfolgt in diesem Zusammenhang keine Bestimmung eines cut-off-Kriteriums. Mit dem Zitat von Ericsson und Pool wird aber der Ausgangspunkt für Potenzialorientierung deutlich: Zumeist erfolgt ein lernseitiger Fokus, die Terminologie von Schratz und Westfall-Greiter (lernseits & lehrseits: 2011) aufgreifend. Es wird – auch in Abgrenzung zur Defizitorientierung, wie sich bspw. im Medizinischen Modell[4] von Behinderung zeigt (Mand, 2003), – (singulär) darauf geblickt, wie Schülerinnen und Schüler betrachtet werden. So werden bspw. im ‚Integrativen Begabungs- & Lernprozessmodell' von Fischer (2015 in: Veber & Fischer, 2016) Potenziale (lernseits) u.a. bezugnehmend auf die multiplen Begabungen nach Gardner (2012) als Ausgangspunkt für Lern- und Entwicklungsprozesse operationalisierend aufgeführt (zur Adaption im Oberstufenbereich: Lau & Rath-Arnold, 2018). Diese Potenziale können sich durch einen Lern- und Entwicklungsprozess auf der

---

4 Mit dem Medizinischen Modell von Behinderung ist eine kategorial-defizitorientierte Sicht verbunden, die gerade im Zuge der sonderpädagogisch geprägten Inklusionsentwicklung überwunden werden sollte. Mand hat diesen Ansatz anhand von vier Bestimmungsgrößen definiert: „Das medizinische Modell
- versteht Behinderung vor allem als Defizit
- legitimiert didaktische Konzepte und sonderpädagogische Institutionen mit diesen Defiziten
- arbeitet mit Sonderanthropologien (also Annahmen zum Wesen des Behinderten)
- löst das Problem der Ressourcenverteilung, indem die Vergabe von zusätzlichen Mitteln […] an die vermeintlich objektive Feststellung dieser Defizite gebunden wird."(Mand, 2003, S. 14)
Dieses Modell ist in der wissenschaftlichen Diskussion in der Sonderpädagogik seit vielen Jahren u.a. durch konstruktivistische Zugänge abgelöst worden. Gleichwohl sind zahlreiche Muster und Strukturen, wie sie u.a. bei der Feststellung eines sonderpädagogischen Unterstützungsbedarfs deutlich werden, weiterhin hierdurch geprägt.

Performanzebene in Leistung zeigen, was jedoch einer positiven Wechselwirkung von Umwelt- und Persönlichkeitsfaktoren bedarf. In diesem (pädagogisch-psychologisch geprägten) Modell wird deutlich, dass durch positive Wechselwirkungen, die u.a. lehrseitiger Rahmungen bedürfen, eine Abkehr von der determinierend-defizitorientierten Orientierung – mit Trapp gesprochen – an den Mittelköpfen (Trapp in: Prammer-Semmler, 2017), operationalisierend eröffnet wird.

Eine (notwendige) reflexive Verknüpfung von lehr- und lernseitiger Betrachtung von Potenzialen findet sich in zahlreichen inklusiven Modellschulen. Dies wird u.a. anhand eines Schulversuchs in Bremen beschrieben (Seitz, Pfahl, Lassek, Rastede & Steinhaus, 2016): In den bisherigen Entwicklungslinien der Begabungsförderung sind oftmals Fördermaßnahmen in Form von Enrichment, Achievement und Akzeleration außerhalb des Klassenverbands zu finden. Ein Beispiel hierfür sind sog. Drehtürmodelle, in denen einzelne Lernende für die Zeit der Begabungsförderung den Klassenverband verlassen, um sich mit einem Spezialthema zu beschäftigen. Eine andere vielfach beschriebene Form tradierter Begabungsförderung ist auch Akzeleration, z.B. in Form eines Überspringens von Klassen. Die Maßnahmen entsprechen grob gefasst einer äußeren Differenzierung. Diese Differenzierungsform ist nicht per se als nicht inklusionssensibel abzustempeln, jedoch kann diese (räumliche) Trennung das Auspendeln der – auf Wockens Zitat zurückkommend – dialektischen Balance von Gemeinsamkeit und Individualisierung erschweren. Um diese Hürde zu umgehen, schlagen Seitz und Pfahl auf Basis der Erfahrungen aus Bremen vor, die bekannten Formen der Begabungsförderung in den (Klassen-)Unterricht zu integrieren, sodass Enrichment, Achievement sowie Akzeleration im Unterricht stattfinden (Seitz & Pfahl in: Seitz et al., 2016). Mit dieser Form der inklusiven Begabungsförderung soll auch ein Beitrag geleistet werden, zieldifferentem Lehren und Lernen eine unterrichtliche Basis zu bieten. Durch die intendierte Zieldifferenz werden auch die differenten fachlichen Grundlagen u.a. von sonderpädagogisch und gymnasial geprägtem Unterricht aufgeweicht. Es soll somit eine Partizipation lernseits mittels einer Orientierung an den Potenzialen aller Lernenden (wie auch Lehrenden) ermöglicht werden. Auch wird dieses Zusammenspiel von Potenzialorientierung und Partizipation durch Stähling und Wenders lehrseits jüngst eindrucksvoll beschrieben, wenn sie im Zuge der Prävention von Schulversagen neu auf die differenten Potenziale von Lehrpersonen (sowie deren multiprofessionelle Teamarbeit) blicken (2018): Sie zeigen aufbauend auf ihrer praktischen Arbeit in Münster anhand eines Teams[5] auf, welche Veränderungen im Fachlehrerinnensystem möglich und notwendig sind, um Partizipation lernseits den Weg zu bahnen. Der Einbezug der Vielfalt der Teammitglieder (u.a. hinsichtlich von Genderfacetten, Familiensituationen der Einzelnen, der Berufserfahrung sowie der Fachqualifikation) hat auch Auswirkungen auf die Konstruktionen von Fachlichkeit als Basis für unterrichtliches Handeln. Durch die erweiterte fachliche Basis mittels der Potenzialorientierung lehrseits soll somit der

---

5 Fachdidaktisch ausgebildete Lehrperson, Erzieherin, Lehrperson für Sonderpädagogik sowie einer Chemie-Studierenden.

Diversität lernseits begegnet werden, um Partizipation lernseits didaktisch zu rahmen. Mit diesen beiden Praxiseinblicken wurde die wechselseitige Verknüpfung von lehr- und lernseitiger Potenzialorientierung mit dem Ziel möglichst weitreichender Partizipation mit einhergehender Veränderung der fachlichen Basis skizziert.

Nachdem Potenzialorientierung lehr- wie auch lernseits beschrieben wurde, werden nun die Potenziale vorhandener Theoriestränge bezogen auf die hier vorgenommene Orientierung dargestellt. Somit erfolgt eine weitere Facette der Verknüpfung von Fachlichkeit mit dieser hier verfolgten Orientierung. Neben den Beispielen auf der pädagogischen Professionsebene sind unterschiedliche Begründungen für eine Orientierung an Potenzialen auf der erziehungswissenschaftlichen Disziplinebene seit geraumer Zeit bekannt.

Die Theorie integrativer Prozesse ist eine der ‚klassischen‘ integrationspädagogischen Theorien im deutschsprachigen Inklusionsdiskurs neben Sanders ökosystemischem Ansatz (Hildeschmidt & Sander, 2002), Feusers Theorie des gemeinsamen Gegenstands (1984) sowie der Allgemeinen Behindertenpädagogik nach Jantzen (1976). Auf der Basis dieser Theorie wurden Ansätze zu einer Pädagogik der Vielfalt entwickelt (Hinz, 1993; Prengel, 1993). Auf theoretischer Ebene ist dieser Ansatz zentral für den theoretischen Rahmen von Potenzialorientierung, wie er hier verstanden wird. Die Theorie integrativer Prozesse wurde in einer Forschendengruppe um Reiser geprägt durch die Kritische Theorie der Frankfurter Schule und aufbauend auf der Themenzentrierten Interaktion entwickelt (Klein, Kreie, Kron & Reiser, 1987). Reiser beschreibt das grundlegende Verständnis von Integration:

> Integration ist für mich ein Ziel in diesem existentiellen Sinne. Es beschreibt die immerwährende Lust eine dynamische Balance herzustellen zwischen zwei Tendenzen: einerseits die Tendenz zur Gleichheit mit anderen Menschen, zur Verbundenheit, zur Annäherung an andere, andererseits die Tendenz zur Abgrenzung, zur Differenz, zur Autonomie zu meiner Person. (Reiser, 1991, S. 14)

Integration vollzieht sich in diesem Sinne in einer Dialektik von Gleichheit und Differenz, dem „Motor integrativer Prozesse" (Reiser, 1998), und ist nicht direkt realisierbar. Damit sind bei integrativen Prozessen nicht (simplifizierende) Kompromisse bzw. Vereinheitlichungen, sondern Einigungsprozesse auf unterschiedlichen Ebenen zentral[6]. „Auf die pädagogische Praxis bezogen heißt dies, dass zwischen den Pädagoginnen/Pädagogen und dem Kind Einigungen zustande kommen sollen, bei welchen keiner den anderen dominiert oder von diesem dominiert wird." (Gerspach, 2016, S. 200) Hinz hat diese Ebenen weiter ausgearbeitet und zur Analyse von integrativen Prozessen den folgenden Rahmen angeboten (Tab. 1):

---

6   innerpsychisch, interaktionell, institutionell, kulturell-gesellschaftlich im Zentrum des Bemühens (Boban & Hinz, 2017a)

Tabelle 2.1: Ebenen integrativer Prozesse und ihre Pole (in Anlehnung an Hinz, 1993, S. 53 in: Boban & Hinz, 2017a)

POLE EBENE PROZESSE	VERSCHIEDENHEIT ◁ ABGRENZEN ◁	BALANCE ▷ EINIGUNG ▷	GLEICHHEIT ANNÄHERUNG
INNERPSYCHISCH	VERFOLGUNG	AKZEPTANZ	FIXIERUNG
INTERAKTIONELL	DISTANZIERUNG	DIALOG	SYMBIOSE
HANDLUNGSBEZOGEN	VERWEIGERUNG	KOOPERATION	VEREINNAHMUNG
INSTITUTIONELL	AUSSONDERUNG	GEMEINSAMKEIT	ANPASSUNG
GESELLSCHAFTLICH-NORMATIV	EXOTISIERUNG	NORMALISIERUNG	KOLONIALISIERUNG

Die Einigungen auf den verschiedenen Ebenen sind davon geprägt, dass zwar die positiven Anteile, als Potenziale verstanden, jeweils als Ausgangspunkt für Akzeptanz, Dialog, Kooperation, Gemeinsamkeit und letztlich Normalisierung herangezogen werden; jedoch ist damit keine Negierung von problematischen oder konfliktbehafteten Anteilen verbunden. Diese Anteile werden vielmehr in den Einigungsprozess einbezogen. So wird deutlich, dass beide kategorialen Konstrukte, Forder- und Förderbedarf bzw. die jeweiligen fachlichen Fundamente, in den Einigungsprozess, der die Basis für partizipative Prozesse ist, integriert werden. Und so wird am Beispiel der gesellschaftlich-normativen Ebene vermieden, „andere mit defizitär-kompensatorischem Blick zu kolonialisieren oder mit dem positiv oder negativ unterlegten Blick auf ihr Anderssein zu exotisieren" (Boban & Hinz, 2017a, S. 45).

Die Theorie integrativer Prozesse wie auch der ökosystemische Ansatz nach Sander als auch die Theorie des gemeinsamen Gegenstands nach Feuser sowie die Allgemeine Behindertenpädagogik nach Jantzen setzen zwar die Differenzlinie Begabung–Behinderung in das Zentrum der inhaltlichen Auseinandersetzung, jedoch wird jeweils und im Besonderen bei den Arbeiten der Arbeitsgruppe um Reiser ein Verständnis von Diversität zugrunde gelegt, das vielfältige inter- wie auch intrapersonale Diversitätsfacetten berücksichtigt. Und daher kann dieser Zugang im hier verwendeten Verständnis als potenzial- wie auch inklusionsorientiert interpretiert werden. Bezogen auf die Allgemeine Behindertenpädagogik expliziert Moser diesen Blick vom Besonderen auf das Allgemeine. Sie stellt fest, dass Jantzen den „Fokus auf Behinderung [...] als ein Brennglas [nutzt,] um aufzuzeigen, wie Gesellschaften organisiert sind, welche ,Ideologien' sie verfolgen und wie Machtverhältnisse strukturiert sind" (Moser, 2018, S. 7).

Mit dem Verständnis der Theorie integrativer Prozesse kann eine nicht zufriedenstellende Praxis mit Schwierigkeiten auf der Umsetzungsebene erklärt werden und muss nicht einer vermeintlich unzureichenden Theorie angelastet werden: Dies impliziert nicht, dass theoretische Grundlagen nicht weiterentwickelt werden sollten – ganz im Gegenteil. Die bewusste Ausweitung des Fokus sowie der interdisziplinären Vernetzung – im Sinne der Potenzialorientierung – sind auch in diesem Beitrag, aber auch für den gesamten Band intendiert, u.a. indem fachdidaktische Expertise in den Diskurs eingeflochten wird.

Die theoretische Basis wird nicht außer Acht gelassen: „Die Theorie integrativer Prozesse stellt einen offenen Rahmen bereit für die Reflexion von Prozessen, sie ermöglicht immer wieder Korrekturen an pädagogischen Arrangements, ohne dass sie es nahelegt zu definieren, was ‚richtig‘ oder ‚falsch‘ ist." (Boban & Hinz, 2017a) Die angebotene Dialektik von Gleichheit und Differenz geht weit über die Gegenüberstellung von ‚Fordern‘ und ‚Fördern‘ hinaus. Sie ermöglicht – auch und gerade lehr- wie auch wechselseitig damit verbunden lernseits – Einigungen zu reflektieren und den potenzialorientierten Kern (jeweils neu) zu justieren. Und genau anhand dieser Reflexion werden Professionalisierungsimpulse eröffnet, wie Reiser anhand der ‚Sonderpädagogik als Serviceleistung‘ feststellt: „Die in meinen Augen *wichtigste* Dimension von Professionalität ist *die* der Reflexivität, die auch Widersprüche im Selbstbild der Profession thematisiert." (Reiser, 1998) An dieser Stelle sei angemerkt, dass reflexive Momente nicht nur Lehrkräften für Sonderpädagogik neue Chancen bieten. Deutlich wird dies auch in fachdidaktischen Konzepten zum inklusiven Fachunterricht. Tiemann (2016) beispielsweise räumt im Sportunterricht der Reflexivität zur diversitätssensiblen Anerkennung von Potenzialen einen besonderen Stellenwert ein (zur sportdidaktischen Einordnung: Pfitzner in diesem Band).

Zur Aktualität dieses theoretischen Ansatzes sei u.a. neben der Übertragung auf mathematische Lehr-Lernprozesse (Reiser, 2016) beispielhaft an die derzeit defizitorientierten Patholgisierungstendenzen erinnert und gleichzeitig auf eine Einordnung von Gerspach verwiesen, der die Aktualität der Theorie integrativer Prozesse prononciert (2016): Er stellt – ebenfalls anhand der Differenzlinie Begabung–Behinderung – fest, dass es gerade im Zuge der inklusionsorientierten Umgestaltung des Bildungssystems zentral sei, Annäherungen und Abgrenzungen in Balance zu bringen:

> Inklusion steht für mich für ein gemeinsames (Er-)Tragen-Können des schmerzlich erlebten Mangels, anstatt sich beschämt zu fühlen. Allerdings sehe ich das Problem, dass der Erwerb genau dieser Fähigkeit hinter einer manischen Abwehr der Behinderung (nach dem Motto: „Wir orientieren uns nur an den Stärken") zum Verschwinden gebracht wird. (Gerspach, 2016, S. 203)

Mit diesem Plädoyer von Gerspach soll festgehalten werden, dass eine Potenzialorientierung keine Negierung von Schwierigkeiten impliziert. Der Ausgangspunkt sowie die angestrebten Einigungen sind jedoch fokussiert auf die differenten Potenziale, um so Partizipation zu unterstützen. Potenzialorientierung und Partizipation gehören – wechselseitig miteinander verbunden – zusammen. Es kann nur partizipativ agiert werden, wenn eine potenzialorientierte Verortung erfolgt. Hinsichtlich dieser Einordnung kann aus der Warte der Lehrerinnen- und Lehrerbildung gefragt werden, ob Potenzialorientierung z.B. als Unterrichtsprinzip, Haltung oder Kompetenz verstanden werden könnte. Potenzialorientierung wird als Theorem (synonym: Lehrsatz) interpretiert, mit dem es erleichtert wird, sich Diversität im Unterricht inklusionssensibel, sprich partizipativ, zu nähern. Dazu wurde die positive Beachtung von inter- wie auch intrapersonaler Diversität, ein Axiom von Inklusion, detailliert betrachtet und entfaltet. Potenzialorientierung wird somit als Bestandteil der theoretischen Basis von Inklusion eingeordnet.

Doch bevor die Skizzierung von Partizipation erfolgt, sei mit Verweis auf die eingangs genannte These ergänzend dargelegt, warum es erforderlich ist, fachliche und insbesondere fachdidaktische Facetten stärker in die Diskussion um inklusionssensible Partizipationsprozesse einzubeziehen (Simon & Moser, 2019; Veber & Benölken, 2019). Es könnte auch hinterfragt werden, ob es nicht ausreicht, sich nun auf diese weiterreichenden potenzialorientierten Grundlagen zu beschränken. Eine aktuelle Stimme, die dies fordert, ist von Feuser zu vernehmen (2016). Er stellt die Notwendigkeit der Einbeziehung von Fachdidaktik im Zuge der Realisierung von Inklusion in Frage. Dem sei widersprochen: Wenn Schule den curricularen Anforderungen gerecht werden will, wozu sie verpflichtet ist, stellt sich die Frage, wie Lehrpersonen auch im Zuge einer inklusionsorientierten Umgestaltung des Schulsystems diesen verpflichtenden Anforderungen gerecht werden können. Dieser Verknüpfung wurde im Rahmen der deutschsprachigen Integrations-/Inklusionsbewegung zwar eine Basis geboten, sie wurde jedoch noch nicht in Gänze vollzogen. Dazu soll in dem folgenden Buch mit den verschiedenen Beiträgen eine Hilfe geboten werden.

Partizipation

Mit Schomaker und Ricking (2012) ist festzuhalten, dass Inklusion Partizipation bedingt und umgekehrt. Partizipation an Bildungs- und Erziehungsprozessen ermöglicht es (jungen) Menschen erst, sich Bildung anzueignen, die Voraussetzung für umfassende Partizipation am Leben in der Gesellschaft über die Lebensspanne. Dies wurde u.a. bereits anhand der Thematisierung der Theorie integrativer Prozesse sowie ihrer Adaptation von Hinz skizziert. Um dieser Spur – auch in ihrer Bedeutung für Potenzialorientierung und Fachlichkeit – zu folgen, wird nun eine kurze Einordnung des zugrunde gelegten Partizipationsverständnisses vorgenommen. Wenn es einen Zusammenhang zwischen Potenzialorientierung, Fachlichkeit und Partizipation gibt, wie eingangs thesenhaft festgehalten, ist es notwendig zu erörtern, welches Verständnis von Partizipation herangezogen wird.

Wie bei anderen Termini werden auch bei ‚Partizipation', die untrennbar mit dem Demokratiediskurs verbunden ist, eine Vielzahl von Einordnungen angeboten. Ohne an dieser Stelle nur annähernd den (erziehungswissenschaftlichen) Diskurs abbilden zu können, wird zur Operationalisierung eine (mit aller Vorsicht zu betrachtende und als grobe – nicht den vollständigen Diskurs abbildende) Zweiteilung für den aktuellen deutschsprachigen bildungswissenschaftlichen Diskurs herangezogen. Einerseits sind Verständnisse zu finden, die auf den Arbeiten von Edelstein et al. (u.a. 2012) aufbauen. Dieser Ansatz, der in den tradierten Mustern und Strukturen des etablierten Bildungssystems verortet ist, nimmt demokratisch geprägte Veränderungen in den Blick, um letztlich aus dem bestehenden System heraus Veränderungen anzustoßen. Die (machtbezogenen) Grundpfeiler des Systems als solches werden bspw. durch eine singuläre Einführung eines Klassenrats nicht in Frage gestellt, da das deutliche Machtgefälle lehr- und lernseits (zunächst) keine grundlegende Änderung erfährt.

Andererseits werden aktuell zahlreiche Arbeiten (mit inklusionspädagogischer Basis) veröffentlicht, die von einem sehr weitreichenden Verständnis demokratischer Erziehung getragen sind. So knüpfen Hershkovich et al. an einen internationalen Diskurs an und stellen die folgende Definition auf, die für diesen Kontext leitend ist:

> Im Rahmen dieses Beitrages bezeichnet „demokratische Bildung" (oder auch democratic education) eine weltweite pädagogische Bewegung, die u.a. auf zwei Maximen fußt: der Gewährleistung möglichst maximaler Autonomie bezogen auf das eigene Lernen (dies schließt die selbstbestimmte Wahl darüber ein, was, wann, wie, wo und mit wem (nicht) gelernt werden soll) sowie die uneingeschränkte Gleichberechtigung und Gleichwürdigkeit aller an Schule Beteiligter. Settings demokratischer Bildung, wie demokratische Schulen, verstehen sich somit als Orte gelebter Demokratie, die ihren Schüler*innen die Möglichkeit realer und relevanter Partizipation durch demokratische Strukturen/Organe zusichern. (Hershkovich, Simon & Simon, 2017, S. 161)

Hier wird deutlich, dass systemverändernde Prozesse durch diesen demokratischen Ansatz unausweichlich sind, was neben dem Partizipationsverständnis auch die Konstruktionen von Fachlichkeit betrifft. Ehnert und Kramer (2017) beschreiben dies u.a. anhand von Lehr-Lern-Angeboten an demokratischen Schulen jenseits klassischer Unterrichtsfächer und der Überwindung des machtbezogenen Gefälles zwischen Lehrenden sowie Schülerinnen und Schülern, das im traditionellen Schulsystem häufig anzutreffen ist. Auch aus dem deutschsprachigen schulpädagogischen Diskurs wurden bereits vor einigen Jahre konkrete Hinweise zur Öffnung von Unterricht vorgelegt (u.a. Peschel, 2012). Diese Anregungen verdeutlichen einen Weg, indem grundlegende Fragen des Lernens in Bezug zum Erziehungs- und Bildungsauftrag neu interpretiert werden (zur Vertiefung: u.a. Pellinghaus & Wetzel, 2014). Auf diesen zweiten Strang wird im Folgenden näher eingegangen, da er dem systemverändernden Anspruch von Inklusion näher steht. Dabei ist auch deutlich zu artikulieren, dass keine Hierarchisierung zwischen diesen beiden Verständnissen vorgenommen wird.

Demokratisch begründete Partizipation, die mit Schomaker und Ricking (auch in Abgrenzung zur Teilhabe: 2012) terminologisch als bestimmende Teilhabe und als Prozess verstanden wird, hat als zentraler Aspekt von Inklusion (zur Einordnung: Hershkovich et al., 2017) u.a. vielfältige Auswirkungen auf die Rollenklärung und Interaktion der einzelnen Akteurinnen und Akteure in der Institution Schule. So ist u.a. das tradierte, zumeist asymmetrische Begriffsverständnis zu überdenken, das erziehende, ‚erwachsen‘ titulierte Lehrpersonen sowie erziehungsbedürftige, als ‚kindlich‘ kategorisierte junge Menschen herausstellt (zur Einordnung sprachlicher Manifestationen: Rempel, 2017): Beispielsweise wird aus Sicht der Reggio-Pädagogik (u.a. Lingenauber, 2018) oder der democratic-education (anhand der Abgrenzung von Inklusion und Individueller Förderung: Boban & Hinz, 2012) das tradiert-asymmetrische Hierarchiegefälle zwischen Educand und erziehendem Erwachsenen in Frage gestellt. Dieser grundlegende Ansatz zur Systemveränderung scheint oftmals noch nicht – im Sinne inklusionspädagogischer Bemühungen – ausreichend berücksichtigt zu sein. Wenn Demokratie als Weg und Ziel von Inklusion(spädagogik) mit dem unteilbaren Anspruch auf Erziehung und Bildung verstanden wird, sind demokratische Prozesse auch und gerade im Rahmen erzieherischen Handelns und der didaktischen Rahmung von Bildungsprozessen durchweg zu beachten. Dies schließt, um an die o.g. Begründung für die Berücksichtigung fachdidaktischer Inhalte anzuschließen, die Frage ein, wie partizipative Prozesse auch im Fachunterricht realisiert werden können. „Inklusion konkretisiert sich in Bildungsteilhabe und Partizipation.“ (Prengel, 2016, S. 9) Daher ist aus den verschiedenen fachlichen Perspektiven zu erörtern, wie eine möglichst weitreichende Partizipation realisiert werden kann. Dazu soll in dem vorliegenden Band mit den unterschiedlichen Blickwinkeln ein Beitrag geleistet werden.

Zwei Fragen stellen sich unter Berücksichtigung der eingangs genannten These an dieser Stelle: 1. Wie lässt sich Potenzialorientierung in inklusiven Settings realisieren, um partizipative Momente zu ermöglichen? 2. Welche Implikationen hat dieser Fokus, der sich aus Partizipation, Potenzialorientierung sowie Inklusion zusammensetzt, für die Gestaltung von Fachunterricht? Hinsichtlich der unterrichtlichen Umsetzung von Potenzialorientierung in inklusiven Settings, bei der aus partizipativer Warte ein kategoriales Fordern und Fördern und somit (segregierende) Grenzen einer bisher zumeist noch nicht mit Inklusionspädagogik verbundenen Begabungsförderung überwunden werden, sei auf ein schulpraktisches Beispiel hingewiesen: Bezogen auf potenzialorientiertes, altersgemischtes Forschendes Lernen wurden mit dem Konzept eines ‚Freien Forscher Clubs – FFC‘ an der PRIMUS Schule Berg Fidel eine konkrete Unterrichtsidee aufgezeigt (Stähling & Wenders, 2018). Forschungen zu Beziehungskonstellationen im Fachunterricht deuten darauf hin, dass gerade bezogen auf Anerkennung, an dieser Stelle als Schlüssel zur potenzialorientierten Partizipation interpretiert, offene Fragen in der fachdidaktischen sowie fachunterrichtsbezogenen Forschung bestehen (Prengel, Tellisch & Wohne, 2016); hier besteht derzeit noch ein Forschungsdesiderat.

Um dieser Forschungslücke zu begegnen, wird aufbauend auf eigener Forschung zum fachfremden Unterricht in inklusiven Settings abschließend die Bedeutung von Fachlichkeit zur Realisierung von Partizipation anhand drei typischer Fälle skizziert. Dieser nun folgende, kurze Blick kann die genannte Lücke sicherlich nicht schließen. Zur Schließung tragen vielmehr die in diesem Band gesammelten fachdidaktischen Erörterungen zur Potenzialorientierung bei. Die folgenden Ausführungen sollen für die Bedeutung von Fachlichkeit im Verhältnis zu Potenzialorientierung und Partizipation sensibilisieren.

2.2 Fachlichkeit als Anker für potenzialorientierte Partizipationsprozesse[7]

Anhand einer Studie, die sich auf das Unterrichtsfach Mathematik beschränkt, wird ein Einblick gegeben. Diese empirische Betrachtung eines Ausschnitts soll den Lesenden die Chance eröffnen, die vorangegangenen Ausführungen in einem anderen Licht einzuordnen. Gleichzeitig soll die Möglichkeit gegeben werden, hiermit eine Art ‚Analysefolie' zur Einordnung der fachdidaktischen Beiträge in diesem Band zu bieten.

Fachlichkeit wird (derzeit) aus unterschiedlichen wissenschaftlichen Blickrichtungen intensiv betrachtet, was sich gerade an einer sehr breiten Publikationsdichte zeigt (u.a. König et al., 2018; Martens et al., 2018; Schneuwly, 2018). Mit dem Terminus Fachlichkeit werden differente Vorstellungen verbunden. Im Folgenden wird ein Verständnis angelehnt an Reh und Pieper zugrunde gelegt, das den Blick auf die verschiedenen Konstruktionen von Fachlichkeit aus den differenten Wissenschaftsgemeinden, wie es in diesem Band intendiert ist, eröffnet: „Wir unterscheiden die Kategorien ‚Verfächerung', ‚Fach' und ‚Fachlichkeit'. Verfächerung bezeichnet einen historischen Prozess, Fach das Resultat dieses Prozesses, nämlich die Herausbildung einer besonderen ‚Form', und Fachlichkeit einen spezifischen Modus des Umganges mit dem Wissen." (Reh & Pieper, 2018, S. 24) Somit ist Fachlichkeit auf der Professionsebene in den folgenden Ausführungen immer vor dem Diskurs um Fachlichkeit auf der Disziplinebene zu betrachten. Gleichzeitig wird der prozesshafte Charakter spezifischer Fachlichkeit deutlich, was sich letztlich auch in der schulischen Praxis zeigt, indem in unterrichtlichen Arrangements differente Fachlichkeitsebenen trianguliert werden (müssen).

Ein Beispiel für die Variabilität von Fachlichkeit ist aktuell in der sonderpädagogischen Diskussion zu finden. So wird u.a. diskutiert, ob angesichts eines sich inklusiv zu wandelnden Schulsystems ein Festhalten an sonderpädagogischen

---

7 Der folgende Abschnitt baut auf bereits publizierten Arbeiten aus einem gemeinsamen Forschungsprojekt von Ralf Benölken und mir (M.V.) auf (Veber & Benölken, 2019). Einzelne Bausteine sind verändert und erweitert übernommen worden.

Förderschwerpunkten (Körperliche und motorische Entwicklung etc.) noch zeitgemäß ist oder ob diese Kategorien – auch im Rahmen der Professionalisierung von Lehrpersonen – aufgeweicht werden sollten. Weitere aktuelle Anlässe für flexibles Arrangieren und Vernetzung einzelner Fachlichkeitsebenen im schulischen Professionsfeld sind u.a. zieldifferentes Unterrichten sowie umfassend verstandene demokratische Bildung mit einem systemverändernden Partizipationsgedanken; beides wurde oben bereits angesprochen.

Beim Arrangement differenter Fachlichkeitsebenen setzen die folgenden Überlegungen zur Realisierung von inklusionssensiblen Partizipationsprozessen an. Um einen Blick auf das Potenzial von Fachlichkeit zu richten, stellt sich die Frage, welche Facetten von Fachlichkeit es Lehrpersonen ermöglichen, auf die Potenziale aller Schülerinnen und Schüler zu blicken, um einen fachlich fundierten und gleichzeitig partizipativen Unterricht zu gestalten. Dies erfolgt beispielhaft am Mathematikunterricht. Um grundlegende Anker zu erkennen, die es Lehrkräften ermöglichen, aus potenzialorientierter Warte Partizipationsmöglichkeiten lehrseits zu gestalten, wird eine „Extremgruppe" fokussiert. Daraus werden im Folgenden Ausschnitte skizziert (zur detaillierten Betrachtung: Veber & Benölken, 2019).

Ohne an dieser Stelle auf die Studie in all ihrer Breite und Tiefe bzw. ihr Design einzugehen, sei auf zentrale Ergebnisse verwiesen. Diese werden vor dem Hintergrund der zentralen These dieses Beitrags beleuchtet. Dazu seien aber einige kurze, einordnende Bemerkungen angefügt: Fachfremd erteilter Mathematikunterricht scheint bundesweit vom Sonder- beinahe zum Regelfall zu werden (Porsch, 2016). Welche Bedeutung hat welche Form von Fachlichkeit? Diese Fragestellung wird anhand der Überzeugungen von Mathematiklehrkräften zur Realisierung inklusiven Mathematikunterrichts, der eine Partizipation für alle Schülerinnen und Schüler ermöglichen soll, expliziert. Fachfremdheit wird durch ihr Quasi-Komplement definiert. Unter „nicht fachfremd" wird in Anlehnung an Bosse (2016) eine Lehrperson bezeichnet, die Mathematik im Hauptfach in einem Lehramtsstudiengang studiert hat, alle anderen Lehrpersonen dementsprechend als „fachfremd". Professionswissen ist als weiter Begriff gefasst, der kognitive Wissenselemente im engeren Sinne ebenso umfasst wie co-kognitive Facetten und damit Überzeugungen. Professionswissen, wie es hier operationalisiert wird, setzt sich aus einem triadischen Wechselspiel von Fachmathematik, Mathematikdidaktik sowie (spezifischen) pädagogischen Grundlagen zusammen (Abbildung 2.2).

In der Studie wurden in einem Mixed-Methods-Design Überzeugungen fachfremd unterrichtender Lehrpersonen zu inklusionssensiblem Mathematikunterricht erhoben. Dabei wurden folgende Bereiche erfasst: Fach Mathematik, Mathematikunterricht, Inklusive Bildung und inklusionssensibler Mathematikunterricht. Drei repräsentative Fälle wurden abschließend herausgearbeitet und als maximalkontrastierende Darstellung im methodologischen Sinne ‚vom Einzelfall zum Typus' skizziert. Es erfolgt nun eine Konzentration auf diese drei Fälle, die einen Einblick in Facetten von Fachlichkeit bieten. Mittels dieser Fälle wird entlang der eingangs artikulierten These Fachlichkeit in Bezug zur Potenzialorientierung

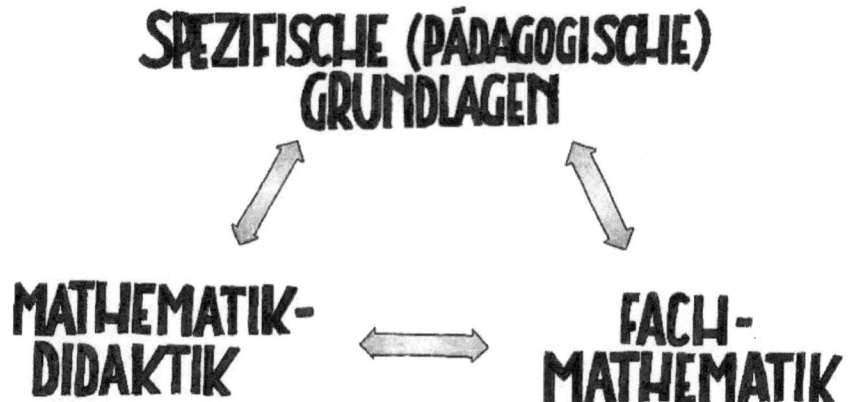

Abbildung 2.2: Zu berücksichtigende Grundlagen im Kontext mathematik- und inklusionsorientierter Bildung (Veber & Benölken, 2019 i.V.)

und Partizipation dargestellt. Für die einzelnen Falldarstellungen sind die folgenden Fragen leitend:

- Welche Konstruktion von Fachlichkeit wird zum Umgang mit Diversität im Fachunterricht herangezogen?
- Welchen Facetten von Potenzialorientierung (lehr- und lernseits sowie auf theoretischer Ebene) werden in unterrichtliches Handeln integriert?
- Welcher Grad von Partizipation wird durch das Integrieren eigener Fachlichkeit und einer potenzialorientierten Verortung in den eigenen Unterricht eingeflochten?

Eine Regelschullehrkraft ohne studiertes Unterrichtsfach Mathematik beschreibt, dass sie in den ersten Jahren ihres Unterrichtens in damals noch zielgleichem, nicht inklusivem Unterricht sich im Mathematikunterricht unsicher gefühlt hat. Zum Prononcieren erfolgt bei den Fällen ein Ausschnitt. Daher wird bspw. bei der Regelschullehrperson die Darstellung auf die fachlichen Begrenzungen gerichtet. Die fachlich sichernden Anker (bei ihr die Vertrautheit im Umgang mit curricularen Vorgaben und dem fächerübergreifenden Lernen) erhalten hier weniger Beachtung. Wegen der von ihr erlebten fachlichen Unsicherheit habe sie sich dann an curricularen Vorgaben orientiert, ein teaching-to-the-test umgesetzt, da sie sich aufgrund ihrer fachlichen Unsicherheit nur an den Vorgaben des Mathebuchs und des Lehrendenbands orientiert hat. Diese Form des zielgleichen Unterrichtens, die zwar eine Teilnahme, aber keine Partizipation lernseits eröffnete, führte bei Schülerinnen und Schülern zunächst zu guten Prüfungsergebnissen und zur Zufriedenheit bei ihr wie auch bei den Schülerinnen und Schülern. Als dann die Irritation Inklusion in Form von zieldifferent unterrichteten Schülerinnen und Schülern in ihren Unterricht kam, war diese Orientierung an Mittelköpfen und das Umgehen der eigenen fachlichen Unsicherheit durch ein starres Vorgehen gemäß dem Lehrwerk nicht mehr möglich. Dies führte dazu, dass sie sich unsicher und v.a. überfordert fühlt(e). Die Regelschullehrkraft verfolgt eine vergleichsweise starre Sicht auf Fachlichkeit (im inklusiven Mathematikunterricht). Dies hat zur Folge, dass ihre Konstruktion von Fachlichkeit sich (hinsichtlich der Fachdidaktik Mathematik) nur auf Lernende beschränkt, die zielgleich unterrichtet werden. Damit verbunden kann sie die Potenziale lernseits wie auch auf der Ebene der Fachdidaktik – aufgrund von Fachfremdheit – nicht in ihr unterrichtliches Handeln einbinden. Somit werden aufgrund von einer eingeschränkten fachlichen Basis, zu der auch noch zusätzlich eine Distanz besteht, die Partizipationschancen lernseits u.a. durch ein Schließen des eigenen Unterrichts eingeschränkt. Gleichzeitig bleiben daher unterrichtliche Wege zur Potenzialorientierung für die Lehrperson im inklusiven Mathematikunterricht unerreichbar.

Eine Person mit einem *Diplom in Mathematik,* jedoch ohne Lehramtsstudium, eine Seiteneinsteigende, beschreibt, dass alles für sie aus Mathematik bestehe und daher Mathematik keine Grenzen habe. Daher könne es auch keine einfachen Lösungen geben, die eine singuläre Trennung zwischen ‚richtig‘ und ‚falsch‘ beinhalteten. Das führe dazu, dass alle Schülerinnen und Schüler bei ihrem Mathematikunterricht partizipieren könnten. Wobei die Lernwege auf unterschiedlichen Ebenen beschritten würden. Sie sieht jedoch hier keine Exklusionsbedingungen. Mathematik sei kein Inhalt zum Auswendiglernen. Es sei vielmehr eine Denkart, die sie dazu ansporne, in den Köpfen der Schülerinnen und Schüler etwas zu bewegen. Anders gesagt: Die Lernenden erhalten die Chance, mit ihren individuellen Potenzialen an Bildungsprozessen teilzunehmen. Sie beschreibt auf der Basis ihrer breiten fachmathematischen Sicherheit das Inklusionspotenzial des Fachs Mathematik. Dies könne auch nicht durch zieldifferenten Unterricht ‚gestört‘ werden. Dadurch werde eine Partizipation von allen Schülerinnen und Schülern am Lernen am gemeinsamen Gegenstand möglich. Was sie jedoch nicht berücksichtigt, sind einerseits curriculare Vorgaben und andererseits Öffnungen von Unterricht (u.a. gegenüber anderen Fächern oder hinsichtlich einer Lebensweltorientierung). Daher werden die Partizipationschancen sowie die Potenziale lernseits auch nur aus Sicht des Mathematikunterrichts betrachtet. Auch ihre Fachlichkeit bleibt letztlich in einem engen Korridor, da ihrer fachlichen Ebene (spezifische) pädagogische Grundlagen sowie große Teile der Fachdidaktik Mathematik verschlossen bleiben.

Eine *sonderpädagogische Lehrkraft* beschreibt ihre fachliche Unsicherheit, indem sie illustriert, wie schwer es ihr fällt, dem Mathematikunterricht in der Sekundarstufe I zu folgen. Gleichzeitig expliziert sie ihre Distanz zur Fachmathematik. Sie erlebt somit eine enorme fachliche Unsicherheit durch die Konfrontation mit der Fachdidaktik Mathematik bzw. der Fachmathematik. Dies hat große Auswirkungen auf ihren Umgang mit Diversität lehrseits (aber auch lernseits). Sie kann sich somit nur eingeschränkt den Potenzialen auf allen Ebenen nähern. Die Distanz zur Mathematik steht ihr im Weg. Sie führt jedoch deutlich aus, wie sicher sie sich im Rahmen ihrer sonderpädagogischen Fachlichkeit u.a. bei der Erstellung von Förderplänen oder der ökosystemischen Öffnung von Unterricht sowie im Teamteaching erlebt. Auf die Frage, wie sie sich auf Inklusion vorbereitet fühle, entgegnet sie – in Teilen rhetorisch – dass sie die Frage nicht verstehe, da sie ja schließlich qua Sonderpädagogikstudium für Inklusion qualifiziert sei. Zusammengefasst: Trotz ihrer (sonderpädagogischen) Expertise und aufgrund ihrer eingeschränkten fachdidaktischen Fachlichkeit kann sie nur eingeschränkt Partizipationsprozesse lernseits begleiten. Auch sind ihre lehrseitigen Möglichkeiten aufgrund ihrer Fachfremdheit (bezogen auf das Fach Mathematik) eingeschränkt, die Potenziale lehr- und lernseits sowie auf theoretischer Ebene einzubinden.

Anhand der drei Typen wird deutlich, wie sehr alle drei Aspekte der in Abbildung 2 dargestellten Triade notwendig sind, um fachlich-konsistenten Mathematikunterricht in inklusiven Zeiten und zu realisieren:

1. Schulpädagogische Fachlichkeit ≠ Fachlichkeit für inklusionssensiblen Mathematikunterricht
2. Fachmathematische Fachlichkeit ≠ Fachlichkeit für inklusionssensiblen Mathematikunterricht
3. Sonderpädagogische Fachlichkeit ≠ Fachlichkeit für inklusionssensiblen Mathemathematikunterricht

Dies ist aber nur eine Facette. Die Interdependenz von Fachlichkeit, Potenzialorientierung und Partizipation wurde anhand dieser drei Fälle deutlich. Zusammenfassend kann mit diesem kursorischen Forschungseinblick herausgestellt werden, dass vielfältige Aspekte von Fachlichkeit notwendig sind, um einen fachlich konsistenten inklusiven Mathematikunterricht zu realisieren. Auch der Anker Fachmathematik ist im Umgang mit schulischer Diversität relevant. Die Bedeutung von weiteren Fachlichkeitsebenen wurde darüber hinaus deutlich. Die Potenziale der unterschiedlichen Ebenen von Fachlichkeit sollten – dem Forschungsimpuls folgend – deutlicher trianguliert werden, da durch die differenten Fachlichkeitsebenen unterschiedliche Anker zur unterrichtlichen Partizipation erst didaktisch aufgegriffen werden können. Auch die Möglichkeiten, potenzialorientiert lehrseits zu agieren sind durch die fachliche Basis limitiert.

Auch auf der fachlichen Ebene (gerade aus der Warte der verschiedenen Fachdidaktiken) sind die unterschiedlichen Potenziale der Diskurse aufzugreifen. Dies ist die Basis, um potenzialorientierte, inklusionsorientierte Partizipationsprozesse didaktisch zu rahmen. Daher kann dieser kurze Einblick nur ein Einstieg sein, wie es am Anfang dieses Kapitels bereits gesagt wurde. Die weiteren fachdidaktischen Perspektiven in diesem Band sind notwendige Perspektiverweiterungen, um die Triade von Potenzialorientierung, Fachlichkeit und Partizipation in größerer Breite und Tiefe zu betrachten.

2.3 Ein Zwischenfazit

In diesem Beitrag wurde aus inklusionspädagogischer Warte das notwendige Zusammenspiel von Potenzialorientierung und Fachlichkeit zur Realisierung von partizipativen Momenten in Lehr-Lern-Prozessen auf drei Ebenen fokussiert: lehr- als auch lernseits sowie mit Blick auf Fachlichkeit.

Dabei wurde eingangs die für diesen Text leitende These aufgestellt, dass Fachlichkeit und Partizipation zwei Seiten einer Medaille sind. Um beide Seiten ausreichend zu beleuchten, war dann eine potenzialorientierte Perspektive notwendig. Im Zuge der Ausführungen wurde verdeutlicht, welche Veränderungen angesichts von tiefsitzenden defizitorientierten Mustern und Strukturen in unserem Bildungssystem notwendig scheinen, die sich bspw. in einer häufig zu beobachtenden Unterscheidung von Forder- und Förderbedarf zeigen. Diese Veränderungen sind essentiell, um die vorhandenen vielfältigen Potenziale zu triangulieren, damit Partizipation realisiert werden kann. Partizipation wurde als Weg und Ziel (inklusiver) Bildung verstanden. Zentral hierbei sind potenzialorientierte Einigungsprozesse, die mit der Theorie integrativer Prozesse aufgezeigt wurden.

Die vorangegangenen Ausführungen gingen auf unterschiedliche Ebenen ein und verwiesen vielfältig auf eine notwendige Potenzialorientierung. Die Explikation dieses Ansatzes anhand von Fachunterricht mit den weitreichenden Expertisen aus den jeweiligen fachdidaktischen Diskursen ist bislang jedoch kaum erfolgt. Die Potenziale der einzelnen Fachdidaktiken zur Realisierung von inklusionsorientierten Partizipationsprozessen werden zwar in ersten Arbeiten aktuell in den Blick genommen, es ist aber immer noch ein kaum erforschtes Terrain. Dieses Feld wird nun durch die in diesem Band folgenden Beiträge weiter erschlossen. Somit soll auch ein Beitrag auf der Disziplinebene geleistet werden, um sich der eingangs im Praxisbeispiel skizzierten Herausforderung zu nähern.

Literatur

Benner, D. (2010). Schule und Bildung – Widerspruch oder Entsprechung? In S. Hellekamps, W. Plöger & W. Wittenbruch (Hrsg.), *Handbuch der Erziehungswissenschaft 3. Schule* (S. 7–28). Paderborn: Schöning (UTB).

Benner, D. (2015). Erziehung und Bildung! Zur Konzeptualisierung eines erziehenden Unterrichts, der bildet. *Zeitschrift für Pädagogik, 61* (4), 481–496.

Boban, I. & Hinz, A. (2012). Individuelle Förderung in der Grundschule? Spannungsfelder und Perspektiven im Kontext inklusiver Pädagogik und demokratischer Bildung. In C. Solzbacher, S. Müller-Using & I. Doll (Hrsg.), *Ressourcen stärken! Individuelle Förderung als Herausforderung für die Grundschule* (S. 68–82). Köln: Link.

Boban, I. & Hinz, A. (2016). Das Ringen um Inklusion und Entwicklungen mit dem Index. In I. Boban & A. Hinz (Hrsg.), *Arbeit mit dem Index für Inklusion. Entwicklungen in weiterführenden Schulen und in der Lehrerbildung* (S. 15–49). Bad Heilbrunn: Klinkhardt.

Boban, I. & Hinz, A. (2017a). Das Inklusionsverständnis und seine Bedeutung für die Entwicklung von Bildungsprozessen. In I. Boban & A. Hinz (Hrsg.), *Inklusive Bildungsprozesse gestalten. Nachdenken über Horizonte, Spannungsfelder und Schritte* (S. 32–51). Seelze: Klett.

Boban, I. & Hinz, A. (2017b). Inklusion zwischen Menschenrechten und Neoliberalismus – eine Problemskizze. In B. Lütje-Klose, M.-A. Boger, B. Hopmann & P. Neumann (Hrsg.), *Leistung inklusive? Inklusion in der Leistungsgesellschaft. Band I: Menschen-*

rechtliche, sozialtheoretische und professionsbezogene Perspektiven (S. 39–47). Bad Heilbrunn: Klinkhardt.

Booth, T. & Ainscow, M. (2017). *Index für Inklusion. Ein Leitfaden für Schulentwicklung. Herausgegeben von Bruno Achermann, Donja Amirpur, Maria-Luise Braunsteiner, Heidrun Demo, Elisabeth Plate und Andrea Platte*. Weinheim: Beltz.

Bosse, M. (2016). *Mathematik fachfremd unterrichten. Zur Professionalität fachbezogener Lehrer-Identität*. Wiesbaden: Springer Spektrum.

Dammer, K.-H. (2015). Gegensätze ziehen sich an. Gemeinsamkeiten und Synergieeffekte zwischen Inklusion und Neoliberalismus. In S. Kluge, A. Liesner & E. Weiß (Hrsg.), *Inklusion als Ideologie* (S. 21–39). Frankfurt: Lang.

Demmer, C. & Heinrich, M. (2018). Doing rekonstruktive Inklusionsforschung? Zu den Schwierigkeiten, methodisch aufgeklärt innerhalb eines normativ aufgeladenen Forschungsfelds zu agieren. In M. Heinrich & A. Wernet (Hrsg.), *Rekonstruktive Bildungsforschung* (177–190). Wiesbaden: Springer.

Edelstein, W. (2012). Demokratie als Praxis und Demokratie als Wert. In W. Beutel, P. Fauser & H. Rademacher (Hrsg.), *Demokratiepädagogik: Aufgabe für Schule und Jugendbildung* (S. 39–51). Schwalbach/Ts.: Wochenschau-Verl.

Eggert, D., Reichenbach, C. & Lücking, C. (2007). *Von den Stärken ausgehen … Individuelle Entwicklungspläne (IEP) in der Lernförderungsdiagnostik; ein Plädoyer für andere Denkgewohnheiten und eine veränderte Praxis* (5., verb. und überarb. Aufl). Dortmund: Borgmann.

Ehnert, K. & Kramer, K. (2017). Democratic Education – Hoffnungsträger menschenrechtsbasierter Bildung in Schule und Lehrer*innenaus- und Weiterbildung!? In R. Kruschel (Hrsg.), *Menschenrechtsbasierte Bildung. Inklusive und demokratische Lern- und Erfahrungswelten im Fokus* (erläutern, S. 173–184). Bad Heilbrunn: Klinkhardt.

Erbring, S. (2014). *Inklusion ressourcenorientiert umsetzen*. Heidelberg, Neckar: Carl Auer Verlag.

Ericsson, K. A. & Pool, R. (2016). *Top. Die neue Wissenschaft vom bewussten Lernen*. München: Pattloch.

Feuser, G. (1984). *Gemeinsame Erziehung behinderter und nichtbehinderter Kinder im Kindertagesheim. E. Zwischenbericht*. Bremen: Diakonisches Werk u.a.

Feuser, G. (2016). Die Integration der Inklusion in die Segregation. In U. Böing & A. Köpfer (Hrsg.), *Be-Hinderung der Teilhabe. Soziale, politische und institutionelle Herausforderungen inklusiver Bildungsräume* (S. 26–43). Bad Heilbrunn: Klinkhardt.

Frances, A. (2013). *Normal. Gegen die Inflation psychiatrischer Diagnosen*. Köln: Dumont.

Gardner, H. (2012). *Multiple intelligences. New horizons*. New York: Basic books.

Geiling, U., Liebers, K. & Prengel, A. (Hrsg.). (2015). *Handbuch ILEA T. Individuelle Lern-Entwicklungs-Analyse im Übergang von der Kita in die Schule*. Halle. Zugriff am 04.04.2018. Verfügbar unter http://wcms.itz.uni-halle.de/download.php?down=34521&elem=2750160

Gerspach, M. (2016). Von den integrativen Prozessen zur Inklusion – was bleibt auf der Strecke? In R. Göppel & B. Rauh (Hrsg.), *Inklusion. Idealistische Forderung, Individuelle Förderung, Institutionelle Herausforderung* (S. 197–206). Stuttgart: Kohlhammer.

Hechler, O. (2016). Evidenzbasierte Pädagogik. Von der verlorenen Kunst des Erziehens. In B. Ahrbeck, S. Ellinger, O. Hechler, K. Koch & G. Schad (Hrsg.), *Evidenzbasierte Pädagogik. Sonderpädagogische Einwände* (S. 42–83). Stuttgart: Kohlhammer.

Heimbach-Steins, M. (2013). Gerechte Bildungschancen für alle? Defizite, Kriterien, Ansätze. In C. Fischer (Hrsg.), *Schule und Unterricht adaptiv gestalten. Fördermöglichkeiten für benachteiligte Kinder und Jugendliche* (Münstersche Gespräche zur Pädagogik, Bd. 29, S. 35–60). Münster: Waxmann.

Hershkovich, M., Simon, T. & Simon, J. (2017). Menschenrechte, Demokratie, Partizipation und Inklusion – ein (fast) in Vergessenheit geratenes Wechselverhältnis? In R. Kruschel (Hrsg.), *Menschenrechtsbasierte Bildung. Inklusive und demokratische Lern- und Erfahrungswelten im Fokus* (S. 161–172). Bad Heilbrunn: Klinkhardt.

Hildeschmidt, A. & Sander, A. (2002). Der ökosystemische Ansatz als Grundlage für Einzelintegration. In H. Eberwein & S. Knauer (Hrsg.), *Integrationspädagogik. Kinder mit und ohne Beeinträchtigung lernen gemeinsam; Ein Handbuch* (6., vollst. überarb. und aktualisierte Aufl, S. 304–312). Weinheim: Beltz.

Hinz, A. (1993). *Heterogenität in der Schule. Integration – interkulturelle Erziehung – Koedukation.* Verfügbar unter http://bidok.uibk.ac.at/library/hinz-heterogenitaet_schule.html

Hinz, A. (2002). Von der Integration zur Inklusion – terminologisches Spiel oder konzeptionelle Weiterentwicklung? *Zeitschrift für Heilpädagogik, 53,* 354–361.

Jantzen, W. (1976). Materialistische Erkenntnistheorie, Behindertenpädagogik und Didaktik. *Demokratische Erziehung, 2* (1), 15–29.

Klein, G., Kreie, G., Kron, M. & Reiser, H. (1987). *Integrative Prozesse in Kindergartengruppen. Über die gemeinsame Erziehung von behinderten und nichtbehinderten Kindern.* München: Deutsches Jugendinstitut.

Koller, H.-C. (2009). *Grundbegriffe, Theorien und Methoden der Erziehungswissenschaft. Eine Einführung* (4. Aufl.). Stuttgart: Kohlhammer.

König, J., Doll, J., Buchholtz, N., Förster, S., Kaspar, K., Rühl, A.-M., Strauß, S., Bremerich-Vos, A., Fladung, I. & Kaiser, G. (2018). Pädagogisches Wissen versus fachdidaktisches Wissen? *Zeitschrift für Erziehungswissenschaft, 21* (3), 1–38.

Lau, R. & Rath-Arnold, I. (2018). Begabungsförderung für alle in der Oberstufe. Auf dem Weg zu einer inklusiven Oberstufe am Oberstufen-Kolleg Bielefeld. In E. Feyerer, W. Prammer, E. Prammer-Semmler, C. Kladnik, M. Leibetseder & R. Wimberger (Hrsg.), *System. Wandel. Entwicklung. Akteurinnen und Akteure inklusiver Prozesse im Spannungsfeld von Institution, Profession und Person* (S. 207–212). Bad Heilbrunn: Klinkhardt.

Lingenauber, S. (2018). Der Reggio Emilia Approach. Partizipation in Geschichte und Gegenwart. In H. Barz (Hrsg.), *Handbuch Bildungsreform und Reformpädagogik* (S. 535–541). Wiesbaden: Springer VS.

Mand, J. (2003). *Lern- und Verhaltensprobleme in der Schule.* Stuttgart: Kohlhammer.

Mand, J. (2018). Inklusion am Ende. *PARAlife! Journal für ein Leben ohne Barrieren, 4* (1), 29–31.

Martens, M., Rabenstein, K., Bräu, K., Fetzer, M., Gresch, H., Hardy, I. & Schelle, C. (Hrsg.). (2018). *Konstruktionen von Fachlichkeit. Ansätze, Erträge und Diskussionen in der empirischen Unterrichtsforschung.* Bad Heilbrunn: Klinkhardt.

Merz-Atalik, K. (2014). Der Forschungsauftrag aus der UN-Behindertenrechtskonvention, nationale und internationale Probleme und ausgewählte Erkenntnisse der Integrations-/Inklusionsforschung zur inklusiven Bildung. In S. Trumpa, S. Seifried, E. Franz & T. Klauß (Hrsg.), *Inklusive Bildung. Erkenntnisse und Konzepte aus Fachdidaktik und Sonderpädagogik* (S. 24–46). Weinheim u.a.: Beltz.

Miller, S. & Kottmann, B. (2017). Kinder mit Lernschwierigkeiten in der Grundschule. Lehrkräfte im Entscheidungsdilemma. In I. Diehm, M. Kuhn & C. Machold (Hrsg.), *Differenz – Ungleichheit – Erziehungswissenschaft* (S. 219-237). Wiesbaden: Springer.

Moser, V. (2018). Einleitung. In V. Moser (Hrsg.), *Behindertenpädagogik als Synthetische Humanwissenschaft. Eine Einführung in das Werk Wolfgang Jantzens* (S. 7-11). Bad Heilbrunn: Klinkhardt.

Müller, F. J. (Hrsg.). (2018). *Blick zurück nach vorn – WegbereiterInnen der Inklusion. Band 1.* Gießen: Psychosozial.

Pellinghaus, L. & Wetzel, A. (2014). Democratic Education und das Lernen – eine Einführung. In I. Boban, T. Eckmann & A. Hinz (Hrsg.), *Lernen durch Vielfalt. Variationen aus der sozialästhetischen und inklusiven Praxis: demokratische Bildung, kooperatives Lernen, Zukunftsplanung* (S. 19-45). Bochum: projektverlag.

Peschel, F. (2012). Freiraum statt Einschränkung: Offener Unterricht muss konsequenter umgesetzt werden. In C. Fischer, C. Fischer-Ontrup, F. Käpnick, F.-J. Mönks, H. Scheerer & C. Solzbacher (Hrsg.), *Individuelle Förderung multipler Begabungen. Allgemeine Forder- und Förderkonzepte* (S. 155-180). Münster: Lit.

Porsch, R. (2016). Fachfremd unterrichten in Deutschland. Definition – Verbreitung – Auswirkungen. *DDS – Die Deutsche Schule, 108* (1), 9-32.

Prammer-Semmler, E. (2017). Homogenität. In K. Ziemen (Hrsg.), *Lexikon Inklusion* (S. 93-94). Göttingen: Vandenhoeck & Ruprecht.

Prengel, A. (1993). *Pädagogik der Vielfalt. Gleichberechtigung in interkultureller, feministischer und integrativer Pädagogik.* Opladen: Leske + Budrich.

Prengel, A. (2016). *Bildungsteilhabe und Partizipation in Kindergartentageseinrichtungen. Eine Expertise der Weiterbildungsinitiative Frühpädagogische Fachkräfte (WiFF).* München: Deutsches Jugendinstitut e.V.

Prengel, A., Tellisch, C. & Wohne, A. (2016). Anerkennung im Fachunterricht. Wie lassen sind fachtypische Herausforderungen beschreiben und wie können sie bewältigt werden? *Pädagogik, 68* (5), 10-13.

Reh, S. & Pieper, I. (2018). Die Fachlichkeit des Schulfaches. Überlegungen zum Deutschunterricht und seiner Geschichte zwischen Disziplinen und allgemeinen Bildungsansprüchen. In M. Martens, K. Rabenstein, K. Bräu, M. Fetzer, H. Gresch, I. Hardy & C. Schelle (Hrsg.), *Konstruktionen von Fachlichkeit. Ansätze, Erträge und Diskussionen in der empirischen Unterrichtsforschung* (S. 21-41). Bad Heilbrunn: Klinkhardt.

Reiser, H. (1991). Wege und Irrwege zur Integration. In A. Sander & P. Raidt (Hrsg.), *Integration und Sonderpädagogik. Saarbruecker Beitraege zur Integrationspaedagogik. 6* (S. 13-33). St. Ingbert: Röhrig.

Reiser, H. (1998). Sonderpädagogik als Service-Leistung? Perspektiven der sonderpädagogischen Berufsrolle. Zur Professionalisierung der Hilfsschul- bzw. Sonderschullehrerinnen. *Zeitschrift für Heilpädagogik* (2), 46-54.

Reiser, H. (2016). Psychodynamische Aspekte von Leistungsstörungen im Schulfach Mathematik. In D. Zimmermann, M. Meyer & J. Hoyer (Hrsg.), *Ausgrenzung und Teilhabe. Perspektiven einer kritischen Sonderpädagogik auf emotionale und soziale Entwicklung* (S. 79-93). Bad Heilbrunn: Klinkhardt.

Rempel, E. (2017). „Dafür bist du noch zu klein!" – Sprache und Adultismus. In R. Kruschel (Hrsg.), *Menschenrechtsbasierte Bildung. Inklusive und demokratische Lern- und Erfahrungswelten im Fokus* (231-237). Bad Heilbrunn: Klinkhardt.

Ronksley-Pavia, M. (2015). A Model of Twice-Exceptionality: Explaining and Defining the Apparent Paradoxical Combination of Disability and Giftedness in Childhood. *Journal for the Education of the Gifted, 38* (3), 318–340.

Rott, D. (2017). *Die Entwicklung der Handlungskompetenz von Lehramtsstudierenden in der Individuellen Begabungsförderung.* Münster: Waxmann.

Schneuwly, B. (2018). Schulfächer. Vermittlungsinstanzen von Bildung. *Zeitschrift für Erziehungswissenschaft, 21* (2), 279–298.

Schomaker, C. & Ricking, H. (2012). *SonderPädagogik in Modulen. Teil 2: Handlungsfelder.* Baltmannsweiler: Schneider.

Schratz, M. & Westfall-Greiter, T. (2011). Das Dilemma der Individualisierungsdidaktik. Plädoyer für personalisiertes Lernen in der Schule. *Journal für Schulentwicklung, 10* (1), 18–31.

Schumann, B. (2018). *Streitschrift Inklusion. Was Sonderpädagogik und Bildungspolitik verschweigen.* Berlin: Wochenschau Verlag.

Seitz, S., Pfahl, L., Lassek, M., Rastede, M. & Steinhaus, F. (2016). *Hochbegabung inklusive. Inklusion als Impuls für Begabungsförderung an Schulen. Auf dem Weg zu mehr Bildungsgerechtigkeit.* Weinheim: Beltz.

Simon, T. (2018). Partizipation als Qualitäts-, Struktur- und Prozessmerkmal inklusiver Institutionen. In E. Feyerer, W. Prammer, E. Prammer-Semmler, C. Kladnik, M. Leibetseder & R. Wimberger (Hrsg.), *System. Wandel. Entwicklung. Akteurinnen und Akteure inklusiver Prozesse im Spannungsfeld von Institution, Profession und Person* (S. 123–128). Bad Heilbrunn: Klinkhardt.

Simon, T. & Moser, V. (2019). Fachdidaktik(en) auf dem Weg zur Inklusion. Ein hochschuldidaktisches Qualifizierungskonzept. In S. Bartusch, C. Klektau, T. Simon & A. Weidermann (Hrsg.), *Lernprozesse begleiten. Anforderungen an pädagogische Institutionen und ihre Akteur*innen* (S. 223–238). Wiesbaden: VS Verlag.

Stähling, R. & Wenders, B. (2018). *Schule ohne Schulversagen. Praxisimpulse aus Grundschule und Sekundarstufe für eine gemeinsame Schule.* Baltmannsweiler: Schneider.

Tiemann, H. (2016). Konzepte, Modelle und Strategien für den inklusiven Sportunterricht. Internationale und nationale Entwicklungen und Zusammenhänge. *Zeitschrift für Inklusion, 11* (3). Verfügbar unter http://www.inklusion-online.net/index.php/inklusion-online/article/view/382/303

Veber, M. (2015a). Potenzialorientierte Diagnostik in und für heterogene Lerngruppen: Grundlagen und Anwendungsbeispiele. In C. Fischer (Hrsg.), *(Keine) Angst vor Inklusion. Herausforderungen und Chancen gemeinsamen Lernens in der Schule* (S. 91–104). Münster: Waxmann.

Veber, M. (2015b). Potenzialorientierung – Weg und Ziel Inklusiver Bildung. *Schulpädagogik heute, 6* (12), 1–21. Zugriff am 22.10.2015. Verfügbar unter http://www.schulpaedagogik-heute.de/SHHeft12/07_ausserthematischePraxis/07_03.pdf

Veber, M. & Benölken, R. (2019 i.V.). Beliefs fachfremd unterrichtender Lehrkräfte zu inklusionssensiblen Mathematikunterricht. In R. Porsch & B. Rösken-Winter (Hrsg.), *Fremd im Fach: Professionelles Handeln im Mathematikunterricht. Beiträge zur Forschung und Professionalisierung von fachfremd tätigen Mathematiklehrkräften in Deutschland.* Wiesbaden: VS Springer.

Veber, M. & Benölken, R. (2019). Potenziale aller Kinder und Jugendlicher als Ausgangspunkt pädagogischen Handelns. Mathematikdidaktische Blicke auf Unterricht und Lehrer*innenbildung. In S. Bartusch, C. Klektau, T. Simon & A. Weidermann

(Hrsg.), *Lernprozesse begleiten. Anforderungen an pädagogische Institutionen und ihre Akteur*innen* (S. 255–268). Wiesbaden: VS Verlag.

Veber, M. & Fischer, C. (2016). Individuelle Förderung in Inklusiver Bildung – eine potenzialorientierte Verortung. In B. Amrhein (Hrsg.), *Diagnostik im Kontext inklusiver Bildung. Theorien, Ambivalenzen, Akteure, Konzepte* (S. 98–117). Bad Heilbrunn: Klinkhardt.

Weigand, G., Hackl, A., Müller-Oppliger, V. & Schmid, G. (2014). *Personenorientierte Begabungsförderung. Eine Einführung in Theorie und Praxis.* Weinheim: Beltz.

Wocken, H. (2011). *Das Haus der inklusiven Schule. Baustellen – Baupläne – Bausteine.* Hamburg: Feldhaus.

Wocken, H. (2014). *Im Haus der inklusiven Schule. Grundrisse – Räume – Fenster.* Hamburg: Feldhaus.

Ralf Benölken, Timo Dexel und Nina Berlinger

3. Mathematikunterricht und Potenzialorientierung

3.1 Einleitung

Inklusion ist ein seit Jahrzenten bekanntes Fachwort der soziologischen Systemtheorie (Stichweh, 2013), damals nahezu ungenutzt in Pädagogik und Fachdidaktik. Nach der Jahrtausendwende ist Inklusion als pädagogisches Konzept v.a. durch den bekannten Aufsatz von Hinz (2002) in Opposition zur Praxis der Integration eingeführt (und dafür auch kritisiert) worden. Durch die UN-Konvention über die Rechte von Menschen mit Behinderung erfuhr die Debatte um Inklusion einen unvergleichlichen Anschub, der bis heute erziehungswissenschaftliche, fachdidaktische, juristische, soziologische und nicht zuletzt gesellschaftliche Diskussionen prägt und zu starken Kontroversen führt. Die zu Inklusion Forschenden sind sich zumindest in einem Punkt einig: „Es wird häufig nicht das Gleiche gemeint, wenn der Begriff „Inklusion" benutzt wird [...]" (Löser & Werning, 2015, S. 17). Dieser Beitrag zielt darauf ab, das Potenzial des Mathematikunterrichts für eine Potenzialorientierung aufzuzeigen, also das Potenzial eines Mathematikunterrichts, welcher an ein umfassendes Inklusionsverständnis anknüpft – dieses wird zunächst dargelegt, denn zugleich ergibt sich hieraus der Nutzen einer Potenzialorientierung, welche in diesem Kontext näher expliziert werden wird. Weiter werden übliche mathematikdidaktische Postulate zur Gestaltung von Lehr-Lern-Prozessen skizziert und exemplarisch eine mögliche praktische Annäherung aufgezeigt.

3.2 Ein umfassendes Inklusionsverständnis

Bezugnehmend auf Benölken, Berlinger und Veber (2018) halten wir die für uns konstitutiv erscheinenden Merkmale eines theoretisch begründeten Inklusionsbegriffs fest.

- Schon Hinz (2002) stellt die Ablehnung der Zwei-Gruppen-Theorie als zentral für Inklusion heraus. Die weitestgehende Ablehnung von institutionell festgelegten Kategorien (De-Kategorisierung), wie „sonderpädagogischer Unterstützungsbedarf" geht damit einher. Gerade diese Kategorie ist wegen ihrer Unschärfe (Katzenbach, 2015) und stigmatisierenden Wirkung (Pfahl & Powell, 2016) problematisch. Die Wichtigkeit entsprechender Forschung gleichermaßen wie der Entwicklung geeigneter praxeologischer Ansätze wird hierdurch ausdrücklich nicht in Abrede gestellt, sondern ordnet sich in eine als nicht dichotom anzusehende Skala zwischen institutionellen und pädagogischen Anforderungen im Sinne von Veber (2015) ein.

- Vielfalt zwischen und innerhalb Menschen soll positiv wahrgenommen werden (Veber, 2016). Am ehesten wird dies durch den Begriff Diversität repräsentiert, der besagt, dass Unterschiede nicht nur wahrgenommen, sondern auch gewinnbringend genutzt werden (Sliwka, 2010). Es entsteht ein Spannungsfeld zur De-Kategorisierung, dem wir übereinstimmend mit Budde und Hummrich reflexiv begegnen: „Reflexive Inklusion zielt in dieser Anlehnung sowohl auf das Wahrnehmen und Ernstnehmen von Differenzen und das Sichtbarmachen von darin eingeschriebener Benachteiligung, als auch auf den Verzicht auf Festschreibung und Verlängerung impliziter Normen durch deren Dekonstruktion." (Budde & Hummrich, 2013)
- Inklusion wird gesellschaftskritisch und damit politisch begriffen, um als Strategie zur Realisierung der Menschenrechte zu dienen. Dies schließt das Recht auf inklusive Beschulung (Wrase, 2017) ein.

Indem wir unsere Kriterien des Inklusionsverständnisses offenlegen, wird der Reflexivität als Teil pädagogischer Professionalität Rechnung getragen. Gerade aus dem zweiten der oben genannten Punkte ergibt sich ein umfassendes Inklusionsverständnis, das die Bedeutung von Potenzialorientierung akzentuiert, also innerhalb einer Person und zwischen Personen Unterschiede zu nutzen und Ressourcen in dieser Vielfalt zu sehen (Benölken, Berlinger & Veber, im Erscheinen).

3.3   Mathematikdidaktische Postulate zur Gestaltung von Lehr-Lern-Prozessen

Mathematikunterricht ist ein fester Bestandteil des schulischen Fächerkanons, jedoch in seiner heutigen Form keineswegs willkürlich zu organisieren (etwa als Vermittlung mathematischer Inhalte als „Fertigprodukt"), sondern das Ergebnis eines sehr langen historischen Entwicklungsprozesses:

> Betrachtet man die historische Entwicklung, so wird deutlich, dass konkrete Zielfestlegungen für den Mathematikunterricht der Grundschule stets den jeweiligen politisch-ökonomischen Rahmenbedingungen unterlagen und von pädagogischen, didaktischen oder schulpraktischen ‚Modeströmungen' beeinflusst wurden. (Käpnick, 2014, S. 3)

Um nur einige Beispiele zu nennen, oblag das Durchführen von Rechnungen historisch Rechenmeistern wie dem berühmten Adam Ries, und die Rechenkunst wurde, wenn sie denn benötigt wurde, entweder an jene „outgesourct" oder mittels passender Modellvorlagen angewandt. Weiter veränderte sich die Bedeutung von Realitätsbezügen im Laufe der Zeit immer wieder – die sog. „Neue Mathematik" der 1970er Jahre akzentuierte beispielsweise fachlich-präzise Darstellungen bis ins Primaralter (Graumann, 2002; Käpnick, 2014). Im Ergebnis dieser historischen Entwicklungen lassen sich insbesondere die folgenden Aspekte im Sinne mathematikdidaktischer Grundpostulate für die Gestaltung mathematischer Lehr- und Lernprozesse benennen (Benölken, 2016):

- Mathematikunterricht soll Grunderfahrungen ermöglichen, die sich zusammengefasst auf die Erschließung der Umwelt mit mathematischen Mitteln, auf das Erkennen und Begreifen typischer Kennzeichen innermathematischer Strukturen (nebst typischen Charakteristika mathematischen Denkens und Handelns) sowie auf die Aneignung von Problemlösefähigkeiten, die über die Beschäftigung mit Mathematik hinaus relevant sind, beziehen (z.B. Winter, 1995).

- Das Lernen von Mathematik soll als individueller, aktiver und konstruktiver Prozess gestaltet werden – es geht somit nicht, wie landläufig vielleicht vermutet, um eine bloße Kalkül-orientierte Vermittlung mathematischen Wissens, sondern um entdeckendes, forschendes Lernen (z.B. Winter, 1996).

- Lehren und Lernen von Mathematik sollten sich an mathematischen Leitideen und ihren Vernetzungen orientieren, wie sie sich etwa in den Bildungsstandards im Primarbereich anhand der inhaltsbezogenen Kompetenzbereiche „Zahlen und Operationen", „Raum und Form", „Muster und Strukturen", „Größen und Messen" sowie „Daten, Häufigkeit und Wahrscheinlichkeit" widerspiegeln. Übergreifend schließt dies typische mathematische Aktivitäten und Denkweisen ein, die als prozessorientierte Kompetenzen präzisiert sind, etwa „Problemlösen" oder „Modellieren" (Sekretariat der Ständigen Konferenz der Kultusminister der Länder in der Bundesrepublik Deutschland, 2005).

- Für die Bildung von Mathematiklehrkräften ist neben der fachdidaktischen eine fundierte fachwissenschaftliche Professionalisierung von großer Bedeutung – beispielsweise um die mathematische Substanz von Lerngelegenheiten bewerten oder Lernangebote so gestalten zu können, dass sie eine vom Fach ausgehende Offenheit ermöglichen (z.B. Wittmann, 1996).

Diese (grob umrissenen) Grundpostulate geben in ihrer Gesamtheit Hinweise darauf, dass die Mathematikdidaktik „von Haus aus" die Gestaltung mathematischer Lehr-Lern-Prozesse nicht als eng gefasste Lehrgänge, sondern als offene Lernangebote postuliert, die Grundausrichtung somit – zunächst unabhängig von Diskussionen um den Komplex der inklusiven Bildung – ausgehend von der mathematischen Substanz die Lernenden stets in den Mittelpunkt stellt und damit per se große Potenziale zur Organisation inklusiver Lehr-Lern-Prozesse unter einem schulpädagogischen Fokus birgt (Benölken, 2018).

3.4   Stand der Mathematikdidaktik hinsichtlich einer „inklusiven Didaktik" (2017)

Ein Entwurf, die für die Inklusionspädagogik und für den Mathematikunterricht aufgestellten Postulate theoretisch zusammenzudenken und praktisch zu realisieren, stammt von Käpnick (2016d). Sammelbände nähern sich dem Themenkomplex (Fetzer, 2016; Häsel-Weide & Nührenbörger, 2017a; Peter-Koop, Rottmann & Lüken, 2015; Steinweg, 2016), und erste Dissertationen (z.B. die zwischen Erziehungswissenschaft und Mathematikdidaktik interdisziplinär angelegte Arbeit von Korff, 2015) liefern wertvolle Erkenntnisse. Explizite Artikel in den beiden wichtigsten deutschsprachigen mathematikdidaktischen Zeitschriften (Journal für Mathematikdidaktik und mathematica didactica) zum Thema Inklusion sind bis dato – sieht man freilich von vielen produktiven Beiträgen zu diversen spezifischen Heterogenitätsfacetten ab – nicht vorhanden und auch in aktuellen Handbüchern (Bruder, Hefendehl-Hebeker, Schmidt-Thieme & Weigand, 2015) gibt es keinen Beitrag dieser Ausrichtung. Inklusive Mathematikdidaktik in Theorie und Praxis bedarf daher weiterer Anstrengung und wissenschaftlicher Reflexion. Dies deutet zusammengefasst bereits darauf hin, dass das Thema Inklusion durch die (zumindest deutschsprachige) Mathematikdidaktik, wie in anderen Fachdidaktiken auch, offenbar eher zögerlich aufgegriffen wurde. Mittlerweile sind einige Beiträge zu finden, die sich in erster Linie mit der Organisation des Mathematikunterrichts (Scherer, 2017) beschäftigen, v.a. die Aufgabenkonstruktion (Benölken, 2016; Häsel-Weide & Nührenbörger, 2015) ist ein zentrales Thema. Es ist anzumerken, dass Inklusion auch hier nicht einheitlich verstanden wird. Der Sammelband von Steinweg (2016) trägt schon im Titel, dass „ausgewählte Förderschwerpunkte" Thema sind, Fritz, Ehlert und Müller (2017) stellen die „Inklusion behinderter Menschen in die Gesellschaft" (S. 173) als leitend heraus. Entsprechend beziehen sie sich in ihren Ausführungen auf „schwache Rechner", auch in der Studie von Pfister, Stöckli, Moser Opitz und Pauli (2015) sind „schwache Rechnerinnen und Rechner" (S. 54) im Fokus. Werner (2017) argumentiert aus sonderpädagogischer Perspektive und stellt die auszugleichenden Schwächen der Schülerinnen und Schüler in den Mittelpunkt. Beispielsweise Käpnick (2016a) versteht Inklusion als ein umfassendes Konzept, welches das Lernen aller Kinder in einer Schule ermöglichen soll. Scherer (2017) betont, dass vielfältige Heterogenitätsdimensionen einbezogen werden müssen und entwickelt ein Unterrichtskonzept, das zwischen gemeinsamen und individuellem Lernen pendelt. Sie erörtert, dass individuelles Lernen nicht mit isoliertem Lernen gleichgesetzt werden darf; gemeinsames Arbeiten an einem Lernangebot sei zu ermöglichen. Sie hält natürliche Differenzierung (s.u.) für konstitutiv. Häsel-Weide und Nührenbörger (2017b) erörtern das Verhältnis von Diagnose und Förderung im Mathematikunterricht und stellen ein diagnosegeleitetes Vorgehen dar, welches Lernstände, -verläufe und -schwierigkeiten im unterrichtlichen Prozess erfasst. Darauf aufbauend erläutern sie Möglichkeiten des produktiven Förderns als Leitlinie für inklusiven Unterricht, das ebenfalls auf natürliche

Differenzierung zurückgreift. Die Kopplung aus Diagnostik und Förderung spielt auch bei Käpnick (2016c) eine wichtige Rolle. Diagnostik ist prozessbegleitend und kompetenzorientiert zu verstehen, zusätzlich betont er die Bedeutung von Teamarbeit, um mit Hilfe der verschiedenen Perspektiven Ganzheitlichkeit zu erreichen, die sich nicht allein auf mathematische Kompetenz beschränkt. Dieser kurze, unvollständige Überblick zeigt, dass sich mathematikdidaktische Forschung zwischen den Polen sonderpädagogischer Förderung bzw. „schwache Rechner*innen" – ganzheitliche Sicht auf alle Schülerinnen und Schüler einerseits – und ausgleichender Förderung – vom Kind aus realisierte natürliche Differenzierung andererseits – bewegt. Weitere Forschung, die weniger auf Inklusion als auf Diskriminierung und Erzeugung von Differenz im Mathematikunterricht bezogen ist, ist zwar vorhanden (z.B. Gellert, 2013), aber im deutschsprachigen Raum deutlich unterrepräsentiert. Eine gemäß dem oben artikulierten Inklusionsverständnis ausgerichtete mathematikdidaktische Forschung sollte v.a. Potenziale von Schülerinnen und Schülern unabhängig von pädagogischen Kategorien fokussieren, wie es sich ohnehin in mathematikdidaktischen Positionen zur individuellen Diagnostik und Förderung widerspiegelt:

> Um jedes Kind entsprechend seinen individuellen Bedürfnissen fördern zu können, bedarf es zweifelsohne einer vorherigen gründlichen Diagnose seiner jeweiligen Lernausgangssituation. Denn: Erst eine möglichst genaue Kenntnis des bis dato erreichten Entwicklungsstandes eines Kindes erlaubt die Planung und Durchführung effektiver Fördermaßnahmen. […] eine solche Diagnostik [sollte sich] aber nicht nur auf die erworbenen mathematischen Kompetenzen und speziellen Lernbedürfnisse beschränken, sondern die gesamte Persönlichkeitsentwicklung einschließlich der jeweiligen inter- und intrapersonalen Einflussfaktoren berücksichtigen. (Käpnick, 2016c, S. 139)

Ein weiterer Aspekt inklusiven Mathematikunterrichts ist die Kooperation von Lehrkräften im Fachunterricht. Auch hier gibt es erste Beiträge, z.B. Erfahrungsberichte (Otremba & Wember, 2017) oder konzeptuelle Vorschläge (Käpnick & Dexel, 2018). Die genannten Indizien deuten darauf hin, dass die Mathematikdidaktik sich in Bezug auf ein Weiterdenken in Richtung einer „inklusiven" Didaktik noch eher im Aufbruch befindet – in jüngster Zeit ist beispielsweise auf Jahrestagungen der Gesellschaft für Didaktik der Mathematik (GDM) eine deutliche Zunahme entsprechender Arbeiten erkennbar und eine gemeinsame Stellungnahme der GDM mit der Deutschen Mathematiker-Vereinigung und dem Verein zur Förderung des mathematisch-naturwissenschaftlichen Unterrichts (Gemeinsame Kommission Lehrerbildung, 2017) zeigt wichtige Herausforderungen und Perspektiven auf, insbesondere um eine „Balance von individuellem und gemeinsamen Lernen zu finden" (S. 2). Im Folgenden wird erörtert, wie und wieso gerade eine potenzialorientierte Sicht auf inklusive Bildung hierfür konstruktiv scheint.

3.5 Die Bedeutung der Fachlichkeit und Potenziale des Mathematikunterrichts für inklusive Bildung

In der gegenwärtigen mathematikdidaktischen Literatur wird sich im Kontext Inklusion häufig auf Feusers entwicklungslogische Didaktik (1989) bezogen, v.a. auf die Figur des Gemeinsamen Gegenstands (Häsel-Weide, 2016; Peter-Koop, 2016; Rottmann & Peter-Koop, 2015; Schindler, 2017). Dies ist insofern erstaunlich, als dass Feuser ein überzeugter Kritiker der Fachdidaktiken und Fächerlogik ist und seine entwicklungslogische Didaktik ausschließlich im Projektunterricht realisiert sieht. Zur Verdeutlichung:

> Selbst unter der Voraussetzung, dass sie für Studierende aller Studienrichtungen verpflichtend zu belegen sind, wird die nahezu ausschließliche fachdidaktische Orientierung des Studiums, die jeweils der Fachsystematik und -logik entspricht und nicht der Entwicklungslogik der Aneignungsprozesse der Lernenden, zu nicht auflösbaren Widersprüchen mit dem Inklusionsanliegen führen. In Ermangelung vor allem einer fundierten Ausbildung in allgemeiner Didaktik, wird auch das pädagogische Denken und Bewusstsein zukünftiger Lehrerinnen und Lehrer nicht zu erreichen sein. *Die Fixierung auf Fachdidaktiken bringt Absurditäten hervor, die sich in deren Attribuierung mit dem Inklusionsbegriff zeigen. Physik, Chemie, Mathematik, Geographie, Sprachen u.a. sind als zu vermittelnde thematische Sachverhalte doch nicht an sich inklusiv.* (Feuser, 2016, S. 31 Hervorhebung: d. A.)

Zur Klarstellung: Hier wird weder der Versuch unternommen, Feusers Werk, das unbestreitbar hohe Bedeutung für die Integrations- und Inklusionspädagogik hat, zu widerlegen oder zu diskreditieren, noch werden die oben genannten Artikel problematisiert. Stattdessen soll reflektiert werden, ob die entwicklungslogische Didaktik für die Didaktik der Mathematik ein angemessener Bezugspunkt ist. Es wird zu zeigen sein, dass Feusers Ansicht zumindest kritisch zu hinterfragen ist. Wir belegen aus drei Perspektiven, dass Mathematik als *Fach* ebenso wie seine *Fachdidaktik* Potenziale für inklusive Bildung bietet: (1) Die Perspektive der Allgemeinbildung, (2) die Perspektive der Unterrichtsqualität und (3) die Perspektive der Lernenden.

Zu (1): Mathematik als Gegenstand bildungstheoretischer Reflexion stellt die Frage, welche Bedeutung Mathematik für die Bildung des Menschen hat (Ladenthin, 2015). Es ist bekanntlich der Unterricht, der vornehmlich für den Kontakt zwischen jungen Menschen und Mathematik verantwortlich ist (Neubrand, 2015). Insbesondere in den 1990er Jahren entwickelte sich eine Debatte um den Wert des Mathematikunterrichts für die Allgemeinbildung, die Mathematikdidaktik war besonders durch die Habilitationsschrift des Erziehungswissenschaftlers Heymann (1996) herausgefordert. Im Kern ging es um die Dauer und den Stellenwert des Mathematikunterrichts, v.a. in der weiterführenden Schule, letztendlich ohne formale Konsequenz für den Unterricht. Allerdings stellte Winter (1996) in Folge der

Diskussion seine bis heute vielzitierten Grunderfahrungen (s. Abschnitt 3) auf, die großen Einfluss auf die Mathematikdidaktik haben. Worin liegt nun der Wert der Mathematik für Bildung? Mit Büchter und Henn können wir festhalten, dass Mathematik zwei wichtige Seiten hat:

> Einerseits ist die Mathematik eine besondere Wissenschaft mit einer besonderen Kultur des Denkens. Sie hat eine ihr eigene Ästhetik und Schönheit, die sich allerdings, wie auch etwa bei Literatur, Kunst oder Musik, nicht jedem erschließt. Andererseits hat die Mathematik eine außerordentliche Funktionalität, die es mit universellen Modellen erlaubt, viele Phänomene der realen Welt zu ordnen und zu verstehen, die aber auch die Gefahren des Missbrauchs birgt. (2015, S. 26)

Diese zwei Seiten zu erfahren, lässt sich auch als Recht junger Menschen interpretieren. Indem wir von der Bildsamkeit jedes Menschen ausgehen, ist es die Aufgabe der Lehrkräfte, Mathematik als Teil der Bildung – egal welcher fachliche Anspruch – *jedem* zur Verfügung zu stellen. Dies zu betonen hat einen Grund, denn in Diskussionen über Bildung läuft Mathematik Gefahr, aus dem Blick zu geraten. Als Beispiel mag das Curriculum des neuen Index für Inklusion gelten, in dem das Wort Mathematik gar nicht auftaucht. Es wird lediglich zu Beginn kritisiert: „Manche glauben, dass Mathematik als separates Fach gelehrt werden müsse, weil mathematisches Wissen hierarchisch geordnet und deshalb nur schwer zu verstehen sei, wenn man es auf verschiedene Fächer verteilte" (Achermann et al., 2017, S. 53). Tatsächlich gibt es die Tendenz, mathematische Inhalte zu „vergessen", wie es z.B. auch beim populärwissenschaftlichen Bildungskanon von Schwanitz („Bildung. Alles was man wissen muß [sic!]") (Schwanitz, 2002) passierte: Mathematik sucht man vergeblich (Ringel, 2006). Unsere Argumentation lautet zusammengefasst: Mathematik ist ein Beitrag zur Bildung (Benner & Brüggen, 2004), damit auch zur inklusiven Bildung. Alle Schülerinnen und Schüler haben ein Recht darauf, auch diesen Teil der Bildung zu erfahren. Dieses Recht ist jedoch gefährdet, wenn Mathematik nicht als Schulfach eingebunden wird, da es die Tendenz gibt, im Bildungskanon zu verschwinden. Ausschließlich projektartig angelegter Unterricht kann diese Tendenz verschärfen, da ohne die institutionell verankerten mathematischen Inhalte Themen der mathematischen Bildung nicht beachtet werden könnten, wie das Beispiel des Curriculums des Indexes für Inklusion exemplarisch zeigt.

Zu (2): Es gibt kein Unterrichtsfach in Deutschland, für das der Zusammenhang von Lehrerinnen- und Lehrerbildung und Schülerinnen- und Schülerlernen so gut beforscht ist, wie im Fach Mathematik (Terhart, 2012). Insbesondere die COACTIV-Studie (Kunter et al., 2011) und die TEDS-Studien (Blömeke, Kaiser & Lehmann, 2010a, 2010b) liefern wertvolle Erkenntnisse. Primarstufenlehrkräfte, die Mathematik als Unterrichtsfach studiert haben, vertreten deutlich stärkere konstruktivistische Überzeugungen und lehnen transmissionsorientierte Überzeugungen stärker ab. Das bedeutet, dass sie Mathematiklernen als einen selbstgesteuerten, aktiven Konstruktionsprozess ansehen, den sie unterstützen und begleiten können. Wissen wird als durch die Person individuell konstruiert verstanden (Felbrich, Schmolz & Kaiser, 2010). Diese Überzeugung entspricht den oben aufgeführten Grundpostulaten des Mathematikunterrichts. Stärkere Beobachtung erfahren auch fachfremd unterrichtende Mathematiklehrkräfte. Eine profunde fachspezifische Ausbildung scheint dabei mit konstruktivistischen Lehr-Lern-Überzeugungen einherzugehen (Porsch, 2015), was die Bedeutung fachlicher Qualifikationen unterstreicht – und zwar auch und gerade im Kontext einer inklusiven mathematischen Bildung (zu ersten Ergebnissen einer Studie siehe Veber & Benölken, 2018). Wir konkretisieren die Bedeutung fachdidaktischen Wissens am Beispiel der Differenzierung. Dass diese für die Gestaltung inklusiven Unterrichts nötig ist, erscheint unumstritten (Fischer, 2014). Blickt man genauer auf Unterrichtspraxis, sind Probleme erkennbar. Einerseits geschieht Differenzierung oftmals nach Schnelligkeit der Schülerinnen und Schüler, was sorgfältiges und genaues Arbeiten benachteiligt (Budde, 2013), andererseits gibt es gerade für den Mathematikunterricht Fallstricke bei der Differenzierung nach Niveau. Ein einfaches Beispiel ist das Sortieren von Zahlen nach ihrer Größe. Eine Schülerin bzw. ein Schüler im Anfangsunterricht, die bzw. der problemlos Zahlen im Hunderterraum sortiert, wird auch keine Anregung bei der Sortierung größerer Zahlen erfahren; er bzw. sie hat das Stellenwertprinzip schon längst verstanden und benötigt daher andere Anforderungen. Eine lange Tradition hat daher das Konzept der natürlichen Differenzierung (Krauthausen & Scherer, 2014; Wittmann, 1996), wobei hier wohlgemerkt nicht eine methodische Öffnung – die zusätzlich gewiss produktiv sein kann, wenn man an offene Unterrichtsformen denkt – sondern ein Ausschöpfen der spezifischen Potenziale des Fachs Mathematik gemeint ist: Aufgaben sollen eben nicht in ihrer Organisationsform oder nach einem von der Lehrkraft vorgegebenen Niveau differenzieren, sondern vom Fach aus geöffnet sein und somit den Schülerinnen und Schülern überlassen, wie tiefgehend, mit welchen Hilfsmitteln, anhand welcher Lösungsdarstellungen, … sie den Inhalt bearbeiten. Die Ausgestaltung dieses Prinzips zeigt sich in der Konstruktion offener substantieller Problemfelder und Lernumgebungen (Benölken, 2016; Benölken, Berlinger & Käpnick, 2016; Häsel-Weide & Nührenbörger, 2015; Hirt & Wälti, 2014; Scherer, 2008). Ohne fachliches und fachdidaktischen Wissen scheint diese Differenzierung kaum möglich.

Zu (3): Wenngleich Mathematik als Schulfach einen „schwierigen Stand" bei Schülerinnen und Schülern hat (Haag & Götz, 2012; Henn & Kaiser, 2001), gibt es doch einige, die interessiert und mit Freude den Umgang mit Zahlen, Mustern und Strukturen verfolgen. Zahlreiche Fallstudien deuten auf Spaß und Kreativität seitens Schülerinnen und Schülern im Umgang mit Mathematik hin, die jedoch nicht immer durch Unterricht wahrgenommen oder akzeptiert wird (Fuchs, 2016; Käpnick, 2016b). Im Sinne einer potenzialorientierten Diagnostik und Förderung liefern mathematische Potenziale Anknüpfungspunkte für Erfolgserlebnisse von Schülerinnen und Schülern, wenn etwa mathematisch-logische und räumliche

Begabungen genutzt werden, um Schwierigkeiten beim Schriftspracherwerb zu bewältigen (Fischer & Käpnick, 2014).

Aus diesen Gründen scheint Feusers didaktischer Ansatz, v.a. der Gemeinsame Gegenstand, der ja *„nicht das materiell Faßbare*, das letztlich in der Hand des Schülers zum Lerngegenstand wird, sondern *der zentrale Prozeß*, der hinter den Dingen und beobachtbaren Erscheinungen steht und sie hervorbringt" (Feuser, 1989, o.S. Hervorhebung i.O.) ist, zusammen mit seiner Prämisse, dass nur in Projektform angelegte Lern- und Unterrichtseinheiten die Chance böten, „an dem jeweils spezifischen Erfahrungshorizont und der Bedürfnislage der Schüler anzuknüpfen und sie im Sinne des o.a. didaktischen Feldes in offenen und kooperativen Lernformen zusammenzuführen" (ebd.) als eine problematische Grundlage. Meist scheint die Konzeption der gemeinsamen Lernsituationen nach Wocken (1998) angemessener, der nach „koexistenten" Lernsituationen, in denen Kinder individuell lernen (die Gemeinsamkeit bezieht sich auf räumliche und zeitliche Aspekte), „subsidiären" Lernsituationen, die Unterstützung und Hilfe durch sozialen Austausch fokussieren, und „kooperativen" Lernsituationen, die auf eine tatsächliche Arbeit an demselben Gegenstand gerichtet sind (durch sich ergänzende Ziele oder durch ein gemeinsames Ziel), unterscheidet, zumal sie auf vielfältige Weise Anknüpfungsmöglichkeiten für bestehende Erkenntnisse und Konzepte in der Mathematikdidaktik bietet. Wir erinnern uns an die Ausführungen des zweiten Abschnitts sowie an das Zitat aus dem Positionspapier (Gemeinsame Kommission Lehrerbildung, 2017) aus dem vierten Abschnitt und vergleichen:

> Es geht um die doppelte Zielsetzung, sowohl die Entwicklung der individuellen Potenziale zu ermöglichen und anzuregen als auch die Gemeinsamkeit und Zugehörigkeit aller zu pflegen. Die widersprüchlichen Pole Verschiedenheit und Gleichheit müssen durch eine dialektische Balance von Individualisierung und Gemeinsamkeit ausgeglichen und versöhnt werden. (Wocken, 2014, S. 55–56)

In der Zusammenschau ergibt sich hier somit eine Brücke, welche die eingangs geschilderte Sicht eines umfassenden Inklusionsverständnisses, insbesondere einer Akzentuierung der Potenzialorientierung, mit mathematikdidaktischen Postulaten zur Gestaltung von Lehr-Lern-Prozessen zu verbinden vermag, wobei notwendige Berücksichtigungen spezifischer Facetten von Diversität auf institutioneller Ebene explizit mitgedacht sind, ohne De-Kategorisierungen auf persönlicher Ebene zu negieren.

3.6   Konkretisierung

Eine didaktische Realisierung in diesem Sinne stellt das offene, substanzielle Problemfeld „Polyominos – Würfelmehrlinge" dar. Es eignet sich für den Einsatz im inklusiven Mathematikunterricht, weil die Idee einer natürlichen Differenzierung vom Fach aus zentral ist, d.h.,

- der Aufgabeninhalt sollte für alle Kinder motivierend sein und insbesondere
- eine reichhaltige mathematische Substanz aufweisen, die eine große Offenheit hinsichtlich z.B. Lösungswegen, Hilfsmitteln, Ergebnisdarstellungen oder Anschlussproblemen gewährleistet,
- so dass alle Kinder die Chance haben, sich erfolgreich mit der Aufgabe auseinander zu setzen (hier im inklusionspädagogischen Sinne also zugleich eine „Nullschwelle" eingeschlossen ist). (u.a. Benölken, Berlinger & Käpnick, 2016)

Die Besonderheit besteht darin, dass mit *einem* Impuls, *einem* Forscherauftrag *alle* Schülerinnen und Schüler zu mathematischen Entdeckungen auf ganz unterschiedlichen Niveaus mit vielschichtigen Zugängen angeregt werden: „Wie viele Quadratmehrlinge[1] kannst du mit 2, 3, 4, 5, ... Quadraten legen?" Im gemeinsamen Einstieg könnten mehrere verschiedene Quadratmehrlinge (z.B. ein Quadratdrilling und zwei unterschiedliche Quadratvierlinge) als stummer Impuls eingesetzt werden. Auf diese Weise können die Vorerfahrungen und Ideen der Kinder aufgegriffen werden. Das Legen von Quadratmehrlingen wirkt auf die Kinder häufig sehr motivierend, da handelnd Entdeckungen gemacht werden können. Vor Beginn der freien Forschungsphase sollte die Bildungsregel von Quadratmehrlingen im Vordergrund stehen, so dass die Kinder verstehen, dass zwei Quadrate stets eine volle Kante gemeinsam haben. Anschließend können die Kinder den o.g. offenen Forschungsauftrag in freier Form bearbeiten. Erprobungen zeigen, dass die Kinder im Sinne einer natürlichen Differenzierung unterschiedlich intensiv in die mathematische Substanz eindrangen. Während einige Kinder sich mit der elementaren Tätigkeit des Aneinanderlegens von Quadraten beschäftigten, skizzierten andere Kinder ihre mental gefundenen Quadratmehrlinge auf Karopapier. Wiederum andere bearbeiteten die Aufgabe systematisch und befassten sich zunächst mit Quadratzwillingen, dann -drillingen, -vierlingen und schließlich -fünflingen oder konzentrierten sich beispielsweise ausschließlich auf Teilaspekte der Fragestellung, wie Quadratvierlinge bzw. -fünflinge (Abbildung 3.1). Einige Kinder fanden auch bereits Anschlussprobleme, indem sie die Verbindung zwischen Quadratsechslingen und Würfelnetzen analysierten. Besonders an den Argumentationen der Kinder, warum sie beispielsweise alle Quadratvierlinge gefunden haben, zeigten sich unterschiedliche strategische Herangehensweisen, die u.a. eher Aspekte des räumlichen Vorstellungsvermögens oder kombinatorische Überlegungen deutlich

---

1   Ein „Quadratmehrling" ist vereinfacht ausgedrückt eine Figur, die sich aus mehreren gleichgroßen Quadraten zusammensetzt (man denke an die Bausteine des Spiels „Tetris"). Die Abbildung 3.1 gibt Beispiele.

machten. Zudem ist es möglich, alleine, zu zweit oder in Kleingruppen die Quadratmehrlinge zu untersuchen und Hilfsmittel zu nutzen, wie laminierte Quadrate und Karopapier. Die Kinder können somit eigenständig entscheiden, ob und wann sie auf enaktiver, ikonischer und symbolischer Ebene arbeiten und sie einen Wechsel der Darstellungsebene vollziehen. Durch diese Unterrichtsgestaltung können Kinder auf unterschiedlichen Wegen, mit unterschiedlichen Materialien, in unterschiedlichen Sozialformen an einer gemeinsamen Aufgabe bzw. einem gemeinsamen Thema arbeiten, wobei jedes Kind seinen Fähigkeiten und seiner Kreativität entsprechend probierend oder eher systematisch verschiedene und unterschiedlich viele Quadratmehrlinge finden kann. Dabei können im Sinne Wockens (1998) sowohl „koexistente" also auch „subsidiäre", als auch „kooperative" Lernsituationen auftreten. Wir verstehen offene, substanzielle Problemfelder als *einen* Weg zur Realisierung inklusionssensibler Mathematikdidaktik, neben dem es sicherlich auch andere gibt.

Abbildung 3.1: Beispiele für Quadratmehrlinge

3.7 Rückblick

Zusammengefasst scheint Mathematikunterricht ein großes Potenzial für eine Orientierung an Potenzialen zu bieten, was sich vor allem an aktuellen Postulaten zur Gestaltung mathematischer Lehr- und Lernprozesse zeigt. Für eine Synthese hin zu einer inklusiven Mathematikdidaktik scheint weiterhin besonders Wockens Ansatz einen adäquaten Zugriff zu bieten. „Weite" und „enge" Verständnisse von Inklusion, „potenzialorientierte" und „sonderpädagogische" Verortungen des Komplexes sollten nicht als sich wechselseitig ausschließende, miteinander konkurrierende Konzepte verstanden werden, zielen sie doch im Kern auf dasselbe, nämlich jedem Kind ein Lernen von Mathematik gemäß seinen Bedürfnissen zu ermöglichen.

Literatur

Achermann, B., Amirpur, D., Braunsteiner, M.-L., Demo, H., Plate, E. & Platte, A. (Hrsg.). (2017). *Index für Inklusion. Ein Leitfaden für Schulentwicklung*. Weinheim: Beltz.

Benner, D. & Brüggen, F. (2004). Bildsamkeit/ Bildung. In D. Benner & J. Oelkers (Hrsg.), *Historisches Wörterbuch der Pädagogik* (S. 174–215). Weinheim u.a.: Beltz.

Benölken, R. (2016). Offene substanzielle Aufgaben – Ein möglicher Schlüssel auch und gerade für die Gestaltung inklusiven Mathematikunterrichts. In R. Benölken & F. Käpnick (Hrsg.), *Individuelles Fördern im Kontext von Inklusion. Tagungsband aus Anlass des zehnjährigen Bestehens des Projektes „Mathe für kleine Asse" und des einjährigen Jubiläums des Projektes „MaKosi"* (Schriften zur mathematischen Begabungsforschung, Bd. 8, S. 203–213). Münster: WTM-Verlag.

Benölken, R. (2018). Mathematikdidaktische Perspektiven zu inklusivem Unterricht. In C. Fischer, C. Fischer-Ontrup, F. Käpnick, F.-J. Mönks, N. Neuber & C. Solzbacher (Hrsg.), *Potenzialentwicklung. Begabungsförderung. Bildung der Vielfalt. Tagungsband zum 5. Münsterschen Bildungskongress vom 09. bis zum 12. September 2015* (S. 29–44). Münster: Waxmann.

Benölken, R., Berlinger, N. & Käpnick, F. (2016). Offene substanzielle Aufgaben und Aufgabenfelder. In F. Käpnick (Hrsg.), *Verschieden verschiedene Kinder. Inklusives Fördern im Mathematikunterricht der Grundschule* (S. 157–172). Seelze: Klett Kallmeyer.

Benölken, R., Berlinger, N. & Veber, M. (2018). Das Projekt „Inklusiver Mathematikunterricht". Konzeptuelle Ansätze für Unterricht und Lehrerbildung. *MNU Journal, 5*, 340–345.

Blömeke, S., Kaiser, G. & Lehmann, R. (Hrsg.). (2010a). *TEDS-M 2008. Professionelle Kompetenz und Lerngelegenheiten angehender Mathematiklehrkräfte für die Sekundarstufe I im internationalen Vergleich*. Münster: Waxmann.

Blömeke, S., Kaiser, G. & Lehmann, R. (Hrsg.). (2010b). *TEDS-M 2008. Professionelle Kompetenz und Lerngelegenheiten angehender Primarstufenlehrkräfte im internationalen Vergleich*. Münster: Waxmann.

Bruder, R., Hefendehl-Hebeker, L., Schmidt-Thieme, B. & Weigand, H.-G. (Hrsg.). (2015). *Handbuch der Mathematikdidaktik*. Berlin: Springer Spektrum.

Büchter, A. & Henn, H.-W. (2015). Schulmathematik und Realität – Verstehen durch Anwenden. In R. Bruder, L. Hefendehl-Hebeker, B. Schmidt-Thieme & H.-G. Weigand (Hrsg.), *Handbuch der Mathematikdidaktik* (S. 19–49). Berlin: Springer Spektrum.

Budde, J. (2013). Didaktische Regime – Zettelwirtschaft zwischen Differenzstrukturen, Homogenisierung und Individualisierung. In J. Budde (Hrsg.), *Unscharfe Einsätze. (Re-)Produktion von Heterogenität im schulischen Feld* (S. 169–185). Wiesbaden: Springer Fachmedien.

Budde, J. & Hummrich, M. (2013). Reflexive Inklusion. *Zeitschrift für Inklusion* (4). Zugriff am 30.08.2017. Verfügbar unter http://www.inklusion-online.net/index.php/inklusion-online/article/view/193/199

Felbrich, A., Schmolz, C. & Kaiser, G. (2010). Überzeugungen angehender Primarstufenlehrkräfte im internationalen Vergleich. In S. Blömeke, G. Kaiser & R. Lehmann (Hrsg.), *TEDS-M 2008. Professionelle Kompetenz und Lerngelegenheiten angehender Primarstufenlehrkräfte im internationalen Vergleich* (S. 297–326). Münster: Waxmann.

Fetzer, M. (2016). *Inklusiver Mathematikunterricht. Ideen für die Grundschule* (Basiswissen Grundschule). Baltmannsweiler: Schneider Verlag Hohengehren.

Feuser, G. (1989). Allgemeine integrative Pädagogik und entwicklungslogische Didaktik. *Behindertenpädagogik, 28* (1), 4–48. Zugriff am 05.07.2016. Verfügbar unter http://bidok.uibk.ac.at/library/feuser-didaktik.html

Feuser, G. (2016). Die Integration der Inklusion in die Segregation. In U. Böing & A. Köpfer (Hrsg.), *Be-Hinderung der Teilhabe. Soziale, politische und institutionelle Herausforderungen inklusiver Bildungsräume* (S. 26–43). Bad Heilbrunn: Verlag Julius Klinkhardt.

Fischer, C. (2014). *Expertise: Individuelle Förderung als schulische Herausforderung* (Schriftenreihe des Netzwerk Bildung, Bd. 31). Berlin: Friedrich-Ebert-Stiftung.

Fischer, C. & Käpnick, F. (2014). Förderung eines mathematisch begabten Kindes mit Lese-Rechtschreibschwierigkeiten. *Labyrinth* (120), 18–19.

Fritz, A., Ehlert, A. & Müller, A. (2017). Diagnostik und Förderung mathematischer Kompetenzen in inklusiven Schulsettings. In F. Hellmich & E. Blumberg (Hrsg.), *Inklusiver Unterricht in der Grundschule* (1. Aufl., S. 173–193). Stuttgart: Kohlhammer.

Fuchs, M. (2016). Hanna – Längsschnittstudie zu einem mathematisch begabten Mädchen. In R. Benölken & F. Käpnick (Hrsg.), *Individuelles Fördern im Kontext von Inklusion. Tagungsband aus Anlass des zehnjährigen Bestehens des Projektes „Mathe für kleine Asse" und des einjährigen Jubiläums des Projektes „MaKosi"* (Schriften zur mathematischen Begabungsforschung, Bd. 8, S. 131–144). Münster: WTM-Verlag.

Gellert, U. (2013). Heterogen oder hierarchisch? Zur Konstruktion von Leistung im Unterricht. In J. Budde (Hrsg.), *Unscharfe Einsätze. (Re-)Produktion von Heterogenität im schulischen Feld* (S. 211–228). Wiesbaden: Springer Fachmedien.

Gemeinsame Kommission Lehrerbildung. (2017). Fachdidaktik für den inklusiven Mathematikunterricht – Orientierungen und Bemerkungen. *Mitteilungen der Gesellschaft für Didaktik der Mathematik, 42* (103), 42–46. Zugriff am 05.09.2017. Verfügbar unter http://ojs.didaktik-der-mathematik.de/index.php/mgdm/article/download/95/232

Graumann, G. (2002). *Mathematikunterricht in der Grundschule* (Studientexte zur Grundschulpädagogik und -didaktik). Bad Heilbrunn: Klinkhardt.

Haag, L. & Götz, T. (2012). Mathe ist schwierig und Deutsch aktuell: Vergleichende Studie zur Charakterisierung von Schulfächern aus Schülersicht. *Psychologie in Erziehung und Unterricht, 59* (1), 32–46.

Häsel-Weide, U. (2016). Mathematik gemeinsam Lernen – Lernumgebungen für den inklusiven Mathematikunterricht. In A. S. Steinweg (Hrsg.), *Inklusiver Mathematikunterricht – Mathematiklernen in ausgewählten Förderschwerpunkten. Tagungsband des AK Grundschule in der GDM 2016* (Mathematikdidaktik Grundschule, Bd. 6, S. 9–24). Bamberg: University of Bamberg Press UBP.

Häsel-Weide, U. & Nührenbörger, M. (2015). Aufgabenformate für einen inklusiven Arithmetikunterricht. In A. Peter-Koop, T. Rottmann & M. M. Lüken (Hrsg.), *Inklusiver Mathematikunterricht in der Grundschule* (S. 58–74). Offenburg: Mildenberger.

Häsel-Weide, U. & Nührenbörger, M. (2017a). *Gemeinsam Mathematik lernen – mit allen Kindern rechnen*. Frankfurt am Main: Grundschulverband.

Häsel-Weide, U. & Nührenbörger, M. (2017b). Produktives Fördern im inklusiven Mathematikunterricht – Möglichkeiten einer mathematisch ausgerichteten Diagnose und individuellen Förderung. In F. Hellmich & E. Blumberg (Hrsg.), *Inklusiver Unterricht in der Grundschule* (1. Aufl., S. 213–228). Stuttgart: Kohlhammer.

Henn, H.-W. & Kaiser, G. (2001). Mathematik — ein polarisierendes Schulfach. *Zeitschrift für Erziehungswissenschaft, 4* (3), 359–380.

Heymann, H. W. (1996). *Allgemeinbildung und Mathematik*. Weinheim: Beltz.

Hinz, A. (2002). Von der Integration zur Inklusion – terminologisches Spiel oder konzeptionelle Weiterentwicklung? *Zeitschrift für Heilpädagogik, 53* (9), 354–361.

Hirt, U. & Wälti, B. (2014). *Lernumgebungen im Mathematikunterricht. Natürliche Differenzierung für Rechen-schwache und Hochbegabte* (4. Aufl.). Seelze: Klett Kallmeyer.

Käpnick, F. (2014). *Mathematiklernen in der Grundschule*. Berlin [u.a.]: Springer.

Käpnick, F. (2016a). Die Basis: Pädagogische Grundpositionen. In F. Käpnick (Hrsg.), *Verschieden verschiedene Kinder. Inklusives Fördern im Mathematikunterricht der Grundschule* (S. 101–105). Seelze: Klett Kallmeyer.

Käpnick, F. (2016b). Intuitive Theoriekonstrukte als stetige Begleiterscheinung des individuell konstruktiven Lernens von Kindern. In R. Benölken & F. Käpnick (Hrsg.), *Individuelles Fördern im Kontext von Inklusion. Tagungsband aus Anlass des zehnjährigen Bestehens des Projektes „Mathe für kleine Asse" und des einjährigen Jubiläums des Projektes „MaKosi"* (Schriften zur mathematischen Begabungsforschung, Bd. 8, S. 114–130). Münster: WTM-Verlag.

Käpnick, F. (2016c). Prozessbegleitende Diagnostik als Basis für die individuelle Förderung jedes Kindes. In F. Käpnick (Hrsg.), *Verschieden verschiedene Kinder. Inklusives Fördern im Mathematikunterricht der Grundschule* (S. 139–154). Seelze: Klett Kallmeyer.

Käpnick, F. (Hrsg.). (2016d). *Verschieden verschiedene Kinder. Inklusives Fördern im Mathematikunterricht der Grundschule*. Seelze: Klett Kallmeyer.

Käpnick, F. & Dexel, T. (2018). Vorschläge für eine sinnvolle Teamarbeit in einem inklusiven Mathematikunterricht. In E. Feyerer, W. Prammer, E. Prammer-Semmler, C. Kladnik, M. Leibetseder & R. Wimberger (Hrsg.), *System. Wandel. Entwicklung. Akteurinnen und Akteure inklusiver Prozesse im Spannungsfeld von Institution, Profession und Person* (S. 244–249). Bad Heilbrunn: Klinkhardt, Julius.

Katzenbach, D. (2015). De-Kategorisierung inklusive? Über Risiken und Nebenwirkungen des Verzichts auf Etikettierungen. In C. Huf & I. Schnell (Hrsg.), *Inklusive Bildung in Kita und Grundschule* (S. 33–55). Stuttgart: Kohlhammer.

Korff, N. (2015). *Inklusiver Mathematikunterricht in der Primarstufe. Erfahrungen, Perspektiven und Herausforderungen* (Basiswissen Grundschule, Bd. 31). Baltmannsweiler: Schneider Verlag Hohengehren.

Krauthausen, G. & Scherer, P. (2014). *Natürliche Differenzierung im Mathematikunterricht. Konzepte und Praxisbeispiele aus der Grundschule.* Seelze: Kallmeyer.

Kunter, M., Baumert, J., Blum, W., Klusmann, U., Krauss, S. & Neubrand, M. (Hrsg.). (2011). *Professionelle Kompetenz von Lehrkräften. Ergebnisse des Forschungsprogramms COACTIV.* Münster: Waxmann.

Ladenthin, V. (2015). Mathematik und Bildung. *mathematica didactica, 38* (1), 67–91.

Löser, J. M. & Werning, R. (2015). Inklusion – allgegenwärtig, kontrovers, diffus. *Erziehungswissenschaft, 26* (51), 17–24.

Neubrand, M. (2015). Bildungstheoretische Grundlagen des Mathematikunterrichts. In R. Bruder, L. Hefendehl-Hebeker, B. Schmidt-Thieme & H.-G. Weigand (Hrsg.), *Handbuch der Mathematikdidaktik* (S. 51–73). Berlin: Springer Spektrum.

Otremba, Y. & Wember, C. (2017). Kooperation von Lehrkräften im inklusiven Mathematikunterricht. In U. Häsel-Weide & M. Nührenbörger (Hrsg.), *Gemeinsam Mathematik lernen – mit allen Kindern rechnen* (S. 288–296). Frankfurt am Main: Grundschulverband.

Peter-Koop, A. (2016). Inklusion im Mathematikunterricht. Gemeinsames Lernen am gemeinsamen Gegenstand. *Grundschulunterricht. Mathematik, 63* (1), 4–8.

Peter-Koop, A., Rottmann, T. & Lüken, M. M. (Hrsg.). (2015). *Inklusiver Mathematikunterricht in der Grundschule.* Offenburg: Mildenberger.

Pfahl, L. & Powell, J. W. (2016). „Ich hoffe sehr, sehr stark, dass meine Kinder mal eine normale Schule besuchen können". Pädagogische Klassifikationen und ihre Folgen für die (Selbst-)Positionierung von Schüler/innen. In V. Moser & B. Lütje-Klose (Hrsg.), *Schulische Inklusion* (Zeitschrift für Pädagogik Beiheft, Bd. 62, S. 58–74). Weinheim: Beltz Juventa.

Pfister, M., Stöckli, M., Moser Opitz, E. & Pauli, C. (2015). Inklusiven Mathematikunterricht erforschen: Herausforderungen und erste Ergebnisse aus einer Längsschnittstudie. *Unterrichtswissenschaft, 43* (1), 53–66.

Porsch, R. (2015). Unterscheiden sich Mathematiklehrkräfte an Grundschulen mit und ohne Fach-Lehrbefähigung hinsichtlich ihrer berufsbezogenen Überzeugungen? Ergebnisse aus TIMSS 2007. *mathematica didactica, 38* (1), 5–36.

Ringel, C. M. (2006). *Naturwissenschaftliche Kenntnisse? „… zur Bildung gehören sie nicht!" Vortrag gehalten zur Einweihung des Biotech-Labors am Engelbert-Kaempfer-Gymnasium in Lemgo.* Zugriff am 05.09.2017. Verfügbar unter https://www.math.uni-bielefeld.de/~ringel/lectures/lemgo.html

Rottmann, T. & Peter-Koop, A. (2015). Gemeinsames Lernen am gemeinsamen Gegenstand als Ziel inklusiven Mathematikunterrichts. In A. Peter-Koop, T. Rottmann & M. M. Lüken (Hrsg.), *Inklusiver Mathematikunterricht in der Grundschule* (S. 5–9). Offenburg: Mildenberger.

Scherer, P. (2008). Mathematiklernen in heterogenen Gruppen – Möglichkeiten einer natürlichen Differenzierung. In H. Kiper, S. Miller, C. Palentien & C. Rohlfs (Hrsg.),

Lernarrangements für heterogene Gruppen. Lernprozesse professionell gestalten (S. 199–214). Bad Heilbrunn: Verlag Julius Klinkhardt.

Scherer, P. (2017). Gemeinsames Lernen oder Einzelförderung? Grenzen und Möglichkeiten eines inklusiven Mathematikunterrichts. In F. Hellmich & E. Blumberg (Hrsg.), *Inklusiver Unterricht in der Grundschule* (1. Aufl., S. 194–212). Stuttgart: Kohlhammer.

Schindler, M. (2017). Inklusiver Mathematikunterricht am gemeinsamen Gegenstand. *mathematik lehren* (201), 6–10.

Schwanitz, D. (2002). *Bildung. Alles, was man wissen muß* (14. Aufl.). München: Goldmann.

Sekretariat der Ständigen Konferenz der Kultusminister der Länder in der Bundesrepublik Deutschland. (2005). *Bildungsstandards im Fach Mathematik für den Primarbereich*. München, Neuwied: Luchterhand. Zugriff am 30.08.2017. Verfügbar unter https://www.kmk.org/fileadmin/Dateien/veroeffentlichungen_beschluesse/2004/2004_10_15-Bildungsstandards-Mathe-Primar.pdf

Sliwka, A. (2010). From homogeneity to diversity in German education. In OECD (Hrsg.), *Educating Teachers for Diversity: Meeting the Challenge* (S. 205–217). OECD Publishing.

Steinweg, A. S. (Hrsg.). (2016). *Inklusiver Mathematikunterricht – Mathematiklernen in ausgewählten Förderschwerpunkten. Tagungsband des AK Grundschule in der GDM 2016* (Mathematikdidaktik Grundschule, Bd. 6). Bamberg: University of Bamberg Press UBP.

Stichweh, R. (2013). Inklusion und Exklusion in der Weltgesellschaft – am Beispiel der Schule und des Erziehungssystems. *Zeitschrift für Inklusion* (1). Zugriff am 01.09.2017. Verfügbar unter http://www.inklusion-online.net/index.php/inklusion-online/article/view/22/223

Terhart, E. (2012). Wie wirkt Lehrerbildung? Forschungsprobleme und Gestaltungsfragen. *Zeitschrift für Bildungsforschung, 2* (1), 3–21.

Veber, M. (2015). Potenzialorientierung. Weg und Ziel inklusiver Bildung. *Schulpädagogik heute, 6* (12), 1–15.

Veber, M. (2016). Inklusive Bildung zwischen normativer Begründung und empirischer Fundierung. In R. Benölken & F. Käpnick (Hrsg.), *Individuelles Fördern im Kontext von Inklusion. Tagungsband aus Anlass des zehnjährigen Bestehens des Projektes „Mathe für kleine Asse" und des einjährigen Jubiläums des Projektes „MaKosi"* (Schriften zur mathematischen Begabungsforschung, Bd. 8, S. 214–231). Münster: WTM-Verlag.

Veber, M. & Benölken, R. (2018). Fachfremder Mathematikunterricht in schulischer Inklusion – Forschungseinblicke und Ausblicke auf Professionalisierungsangebote. *Beiträge zum Mathematikunterricht 2018*. Münster: WTM-Verlag.

Werner, B. (2017). Inklusiver Mathematikunterricht aus sonderpädagogischer Perspektive. Konsequenzen für die Lehrerbildung. In J. Leuders, T. Leuders, S. Prediger & S. Ruwisch (Hrsg.), *Mit Heterogenität im Mathematikunterricht umgehen lernen. Konzepte und Perspektiven für eine zentrale Anforderung an die Lehrerbildung* (Konzepte und Studien zur Hochschuldidaktik und Lehrerbildung Mathematik, 1. Aufl., S. 211–220). Wiesbaden: Springer Spektrum.

Winter, H. (1995). Mathematikunterricht und Allgemeinbildung. *Mitteilungen der Gesellschaft für Didaktik der Mathematik, 21* (61), 37–46. Zugriff am 05.09.2017. Verfügbar unter http://ojs.didaktik-der-mathematik.de/index.php/mgdm/article/down load/69/80

Winter, H. (1996). *Mathematik entdecken. Neue Ansätze für den Unterricht in der Grundschule* (Lehrer-Bücherei Grundschule, 5. Aufl.). Frankfurt am Main: Cornelsen Scriptor.

Wittmann, E. C. (1996). Offener Mathematikunterricht in der Grundschule – vom FACH aus. *Grundschule, 43* (6), 3–7.

Wocken, H. (1998). Gemeinsame Lernsituationen. Eine Skizze zur Theorie des gemeinsamen Unterrichts. In A. Hildeschmidt & I. Schnell (Hrsg.), *Integrationspädagogik. Auf dem Weg zu einer Schule für alle* (S. 37–52). Weinheim u.a.: Juventa-Verlag.

Wocken, H. (2014). *Im Haus der inklusiven Schule. Grundrisse – Räume – Fenster* (Lebenswelten und Behinderung, Bd. 16). Hamburg: Feldhaus, Ed. Hamburger Buchwerkstatt.

Wrase, M. (2017). Das Recht auf inklusive Beschulung nach der UN-Behindertenrechtskonvention – rechtliche Anforderungen und Umsetzung in Deutschland. In B. Lütje-Klose, M.-A. Boger, B. Hopmann & P. Neumann (Hrsg.), *Leistung inklusive? Inklusion in der Leistungsgesellschaft. Band I: Menschenrechtliche, sozialtheoretische und professionsbezogene Perspektiven* (S. 17–25). Bad Heilbrunn: Verlag Julius Klinkhardt.

Simone Abels

4. Potenzialorientierter Naturwissenschaftsunterricht

4.1 Naturwissenschaftliche Grundbildung für alle

> Naturwissenschaftliche Bildung ermöglicht dem Individuum eine aktive Teilhabe an gesellschaftlicher Kommunikation und Meinungsbildung über technische Entwicklungen und naturwissenschaftliche Forschung und ist deshalb wesentlicher Bestandteil von Allgemeinbildung. (Kultusministerkonferenz, 2005, S. 6)

Dieser Bestandteil von Allgemeinbildung wird in der Naturwissenschaftsdidaktik als Scientific Literacy bzw. Naturwissenschaftliche Grundbildung gefasst. *Alle* Menschen sollen unabhängig von ihren Leistungsvoraussetzungen und ihrer späteren beruflichen Orientierung eine naturwissenschaftliche Grundbildung erhalten, die sie als mündige und reflektierte Bürgerinnen und Bürger in die Lage versetzt, sich mit naturwissenschaftlich-technischem Fortschritt auseinanderzusetzen, die fachspezifischen Denkweisen, sprachlichen Darstellungen und Wege der Erkenntnisgewinnung nachzuvollziehen und darüber auch die Grenzen und Risiken von naturwissenschaftlichen und technischen Entwicklungen zu bewerten. Diese anspruchsvolle Zielsetzung geben die Bildungsstandards aller drei naturwissenschaftlichen Fächer vor, die Eingang in die Gestaltung der Lehrpläne der Primar- und Sekundarstufe gefunden haben. Die Zielsetzung basiert auf der Idee des „Science for all" (AAAS, 1990), also dem Grundgedanken, dass niemand von naturwissenschaftlicher Bildung ausgeschlossen wird.

Im naturwissenschaftlichen Unterricht unseres segregierenden und selektierenden Schulsystems – und der damit nur vermeintlich erzeugten Leistungshomogenität (Benkmann, 2009) – scheint diese normative Leitlinie einer naturwissenschaftlichen Grundbildung für alle jedoch in Anbetracht der großen Schulleistungsstudien, Vergleichsarbeiten, Kompetenzmessungen, dem Vorrang summativer Evaluation in Form von Zensuren u.v.m. in den Hintergrund zu rücken. Die Leitlinie scheint vergleichsweise weniger Handlungsdruck auf Lehrpersonen bei der Gestaltung ihres Unterrichts auszuüben als die Forderung nach einem Abgleich von Leistungen mit Standards.

Bildungspolitisch sehen sich Lehrkräfte derzeit in dem Widerspruch zwischen der Verordnung individualisiert zu unterrichten und die Schülerleistungen an Standards zu vergleichen (vgl. Biewer, 2012). Wer ohne einen diagnostizierten sonderpädagogischen Förderbedarf (und somit ggf. offiziell zieldifferent nach einem anderen Lehrplan beschult wird) von den Standards abweicht, muss u.U. mit schlechten Noten, demotivierenden Rückmeldungen, Nicht-Gymnasialempfehlungen und anderen bildungsbiographischen Konsequenzen rechnen. Diese Schülerinnen und Schüler weichen von einer definierten fachlichen Norm ab und ihre Potenziale werden nicht gesehen.

Defizitorientierte Konstruktionen richten die Perspektive vorschnell und vielfach vereinseitigend auf negative Abweichungen von einer wie auch immer gearteten Normvorstellung. Die Potenziale der Schülerinnen und Schüler drohen dabei aus dem Blick zu geraten.

Diese Normvorstellung wird im Fachunterricht durch Bildungsstandards, Kerncurricula, Schulbücher und weitere Lernmaterialien transportiert, an der die Schülerinnen und Schüler gemessen und Abweichungen in die eine oder andere Richtung festgestellt werden. So ist eines der Hauptargumente, das immer wieder gegen individualisiertes Unterrichten vorgebracht wird, dass damit der Lehrplan nicht erfüllt werden könne. Biewer, Böhm und Schütz (2015, S. 17) bezeichnen den Lehrplan daher als „starres Gerüst", das der Heterogenität der Lernenden als zentrales Leitmotiv für die Unterrichtsplanung, -durchführung und -evaluation entgegensteht. Dieses Argument wird als entscheidend herangezogen, obwohl Lehrpläne im letzten Jahrzehnt durch die Forderung nach einer naturwissenschaftlichen Grundbildung (s.o.) und die Kompetenzorientierung inhaltlich eigentlich exemplarisiert und flexibilisiert wurden.

Trotzdem scheint es insbesondere Fachlehrpersonen in der Sekundarstufe kaum möglich, die Forderung nach gemeinsamem Unterricht, der sich an die Bedürfnisse der Schülerinnen und Schüler anpasst und nicht umgekehrt, zu erfüllen (Benkmann, 2009; Musenberg & Riegert, 2013). Abels, Heidinger, Koliander und Plotz (2018) sehen hier die Notwendigkeit, unterschiedliche Ansprüche, die das fachliche und das inklusive Lehren z.B. an den Chemieunterricht stellen, explizit zu reflektieren und miteinander zu verhandeln. Die ursprüngliche Ausbildung und Sozialisation der Lehrperson als Fachlehrperson scheint zu einer anderen Handlungspraxis zu führen als die Leitideen, die in einer inklusiven Schule vorgegeben werden. Der primäre Habitus speist sich aus der Fachsozialisation der Lehrerin als Expertin für Chemie.

Dieser primäre Habitus führt dazu, dass als komplex, abstrakt und schwer verständlich angesehene Wissensbestände der Chemie eher auf autoritärem, antidemokratischem Wege vermittelt werden, z.B. in Form des Frontal- oder fragendentwickelnden Unterrichts. Man kann die Chemie sozusagen gar nicht anders verstehen als durch die Vermittlung eines Experten oder einer Expertin. Nicht verwunderlich erscheint daher auch das Ergebnis der groß angelegten IPN-Videostudie, dass der Physikunterricht in Deutschland überwiegend nach dem Vorgehen des fragend-entwickelnden Unterrichtsgespräches stattfindet und kaum Raum gibt für individuelle Lernwege (Seidel, Prenzel, Rimmele & Schwindt, 2006). Inklusives Lehren verlangt aber nach ganz anderen partizipativen, demokratischen Vorgehensweisen, die das Fachlernen dann zu verunmöglichen oder erschweren scheinen.

In der Naturwissenschaftsdidaktik gibt es mittlerweile einige empfehlenswerte und zunehmend empirisch belegte Ansätze, Methoden und Medien, die es ermöglichen, einen kompetenzorientierten Fachunterricht zu gestalten und so andere oder erweiterte Potenziale der Schülerinnen und Schüler in den Blick zu nehmen. Dies ermöglicht Lehrpersonen auch, sich der Idee eines inklusiven Fachunterrichts im bestehenden Schulsystem anzunähern, also ihren primären Habitus mit der Vision von Inklusion zu verknüpfen. Ausgewählte Empfehlungen sollen im Folgenden unter der Prämisse der potenzialorientierten Förderung beleuchtet werden.

4.2   Potenzialorientierte Lernumgebungen

Potenzialorientierung wird als Gegenpol zur Defizitorientierung konzeptualisiert. Den unterschiedlichen Lernvoraussetzungen und -entwicklungen aller Lernenden wird Anerkennung entgegengebracht, sie werden als Gewinn, als Ressource für das individuelle und gemeinsame Lernen betrachtet (Sliwka, 2010). Die Potenziale sind Ausgangslage einer ganzheitlichen Förderung. Bei dieser ganzheitlichen Förderung stehen unter systemischer Perspektive nicht nur die Person, sondern vor allem auch das Umfeld sowie die Interaktion von Person und Umfeld im Mittelpunkt (Ziegler, 2009). Die Intention der ganzheitlichen Förderung ist, Lernumgebungen als beeinflussbaren, veränderbaren Teil des Umfelds so weiterzuentwickeln, dass die Person die (selbst) gesetzten Ziele erreichen kann und in der Lernumgebung handlungsfähig ist. Die Gestaltung der Lernumgebung bietet die Chance, Potenziale in den Blick zu bekommen. Ziegler (2009) fasst potenzialorientierte Lernumgebungen als „Soziotope" auf, die durch ihre gegebene institutionalisierte Struktur bestimmtes Handeln ermöglichen. Lernende müssen internalisieren, welche Handlungsmöglichkeiten ein Soziotop erlaubt und welche unangemessen sind. In einem Klassenraum werden beispielsweise andere Handlungen als angemessen beurteilt als in einer Sporthalle oder einem Labor. In Lernsoziotopen wird Kompetenzzuwachs domänenspezifisch gefördert. Diese müssen auf das bereits erworbene Handlungsrepertoire und die zu erreichenden Ziele adaptiert werden, um eine bestmögliche Förderung zu erreichen. Diese den Lernvoraussetzungen angepasste Umgebung wird auch *Deliberate Practice* genannt (ebd., S. 13). In antagonistischen Soziotopen hingegen wird Lernhandlungen entgegengewirkt und der Blick auf Defizite gerichtet (Ziegler, 2009).

Für diesen Abschnitt wurde in der fachdidaktischen Literatur nach adaptiven Lernsoziotopen gesucht, die eine ganzheitliche Förderung im Fachunterricht ermöglichen, bei der die Potenziale aller Schülerinnen und Schüler sichtbar und anerkannt werden. Lernsoziotope, die eine Kategorisierung von Schülerleistungen und einen Vergleich mit fachlichen Normvorstellungen verlangen, werden nicht als potenzialorientiert gefasst. Dies ist anschlussfähig an ein weites Verständnis von Inklusion, das alle Schülerinnen und Schüler adressiert und von Kategorien Abstand nimmt. Ein enges Verständnis von Inklusion bezieht sich hingegen vor allem auf Zuschreibungen, z.B. von Behinderung (Werning, 2014).

Die Beforschung der konkreten Umsetzung des weiten Verständnisses von Inklusion auf Unterrichtsebene ist nach wie vor ein Desiderat. Insbesondere die Arbeiten um Prof. Lani Florian bieten für die Erforschung und Umsetzung des weiten Inklusionsverständnisses wertvolle Leitgedanken.

Nach Florian und Black-Hawkins (2011) erfordert inklusive Praxis Veränderungen in dem Sinne, dass Unterricht sich nicht an der Mehrheit oder dem Durchschnitt der Lernenden orientieren soll mit zusätzlicher Differenzierung für manche, sondern dass Lerngelegenheiten für alle zugänglich sind und für alle Partizipation ermöglichen. Um Veränderungen in der Unterrichtsgestaltung zu erreichen, wird die Kernidee der *„transformability"* (zu Deutsch Umwandelbarkeit) ins Zentrum gerückt, nach der jedes Kind seine Fähigkeiten in Abhängigkeit von der Lernförderung weiterentwickeln und verbessern kann (Florian & Linklater, 2010). Danach ist es unmöglich, die Lernleistung von Schülerinnen und Schülern vorher zu bestimmen. Sie entsteht durch Beziehungsarbeit innerhalb der Lerngruppe entlang der drei pädagogischen Prinzipien *co-agency*, *everybody* und *trust* (ebd.), die die Entscheidungen über pädagogisch-didaktisches Handeln leiten. Entlang von Lehrpersoneninterviews und Unterrichtsbeobachtungen wurde ausgeschärft, welche Praktiken den „everybody approach" ermöglichen:

> Students choose how, where, when and with whom they learn [trust]
> Teachers create options and consult with each student about how they can help [co-agency]
> Teachers create the conditions that support students to work with different groups [co-agency]
> Classroom teacher consults with colleagues including those in learning support to share ideas about teaching and learning [co-agency]
> Students are trusted to make good decisions about their learning [trust]. (Florian & Black-Hawkins, 2011, S. 821)

Der *everybody approach* bedeutet nicht, dass alle das Gleiche zur gleichen Zeit tun – im Gegenteil. Es heißt aber, dass Lernende durch das Ausrichten auf ihre individuellen Bedürfnisse nicht stigmatisiert werden dürfen. „Equity is demonstrated through unity, not ‚sameness'" (Florian & Linklater, 2010, S. 372).

Um sich als Lehrpersonen dem *everybody approach* annähern zu können, bieten Kennzeichen für inklusiven Unterricht nach Feyerer (2012) Orientierung zur Veränderung des Unterrichts. Diese Kennzeichen sind als Spannungsfelder beschrieben, in denen man sich zunehmend auf die linke Seite bewegen sollte, um der Vision von Inklusion näher zu kommen:

- mehr Heterogenität, weniger Homogenität
- mehr Miteinander, weniger Gegeneinander
- mehr Team- und Gruppenarbeit, weniger Einzelarbeit
- mehr Förderung, weniger Selektion
- mehr Wertschätzung, weniger Beschämung
- mehr Rückmeldung, weniger Bewertung

- mehr innere, weniger äußere Differenzierung
- mehr Schülerzentriertheit, weniger Lehrer- bzw. Stoffzentriertheit
- mehr Projektunterricht, weniger parzellierter Fachunterricht

Welche Ansätze oder Formate, Methoden und Medien weisen nun eine Potenzialorientierung im Fachunterricht auf? Als inklusive Ansätze (*everybody approach*), die sich eher an der linken Seite der von Feyerer genannten Spannungsfelder orientieren und Kompetenzen übergreifend fördern, gelten z.B. Projektarbeit, Stationslernen, Werkstattarbeit, Freiarbeit sowie problemorientiertes Lernen (Feyerer & Prammer, 2003), also vor allem reformpädagogische, schüler- und kompetenzorientierte Ansätze, bei denen alle Schülerinnen und Schüler entsprechend ihrer Lernvoraussetzungen lernen können, ohne vorher auf einen bestimmten Bedarf hin kategorisiert zu werden. Die Idee der reformpädagogischen Ansätze ist alles andere als neu, bekommt aber unter der Perspektive Inklusion umso mehr Gewicht, da die Ansätze als adaptive Lernsoziotope gestaltbar sind. Ziel ist es, Aufgabenstellungen zu finden bzw. zu entwickeln, an der alle Lernenden der jeweiligen Lerngruppe produktiv mitarbeiten und ihre Potenziale entfalten können. In Mathematik beispielsweise werden hierfür häufig natürlich differenzierte Aufgabenstellungen und problemorientiertes Lernen eingesetzt (s. Benölken, Dexel & Berlinger in diesem Band). Textor (2012) betont, dass inklusiver Unterricht nicht nur kognitive Kompetenzen fördern dürfe, sondern auch methodische, soziale und personale Kompetenzen adressieren muss, um Potenziale vielfältig zur Geltung kommen zu lassen.

Im Widerspruch zu inklusiven Ansätzen stehen sog. antagonistische Soziotope, also Aufgaben, die eine Stigmatisierung bedingen können, wie dies beim Einsatz von Arbeitsblättern differenziert nach (meistens drei) Leistungsniveaus passieren kann. Das mittlere Niveau richtet sich in der Regel an die Mehrheit oder die Durchschnittsschülerinnen und -schüler. Die anderen beiden Stufen sind dann das zusätzliche Angebot für die anderen Lernenden. Differenzierte Schulbücher greifen immer häufiger auf Aufgabengestaltungen dieser Art zurück. Schülerinnen und Schüler erhalten je nach Leistungsniveau ein entsprechendes Buch, ggf. noch farblich markiert. Solche Materialien sind meist nicht flexibel einsetzbar und nur mühevoll adaptierbar.

> Durch den hohen Aufwand diese Materialien und Aufgaben zu erstellen, besonders wenn mehr als die üblichen drei Niveaustufen ausgearbeitet werden, müssen diese meist vorab, d. h. bevor die Lerngruppe sich mit dem Thema beschäftigt hat, erstellt werden und werden deswegen nicht auf die Vorstellungen der tatsächlichen Lerngruppe, sondern denen einer fiktiven ausgerichtet und können aufgrund ihres hohen Ausarbeitungsgrades oft nicht mehr im Unterrichtsfortgang flexibel variiert werden. (Stroh, 2015, S. 120)

Im Folgenden wird die Umsetzung inklusiver Ansätze für den Chemie- bzw. Naturwissenschaftsunterricht betrachtet. Es ist zu bedenken, dass in unserem gegliederten Schulsystem spätestens nach Klasse 4 (nur in den Bundesländern Berlin und Brandenburg nach Klasse 6) eine äußere Differenzierung vorliegt und sonderpädagogische Förderbedarfe sogar noch zunehmend diagnostiziert werden, so dass Lehrpersonen derzeit nur versuchen können, ihren Unterricht dem weiten Verständnis von Inklusion anzunähern und einen potenzialorientierten Blick einzunehmen. Hier kommt es insbesondere auf die Zusammenarbeit mit erfahrenen Sonderpädagoginnen und -pädagogen an, die von jeher einen potenzialorientierten Blick auf Schülerinnen und Schüler in den Sonderschulen hatten. Dieser Blick muss sich nun auf alle Schülerinnen und Schüler richten.

4.3   Umsetzung von Potenzialorientierung am Beispiel des Chemie-bzw. Naturwissenschaftsunterrichts

Auch für den naturwissenschaftlichen Unterricht gilt, dass dieser nur dann potenzialorientiert gestaltet werden kann, wenn das System erlaubt, die Empfehlungen der inklusiven Pädagogik mit den Ansprüchen des Faches in Einklang zu bringen. Wie sehen die Ansprüche des Faches aus? Reiners, Groß, Adesokan und Schumacher stellen eine der zentralen Fragen, die Chemielehrpersonen derzeit umtreiben:

> Zentrale Gegenstände des Chemieunterrichts sind das Experiment und das Denken in Modellen. Wie lassen sich Schüler [z.B.] mit dem Förderbedarf geistige Entwicklung an das Denken in Modellen heranführen, das bereits für Lernende ohne Förderbedarfe eine der zentralen Schwierigkeiten im Chemieunterricht darstellt? (Reiners, Groß, Adesokan & Schumacher, 2017, S. 175)

Diese Frage verdeutlicht, dass wir längst nicht bei einer potenzialorientierten Perspektive in den Fächern angelangt sind, sondern dass sich Lehrpersonen, bedingt durch systemische Vorgaben, vor allem auf Schülerinnen und Schüler mit sonderpädagogischem Förderbedarf konzentrieren, deren kognitive Voraussetzungen für die spezifische Fachstruktur defizitär erscheinen. Entsprechend muss nach Kompensationsmöglichkeiten gesucht werden, um allen Beteiligten Lernen zu ermöglichen. Fachunterricht ohne seine zentralen Elemente, wie im Fall der Chemie Experimente und Modelle, die ein Verstehen chemischer Stoffumwandlungen auf Teilchenebene ermöglichen sollen, scheint aus Sicht einer Chemielehrperson unvorstellbar. Man würde sich von zentralen Leitlinien des Faches verabschieden.

Um Potenzialorientierung im Fachunterricht dennoch zu erreichen, schlägt Booth (2014) die Auflösung von traditionellen Schulfächern im Austausch gegen Themenfelder vor (Abbildung 4.1).

- Food cycles
- Water
- Clothing and the decoration of the body
- Housing and the built environment
- Mobility, trade and transport
- Health and relationships
- The earth, the solar System and the universe
- Life on earth
- Sources of energy
- Communication and communication technology
- Literature, arts and music
- Work, interests and activity
- Ethics, power and government

Abbildung 4.1: Neue Schulfächer (Booth, 2014, S. 63)

Wie aus der Themenfeld ersichtlich wird, lassen sich die naturwissenschaftlichen Fächer Biologie, Chemie und Physik sehr leicht in diesen verankern. Sie sind sogar zentral für viele der genannten Bereiche. So wie Lehrpersonenbildung und unser Schulsystem allerdings derzeit gestaltet sind, wird es diese Auflösung der Fächer meiner Ansicht nach noch lange nicht geben. Fächer und ihre Inhalte bieten klare Strukturen, geben Orientierung und Sicherheit, bieten eine Bühne für Expertise, weshalb sie wohl kaum aufgegeben werden. Die Auflösung der Fächer zugunsten von Themenfeldern hieße jedoch nicht, dass Fachwissen von Lehrpersonen irrelevant wäre, im Gegenteil, es wird umso zentraler, erhält aber eine andere Bedeutung und andere Anwendungsmöglichkeiten. Im Folgenden werden Bestrebungen vorgestellt, die sich mehr an den von Booth vorgeschlagenen Themenfeldern orientieren als an der Tradition der Fächer und trotzdem mit dem jetzigen System vereinbar bleiben.

Gilbert (2006) befürwortet ein kontextorientiertes Chemiecurriculum, nach dem das Ziel nicht die Anhäufung von isolierten Fakten ist, sondern das Lernen von relevanten Zusammenhängen. Relevanz kann sich dabei aus einer individuellen, gesellschaftlichen oder beruflichen Dimension für eine Lernende bzw. einen Lernenden ergeben (Stuckey, Hofstein, Mamlok-Naaman & Eilks, 2013). Lehrpersonen sind aufgefordert, die Interessen der Schülerinnen und Schüler zu erkunden und auszumachen, was für diese authentische, spannende, diskussionswürdige Themen sind. „We must constantly be aware that not every student has the same interests or pays attention to the same consequences." (ebd., S. 27) Besonders geeignet könnten, wie auch die Liste von Booth in Abbildung 4.1 zeigt, Themen der Nachhaltigkeit sein, die durch ihre Vielperspektivität (ökologisch, ökonomisch, sozial, kulturell) auch vielfältige Zugänge für vielfältige Lernende ermöglichen. Im Austausch miteinander könnten Lernende von den unterschiedlich bearbeiteten Perspektiven anderer profitieren (Rödler, 2011).

Bildung für Nachhaltigkeit basiert auf einem ganz ähnlichen Menschenbild und vergleichbaren Leitlinien wie Inklusion (Morgan, 2012). Sie basiert auf dem normativen Konzept einer gerechten und zukunftsfähigen Entwicklung, definiert als „the need to ensure a better quality of life for all, now and into the future, in a just and equitable manner, whilst living within the limits of supporting ecosystems" (Agyeman, Bullard & Evans, 2003, S. 5). Damit entsteht zum einen ein Bezug zur Forderung einer naturwissenschaftlichen Grundbildung für alle Schülerinnen und Schüler („Science for all", s.o.), die als reflektierte Bürgerinnen und Bürger naturwissenschaftliches Wissen in Bezug auf gesellschaftliche, ökologische und ökonomische Fragen anwenden können (OECD, 2007); zum anderen wird ein direkter Bezug zu den Sustainable Development Goals hergestellt, in denen „Inklusive, gerechte und hochwertige Bildung gewährleisten" als eines von 17 Zielen festgehalten ist (United Nations, 2015). In dem Ansatz einer Bildung für Nachhaltigkeit könnte eine große Chance für die Gestaltung kontextorientierten sowie gleichermaßen potenzialorientierten Naturwissenschaftsunterrichts liegen. Dabei sollte bedacht werden, dass es insbesondere das situierte Interesse ist, das bei den Schülerinnen und Schülern durch solche Kontexte geweckt werden kann, was wiederum den Wissens- und Kompetenzerwerb befördern kann. Situatives Interesse ist für die Entwicklung individuellen Interesses, das als dauerhaftes Persönlichkeitsmerkmal verstanden wird, bedeutsam. Interesse meint allgemein die Interaktion zwischen Objekt und Person (Krapp, 1992). Die Auseinandersetzung mit einem Objekt von Interesse erzeugt positive Emotionen beim Subjekt. Kontexte schaffen eine Verflechtung von Fachinhalten und nichtfachlichen Zugängen, z.B. Problemen, Situationen, Ereignissen, die mit dem Fachinhalt in Beziehung gesetzt werden (van Vorst et al., 2015). Erst aus dem vertieften Wissen und den erworbenen Kompetenzen kann sich dann als Konsequenz individuelles Interesse entwickeln, wie aktuelle Studien zeigen:

> We propose here that the arousal of situational interest is the mechanism that drives knowledge acquisition, whereas individual interest is the affective outcome of such learning. Knowledge acquired is what connects both. [...] Recognising that growing individual interest is a result of knowledge gain, it may in the end be more fruitful to examine how situational interest produces knowledge rather than concentrating research efforts on individual interest and pedagogical efforts to align school subjects to students' individual interests. (Rotgans & Schmidt, 2017, S. 363)

Diese neuesten Ergebnisse zeigen, dass Lehrpersonen in Erfahrung bringen sollten, durch welche Themen und Kontexte sie situativ das Interesse von Lernenden wecken und dass es damit zu Beginn einer Unterrichtseinheit weniger auf die Diagnose individueller Interessen ankommt, was Lehrpersonen entlasten könnte. Kontexte können Neugier am Lerngegenstand wecken und dafür sorgen, dass sich ein Individuum der Sache zuwendet. Der Gegenstand oder die Lernumgebung weckt in einer bestimmten Situation vorher nicht da gewesenes, d.h. situatives,

Interesse (Krapp, 1992). Die Herausforderung in den Naturwissenschaften liegt darin, spannende, relevante, in der Schule bearbeitbare Phänomene auszuwählen und mit dem Fachlernen zu verbinden.

> The challenge, therefore, is to develop a curriculum, which offers examples of relevant authentic science (questions, knowledge, and activities) that can be carried out in school, and that connects knowledge about students' motivation and pre-conceptions to the development of basic concepts and competencies in science or especially chemistry. (Parchmann et al., 2006, S. 1047)

Beispielsweise im EU-Projekt ‚Teaching Enquiry with Mysteries Incorporated' wurde die Herausforderung angenommen, situatives Interesse zu wecken: Phänomene wurden ausgewählt und über Methoden wie beispielsweise Storytelling motivierend präsentiert, so dass Schülerinnen und Schüler zum Fragenstellen und Erforschen angeregt wurden (Beispiele unter http://projecttemi.eu/at/). Durch Beobachtungen oder auch Kurzfragebögen (z.B. „Ich möchte mehr über das Thema erfahren.") können Lehrpersonen das situative Interesse evaluieren bzw. erheben (Randler et al., 2011, S. 366).

Nicht nur Kontext-, auch Kompetenzorientierung wird als geeignet betrachtet für inklusive Förderung. In diesem Zusammenhang wird häufig auf Strategien der Binnendifferenzierung verwiesen:

> Solche Formen der inneren Differenzierung werden in besonderer Weise durch einen kompetenzorientierten Chemieunterricht unterstützt bzw. ermöglicht, da dieser nicht das Erreichen eines konkreten Lerninhaltes, sondern die an diesen Lerninhalten zu erwerbenden Kompetenzen im Blick hat. (Reiners, Groß, Adesokan & Schumacher, 2017, S. 159)

In diesem Zusammenhang wird in den Naturwissenschaften insbesondere zur Bewertung von Schülerinnen- und Schülerleistungen häufig mit Kompetenzstufenmodellen gearbeitet (Beispiel in Krüger & Meyfarth, 2009). Kritisch zu sehen ist hier das Festlegen von Mindeststandards, an denen Schülerinnen und Schüler gemessen werden und die bei Nicht-Erreichen Exklusion bedingen. Dies richtet zwangsläufig den Blick auf Defizite.

Der Verband zur Förderung des MINT-Unterrichts (MNU) stellt in einer Handreichung ebenfalls kompetenzorientierte Lernaufgaben und individualisierende Methoden als zentral für die individuelle Förderung dar. Beispiele für solche Methoden (s. auch: http://www.mnu.de/images/PDF/fachbereiche/fachuebergreifend/individuelle_foerderung.pdf) sind das Lernen an Stationen, Lernzirkel, Planarbeit, arbeitsteiliger Gruppenunterricht, Portfolios, Langzeitaufgaben etc., die auch über digitale Medien zum Einsatz kommen sollten (Langlet & Campo, 2008).

> Oftmals können bei der Verwendung desselben Materials durch Umformulierung der Aufgabenstellung unterschiedliche Anforderungsniveaustufen angesprochen werden. Aufgaben bieten grundsätzlich die Möglichkeiten der Differenzierung. (ebd., S. 7)

Die Anforderungsniveaus werden anhand unterschiedlicher Kriterien gestaltet, z.B. nach Komplexität, Lerntempo, Grad der Teamfähigkeit (Sozialform), Arbeitstechnik, Darstellungsebene bzw. Abstraktionsgrad. Beispiele für Letzteres sind das E-I-S-Prinzip (von der enaktiven über die ikonische zur symbolischen Darstellung von Lerninhalten) nach Bruner (vgl. Bruner, Olver & Greenfield, 1971) und die Lernstrukturgitter von Kutzer (1998; vgl. auch Menthe, Hoffmann, Nehring & Rott, 2015). Hier wird die Komplexität der Inhalte gegen die Niveaustufen des Denkens von basal-perzeptiv über konkret-gegenständlich, anschaulich-symbolisch nach abstrakt-begrifflich aufgetragen. Eine komplexe Sachstruktur kann man aber nicht nur auf der abstraktesten Niveaustufe durchdringen (vgl. Seitz, 2006). Wenn solche Aufgabengestaltungen vorgenommen werden, sollten die Niveaus nicht zugeordnet werden (z.B. Lernende mit Förderschwerpunkt Geistige Entwicklung immer zur basal-perzeptiven Stufe), sondern die Aufgaben sollten ein offenes Angebot darstellen und die Lernenden dann in der Lernbegleitung zur angemessenen Auswahl ermuntert werden. Verschiedene Materialien auf unterschiedlichen Darstellungsebenen bieten den Schülerinnen und Schülern je nach ihren Stärken die Möglichkeit, sich auf unterschiedlichen Abstraktionsniveaus mit einem Thema auseinanderzusetzen.

Zeichnung:	Durchführung: (Was tust du?)
	1. **Falte** ein Filterpapier.
	2. **Lege** es in den Trichter.
	3. Fülle **Aktivkohle** in das Filterpapier.
	4. **Kippe vorsichtig** Powerade auf die Aktivkohle.
	5. Es darf **nicht überlaufen!**
Beobachtungen: (Was siehst du?) 	Ich sehe, dass
Erklärung: (Warum ist das so?) 	

Abbildung 4.2: Ausschnitt aus einem Versuchsprotokoll mit verschiedenen Darstellungsebenen

Hier wird der Unterschied zu den Ausführungen von Florian und Kolleginnen deutlich (s.o.), die nicht mit zusätzlicher Differenzierung arbeiten. Wird mit Differenzierung gearbeitet, dann ist nochmals zu betonen, dass diese als Angebot vorliegen sollte, um Potenziale entfalten zu können. Durch Materialtische beim Experimentieren, Tipp-/ Hilfskarten (Beispiel in Reiners, 2017), Rollen-/ Wächterkarten (Beispiel in Abels & Lembens, 2015, Abbildung 4.3), Leitfragen, Piktogramme (Beispiel in Rott & Marohn, 2015) und andere graphische Visualisierungen, gestufte Lernhilfen (Franke-Braun, Schmidt-Weigand, Stäudel & Wodzinski, 2008) – die jeweils als Angebot verfügbar sind, aber nicht einzelnen Schülerinnen Schülern zugeteilt werden – und vor allem durch eine gezielte, individuell abgestimmte Lernbegleitung (Abels, 2014; Furtak, 2008) können die Schülerinnen und Schüler auf ihrem Niveau unterschiedlich stark angeleitet arbeiten, theoretisch und experimentell. Schülerinnen und Schüler, die keine Anleitung benötigen, erhalten sie auch nicht und werden so auch nicht im Demonstrieren ihrer Stärken eingeschränkt. Je mehr die Schülerinnen und Schüler die Gelegenheit hatten, diese Formen des selbständigen Arbeitens strukturiert zu erlernen und sich gegenseitig zu unterstützen, desto besser funktionieren diese offeneren Lernformen mit gezielter Unterstützung (Scruggs, Mastropieri & Okolo, 2008).

Abbildung 4.3: Rollenkarten (Abels & Lembens, 2015, S. 10)

Auch sprachfördernde Materialien sind mittlerweile intensiv für den naturwissenschaftlichen Unterricht entwickelt worden (Leisen, 2013; Tolsdorf & Markic,
2016). Hier wird am ehesten der Bezug zu soziokultureller Diversität hergestellt
im Gegensatz zur sonst meist in den Naturwissenschaftsdidaktiken thematisierten
Leistungsheterogenität. Die Materialien müssen ebenfalls auf die Ermöglichung
geprüft werden, Potenziale zu entfalten und zu zeigen.

Um das Protokollieren – ein weiterer wesentlicher Aspekt naturwissenschaftlichen Arbeitens – zu unterstützen, werden unterschiedliche Dokumentationshil-
fen statt des klassischen Protokollschreibens empfohlen, z.B. die Aufnahme von
Videos beim Experimentieren, Gesprächsprotokolle oder Foto-Stories (Groß &
Reiners, 2012). Die Form des Protokollierens sollten die Schülerinnen und Schüler
wählen können. Diese Vielfalt würde auch die Präsentation von Schülerleistungen
vielseitiger werden lassen. Insbesondere die Phase der Ergebniszusammenführung
und -sicherung bereitet vielen Lehrkräften in inklusiven Lerngruppen Kopfzerbre-
chen. Sie wissen nicht, wie sie die unterschiedlichen Erkenntnisse gewinnbringend
zusammenführen können. Wichtig ist, Schülerinnen und Schüler nicht nur rein
der Wertschätzung wegen Ergebnisse präsentieren zu lassen, sondern daraus eine
Lerngelegenheit für andere zu machen. Es gilt sich von dem Gedanken zu verabschieden, dass alle alles mitbekommen müssen.

In Bezug auf einen experimentellen Naturwissenschaftsunterricht bietet sich
auch die Gestaltung im Sinne Forschenden Lernens an, da dieses nach unterschiedlichen Offenheitsgraden gestaltet werden kann und alle vier Kompetenzbereiche (Fachwissen, Erkenntnisgewinnung, Kommunikation, Bewertung) adressiert
werden können (Abels, 2015; Scruggs & Mastropieri, 2007). Der Arbeitsauftrag,
z.B. eine Untersuchungsfrage auf Level 2, kann dabei für alle gleich beginnen,
jedoch durch unterschiedliche Unterstützungsmaßnahmen offener oder gelenkter
strukturiert werden (vgl. Tabelle 4.1).

Tabelle 4.1:   Exemplarische Hilfen, damit Gruppen gleichzeitig auf verschiedenen Leveln
Forschenden Lernens arbeiten können

	Fragestellung	Methodenwahl	Interpretation
Level 1		Versuchsanleitung	Lehrerinput Vorstrukturiertes Protokoll
Level 2	Durch Lehrperson	Durch SchülerIn	Durch SchülerIn
Level 2 bleibt	(Satzanfänge für) Hypothesen vorgeben	Materialtisch Materialvorgabe	Hilfswörter Leitfragen Sachtexte
Level 3	Weiterführende Fragen von SchülerIn		

Eine Form des offenen Forschenden Lernens stellt das Format ‚Lernwerkstatt' dar, bei dem die Schülerinnen und Schüler inspiriert durch eine Lernlandschaft mit geeigneten Phänomenen, Objekten, Modellen und Materialien ihren eigenen Forschungsfragen nachgehen (Abels & Minnerop-Haeler, 2015, Abbildung 4.4).

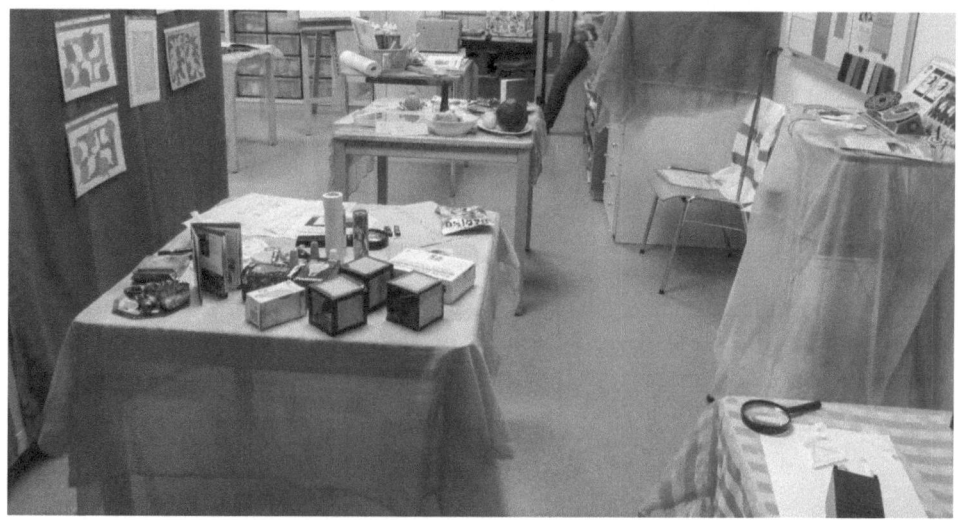

Abbildung 4.4: Lernlandschaft zum Thema „Licht und Farbe"

Beim Vergleich des Formats Lernwerkstatt mit dem parzellierten Chemieunterricht der gleichen Schule fiel auf, wie stark die Lernbegleitung der gleichen Lehrperson von den systemischen Bedingungen abhängt (Abels, 2015). Im Chemieunterricht stand die Erreichung des fachlichen Lernziels (z.B. Die Schülerinnen und Schüler können den Aufbau des Atoms erklären.) innerhalb der Schulstunde im Vordergrund. Um mit der Planung in der nächsten Stunde sinnvoll anschließen zu können, müsste das Lernziel von allen Schülerinnen und Schülern erreicht werden, was zu gegebener Zeit auch überprüft wird. In der Lernwerkstatt hingegen herrschten kein Zeit- und Notendruck, so dass die individuellen Lernwege ernst genommen, unterstützt und in Form von Schülerpräsentationen wertgeschätzt werden konnten. Klassenlehrpersonen, die „ihre" Schülerinnen und Schüler beim Arbeiten in der Lernwerkstatt beobachtet haben, waren häufig überrascht von den Leistungen und der Vielfalt an Kompetenzen, die sich im Klassenraum nicht zeigten. Von diesem Format sollte sich parzellierter Fachunterricht die potenzialorientierte Perspektive abschauen und den Einsatz von Stärken genauso versuchen zu ermöglichen, indem z.B. Stunden zusammen gelegt, (fächerübergreifende) Projekte z.B. zu Themen der Nachhaltigkeit über mehrere Wochenstunden initiiert oder Einheiten Forschenden Lernens auf mehrere 45-Minuten-Einheiten hin strukturiert werden.

Die verschiedenen Gestaltungsmöglichkeiten des Forschenden Lernens können auch mit dem Ansatz des Universal Design for Learning (UDL) in Einklang gebracht werden. Dieses bietet einen Rahmen, um Lerngelegenheiten für alle Schülerinnen und Schüler inklusiv zu gestalten. Dabei werden drei Prinzipien verfolgt: (i) Informationen sollen auf flexible Art und Weise dargestellt, (ii) vielfältige Wege der Erarbeitung und Demonstration von Lernergebnissen angeboten und (iii) Lernende je nach Interesse aktiviert und motiviert werden (Melle, Wember & Michna, 2016). Lernbarrieren sollen so weitestgehend abgebaut werden. Für die Umsetzung von UDL gibt es genaue Gestaltungsrichtlinien (siehe CAST, 2012), die deutlich flexibler und vielseitiger sind als beispielsweise das E-I-S-Prinzip oder die Lernstrukturgitter (s.o.).

Für die Umsetzung experimentellen Naturwissenschaftsunterrichts eignet sich auch die Einbindung außerschulischer Lernorte in Form von Schülerlaboren. Hier werden je nach Zielgruppe genauso Gestaltungsrichtlinien für Experimentieranleitungen berücksichtigt wie im Klassenraum, z.B. Visualisierungen, sprachliche Vereinfachungen etc. (Schmitt-Sody & Kometz, 2013). Durch die Orientierung am Fachunterricht und die Passung zwischen Fachunterricht und Schülerlabor können Motivation und Leistung aller Schülerinnen und Schüler gesteigert werden (Itzek-Greulich et al., 2014).

4.4   Schlussbetrachtung

Die Herausforderung im naturwissenschaftlichen Unterricht besteht darin, dass inklusive Förderung in ihrem weiten Verständnis und damit Potenzialorientierung derzeit wenig mit dem Schulsystem, der Sozialisation der Lehrpersonen, der Fachkultur und dem parzellierten Fachunterricht kompatibel ist. Bildungspolitisch werden die Widersprüche eher noch verstärkt statt für Entlastung gesorgt. Und obwohl viele (Fach-)Didaktikerinnen und Didaktiker Potenzialorientierung fordern und befürworten, dürfen die systemischen Probleme und Herausforderungen in der Umsetzung als auch in der Forschung nicht wegargumentiert werden.

Auf der Suche nach Potenzialorientierung in der Naturwissenschaftsdidaktik fällt auf, dass bereits einige Ansätze, Methoden und Materialien entwickelt wurden (Schülerlabore, Forschendes Lernen, sprachfördernde Materialien u.v.m.), dass einiges davon aber auch immer wieder dem engen Verständnis von Inklusion verhaftet bleibt, verbunden mit einem Blick auf Defizite. Insbesondere bei differenzierten Lernumgebungen und -materialien ist die Orientierung auf Potenziale oder Defizite von der adaptiven Umsetzung durch die Lehrperson abhängig – beide Blickrichtungen scheinen möglich.

Die praktische Umsetzung gilt es noch viel intensiver zu beforschen und die Erkenntnisse für die Aus- und Fortbildung nutzbar zu machen. Lehrkräfte sollten ebenso die Chance erhalten, ihre Potenziale zu entwickeln und die verschiedenen widersprüchlichen Anforderungen zu bearbeiten. Dafür ist es wichtig, die bestehenden Empfehlungen aus der Literatur ernst zu nehmen, die eigenen Erfahrungen zu reflektieren und inklusive Momente zu identifizieren. Die Momente, in denen möglichst alle Schülerinnen und Schüler aktiv und motiviert mitarbeiten, sollten ausgeweitet werden. Sind dies vor allem außerunterrichtliche Lernsoziotope (Schülerlabore, Projekte, Lernwerkstätten), sollte versucht werden, Elemente davon auf den parzellierten Fachunterricht zu transferieren. Dem stehen aktuelle kompetenzorientierte Lehrpläne mit Vorschlägen zu Kontexten nicht entgegen (vgl. z.B. Niedersächsisches Kultusministerium, 2012).

Literatur

AAAS [American Association for the Advancement of Science] (1990). Science for all Americans. Zugriff unter http://www.project2061.org/publications/sfaa/online/sfaa toc.htm

Abels, S. (2014). Inquiry-Based Science Education and Special Needs – Teachers' Reflections on an Inclusive Setting. *Sisyphus – Journal of Education, 2*(2), 124–154.

Abels, S. (2015). Scaffolding inquiry-based science and chemistry education in inclusive classrooms. In N. L. Yates (Hrsg.), *New developments in science education research* (S. 77–96). New York City: Nova.

Abels, S., Heidinger, C., Koliander, B. & Plotz, T. (2018). Die Notwendigkeit der Verhandlung widersprüchlicher Anforderungen an das Lehren von Chemie an einer inklusiven Schule – Eine Fallstudie. *Zeitschrift für interpretative Schul- und Unterrichtsforschung, 7*(1-2018), 135–151.

Abels, S. & Lembens, A. (2015). Genie in the bottle – Der Flaschengeist. *Chemie & Schule, 30*(1b), 8–11. Zugriff unter http://www.vcoe.or.at/files/sonderheft2015_1b.pdf

Abels, S. & Minnerop-Haeler, E. (2015). Lernwerkstatt „Mensch" – von den Fragen der SchülerInnen ausgehen. *Praxis Schule 5–10*(6), 26–33.

Agyeman, J., Bullard, R. & Evans, B. (2003). *Just Sustainabilities: Development in an Unequal World.* Cambridge MA: MIT Press.

Benkmann, R. (2009). Individuelle Förderung und kooperatives Lernen im Gemeinsamen Unterricht. *Empirische Sonderpädagogik, 1,* 143–156.

Biewer, G. (2012). Die neue Welt der Bildungsstandards und ihre erziehungswissenschaftliche Rezeption aus der Perspektive einer Inklusiven Pädagogik. *Vierteljahresschrift für Heilpädagogik und ihre Nachbargebiete, 81*(1), 9–21. https://doi.org/10.2378/vhn2012.art01d

Biewer, G., Böhm, E. T. & Schütz, S. (2015). Inklusive Pädagogik als Herausforderung und Chance für die Sekundarstufe. In G. Biewer, E. Böhm & S. Schütz (Hrsg.), *Inklusive Pädagogik in der Sekundarstufe* (S. 11–24). Stuttgart: Kohlhammer.

Booth, T. (2014). Structuring Knowledge for All in the 21st Century. In B. Amrhein & M. Dziak-Mahler (Hrsg.), *Fachdidaktik inklusiv: Auf der Suche nach didaktischen Leitlinien für den Umgang mit Vielfalt in der Schule* (S. 57–69). Münster: Waxmann.

Bruner, J. S., Olver, R. S. & Greenfield, P. M. (1971). *Studien zur kognitiven Entwicklung. Eine kooperative Untersuchung am »Center for Cognitive Studies« der Harvard University.* Stuttgart: Klett.

CAST. (2012). Universal Design for Learning Guidelines. Zugriff unter http://www.udl-center.org/aboutudl/udlguidelines_theorypractice

Feyerer, E. (2012). Allgemeine Qualitätskriterien inklusiver Pädagogik und Didaktik. *Zeitschrift für Inklusion, 0*(3), o.S. Zugriff unter http://www.inklusion-online.net/in dex.php/inklusion-online/article/view/51/51

Feyerer, E. & Prammer, W. (2003). *Gemeinsamer Unterricht in der Sekundarstufe 1. Anregungen für eine integrative Praxis.* Weinheim, Basel, Berlin: Beltz.

Florian, L. & Black-Hawkins, K. (2011). Exploring inclusive pedagogy. *British Educational Research Journal, 37*(5), 813–828.

Florian, L. & Linklater, H. (2010). Preparing teachers for inclusive education: using inclusive pedagogy to enhance teaching and learning for all. *Cambridge Journal of Education, 40*(4), 369–386. https://doi.org/10.1080/0305764X.2010.526588

Franke-Braun, G., Schmidt-Weigand, F., Stäudel, L. & Wodzinski, R. (2008). Aufgaben mit gestuften Lernhilfen – ein besonderes Aufgabenformat zur kognitiven Aktivierung der Schülerinnen und Schüler und zur Intensivierung der sachbezogenen Kommunikation. In Kasseler Forschergruppe (Hrsg.), *Lernumgebungen auf dem Prüfstand* (S. 27–42). Kassel: Kassel university press.

Furtak, E. M. (2008). *The dilemma of guidance. An exploration of scientific inquiry teaching.* Saarbrücken: VDM Verlag Dr. Müller.

Gilbert, J. (2006). On the Nature of "Context" in Chemical Education. *International Journal of Science Education, 28*(9), 957–976.

Groß, K. & Reiners, C. (2012). Experimente alternativ dokumentieren. Ein Beitrag zur Möglichkeit der Differenzierung und Diagnose im Chemieunterricht. *Chemkon, 19*(1), 13–20.

Itzek-Greulich, H., Flunger, B., Vollmer, C., Nagengast, B., Rehm, M. & Trautwein, U. (2014). The impact of a science center outreach lab workshop on german 9th graders' achievement in science. In C. P. Constantinou, N. Papadouris & A. Hadjigeorgiou (Hrsg.), *E-Book Proceedings of the ESERA 2013 Conference: Science Education Research For Evidence-based Teaching and Coherence in Learning* (S. 97–106). Nicosia, Cyprus: European Science Education Research Association.

Krapp, A. (1992). Das Interessenkonstrukt: Bestimmungsmerkmale der Interessenhandlung und des individuellen Interesses aus der Sicht einer Person-Gegenstands-Konzeption. In A. Krapp & M. Prenzel (Hrsg.), *Arbeiten zur sozialwissenschaftlichen Psychologie: Vol. 26. Interesse, Lernen, Leistung. Neuere Ansätze der pädagogisch-psychologischen Interessenforschung* (S. 297–330). Münster: Aschendorff.

Krüger, D. & Meyfarth, S. (2009). Binnen – kurzer Zeit – differenzieren! *Naturwissenschaften im Unterricht Biologie, 33*(347/348), 2–10.

Kultusministerkonferenz. (2005). *Bildungsstandards im Fach Chemie für den Mittleren Schulabschluss (Jahrgangsstufe 10).* München: Luchterhand. Zugriff unter http://www. kmk.org/fileadmin/Dateien/veroeffentlichungen_beschluesse/2004/2004_12_16-Bil dungsstandards-Chemie.pdf

Kutzer, R. (1998). *Mathematik entdecken und verstehen. Bd. 1. Kommentarband.* Frankfurt a.M.: Diesterweg.

Langlet, J. & Campo, A. (2008). Individuelle Förderung im naturwissenschaftlichen Unterricht. Zugriff unter http://www.mnu.de/images/PDF/fachbereiche/fachuebergrei fend/individuelle_foerderung.pdf

Leisen, J. (2013). *Handbuch Sprachförderung im Fach – Sprachsensibler Fachunterricht in der Praxis – Grundlagenteil.* Bonn: Klett.

Melle, I., Wember, F. & Michna, D. (2016). Gestaltung von Unterrichtsmaterialien auf Basis des Universal Design for Learning am Beispiel des Chemieanfangsunterrichts in der Sekundarstufe I. *Sonderpädagogische Förderung heute*, 3, 286–303.

Menthe, J., Hoffmann, T., Nehring, A. & Rott, L. (2015). Unterrichtspraktische Impulse für einen inklusiven Chemieunterricht. In J. Riegert & O. Musenberg (Hrsg.), *Inklusiver Fachunterricht in der Sekundarstufe* (S. 158–164). Stuttgart: Kohlhammer.

Morgan, A. (2012). Inclusive place-based education for 'Just Sustainability'. *International Journal of Inclusive Education*, 16(5–6), 627–642.

Musenberg, O. & Riegert, J. (2013). »Pharao geht immer!« – Die Vermittlung zwischen Sache und Subjekt als didaktische Herausforderung im inklusiven Geschichtsunterricht der Sekundarstufe. Eine explorative Interview-Studie. *Zeitschrift für Inklusion*. (4). Zugriff unter http://www.inklusion-online.net/index.php/inklusion-online/artic le/view/202/207

Niedersächsisches Kultusministerium. (2012). Kerncurriculum für die Integrierte Gesamtschule Schuljahrgänge 5–10. Zugriff unter http://db2.nibis.de/1db/cuvo/datei/ kc_2012_igs_nws_i.pdf

OECD (2007). *PISA 2006. Naturwissenschaftliche Kompetenzen für die Welt von morgen. Kurzzusammenfassung*: OECD Publishing.

Parchmann, I., Gräsel, C., Baer, A., Nentwig, P., Demuth, R. & Ralle, B. (2006). "Chemie im Kontext": A symbiotic implementation of a context-based teaching and learning approach. *International Journal of Science Education*, 28(9), 1041–1062.

Randler, C., Hummel, E., Vollmer, C., Gläser-Zikuda, M., Bogner, F. X. & Mayring, P. (2011). Reliability and validation of a short scale to measure situational emotions in science education. *International Journal of Environmental and Science Education*, 6(4), 359–370.

Reiners, C. (Hrsg.). (2017). *Chemie vermitteln. Fachdidaktische Grundlagen und Implikationen*. Berlin, Heidelberg: Springer Spektrum.

Reiners, C., Groß, K., Adesokan, A. & Schumacher, A. (2017). Aktuelle Herausforderungen für den Chemieunterricht. In C. Reiners (Hrsg.), *Chemie vermitteln. Fachdidaktische Grundlagen und Implikationen* (S. 147–191). Berlin, Heidelberg: Springer Spektrum.

Rödler, P. (2011). Inklusion – Zur Politik und Pädagogik der Umsetzung einer internationalen Übereinkunft. In Autismus Deutschland e.V. (Hrsg.), *Inklusion von Menschen mit Autismus* (S. 38–57). Karlsruhe: Von Loeper Literaturverlag.

Rotgans, J. I. & Schmidt, H. G. (2017). The relation between individual interest and knowledge acquisition. *British Educational Research Journal*, 43(2), 350–371. https:// doi.org/10.1002/berj.3268

Rott, L. & Marohn, A. (2015). Choice2explore – Eine an Schülervorstellungen orientierte Unterrichtskonzeption für den inklusiven Sachunterricht. *Sache – Wort – Zahl*, 43(154), 52–58.

Schmitt-Sody, B. & Kometz, A. (2013). Experimentieren mit Förderschülern. Erfahrungen aus dem Schülerlabor NESSI-Lab. *Naturwissenschaften im Unterricht Chemie*, 24(135), 40–44.

Scruggs, T. E. & Mastropieri, M. A. (2007). Science Learning in Special Education: The Case for Constructed Versus Instructed Learning. *Exceptionality*, 15(2), 57–74.

Scruggs, T. E., Mastropieri, M. A. & Okolo, C. M. (2008). Science and social studies for students with disabilities. *Focus on Exeptional Children*, 41, 1–24.

Seidel, T., Prenzel, M., Rimmele, R. & Schwindt, K. (2006). Unterrichtsmuster und ihre Wirkungen. Eine Videostudie im Physikunterricht. In M. Prenzel & L. Allolio-Näcke (Hrsg.), *Untersuchungen zur Bildungsqualität von Schule. Abschlussbericht des DFG-Schwerpunktprogramms* (S. 99–126). Münster: Waxmann.

Seitz, S. (2006). Inklusive Didaktik: Die Frage nach dem ‚Kern der Sache'. *Zeitschrift für Inklusion.* (1), o.S. Zugriff unter http://www.inklusion-online.net/index.php/inklusion-online/article/view/184/184

Sliwka, A. (2010). From homogeneity to diversity in German education. In OECD (Hrsg.), *Educating Teachers for Diversity: Meeting the Challenge* (S. 205–217). OECD Publishing.

Stroh, M. (2015). Inklusion im naturwissenschaftlichen Unterricht – Beschreibung eines Spannungsfeldes. In C. Siedenbiedel & C. Theurer (Hrsg.), *Grundlagen inklusiver Bildung. Teil 1. Inklusive Unterrichtspraxis und -entwicklung* (Bd. 28, S. 110–124). Immenhausen bei Kassel: Prolog.

Stuckey, M., Hofstein, A., Mamlok-Naaman, R. & Eilks, I. (2013). The meaning of 'relevance' in science education and its implications for the science curriculum. *Studies in Science Education, 49*(1), 1–34. https://doi.org/10.1080/03057267.2013.802463

Textor, A. (2012). Die Bedeutung allgemeindidaktischer Ansätze für Inklusion. *Zeitschrift für Inklusion.* (1–2), o.S.

Tolsdorf, Y. & Markic, S. (2016). Language in Science Classrooms: Diagnosing Students' Linguistic Skills. In S. Markic & S. Abels (Hrsg.), *Science Education towards Inclusion* (S. 23–42). New York City: Nova Science Publishers.

United Nations. (2015). Transforming our world: the 2030 Agenda for Sustainable Development. Zugriff unter http://www.un.org/ga/search/view_doc.asp?symbol=A/RES/70/1&Lang=E

van Vorst, H., Dorschu, A., Fechner, S., Kauertz, A., Krabbe, H. & Sumfleth, E. (2015). Charakterisierung und Strukturierung von Kontexten im naturwissenschaftlichen Unterricht – Vorschlag einer theoretischen Modellierung. *Zeitschrift für Didaktik der Naturwissenschaften, 21*(1), 29–39.

Werning, R. (2014). Stichwort: Schulische Inklusion. *Zeitschrift für Erziehungswissenschaft, 17*, 601–623.

Ziegler, A. (2009). „Ganzheitliche Förderung" umfasst mehr als nur die Person: Aktiotop- und Soziotopförderung. *Heilpädagogik online, 8*(2), 5–34. Zugriff unter http://www.sonderpaedagoge.de/hpo/2009/heilpaedagogik_online_0209.pdf

David Jahr

5. Potenzialorientierung in der politischen Bildung: Fachdidaktische Aspekte zu Anerkennung und Diagnostik in heterogenen Lerngruppen

5.1 Einleitung: schulische politische Bildung potenzialorientiert denken

Potenzialorientierung in der schulischen Bildung bedeutet, die einzelne Schülerin und den einzelnen Schüler nicht einseitig und vorschnell über vermeintliche Schwächen und Unzulänglichkeiten wahrzunehmen, sondern deren individuelle Stärken und Möglichkeiten zu fokussieren und diese zum Ausgangspunkt (fach-) didaktischen Denkens zu machen. Potenzialorientierung kann als eine *Haltung* verstanden werden, die sowohl für die Praxis als auch für die Konzeptualisierung von Fachunterricht eine bestimmte Richtung des Denkens und Handelns definiert. Sie zielt sowohl auf Lehrkräfte als Organisierende von schulischen Bildungsprozessen als auch auf Wissenschaftler und Wissenschaftlerinnen, die über schulische Bildung reflektieren. Potenzialorientierung stellt das lernende Individuum in den Mittelpunkt und betont die Notwendigkeit, pädagogische und didaktische Entscheidungen vor dem Hintergrund einer entsprechenden Diagnostik auszugestalten. Sie stellt damit eine bestimmte Antwort auf Heterogenität im Klassenzimmer dar, indem jeder und jede Einzelne mit Fokus auf individuelle Möglichkeiten in den Blick genommen wird (vgl. zum Ansatz Potenzialorientierung grundlegend Veber 2015a; 2015b; Veber & Fischer, 2016).

Im vorliegenden Beitrag wird Potenzialorientierung für die schulische politische Bildung ausbuchstabiert und dabei die Argumentation entfaltet, dass sich durch diesen Ansatz eine ganz bestimmte politische Bildung kontextualisiert. Potenzialorientierung stellt eine deutliche Perspektivierung für die kontroversen Diskussionsfelder innerhalb der Politikdidaktik dar. Durch diesen Fokus werden einige fachdidaktische Konflikte, wie z.B. die Frage, was im Politikunterricht gelernt werden soll und wie dieses Lernen zu beschreiben ist (Sander, 2014), angesprochen und beantwortet. Daneben geht es bei der hier verfolgten Suche nach Potenzialorientierung im Denken der politischen Bildung auch darum, die politische Bildung an einige Konzepte zu erinnern, die vor dem Hintergrund von Potenzialorientierung eine neue Betonung erhalten. Darüber hinaus soll auf Forschungsdesiderata hingewiesen werden und Gedanken zu einer angemessenen fachdidaktischen Lehrerbildung für eine potenzialorientierte politische Bildung formuliert werden. Insgesamt handelt es sich bei der hier verfolgten Suche um einen Überblick. Vertiefungen einzelner Punkte wären wünschenswert, sind aber mit Verweis auf Platzgründe an anderer Stelle zu leisten.

Zur Systematisierung des Nachdenkens über Potenzialorientierung in der politischen Bildung soll ein konkretes pädagogisch-didaktisches Instrument als Heuristik dienen: die ‚Individuelle Lern-Entwicklungs-Analyse im Übergang' – kurz ILEA-T (Geiling, Liebers & Prengel, 2015). Dieses Instrument und besonders seine Potenzialorientierung konkretisierenden *Prinzipien* werden im folgenden Abschnitt (2) dargestellt. Im anschließenden Abschnitt (3) werden Aspekte einer Potenzialorientierung in der politischen Bildung aufgeführt; die Unterpunkte orientieren sich dabei an den Prinzipien von ILEA-T. Der Artikel schließt mit einem Fazit (4) zur Rolle von Potenzialorientierung für eine Inklusive politische Bildung und Überlegungen an eine entsprechend kasuistisch auszurichtende LehrerInnenbildung.

5.2   Potenzialorientierung in den Prinzipien von ILEA-T

Veber fasst Potenzialorientierung als „individuelle Förderung aber auch [...] Begabungsförderung" (2015a, S. 2) zusammen und schlägt die drei didaktischen Kategorien „Diagnose, Förderung und Evaluation" (ebd., S. 7) zur theoretischen Vertiefung vor (vgl. auch Veber & Fischer, 2016, S. 106ff.). Potenzialorientierung hat einen engen Bezug zur Inklusiven Bildung und eröffnet nach Veber (2015b) die Chance, den unklaren Inklusionsbegriff und die daran anschließenden Konzepte zum Lernen in heterogenen Lerngruppen aus einer „tradierten sonderpädagogischen Theoriebildung" (ebd., S. 1) herauszuführen. Potenzialorientierung kann helfen, Inklusive Bildung schulpädagogisch zu denken und diese nicht behindertenpädagogisch verengt als Problem zu bestimmen, „wie SchülerInnen mit und ohne sonderpädagogischen Unterstützungsbedarf gemeinsam unterrichtet werden können" (ebd., S. 2).

Da Diagnose, Förderung und Evaluation untrennbar miteinander verbunden sind (Veber & Fischer, 2016, S. 112) und auch oft synonym verwendet werden, soll für die hier verfolgte systematische Suche nach Potenzialorientierung in der politischen Bildung auf das diagnostische Instrument der *Individuellen Lern-Entwicklungs-Analyse im Übergang* – kurz ILEA-T (Geiling, Liebers & Prengel, 2015) zurückgegriffen werden. Dieses Modell wird auch von Veber (2015a, S. 93) zur Verdeutlichung einer potenzialorientierten Perspektive auf individuelle Lernprozesse angeführt. ILEA-T gehört zum Output eines Forschungsprojektes, das von Dezember 2010 bis April 2013 unter der Leitung von Geiling, Prengel und Liebers durchgeführt worden ist. Den Forscherinnen ging es darum, ein „in der Praxis breit erprobtes und wissenschaftlich begründetes Verfahren für eine kontinuierliche pädagogische Beobachtung und Analyse der Entwicklung und der Lernausgangslage für Kinder im letzten Kindergartenjahr, in der Zeit des Übergangs sowie im Anfangsunterricht" (Geiling, Liebers & Prengel, 2015, S. 5) zu entwickeln. Aufgrund der breiten empirischen Fundierung und der auf pädagogische und didaktische Praxis zielenden Ausrichtung ist ILEA-T ein geeigneter Ausgangspunkt für die Suche nach einem fachdidaktischen potenzialorientierten Denken. Die in ILEA-T formulierten *Prinzipien* finden sich auch in den anderen Varianten von ILEA wieder. Sie führen die Kategorien Potenzialorientierung, Diagnostik und Inklusion im hier anschlussfähigen Sinn stimmig zusammen (Veber & Fischer, 2016, S. 111). Sie lauten:

- Prinzip 1: Anerkennung in heterogenen Lerngruppen
- Prinzip 2: Pädagogische Diagnostik
- Prinzip 3: Offenheit für Themen und Interessen der Kinder und Nutzung domänenspezifischer Stufenmodelle
- Prinzip 4: Förderung der Reflexion eigener Lernprozesse
- Prinzip 5: Berücksichtigung der biopsychosozialen Gesamtsituation
- Prinzip 6: Arbeitshypothesen (Geiling, Liebers & Prengel, 2015, S. 12–16)

Die Prinzipien sollen den folgenden reflexiven Zugriff auf Konzepte der politischen Bildung strukturieren. Dabei werden sie im jeweiligen Abschnitt kurz erläutert. Nur Prinzip 6 „Arbeitshypothesen" erhält keinen eigenen Abschnitt und klingt in allen Punkten mit an. Dieses Prinzip betont die generelle Vorläufigkeit aller Ergebnisse diagnostischer Blicke auf das lernende Individuum. Ergebnisse können fehlerhaft sein und sie beschreiben den Schüler oder die Schülerin niemals als ganzen Menschen. Es geht bei diesem wichtigen Prinzip um eine *pädagogische Bescheidenheit*, um das Wissen möglicher Fehler bei unserem Blick auf die Lernenden, um das Verhindern von Denken in starren Schubladen sowie von Etikettierungen (ebd., S. 16).

5.3 Aspekte einer Potenzialorientierung in der politischen Bildung

5.3.1 Beutelsbacher Konsens und Schülerorientierung

Das ILEA-T-Prinzip ‚Anerkennung in heterogenen Lerngruppen' stellt eine normative Voraussetzung für schulische Lehr-Lern-Prozesse dar. Anerkennung wird hier sowohl gedacht als eine Qualität der zwischenmenschlichen Beziehungen v.a. zwischen Lehrperson und Schülerin oder Schüler als auch darüber hinaus als ein bestimmter Blick auf Interessen und Leistungsstände der Lernenden. Als Gegenpol zu dieser Form der Anerkennung wird Etikettierung und Exklusion durch auf Dauer gestellte Markierungen wie „‚auffällig' oder ‚problematisch'" (Geiling, Liebers & Prengel, 2015, S. 12) genannt. Dabei geht es, folgt man Veber (2015b, S. 4), nicht darum, bestimmte individuelle Förderbedarfe zu ignorieren, sondern diese in einer Form zu verwenden, so dass damit keine defizitäre Zuschreibung verbunden ist.

Die Anerkennung des Einzelnen als Teil von Verschiedenen findet sich in der Didaktik der politischen Bildung bereits im Beutelsbacher Konsens wieder. Der Beutelsbacher Konsens von 1976, der im Nachgang einer Fachtagung im schwäbischen Beutelsbach formuliert worden ist, ist für Theorie und Praxis der politischen Bildung sehr bedeutsam. Erstens antwortet er auf einen langjährigen Streit über die nach 1968 aufgekommene brisante Frage, wie politisch der Politikunterricht selbst sein darf, inwiefern er auf ‚Emanzipation' oder auf ‚Rationalität' abzielen soll (Scherb, 2017, S. 255). Zweitens stellt er bis heute einen der wenigen fachdidaktischen Entwürfe dar, über den in der politischen Bildung weitestgehend Einigkeit herrscht. Er gilt als eine Art „didaktisches Grundgesetz" (Petrik, 2013, S. 21) für den sozialwissenschaftlichen Unterricht. Seine drei Punkte lauten:

- „Überwältigungsverbot: Es ist nicht erlaubt, den Schüler – mit welchen Mitteln auch immer – im Sinne erwünschter Meinungen zu überrumpeln und damit an der Gewinnung eines selbstständigen Urteils zu hindern. Hier genau verläuft nämlich die Grenze zwischen politischer Bildung und Indoktrination. Indoktrination ist aber unvereinbar mit der Rolle des Lehrers in einer demokratischen Gesellschaft und der – rundum akzeptierten – Zielvorstellung von der Mündigkeit des Schülers.
- Kontroversgebot: Was in Wissenschaft und Politik kontrovers ist, muss auch im Unterricht kontrovers erscheinen. Diese Forderung ist mit der vorgenannten aufs engste verknüpft, denn wenn unterschiedliche Standpunkte unter den Tisch fallen, Optionen unterschlagen werden, Alternativen unerörtert bleiben, ist der Weg zur Indoktrination beschritten. [...]
- Interessenorientierung: Der Schüler muss in die Lage versetzt werden, eine politische Situation und seine eigene Interessenlage zu analysieren, sowie nach Mitteln und Wegen zu suchen, die vorgefundene politische Situation im Sinne seiner eigenen Interessen zu beeinflussen." (Wehling, 1977, S. 179f.)

Später wurde der dritte Punkt der Interessenorientierung von Schneider (1996) umformuliert. Es ging ihm um eine Abschwächung der ursprünglich enthaltenen egozentrischen Schlagseite und um Betonung von sozialer Verantwortung. Der Schüler oder die Schülerin solle lernen, „Problemlösung im Sinne seiner Interessen unter Berücksichtigung der Mitverantwortung für das soziale Ganze [zu] beeinflussen" (ebd., S. 30).

Der Beutelsbacher Konsens kann als politikdidaktischer Ausdruck von Potenzialorientierung im Sinne einer Anerkennung des Einzelnen in heterogenen Gruppen gelesen werden. Zum ersten und grundsätzlich dadurch, da er auf gesellschaftliche Heterogenität bezogen ist und als Ausdruck einer pluralistischen Demokratie gilt (Sutor, 1996, S. 65ff.). Vor dieser diversitätsbetonenden Hintergrundfolie wird der oder die einzelne Lernende als Individuum adressiert, das *vor* aller politischen Bildung bereits mit Potenzialen im Bildungsprozess erscheint. In der Formulierung des Überwältigungsverbots steckt die Überzeugung, dass das Individuum zu einem eigenen politischen Urteil a priori selbstständig in der Lage ist. Die politischen Positionen, die jeder Lernende in den Unterricht mitbringt und in diesem entwickelt, gilt es anzuerkennen. Politische Bildung muss diese nicht erzeugen, sondern sich vom Schüler bzw. von der Schülerin ausgehend entfalten lassen. Das hier formulierte Ziel der Mündigkeit lässt sich, bei allen Nuancen des Begriffs im Detail, als fachdidaktische Zielvorstellungen einer Entwicklung des politischen Potenzials der Lernenden verstehen. Im *Kontroversgebot* steckt die Idee, keinen politischen und sozialwissenschaftlichen Reduktionismus zu verfolgen. Man kann und muss sogar Schülerinnen und Schülern die volle gesellschaftliche Kontroversität (man könnte hier auch sagen politikbezogene Heterogenität) zu politischen Themen zumuten. Deutliche Potenzialorientierung zeigt der Punkt *Interessenorientierung*, der an das in ILEA-T formulierte Prinzip ‚Offenheit für Themen und Interessen der Kinder‘ (s.o.) erinnert. In einer interessanten Parallele zum übergeordneten Ziel Inklusiver Bildung, welches Veber (2015b, S. 8) als „Teilhabe von allen BürgerInnen am Leben in der Gesellschaft" zusammenfasst, formuliert Interessenorientierung das Ziel politischer Bildungsprozesse als Ermöglichung zur politischen Teilhabe. Es geht darum, die Potenziale des Einzelnen bezüglich des Erkennens seiner eigenen Lage als auch der Ermöglichung seiner politischen Teilhabe auszubilden.

Neben dem Beutelsbacher Konsens gehört auch das fachdidaktische Prinzip der *Schülerorientierung* zum festen Kern politikdidaktischen Denkens. Diese wurde erstmals prominent von Schmiederer, der auch wesentlich an der Entwicklung des Beutelsbacher Konsens beteiligt war (Hedtke, 2011, S. 178), in seiner Schrift „Politische Bildung im Interesse der Schüler" (Schmiederer, 1977) konzeptualisiert. Schmiederer stellt konsequent das lernende Individuum in den Mittelpunkt und bestimmt es als „Subjekt, als dem Zentrum aller didaktischen Überlegungen" (ebd., S. 81). Die Überlegungen waren stark vom Denken der Kritischen Theorie beeinflusst und damit an Emanzipation, Aufklärung und Selbstverwirklichung orientiert. Schmiederer selbst bezeichnet seinen Ansatz noch als *Schülerzentriertheit*. Sein Unterricht zielt einerseits direkt auf potenzialorientierte Kategorien wie „Aufbau von Ich-Stärke, Selbstbewußtsein, Widerstandsfähigkeit" (ebd., S. 103), geht aber gleichzeitig durch den Blick einer Kritischen Theorie deutlich weiter.

Heute hat sich dieser von Hedtke (2011, S. 183) als „radikale Schülerorientierung" bezeichnete Ansatz von Schmiederer um seine gesellschaftskritischen Potenziale gekürzt zum fachdidaktischen Prinzip der Schülerorientierung weiterentwickelt. Reinhardt (2012) verknüpft Schülerorientierung nicht mit einer fachdidaktischen Methode (ebd., S. 75) bzw. setzt sie diese in einen engen Bezug zum fachdidaktischen Prinzip der Handlungsorientierung (ebd., S. 175). Petrik (2013) plädiert für eine Trennung zwischen Handlungs- und Schülerorientierung und ordnet letzterer die Methoden „Rollenspiel, Forumtheater, lebensweltliche Fallanalyse" (ebd., S. 40) zu. Dabei unterscheidet er zwischen einer fachdidaktischen und einer allgemeindidaktischen Schülerorientierung und betont, dass eine politikdidaktische Schülerorientierung die unterrichtliche Inhaltsstruktur der lebensweltlichen Situation verlangt (Petrik, 2014). Während Schmiederer selbst zum „Klassiker der Politikdidaktik" (May & Schattenschneider, 2011) ernannt worden ist, führt sein Ansatz heute zu einer produktiven Diskussion über Reichweite und Stellung des lernenden Individuums im politischen Bildungsprozess.

5.3.2 Politikdidaktische Vorstellungsdiagnostik und fachdidaktische Rekonstruktion als pädagogische Diagnostik

Das Prinzip ‚Pädagogische Diagnostik' betont das übergeordnete Ziel von ILEA-T. Es geht nicht darum, Noten zu vergeben und Kinder und Jugendliche in ein besser-schlechter-Ranking einzuordnen. Vorderstes Ziel dieses (in anderen ILEA-Handreichungen auch als „didaktische Diagnostik" bezeichneten Prinzips) ist es, Informationen über Lernausgangslagen zu erhalten, um Unterricht bzw. pädagogische Angebote zu verbessern. Ziel bleibt die Herausstellung individueller Lernfortschritte und die begründete Ermittlung des nächsten sinnvollen Lernschritts. Eine pädagogische Diagnostik kann auch zu „individuelle(n) Curricula, Bildungs- und Lernpläne(n), didaktische(n) Entwürfe(n) sowie Material- und Handlungsangebote" (Geiling, Liebers & Prengel, 2015, S. 13) führen.

Bei der Frage nach einer politikdidaktischen Diagnostik ist zu unterscheiden zwischen solchen Konzeptionen, die die Vorstellungen der Schülerinnen und Schüler als individuelle Lernausgangslagen und Themen des Unterrichts fokussieren und als *Vorstellungdiagnostik* bezeichnet werden können, und solchen, denen es um die Beschreibung eines Lernwegs geht, die sich also der Aufgabe zuwenden, individuelles politisches Lernen im Sinne von Kompetenzen zu beschreiben (Welniak, 2017, S. 253). Letztere Diagnostiken sollen im folgenden Abschnitt dargestellt werden. Die Vorstellungsdiagnostiken widmen sich der Erhebung von *Lernausgangslagen* für das politische Lernen. Die Erforschung von Schülervorstellungen hat insgesamt eine hohe Bedeutung in der empirischen politikdidaktischen Forschung. Der Ansatz der *Politikdidaktischen Rekonstruktion* (Lange, 2017) widmet sich genau dieser Frage. Anliegen dieser Forschung ist es, „Schülervorstellungen und fachliche Vorstellungen über Politik systematisch [zu] analysieren und wechselseitig aufeinander" (ebd., S. 47) zu beziehen. Grundsätzlich geht es darum, nicht dem Trugschluss zu verfallen, die mitgebrachten und häufig bewährten kognitiven Konzepte der Lernenden seien einfach mit richtigen Konzepten austauschbar. Angestrebt wird ein Anknüpfen und vorsichtiges Transformieren von Schülervorstellungen durch konstante Irritation derselben mit fachlichen Konzepten.

Mosch (2014) betont, dass Schülerinnen und Schüler bereits im Grundschulalter über politikunterrichtsrelevante Vorstellungen im Sinne kognitiver Konzepte verfügen, die es durch diagnostische Methoden kontinuierlich unterrichtsbegleitend zu erheben gilt. Ganz im Sinne einer Potenzialorientierung grenzt sie diese (Vorstellungs-)Diagnostik als „alltägliche Erhebung der Lernendenperspektiven, welche eingebettet in den Unterricht ist und von den Lehrenden selbst durchgeführt wird […], von einem defizitär geprägten Diagnostikverständnis" (ebd., S. 415) ab. Mosch bezieht sich auf Überlegungen zu Schülervorstellungen, die als „Deutungen und Orientierungen von Lernenden nicht nur als Lernvoraussetzung, sondern als Bestandteil der unterrichtlich relevanten gesellschaftlichen Realität zu betrachten" (Lutter, 2017, S. 63) seien. Hintergrund dieser doppelten unterrichtsrelevanten Verortung von Schülervorstellungen ist die bereits im Beutelsbacher Konsens anklingende Spezifik des sozialwissenschaftlichen Unterrichts. Die subjektiven Konzepte der Bildungsadressaten sind einerseits immer eine Lernvoraussetzung im Unterricht, aber auch Teil der anzuerkennenden gesellschaftlichen Realität und damit potenziell gleichzeitig von inhaltlicher Relevanz.

Mit dem Anspruch, pragmatische Verfahrensweisen für eine politikdidaktische (Vorstellungs-)Diagnostik anzuführen, die sich im Unterricht leicht einsetzen lassen, beschreibt Mosch (2014, S. 419) zwei produktorientierte Methoden: die Collage und das Concept-Mapping. Lutter (2011) erweitert diese Liste von diagnostischen Mikromethoden um Kartenabfragen und Mindmapping, verdeutlicht dies am einem Beispiel zu „Vorstellungen über Migration und Integration von Schülerinnen und Schülern" (ebd., S. 95) und setzt seine Vorstellungsdiagnostik in den Zusammenhang zur Politikdidaktischen Rekonstruktion (s.o.). Da es der Vorstellungsdiagnostik vorrangig um das *Identifizieren* von Lernausgangslagen und nicht um eine konkrete *Einordnung* derselben in Stufenmodelle geht, bleiben die Auswertungshinweise solcher Schülerprodukte eher unkonkret. Mosch (2014) beschreibt eine Art professionelle Haltung, mit der die Lehrperson an die Auswertung jener Erzeugnisse herangehen soll. Sie betont, dass es in dieser Phase um eine „verstehende statt bewertende Perspektive" (ebd., S. 420) geht, dass den Schülerarbeiten eine größtmögliche Offenheit und Wertschätzung entgegen zu bringen ist und einer Auswertung auch immer neue Planungsgedanken für den Unterricht zu folgen haben. Auch hier erfolgt wieder eine Abgrenzung von einem defizitären Verständnis, wie sie sich in einer reinen Richtig-Falsch-Messung der Schülervorstellungen festmachen würde.

Ob eine defizitorientierte oder eine potenzialorientierte Sichtweise auf Schülervorstellungen dominiert, ist nicht zuletzt darin begründet, wie man Politikunterricht denkt und seine Zielvorstellung bestimmt. Lutter (2011, S. 64f.) bezieht sich hier auf die sich kontrovers gegenüberstehenden Konzeptionen des Modells Politikkonzept (Detjen, Massing, Richter & Weißeno, 2012) und der Autorengruppe Fachdidaktik (2016). Beide Modelle formulieren sehr unterschiedliche Vorstellungen von Politikunterricht. Sie entstammen einer „Polarisierung der Diskussion" (Sander, 2014, S. 120) innerhalb der Didaktik der politischen Bildung, die im Jahre 2010 mit der Publikation einer Gruppe von Fachdidaktiker*innen (Weißeno et al., 2010) und einer darauf bezogenen Erwiderung einer anderen Gruppe (Autorengruppe Fachdidaktik, 2011) deutlich sichtbar wurde und die bis heute anhält. Lutter selbst sieht die dort enthaltenen unterschiedlichen Ausgangspunkte fachlichen Lernens – im Modell Politikkonzept liegt diese in der Objektivität einer Sachstruktur wohingegen die Autorengruppe die individuellen Lernschritte der Adressaten voranstellt – den Grund für die tendenziell defizitäre Sichtweise des Modell Politikkompetenz. Auch bei Lange (2008) findet sich diese Skepsis gegenüber jenem Ansatz und der damit einhergehenden Einordnung von Schülervorstellungen, denn wenn „die Wissenschaftlichkeit eines Kernkonzeptes den Sollzustand darstellt, bleibt letztlich jedes Schülerkonzept rudimentär" (ebd., S. 246). Der grundsätzliche Widerspruch zwischen politikdidaktischen Konzeptionen, die sich vor dem Hintergrund von Potenzialorientierung weiter zuspitzt, wird noch einmal in der folgenden Frage zur Kompetenzdiagnostik deutlich.

5.3.3 Kompetenzdiagnostik und Stufenmodelle

Das dritte Prinzip von ILEA-T ‚Offenheit für Themen und Interessen der Kinder und Nutzung domänenspezifischer Stufenmodelle' betont, dass jede potenzialorientierte Diagnostik von den Themen und Interessen der Schülerinnen und Schüler auszugehen hat und diese als Ausgangspunkte zu nehmen sind, um Zugang zum individuellen Lernen zu finden. Darauf aufbauend besagt dieses Prinzip, dass die Ergebnisse der Diagnostik mithilfe „empirisch überprüfter Stufenmodelle" (Geiling, Liebers & Prengel, 2015, S. 13) analysiert werden. Der erste Teil dieses Prinzips fordert eine Zuwendung zu den Themen und Interessen der Lernenden, wie sie sich ähnlich in der Interessenorientierung des Beutelsbacher Konsenses sowie im fachdidaktischen Prinzip der Schülerorientierung (siehe oben) darstellt. Einen genuin am lernenden Individuum und seinen Interessen im Sinne von Entwicklungsaufgaben ansetzenden politikdidaktischen Ansatz stellt die *Bildungsgangdidaktik* dar (Petrik, 2013, S. 92ff.). Der zweite Teil des Prinzips zur Nutzung von Stufenmodellen ist die Forderung nach *Kompetenzstufen*. Diese Stufenmodelle sind es letztendlich, die im Mittelpunkt der ILEA-Instrumente stehen und das individuelle Lernen verstehbar machen sollen.

Fachdidaktische Diagnostiken, die sich der Aufgabe zuwenden, das individuelle fachliche Lernen zu beschreiben, müssen mehrere Fragen beantworten. Am Beginn steht die Frage, was eigentlich im Fachunterricht gelernt werden soll, welche Kompetenzen dieses Lernen beschreiben können. Wie bereits erwähnt gibt es in dieser wie auch in der daran anschließenden Frage nach einer stufentypischen Beschreibung jener Lernwege in der Politikdidaktik einen tiefen Konflikt. Im Mittelpunkt der Diskussion (Sander, 2014) stehen drei Kompetenzmodelle. Neben dem eher bildungspolitisch motivierten Modell der Gesellschaft für Politikdidaktik und politische Jugend- und Erwachsenenbildung (GPJE, 2004), das die drei Kompetenzbereiche „Politische Urteilsfähigkeit", „Politische Handlungsfähigkeit" und „Methodische Fähigkeiten" unterscheidet (erweitert in Autorengruppe Fachdidaktik, 2016, S. 186), stehen sich zwei weitere Kompetenzmodelle gegenüber: Das Modell Politikkompetenz (Detjen, Massing, Richter & Weißeno, 2012) unterscheidet zwischen „Fachwissen", „Urteilsfähigkeit", „Handlungsfähigkeit" sowie „Einstellung und Motivation". Das sich explizit davon abgrenzende Modell der Fachgruppe Sozialwissenschaften (Behrmann, Grammes & Reinhardt, 2004; Petrik, 2013) spricht von den fünf „Demokratie-Kompetenzen": „Perspektivenübernahme", „Konfliktfähigkeit", „sozialwissenschaftliches Analysieren", „politische Urteilsfähigkeit" und „Partizipation".

Weißeno (2008), der das Modell Politikkompetenz maßgeblich mitentwickelte, überträgt in einem ersten Ansatz die an Bybees (1997) ‚scientific literacy' angelehnte Graduierung, dessen domänenspezifische Niveaus auch in den PISA-Studien Verwendung finden, zur stufentypischen Beschreibung auf politisches Lernen. Dabei wird von einer zunehmend komplexeren Verwendung politischer Fachbegriffe ausgegangen. Die von ihm als „politische Grundbildung (civic literacy)" bezeichnete Graduierung sieht vier Stufen vor:

1. Nominal: Themen, Namen, Begriffe werden zwar gewusst, aber falsch verwendet
2. Funktional: Begriffe werden korrekt verwendet
3. Konzeptuell & prozedural: Konzepte und Verfahren werden gewusst und können in Beziehung gesetzt werden
4. Multidimensional: Fachbezogene Wissensstrukturen können unterschieden werden

Als Beispiel für die nominale Stufe werden (falsche) Aussagen genannt wie „Demokratie ist freie Meinungsäußerung", für die funktionale Stufe „korrekte Verwendung von politikwissenschaftlichen Begriffen (z.B. Wahl)", für die dritte Stufe „Föderalismus mit den entsprechenden Begriffsnetzen" und für die höchste Stufe „Eigenlogiken der Machtbegriffe in der Politikwissenschaft und der Ökonomik" (Weißeno, 2008, S. 15).

Für eine potenzialorientierte politische Bildung ist dieses Modell *kein* anschlussfähiger Zugriff auf die Leistungen des lernenden Individuums. Das grundsätzliche Problem liegt darin, dass hier von einer tendenziell objektiv und wissenschaftlich ableitbaren Sachstruktur ausgegangen wird, an der Schüleräußerungen gemessen schnell als defizitär erscheinen. Das Modell Politikkompetenz stellt den politikwissenschaftlichen Gegenstand als Bezugspunkt *vor* den Schüler und die Schülerin. Problematisch ist an diesem Stufenmodell zudem, dass es nicht weiterentwickelt worden ist und nicht auf die Kompetenzdimensionen des Modells Politikkompetenz (s.o.) übertragen wurde (Autorengruppe Fachdidaktik, 2016, S. 187). Dem Modell Politikkompetenz fehlt bisher ein schlüssiges Stufenmodell.

Die Fachgruppe Sozialwissenschaften (Behrmann, Grammes & Reinhardt, 2004) und später in Erweiterung durch Petrik (2013) hat demgegenüber mit dem Stufenmodell von Kohlberg (2001/1976), dessen Theorie der Moralentwicklung die drei Stadien „vorkonventionell", „konventionell" und „postkonventionell" und weitere Stufen vorsieht, ein Kompetenzmodell entwickelt, das erstens das Individuum und dessen individuellen Lernweg in den Mittelpunkt stellt (Petrik, 2011, S. 112) und das zweitens alle fünf Demokratiekompetenzen beschreiben kann. Entledigt um die von Kohlberg noch mit konkreten Altersstufen verbundenen Entwicklungen und mit Betonung des situativen und potenziell auch regressiven Charakters stellt sich dieses Modell in einem Vorschlag von Petrik wie folgt dar (siehe Tabelle 5.1):

Tabelle 5.1: Politische Kompetenzen und ihre potenzielle Entwicklung (Petrik, 2011,
S. 112; ausführlicher Petrik, 2013, S. 348)

	Privat/ Subjektiv: Abgrenzung	Öffentlich / Politisch-parteilich: Austausch	Politisch-institutionell: Koordination	Systemisch: Meta-Analysen
Perspektiven-übernahme	Ego- oder gruppenzentrierte Perspektive; Problemabwehr	Gegenseitige Perspektivenüber-nahme; Problem-bewusstsein	Subjektive Perspektiven-koordination; Problemlöse-instanzen	Objektivierende Perspektiven-koordination; Generalisierung
Analyse-fähigkeit	Personalisierung, Ontologisierung	Unterscheidung von Werten, Interessen, Ursachen, Folgen	Vergleich der policy-, polity- und politics-Dimension	Explizite Anwen-dung sozialwissen-schaftlicher Theorien
Konflikt-fähigkeit	Harmonismus, Konfliktflucht oder Angriff	Wertevergleich, Begründung, Toleranz	Prämissenklärung, Lösungsverfahren	Argumentations-analyse
Urteilsbildung	Unbegründete Meinung, gelebte Werte	Begründeter (moralischer) Standpunkt	Institutionelles (kritisches) Ordnungsbild	„Liberale Ironikerin" (Rorty), politische Empathie
Partizipation	Politisches Desinteresse; „Aktionismus"	Zuschauer/in, öffentliches Engagement	Interventions- oder Aktivbürger/in	„Diskurs-Bürger/in", Intellektuelle

Die wissenschaftliche Forschung zur validen Bestimmung einzelner Kompetenz-stufen stellt in der Politikdidaktik weiterhin ein Desiderat dar. Es existieren nur wenige Einzelfallstudien, die zumeist mit Interviews oder Fragebögen arbeiten. Petrik (2011) schlägt zur Diagnostizierung der Konfliktlösungs- und Urteilskompe-tenz die *Argumentationsanalyse* vor: Beide „Kompetenzen wachsen mit der forma-len Fähigkeit, vollständiger, expliziter und komplexer zu argumentieren." (S. 113) Mit Rückgriff auf das Argumentationsmodell von Toulmin (1975) entwirft er ein Schema, das in schriftlichen und mündlichen Aushandlungen zwischen Thesen, Begründungen, unterschiedlichen plausiblen oder unplausiblen Argumentations-mustern und impliziten Prämissen unterscheiden lässt. Über eine Interpretation von Schüleräußerungen lassen sich diese dann einem jeweiligen Niveau zuordnen. Folgendermaßen konkretisieren sich die Niveaus:

• Niveau 1: Unbegründete Thesen und unfaire Diskussionstaktiken
• Niveau 2: Das schlüssige Argument als Basis der demokratischen Auseinander-setzung
• Niveau 3: Prämissenreflexion und Verfahrenssuche
• Niveau 4: Analyse des Erfolgs und Scheiterns von Argumentationen (Petrik, 2011, S. 114–118)

Petrik entwirft die Argumentationsanalyse sowohl als wissenschaftliches Instrument zur Rekonstruktion politischer Bildungsgänge (Petrik, 2013, S. 38ff.) als auch im Unterrichtsalltag von der Lehrperson einsetzbare Heuristik (Petrik, 2011). Für die Alltäglichkeit des Unterrichts erfordert es eine entsprechend geschulte Lehrperson, die durch zahlreiche Fallanalysen Schüleräußerungen gezielt den Niveaus zuordnen kann. Neben diesen Herausforderungen an die LehrerInnenbildung besteht eine weitere darin, dass in der Politikdidaktik noch zu wenig an der Frage von Stufenmodellen zur Verortung von Kompetenzen geforscht wird (Sander, 2014, S. 119). Der Bezug zur Empirie entscheidet aber letztendlich, wie verlässlich mit diesen Stufenmodellen Wege des individuellen Lernens erkenn- und beschreibbar sind. Für eine potenzialorientierte Didaktik bilden solche Modelle wichtige Heuristiken für den Schulalltag, um das immer individuelle fachliche Lernen verstehbar und gestaltbar zu machen.

5.3.4 Förderung zur Reflexion eigener Lernprozesse

Das vierte Prinzip von ILEA-T ‚Förderung der Reflexion eigener Lernprozesse‘ dient der Aktivierung des Potenzials der Kinder und Jugendlichen, ihr eigenes Lernen zu evaluieren und damit zunehmend selbst zu steuern. Als Instrumente werden hier Methoden wie „Lernlandkarten, Lernpässe und das Portfolio" (Geiling, Liebers & Prengel, 2015, S. 14) vorgeschlagen. Damit wird eine Art der Diagnostik entworfen, die sich nicht als Thema zwischen Lehrpersonen und möglicherweise noch den Eltern abspielt, sondern in allererster Linie der Emanzipation des einzelnen Schülers oder der einzelnen Schülerin dient.

Weitere Methoden, die in der politischen Bildung zur Evaluation des eigenen Lernprozesses Verwendung finden und der „Stärkung der Akteursperspektive auf den eigenen Lernprozess" (ebd.) dienen, sind bspw. regelmäßige Reflexionen mithilfe eines Lerntagebuchs, wie es Petrik (2013) für die Gründungssimulation und Unterrichtsreihe „Dorfgründung" vorsieht. Eine schülerorientierte Methode, die oben vorgestellten Stufenmodelle zu nutzen und die Lernenden im Sinne der Potenzialorientierung als Subjekte ihres Lernens zu ermächtigen, hat Reinhardt bereits in einem Aufsatz 1984 aufgezeigt. Sie verwendet das Modell von Kohlberg (2001) mit seinen sechs Stufen der Moralentwicklung, um gemeinsam mit ihren Schülerinnen und Schülern in einer Meta-Analyse deren eigene Argumente Pro und Kontra der Todesstrafe einzuordnen. Damit verbindet sie das potenzialorientierte Lernziel „eigenes Urteilen zu begreifen und zu beurteilen und sich dabei mit anderen zu verständigen!" (Reinhardt, 1984, S. 141). Eine so konzipierte Förderung der politischen Urteilsfähigkeit stärkt nicht nur die Position des lernenden Individuums und seinen Blick auf den eigenen Lernprozess, es nimmt auch dem Stufenmodell von Kohlberg die dort zumindest angelegte problematische, weil als normierend wirkende Verbindung von Entwicklungsstadien und Lebensalter (Welniak, 2017, S. 260). Als eigenes Analyseinstrument eingesetzt, eröffnet es die

Chance für die Lernenden nachzuvollziehen, warum Stufenmodelle immer situativ verstanden werden müssen und dass auch ‚gebildete Menschen' in bestimmten Kontexten auf niedrige Stufen ‚zurückfallen' können.

5.3.5 Schulische und außerschulische Lebenswelten

Das Prinzip ‚Berücksichtigung der biopsychosozialen Gesamtsituation' betont, dass eine Lernentwicklungsanalyse nicht nur kognitive Aspekte in den Blick nehmen sollte. Es bringt zwei Bildungswelten des lernenden Individuums ins Spiel: einerseits geht es um eine „achtsame und wertschätzende Pädagogen-Kind-Beziehung" (Geiling, Liebers & Prengel, 2015, S. 14) als eine Qualität innerhalb von Unterricht und Schule. Andererseits geht es um Öffnung des diagnostischen Blicks darüber hinaus. Durch die Betrachtung der Verhältnisse zwischen den Lernenden und ihren jeweiligen Umwelten wird ein ganzheitlicheres Bild angestrebt. Als Aspekte einer Lernentwicklungsanalyse werden hier außerschulische Kategorien wie Peergroup und Herkunftsfamilie, aber auch schulische Aspekte wie „das eigene methodisch-didaktische Handeln, die Qualität der bereitgestellten pädagogischen Arrangements und die Lernkulturen in der jeweiligen Einrichtung" (ebd., S. 15) genannt. Angestrebtes Ziel ist die Ermittlung von Ressourcen sowie von Lernbarrieren wie Gewalterfahrungen oder Missbrauch.

Über den grundsätzlich schülerorientierten Blick hinausgehend, der bereits im Beutelsbacher Konsens und im fachdidaktischen Prinzip Schülerorientierung beschrieben worden ist, fordert Henkenborg (2013) eine weitere Vertiefung der Beziehungsqualität zwischen Lehrperson und Lernenden vor dem Paradigma der Anerkennung. Er setzt damit wichtige Nuancen im Sinne einer potenzialorientierten politischen Bildung für die Schule. Henkenborg schlägt vor, das Paradigma der Anerkennung nach Honneth (1992) in den Mittelpunkt einer Theorie der politischen Bildung zu stellen und damit die normative Basis des Politikunterrichts sozialphilosophisch zu vertiefen. Er verbindet Anerkennung im Politikunterricht ganz im Sinne der Potenzialorientierung als die „Anerkennung des einzelnen als von allen Verschiedenen" (ebd., S. 110) und verbindet dies eng mit dem Ziel des Demokratie-Lernens. Henkenborg sieht in der Erfahrung von Anerkennung die „entscheidende Bedingung für die Entwicklung von Identität, Autonomie und Mündigkeit (ebd., S. 108). Unterrichtspraktisch fordert er eine Abkehr vom „belehrenden Politikunterricht zu einer ‚Kultur der Differenzen'" (ebd., S. 120). Darauf aufbauend wird einem disziplin- und an Autoritäten orientierten Unterricht eine Absage erteilt. Ein solcher pädagogischer Stil wäre nicht nur nicht zeitgemäß, sondern auch zentralen Ziele der politischen Bildung – Müdigkeit und Demokratie-Lernen – entgegengestellt (Autorengruppe Fachdidaktik, 2016, S. 53).

Als eine Studie, die die Relevanz der Anerkennungsverhältnisse in Schule und Klasse als Rahmenbedingungen für politisches Lernen verdeutlicht, sei hier exemplarisch auf Helsper et al. (2006) verwiesen. Durch einen Vergleich von vier Schulen haben die AutorInnen vier Muster schulischer Anerkennungsbeziehungen herausgearbeitet, die sie mit Fragen nach politischen Orientierungen kombinierten: „Gemeinschaft, Ausschluss, Polis und Inkonsistent" (Helsper, 2006, S. 293). Aus der Perspektive einer potenzialorientierten politischen Bildung heraus erscheint dabei jedes der vier Muster mit spezifischen Herausforderungen verknüpft. Das Muster *Gemeinschaft*, das sich an der untersuchten Hauptschule zeigt und durch emotionale Anerkennung, „Toleranz, der Offenheit gegenüber Fremden und der Vermeidung von Missachtung anderer" (ebd., S. 294) auszeichnet, ist pädagogisch ein unproblematisches Muster. Es wirft aber gleichzeitig die politikdidaktische Frage auf, wie sich in prosozialen Klassenverbänden politisch-demokratische Streitkulturen entwickeln können. Das Muster *Inkonsistent* zeigt, wie schwierig sich inkonsistente Werthaltungen auf Lernende auswirken. Das Muster *Ausschluss* stellt sich als Gegenpol einer potenzialorientierten Perspektive dar, da dieser Raum „erstens wenig emotionale Stabilisierung erlaubt, zweitens die individuelle Wertschätzung der Schüler an die Erfüllung eines rigiden Verständnisses verordneter Normalität bindet, was mit stigmatisierender Abwertung einhergeht und drittens den Schülern keine Möglichkeiten für Partizipation eröffnet" (ebd., S. 294). Das Muster *Polis* zeigt wiederum, dass auch ein politisches Selbstverständnis als kritische und autonome Schulgemeinschaft mit Mechanismen sozialer Distinktion und Abwertung einhergehen kann.

Für die politische Bildung ist der Blick auf außerschulische Aspekte von besonderer Bedeutung, da sich politisches Lernen bei weitem nicht auf den Schulunterricht beschränkt. Forschungen zur politischen Sozialisation betonen die wichtigen Einflüsse von Familie, Peergroup oder der sozialen Lage zur Herausbildung einer politischen Identität. Dabei zeigen Untersuchungen wie die Shell-Jugendstudie, die Civic-Education-Studie oder die Sachsen-Anhalt-Studie ein ähnliches, überwiegend distanziertes Bild von Jugend und Politik (Reinhardt, 2012, S. 33ff.), was sich v.a. an einem stetig sinkenden Interesse Jugendlicher an Politik festmacht – wenngleich die aktuellste Shell-Jugendstudie hier eine Trendwende aufzeigt. Aufschlussreich mit Blick auf die heterogene politische Lerngruppe sind die Ergebnisse dieser Studien zu Ungleichheitsstrukturen. Geschlecht, Status und Bildungsniveau stehen im Zusammenhang mit der Ausprägung von politischem Interesse: Mädchen und junge Frauen unterscheiden sich in Interesse an und Wissen über Politik von ihren männlichen Altersgenossen. Ebenso hängen ein geringer sozialer Status und ein geringes Bildungsniveau mit einem niedrigen Interesse an Politik zusammen (Reinhardt, 2012, S. 39ff.). Quantitative Studien können helfen, statistische Risikogruppen zu benennen und für größere gesellschaftliche Zusammenhänge zu sensibilisieren. Sie sind aber für eine potenzialorientierte Lernanalyse, die das einzelne Individuum nicht als statistische Größe sehen darf, sondern es gerade mit all seinen Besonderheiten in den Blick nehmen sollte, allenfalls eine erste Hilfe. Hier können qualitative Studien, die den Blick auf außerschulische Sozialisationsinstanzen wie Peergroups und Familie werfen, den diagnostischen Blick weiter schärfen.

Als eine aktuelle explorative Studie, die sich mit außerschulischer politischer Sozialisation befasst, sei hier beispielhaft auf die Interviewstudie von Winckler (2017) verwiesen. Ihr geht es um biografische Erfahrungen, über die Jugendliche einen „individuellen Umgang mit und die Haltung gegenüber Politik bzw. Politischem" (ebd., S. 10) entwickeln. Ihre herausgestellten vier Typen politischer Selbstbilder („politisch sein – politisch leben", „politische Eigenständigkeit bewahren", „Politik verstehen", „Politik vermeiden") zeichnen sich durch eine je anders erlebte außerschulische politische Sozialisation, v.a. durch die Familie, und unterschiedliche Einstellung zum Politikunterricht aus. Solche Studien liefern wichtige Hinweise über politikunterrichtsrelevante Bedingungen des individuellen politischen Lernens und können den Blick auf das lernende Individuum zusätzlich weiter informieren. Ein Desiderat politikdidaktischer Forschung besteht in der systematischen Ausweitung solcher Untersuchungen auf gesellschaftlich und schulisch marginalisierte Gruppen wie Lernende mit Migrationshintergrund oder Behinderung. Für eine potenzialorientiere politische Bildung sind solche Studien entscheidend, da sie einen Blick auf die Lernenden ganzheitlicher und über das Klassenzimmer hinaus ermöglichen. Damit können Ressourcen und Barrieren erkannt werden, die das politische Lernen beeinflussen und auf die politische Bildner und Bildnerinnen dann entsprechend reagieren können.

5.4   Potenzialorientierung als Anker einer inklusiven politischen Bildung

Potenzialorientierung findet einerseits viele Anschlusspunkte in geteilten Vorstellungen der politischen Bildung. Andererseits bezieht diese pädagogisch-didaktische Kategorie in einigen Feldern der Diskussion klare Position. Vor dem Hintergrund einer potenzialorientierten politischen Bildung stellen sich das Konzept und Modell Politikkompetenz (Weißeno et al., 2010; Detjen, Massing, Richter & Weißeno, 2012) als deutlich weniger anschlussfähig heraus als die Konzeptionen der Autorengruppe Fachdidaktik (2016) bzw. der Fachgruppe Sozialwissenschaften (Behrmann, Grammes & Reinhardt, 2004; Petrik, 2013). Daraus ergeben sich Konsequenzen für die noch recht junge Diskussion um die Konzeptualisierung einer inklusiven politischen Bildung (Dönges, Hilpert & Zurstrassen, 2015). So ist beispielsweise der Vorschlag von Massing (2015), der als Kernaufgabe des Politikunterrichts und zur unterrichtlichen Orientierung der Lehrenden das Modell Politikkompetenz setzt, dahingehend zu befragen, wie ein so gelagerter inklusiver Politikunterricht aussehen soll und ob nicht die dort angelegte hohe Bedeutung der richtigen Fachsprache für die Lernenden (ebd., S. 230) eine defizitorientierte Perspektive begünstigt. Des Weiteren ist zu vermuten, dass durch das Fehlen eines Stufenmodells die dort formulierte Hoffnung nach einer „kriteriengeleiteten Diagnose des Lernstands" (ebd., S. 237) auf Grundlage des Modells eher für Diffusion in der Unterrichtspraxis sorgt. Das übergeordnete Problem bei der Konzeptualisierung einer inklusiven politischen Bildung ist die wenige Forschung in diesem Bereich. Hoffnungsvoll stimmen da viele neue Initiativen der letzten Jahre (Hölzel & Jahr, 2019).

Abschließend sei ein Blick auf die politikdidaktische LehrerInnenbildung geworfen: Die Perspektivierungen und Schwerpunktsetzungen, die sich hinter der didaktisch-pädagogischen Kategorie Potenzialorientierung versammeln, sind durch eine zunehmend kasuistisch orientierte LehrerInnenbildung anzubahnen. Dies wird v.a. in der oben angesprochenen Maxime nach mehr Verstehen und weniger Bewerten von Schülerprodukten ersichtlich. Eine fachdidaktische LehrerInnenbildung, die sich auf die Vermittlung von anspruchsvollen normativen Konzeptionen beschränkt, fördert eine defizitorientierte und wertende Haltung zwischen Unterrichtspraxis und Unterrichtstheorie, da erstere kaum den Ansprüchen letzterer genügen kann. Eine kasuistische LehrerInnenbildung dagegen, die durch die gemeinsame Analyse von Unterrichtssituationen einem Nachvollzug der Bildungswirklichkeit verpflichtet ist, kann helfen, eine professionelle Haltung des fachdidaktischen Verstehens zu kultivieren. Dies bedeutet nicht, eine wertende und einordnende Perspektive aufzugeben, sondern diese bewusst von einer normativ enthaltsamen, rekonstruktiven Haltung trennen zu lernen. Kasuistische Formate der universitären LehrerInnenbildung können helfen eine Haltung vorzubereiten, die sich in der Schulpraxis als Wechsel von potenzialorientiertem Verstehen und organisationsnotwendigem Bewerten darstellt. Damit wäre dann auch abschließend das übergreifende Prinzip 6 von ILEA-T angesprochen. Die Haltung der pädagogischen Bescheidenheit, das Wissen um mögliche Fehler und Vorläufigkeiten beim Blick auf die Lernenden sind keine Selbstverständlichkeiten, sondern sie gilt es einzuüben durch das gemeinsame Analysieren pädagogischer Fälle im Seminar.

Literatur

Autorengruppe Fachdidaktik. (2011). *Konzepte der politischen Bildung. Eine Streitschrift.* Schwalbach/Ts.: Wochenschau.

Autorengruppe Fachdidaktik. (2016). *Was ist gute politische Bildung? Leitfaden für den sozialwissenschaftlichen Unterricht.* Schwalbach/Ts.: Wochenschau.

Behrmann, G. C., Grammes, T. & Reinhardt, S. (2004). Politik: Kerncurriculum Sozialwissenschaften in der gymnasialen Oberstufe. In H.-E. Tenorth (Hrsg.), *Kerncurriculum für die Oberstufe II – Biologie, Chemie, Physik, Geschichte, Politik. Expertisen* (S. 322–406). Weinheim: Beltz.

Bybee, R. (1997). *Achieving Scientific Literacy. From Purposes to Practices.* Portsmouth: Heinemann Educ Books.

Detjen, J., Massing, P., Richter, D. & Weißeno, G. (2012). *Politikkompetenz. Ein Modell.* Wiesbaden: Springer VS.

Dönges, C., Hilpert, W. & Zurstrassen, B. (Hrsg.) (2015). *Didaktik der inklusiven politischen Bildung.* Bonn: Bundeszentrale für politische Bildung.

Geiling, U., Liebers, K. & Prengel, A. (2015). *Handbuch ILEA T. Individuelle Lern-Ent-wicklungs-Analyse im Übergang von der Kita in die Schule.* Zugriff am 19.10.2017. Verfügbar unter http://wcms.itz.uni-halle.de/download.php?down=34521&elem=2750160

GPJE [Gesellschaft für Politikdidaktik und politische Jugend- und Erwachsenenbildung] (2004). Anforderungen an Nationale Bildungsstandards für den Fachunterricht in der Politischen Bildung an Schulen. Ein Entwurf (2. Aufl.). Schwalbach/Ts.: Wochenschau. Zugriff am 19.10.2017. Verfügbar unter http://gpje.de/wp-content/uploads/2017/01/Bildungsstandards-1.pdf

Hedtke, R. (2011). Das Interesse der Schüler – Abwehr entfremdeten Lernens bei Rolf Schmiederer. Interpretation und Kommentar. In M. May & J. Schattschneider (Hrsg.), *Klassiker der Politikdidaktik neu gelesen. Originale und Kommentare* (S. 178–189). Schwalbach/Ts.: Wochenschau.

Helsper, W. (2006). Zwischen Gemeinschaft und Ausschluss – die schulischen Integrations- und Anerkennungsräume im Kontrast. In W. Helsper, H.-H. Krüger, S. Fritzsche, S. Sandring, C. Wiezorek, O. Böhm-Kasper (Hrsg.), *Unpolitische Jugend? Eine Studie zum Verhältnis von Schule, Anerkennung und Politik* (S. 293–317). Wiesbaden: Springer VS.

Helsper, W., Krüger, H.-H., Fritzsche, S., Sandring, S., Wiezorek, C., Böhm-Kasper, O. (2006). *Unpolitische Jugend? Eine Studie zum Verhältnis von Schule, Anerkennung und Politik.* Wiesbaden: Springer VS.

Henkenborg, P. (2013). Politische Bildung für die Demokratie: Demokratie-lernen als Kultur der Anerkennug. In B. Hafeneger, P. Henkenborg & A. Scherr (Hrsg.), *Pädagogik der Anerkennung. Grundlagen, Konzepte, Praxisfelder* (2. Aufl., S. 106–131). Schwalbach/Ts.: debus.

Hölzel, T. & Jahr, D. (Hrsg.) (2019). *Konturen einer inklusiven politischen Bildung. Konzeptionelle und empirische Zugänge.* Wiesbaden: Springer VS.

Honneth, A. (1992). *Kampf um Anerkennung.* Frankfurt a. M.: Suhrkamp.

Kohlberg, L. (2001): Moralstufen und Moralerwerb. Der kognitiv-entwicklungstheoretische Ansatz. In: W. Edelstein, F. Oser, P. Schuster (Hrsg.), *Moralische Erziehung in der Schule* (S. 35–61). Weinheim/Basel: Beltz (zuerst 1976).

Lange, D. (2008). Kernkonzepte des Bürgerbewusstseins. Grundzüge einer Lerntheorie der politischen Bildung. In G. Weißeno (Hrsg.), *Politikkompetenz. Was Unterricht zu leisten hat* (S. 245–258). Wiesbaden: Springer VS.

Lange, D. (2017). Politikdidaktische Rekonstruktion. In D. Lange & V. Reinhardt (Hrsg.), *Forschung, Planung und Methoden Politischer Bildung* (Handbuch für den sozialwissenschaftlichen Unterricht; Bd. 2). Baltmannsweiler: Schneider.

Lutter, A. (2011). Concept Map, Mindmap und Kartenabfrage: Methoden zur Diagnose und Evaluation von Schülervorstellungen im sozialwissenschaftlichen Unterricht. In B. Zurstrassen (Hrsg.), *Was passiert im Klassenzimmer? Methoden zur Evaluation, Diagnostik und Erforschung des sozialwissenschaftlichen Unterrichts* (S. 92–107). Schwalbach/Ts.: Wochenschau.

Lutter, A. (2017). Schülervorstellungen in der politischen Bildung. In D. Lange & V. Reinhardt (Hrsg.), *Forschung, Planung und Methoden Politischer Bildung* (Handbuch für den sozialwissenschaftlichen Unterricht; Bd. 2, S. 63–69). Baltmannsweiler: Schneider.

Massing, P. (2015). Kompetenzorientierung im inklusiven Politikunterricht. In J. Riegert & O. Musenberg (Hrsg.), *Inklusiver Fachunterricht in der Sekundarstufe* (S. 225–238). Stuttgart: Kohlhammer.

May, M. & Schattschneider, J. (Hrsg.). (2011). *Klassiker der Politikdidaktik neu gelesen. Originale und Kommentare.* Schwalbach/Ts.: Wochenschau.

Mosch, M. (2014). Methoden der Diagnostik: Vorstellungen und Vorwissen erfassen. In W. Sander (Hrsg.), *Handbuch politische Bildung* (4. völlig überarb. Aufl., S. 415–423). Bonn: Bundeszentrale für politische Bildung.

Petrik, A. (2011). Methode zur politikdidaktischen Rekonstruktion der Konfliktlösungs- und Urteilskompetenz. In B. Zurstrassen (Hrsg.), *Was passiert im Klassenzimmer? Methoden zur Evaluation, Diagnostik und Erforschung des sozialwissenschaftlichen Unterrichts* (S. 108–128). Schwalbach/Ts.: Wochenschau.

Petrik, A. (2013). *Von den Schwierigkeiten, ein politischer Mensch zu werden. Konzept und Praxis einer genetischen Politikdidaktik* (2., erw. u. aktual. Aufl.). Opladen: Budrich.

Petrik, A. (2014). Adressatenorientierung. In W. Sander (Hrsg.), *Handbuch politische Bildung* (Reihe Politik und Bildung, Bd. 69, 4., völlig überarb. Aufl.). Schwalbach/Ts.: Wochenschau.

Reinhardt, S. (1984). Fachdidaktische Prinzipien I: Moralisch-politische Urteilsbildung: „Todesstrafe" – mit Kohlberg analysiert. In T. Grammes & A. Petrik (Hrsg.). (2014), *„Ich freue mich, dass Sie Spaß am Politik-Unterricht haben". Ein Streifzug durch das Werk der politikdidaktischen Klassikerin Sibylle Reinhardt* (S. 138–149, Wiederabdruck von 1984). Opladen: Budrich.

Reinhardt, S. (2012). *Politik-Didaktik. Praxishandbuch für die Sekundarstufe I und II* (4., überarb. Neuaufl.). Berlin: Cornelsen.

Sander, W. (2014). Kompetenzorientierung als Forschungs- und Konfliktfeld der Didaktik der politischen Bildung. In W. Sander (Hrsg.), *Handbuch politische Bildung* (4., völlig überarb. Aufl., S. 113–126). Schwalbach/Ts.: Wochenschau.

Scherb, A. (2017). Der Beutelsbacher Konsens. In D. Lange & V. Reinhardt (Hrsg.), *Konzeptionen, Strategien und Inhaltsfelder Politscher Bildung* (Handbuch für den sozialwissenschaftlichen Unterricht, Bd. 1, S. 255–262). Baltmannsweiler: Schneider.

Schmiederer, R. (1977). *Politische Bildung im Interesse der Schüler.* Köln: Europäische Verlagsanstalt.

Schneider, H. (1996). Gemeinsinn, Bürgergesellschaft und Schule – Ein Plädoyer für bürgerorientierte politische Bildung. In S. Schiele & H. Schneider (Hrsg.), *Reicht der Beutelsbacher Konsens?* (S. 199–225). Schwalbach/Ts.: Wochenschau.

Sutor, B. (1996). Der Beutelsbacher Konsens – ein formales Minimum ohne Inhalt? In S. Schiele & H. Schneider (Hrsg.), *Reicht der Beutelsbacher Konsens?* (S. 65–80). Schwalbach/Ts.: Wochenschau.

Toulmin, S. (1975). *Der Gebrauch von Argumenten.* Kronberg/Ts.: Beltz Athenäum.

Veber, M. (2015a). Potenzialorientierte Diagnostik in und für heterogene Lerngruppen: Grundlagen und Anwendungsbeispiele. In C. Fischer (Hrsg.), *(Keine) Angst vor Inklusion. Herausforderungen und Chancen gemeinsamen Lernens in der Schule* (S. 91–104). Münster: Waxmann.

Veber, M. (2015b). Potenzialorientierung – Weg und Ziel Inklusiver Bildung. *Schulpädagogik heute (Transparenz – im Unterricht und in der Schule)*, 6 (12) (S. 1–22), Zugriff am 19.10.2017. Verfügbar unter http://www.schulpaedagogik-heute.de/conimg/Archiv/SHHeft12/07_ausserthematischePraxis/07_03.pdf

Veber, M. & Fischer, C. (2016). Individuelle Förderung in Inklusiver Bildung – eine potenzialorientierte Verortung. In B. Amrhein (Hrsg.), *Diagnostik im Kontext inklusiver Bildung. Theorien, Ambivalenzen, Akteure, Konzepte* (S. 98–117). Bad Heilbrunn: Klinkhardt.

Wehling, H.-G. (1977). Konsens à la Beutelsbach. In S. Schiele & H. Schneider (Hrsg.), *Das Konsensproblem in der politischen Bildung* (S. 179–180). Stuttgart: Klett.

Weißeno, G. (2008). Politikkompetenz. Neue Aufgaben für Theorie und Praxis. In G. Weißeno (Hrsg.), *Politikkompetenz. Was Unterricht zu leisten hat* (S. 11–21). Wiesbaden: Springer VS.

Weißeno, G. (2010). *Konzepte der Politik. Ein Kompetenzmodell.* Schwalbach/Ts.: Wochenschau.

Weißeno, G., Detjen, J., Juchler, I., Massing, P. & Richter, D. (2010). *Konzepte der Politik. Ein Kompetenzmodell.* Schwalbach/Ts.: Wochenschau.

Welniak, C. (2017). Diagnostische Kompetenz und Schülerorientierung. In D. Lange & V. Reinhardt (Hrsg.), *Forschung, Planung und Methoden Politischer Bildung* (Handbuch für den sozialwissenschaftlichen Unterricht; Bd. 2, S. 253–262). Baltmannsweiler: Schneider Hohengehren.

Winckler, M. (2017). *Politische Selbstbilder und politische Bildung. Eine rekonstruktive Studie mit Schülerinnen und Schülern der Sekundarstufe I.* Schwalbach/Ts.: Wochenschau.

Irmgard Plattner und Claus Oberhauser

6. Geschichtsdidaktik und Inklusion

6.1 Geschichtsdidaktische Dilemmata

Eigentlich hätte man annehmen können, dass die Geschichtsdidaktik seit dem Inkrafttreten der UN-Behindertenrechtskonvention 2008 (Aichele, 2016) bereits eine Vielzahl an neuen (empirischen) Forschungen, Konzepten oder Entwürfen in Bezug auf Inklusion hervorgebracht hätte. Das ist jedoch aufgrund von mehreren Problemen bzw. inhärenten Forschungsorientierungen nicht der Fall. Vorweg ist anzumerken, dass in der geschichtsdidaktischen Forschung eher ein weiter Inklusionsbegriff verwendet wird, der verschiedene andere Exklusionsfaktoren wie soziale Herkunft miteinbezieht. Dessen ungeachtet orientieren sich einige Arbeiten, wie jeweils unten ausgeführt wird, eher am Abbau von Defiziten als an vorhandenen Potenzialen. Die beginnende Debatte über Potenzialorientierung – und was darunter geschichtsdidaktisch zu verstehen ist – wird anhand von Beispielen gezeigt. Der von der Inklusionspädagogik geforderte Systemwechsel auf struktureller Ebene lässt, wie im Folgenden zum Ausdruck gebracht wird, noch auf sich warten, ist aber in Ansätzen bereits erkennbar.

Besonders hervorzuheben ist erstens, dass fachtheoretische sowie empirische Forschung häufig auf den gymnasialen Unterricht abzielen und dementsprechend wesentlich weniger Daten in Hinsicht auf das historische Lernen in anderen Schultypen vorliegen. Noch dazu sind Kompetenzmessungen bisher fast ausschließlich in nicht inklusiven Schulformen durchgeführt worden (vgl. zum Beispiel Lücke, 2015). Von großer Bedeutung für die deutschsprachige Geschichtsdidaktik ist insbesondere die erste quantitative Large-Scale-Testung HiTCH (Historical Thinking – Competencies in History), die zum Ziel hatte, ein den Regeln des quantitativen Forschens folgendes Testinstrument zu entwickeln. Der Testung zugrunde liegt das unten näher vorgestellte Kompetenzmodell FUER. HiTCH fokussiert dabei das in der Graduierung des Kompetenzmodells vorgesehene mediäre Niveau. Dieses zeigt sich bei den Schülerinnen und Schülern durch „die Verfügung über Prozeduren und Konzepte historischen Denkens, die gewissermaßen eine gesellschaftliche Konvention auf der Basis fachwissenschaftlicher Theorie darstellen." (Trautwein et al., 2017, S. 122) An der Erhebung der Daten nahmen nach den Pilotierungen 2.853 Schülerinnen und Schüler der 9. Schulstufe teil. Obwohl das Projekt schulformenübergreifend konzipiert war, beteiligten sich wesentlich mehr Schülerinnen und Schüler von Gymnasien. Ausgespart wurden bei der Erhebung „Schulen mit besonderem Förderbedarf". „Aspekte der Inklusion" sollen erst in Zukunft anhand der HiTCH-Testung untersucht werden (Trautwein et al., 2017, S. 127). Diese Orientierung am gymnasialen Niveau hängt u.a. damit zusammen, dass die Leitkategorien und die in der Community angesehene epistemische Basis der Geschichtsdidaktik hochkomplex sind. Das diesbezügliche konzeptuelle Fundament der deutschsprachigen Geschichtsdidaktik ist Ende der 1960er- / Beginn der 1970er-Jahre gelegt und durchaus weiterentwickelt sowie weitergedacht worden – man denke nur an die Konzeption und Etablierung der Kompetenzmodelle nach dem PISA-Schock (Pandel, 2005; Körber, 2007a).

Zweitens muss man konstatieren, dass das Nachdenken über inklusiven Geschichtsunterricht und über inklusive Geschichtsdidaktik den im Anschluss kurz dargestellten Basiskonsens der deutschsprachigen Geschichtsdidaktik infrage stellt und zu einer Erweiterung, wenn nicht sogar zu einer Abkehr von Geschichtsdeutungsroutinen und generellen Sichtweisen führen muss. Denn grundsätzlich beruhen die großen theoretischen Entwürfe der deutschsprachigen Geschichtsdidaktik auf einer konstruktivistischen und dementsprechend von (standortgebundenen) Perspektiven abhängigen Narrativitätstheorie, die hier nicht im Detail wiedergegeben wird (vgl. im Folgenden Trautwein et al., 2017, S. 14–55). Besonders wichtig dabei sind die Fokussierungen auf die Vergangenheit, Geschichte und Gegenwart bzw. Zukunft. Das heißt, dass eben nicht die Vergangenheit an sich erzählt werden kann, sondern dass eine Geschichtserzählung immer abhängig von einem gegenwärtigen Orientierungsbedürfnis ist, das durch die Rekonstruktion von Quellen (Vergangenheit) oder aber durch die Dekonstruktion von fertigen Narrationen (Darstellungen) zu einem sinnvollen Identitätsentwurf führen soll. In der geschichtsdidaktischen Forschung etablierte sich seit den 1970er-Jahren „Geschichtsbewusstsein" als Leitkategorie. Neben diese subjektive mentale Operation im Hinblick auf historisches Lernen tritt demgemäß die „Geschichtskultur", also das, was die Gesellschaft mit Geschichte macht. Die Perspektivität der historischen Erzählungen erstreckt sich klarerweise auch auf die Quellen und Darstellungen, was dazu führt, dass es eben nicht „die" Quelle oder „die" Darstellung, sondern immer multiperspektivisches Deutungspotenzial gibt, also die Möglichkeit, dasselbe Ereignis aus verschiedenen Blickwinkeln mit diversen Angeboten zu erzählen.

Folgt man auf dieser Basis den durchaus kritischen Überlegungen Hasbergs, dann kommt der Geschichtsdidaktik eine wichtige Rolle bezüglich Inklusion bzw. Diversität zu. Denn Geschichtsunterricht, der sich an diesen Theorierahmen und die Quellenorientierung hält, ist laut Hasberg immer eine Lektion im interkulturellen Lernen, weil man immer mit Alterität und Historizität zu tun hat, also mit (kulturell) Anderen und mit der zeitlichen Wandelbarkeit. In diesem Sinn sei es dem historischen Denken eigen, Diversität zu erfahren und Andersartigkeit zu tolerieren. Hasberg kritisiert deshalb Entwürfe des inklusiven Lernens, wenn sie die Überwindung von Diversität und Inklusion als Ziel von Diversität ansehen. Er plädiert darauf, dass die Debatte über Inklusion und Geschichtsdidaktik keine ideologischen Tendenzen und damit normative Wertungen aufweisen dürfe, sondern vielmehr darüber geführt werden solle, dass Menschen mit einer (geistigen) Beeinträchtigung, wenn sie sich zeitlich orientieren, an das historische Denken und damit an die Grundlagen der Geschichtsdidaktik herangeführt werden müssen (Hasberg, 2013; Hasberg, 2014).

6.2 Ansätze der Forschung

Hierbei ist bereits das Kernproblem der überfachlichen Debatte über das Potenzial einer möglichen inklusiven Geschichtsdidaktik angesprochen: Soll sich der (theoretische) Anspruch der Geschichtsdidaktik ändern, um inklusiv zu sein, oder sollen sich die Ansätze der inklusiven Pädagogik an den bestehenden Rahmen anpassen? Müssen Geschichtsdidaktik und Inklusionspädagogik aufeinander zugehen? Besonders schwierig hinsichtlich der Komplexität des historischen Lernens ist dabei sicherlich die Forderung von Feyerer (2016), nicht das Wesen des Faches, sondern den Nutzen für alle hervorzuheben (2016, S. 28). Denn gerade die von Hasberg proklamierte inhärente Orientierung der Geschichtsdidaktik an Alterität und Historizität macht den Weg frei für Toleranz und akzeptierte Andersartigkeit. Ähnlich sieht das auch der Inklusionspädagoge Schneider, der in der Bedingtheit des Faches, der zeitlichen Orientierung und der Rekurrenz auf ein „Du" die Geschichtsdidaktik als geeignet für inklusives Lernen sieht (Schneider, 2016, S. 43). Laut Völkel (2015) besteht aber die Gefahr, dass die Orientierung und die Konstruktion des Anderen vor dem Hintergrund des Eigenen dazu führen können, dass es zur Exklusion und Ablehnung des Anderen kommt. Denn die Referenz auf gesellschaftliche Konventionen kann zur Ausbildung einer „Dominanzkultur" bzw. „Leitkultur" beitragen und dann führt die Sichtbarmachung der Unterdrückten dazu, dass diese erkennen, dass sie nicht dazugehören. Das problematische Verhältnis „oben-unten" oder „Herr und Knecht" ganz im Sinne von Pandels Merkmalbeschreibung des Geschichtsbewusstseins muss demgemäß überwunden werden, nicht jedoch Diversität an sich (Pandel, 2017).

In Bezug auf allgemeine Forschungsansätze bzw. auf die Leitlinien der bisherigen Forschung ist zuallererst auf die Geschichte des Umgangs mit dem historischen Lernen in der Sonderpädagogik zu verweisen. Erst kürzlich wurde in diesem Zusammenhang auf die historischen Wurzeln der Inklusionsdebatte hingewiesen (Musenberg, 2016a). Neben vereinzelten Beiträgen bereits in den 1920er-, 1930er- und ab den 1970er-Jahren war es erst Barsch im Jahr 2001, der das inklusive Potenzial moderner Geschichtsdidaktik reflektierte und auch die Perspektive der Sonderpädagogik in die Diskussion miteinbrachte (Barsch, 2001; 2011b). Zehn Jahre später forderte Barsch in einem instruktiven Beitrag Behinderung als Kategorie des Geschichtsunterrichts bzw. der Geschichtsdidaktik ein, da gerade anhand von (historischen) Ausschließungsprozessen Alterität und auch das Oben-unten-Verhältnis sichtbar werden (Barsch 2011a). Ebenfalls im gleichen Jahr loteten Musenberg und Pech die Möglichkeiten des historischen Lernens im Förderschwerpunkt geistige Entwicklung aus (Musenberg & Pech, 2011). Obwohl man zu diesem Zeitpunkt einen deplorablen Forschungsstand konstatieren muss, ist es trotzdem erstaunlich, dass Pandel (2012) im Handbuch Praxis des Geschichtsunterrichts in einem Beitrag davon ausgeht, dass es gar keine wissenschaftliche Literatur zum Thema Geschichtsunterricht und Inklusion gebe, obwohl im gleichen Handbuch ein vor allem auf Heterogenität abzielender Beitrag von Wenzel zumindest mögliche Auswirkungen der Inklusion auf unterrichtliche Praxis reflektiert, auch wenn Wenzel eher allgemeine pädagogische und nicht die fachspezifischen Konsequenzen herausarbeitet (Wenzel, 2012). Im Hinblick auf die theoretische sowie inhaltliche Potenzialorientierung ist es sicherlich der viel diskutierte Aufsatz Lückes über Diversität im Rückgriff auf Diversity- und Intersectionality-Studies, welcher die Debatte, obwohl es 2012 noch nicht im Speziellen um Inklusion ging, vorangebracht hat (Lücke, 2012). Auf Lückes Zugang zum Thema wird später noch einzugehen sein. Alavi und Terfloth betonten 2013, dass sich deshalb relativ wenige Geschichtsdidaktikerinnen und Geschichtsdidaktiker mit Inklusion beschäftigt hätten, da immer auch sonderpädagogisches Wissen vonnöten sei und man sich auf eine andere Fachkultur einlassen müsse (Alavi & Terfloth, 2013).

Neben diesen Einzelbeiträgen sind in den letzten Jahren zumindest drei Sammelbände erschienen, welche sich explizit mit historischem Lernen in inklusiven Settings vor allem in Bezug auf das Konstrukt „Behinderung" ausgerichtet auseinandersetzen: Den Auftakt machten dabei Hasberg und Barsch im Jahr 2014. Der Band „Inklusiv – Exklusiv. Historisches Lernen für alle" befasst sich dabei einerseits mit der Grundlagendebatte, andererseits mit der gängigen Praxis in Förderschulen. Interessant sind insbesondere die beiden Herausgeberbeiträge, die sich teilweise widersprechen. Während Hasberg die Debatte über Inklusion im oben genannten Zusammenhang deutet, geht Barsch davon aus, dass Inklusion und Diversität ineinander übergehen. Die unten vorgestellte Position von Lücke hebt diesen Gegensatz teilweise auf (Hasberg, 2014; Barsch, 2014b). Hervorzuheben ist des Weiteren der Beitrag von Musenberg, der das Problem der Normierung bzw. Standardisierung im inklusiven Geschichtsunterricht aufwirft. Denn die Definition von Mindeststandards kann über die Teilhabe am Unterricht entscheiden und wird dementsprechend zu einer exklusiven Hürde (Musenberg, 2014). Diese Problematik zeigt sich auch anhand der gängigen Kompetenzmodelle.

Als Weiterentwicklung dieses Diskussionsstandes ist sicherlich der aus dem geschichtsdidaktischen Panel des Deutschen Historikertags in Göttingen 2014 hervorgegangene Sammelband „Geschichte ohne Verlierer?" von Alavi und Lücke zu sehen. Im einleitenden Beitrag werden die Hauptdiskussionsstränge eines zieldifferenten inklusiven Geschichtsunterrichts auf den Punkt gebracht: die „barrierefreie" Quelle, Leichte Sprache und kleinschrittige Kompetenzraster. Diese werden unten näher besprochen und in Bezug auf eine mögliche Potenzialorientierung kritisiert. Des Weiteren werden im Sammelband auch die Zugänge zum historischen Lernen problematisiert. Während der rationale Zugang zu Quellen in der bisherigen geschichtsdidaktischen Forschung präferiert wird, sind es ästhetische, emotionale, wenn nicht, wie unten erörtert, leibliche Zugänge, die durch die Beschäftigung mit Inklusion mehr in den Fokus der Forschung geraten (vgl. Alavi & Lücke, 2016). In diesem Zusammenhang definiert Lücke aufbauend auf seinen Überlegungen über Diversität (2012) und Inklusion (2015) die Aufgabe der Geschichtsdidaktik hinsichtlich der Erforschung des Geschichtsbewusstseins in der Gesellschaft neu: Historisches Lernen soll „als eine produktive eigensinnige Aneignung vergangener

Wirklichkeiten als selbst erzählte oder selbst imaginierte Geschichte" (Lücke, 2015, S. 200) aufgefasst werden. Dies bedeutet, dass der oben skizzierte Theorierahmen nicht aufgegeben werden muss, aber verändert, da die eigen-sinnige Aneignung herausgearbeitet werden sollte. Demgemäß müssen die Überlegungen der subjektorientierten Didaktik (Ammerer, Hellmuth & Kühberger, 2015) in den Vordergrund der nachfolgenden Untersuchungen rücken. Dieser Definitionsversuch ebnet den Weg für die Anerkennung von verschiedenen Zugängen im Rückgriff auf subjektive Aneignung von Geschichte. Eigen-Sinn ist dabei Alf Lüdtke folgend (vgl. zur Begriffsgeschichte Musenberg, 2016b) nicht negativ zu bewerten, sondern als spezifisches Element eines Handelns eines Subjekts, welches nicht rational erklärbar sein muss und vom Subjekt bestimmt wird. Der Band selbst liefert nicht nur Einblicke in die Theorie, sondern auch in die so wichtige Empirie und in die Pragmatik des inklusiven Geschichtsunterrichts bzw. in die curriculare Gestaltung.

Abschließend ist auf das Buch „Inklusion im Geschichtsunterricht" von Kühberger und Schneider zu verweisen. Neben Vertretern, die auch in den beiden oben vorgestellten Sammelbänden publizierten, ist das Weiterdenken von Musenbergs Überlegungen zu einer Graduierung von Kompetenzen durch Kühberger hervorzuheben (Kühberger, 2016a). Ferner fasst Windischbauer (2016) in Hinsicht auf die Trias Empirie, Pragmatik und Theorie wichtige Leitlinien zusammen und beschreibt, dass es bezüglich Inklusion und Geschichtsunterricht keinen allgemeinen Lösungsweg gebe, sondern die Problemlösung zuallererst von der Praxis gedeutet werden müsse und nicht vom Höhenkamm der Theorie.

Zwei Publikationen stehen nachdrücklich dafür, dass Inklusion nun von einem randständigen zu einem beachtenswerten Forschungsgegenstand geworden ist: Kürzlich erschienen ist der von Musenberg herausgegebene zweite Band von „Kultur – Geschichte – Behinderung" (Musenberg, 2017), welcher sich mit Aneignungsprozessen im Geschichtsunterricht auseinandersetzt und damit gezielt auf eine mögliche Potenzialorientierung eingeht. Ferner thematisieren einige Beiträge die inhaltliche Veränderung des Geschichtsunterrichts durch inklusive Themen. Besonders zu erwähnen ist sicherlich das Handbuch Diversität (Alavi, Barsch, Kühberger & Lücke, im Erscheinen), welches in Vorbereitung ist.

Trotz dieser positiven Entwicklung darf nicht darüber hinweggesehen werden, dass die empirischen Daten nach wie vor rar gesät sind: Erstaunlich ist nicht diese Lücke an sich, sondern der Umstand, dass in den meisten Publikationen hervorgehoben wird, dass die Theoriebildung erst nach der empirischen Forschung vonstattengehen sollte, da ja vieles in Bezug auf die historische bzw. zeitliche Aneignung von Schülerinnen und Schülern mit Förderbedarf nicht bekannt ist. Zu verweisen ist hierbei exemplarisch auf die empirischen Forschungen – ohne auf die Daten hier nun einzugehen – von Barsch, Musenberg und Riegert (u.a. Barsch, 2013; Barsch, 2014a; Barsch, 2016; Musenberg & Riegert, 2014a; Musenberg & Riegert, 2014b).

6.3   Diskussion des fachspezifischen Potenzials inklusiven Geschichtsunterrichts

Im Mittelpunkt der geschichtsdidaktischen Theorie stehen, wie oben kurz ausgeführt, Quellen bzw. Darstellungen, da sie die nötige Authentizität bzw. Originalität bereitstellen. Folgt man den Überlegungen von Barsch und Dziak-Mahler, dann ist die starke Quellenorientierung im inklusiven Unterricht problematisch, da die Quelle alles ist, aber nicht „barrierefrei". Quellen, verstanden als Überreste der Vergangenheit, sind für den gegenwärtigen Betrachter immer insofern fremd, als sie „alt" sind, von einer möglicherweise unbekannten Autorin stammen, eine Perspektive einnehmen, einen historischen Eigen-Sinn aufweisen u.v.m. Es ist eine gehörige Denkleistung einer Schülerin oder eines Schülers, eine Quelle in einen historischen Kontext einordnen zu können, ihre Triftigkeit zu überprüfen und sich noch dazu nicht von der Aussage der Quelle überwältigen zu lassen, sondern ihren Konstruktcharakter zu durchschauen. Im Hinblick auf den inklusiven Unterricht kommen noch andere nicht fachinterne Hürden dazu: Gibt es Quellen in Brailleschrift? Was macht man mit Schülerinnen und Schülern, die geringe oder kaum vorhandene Lesefähigkeiten haben? (Barsch & Dziak-Mahler, 2014).

Bis jetzt nicht diskutiert und von Kühberger als einem unter ganz wenigen angesprochen ist möglicherweise das *Universal Design for Learning* ein Bezugsrahmen für eine neue Geschichtsdidaktik. Dies muss jedoch erst erforscht werden (Kühberger, 2016b). Eine Antwort, die man bis jetzt gefunden hat, ist die Verwendung von Quellen und Darstellungen in Leichter Sprache, wobei vorweg eingeschränkt werden muss, dass hierbei Schülerinnen und Schüler mit keinen Lesefähigkeiten ausgeschlossen werden. Darüber hinaus wird in diesen Forschungen insgesamt eher der Fokus auf lernschwache Schülerinnen und Schüler gelegt. Hierbei besteht noch großer empirischer Forschungsbedarf. Alavi zeigt in ihren Forschungsbeiträgen, dass Leichte Sprache erstens dabei helfen könne, fachspezifischen Elitentendenzen, welche sich auch in der wissenschaftlichen Gymnasialpräferenz niederschlagen, entgegenzutreten (Alavi, 2013). Zweitens arbeitete Alavi unter Rückgriff auf das erfolgreiche Projekt „Heidelberg in Leichter Sprache" (ein Stadtführer mit historischem Inhalt) heraus, dass Abstraktes und Komplexes nur schwer vereinfacht werden könne. Aber trotzdem sollte man in einem zieldifferenten Geschichtsunterricht Texte im Sinne der Heterogenität auf unterschiedlichen Levels anbieten (Alavi, 2014). Drittens zeigt Alavi anhand von konkreten Beispielen auf, wie Schülerinnen und Schüler durch den Einsatz Leichter Sprache profitieren können. Ferner geht sie auch darauf ein, dass bereits ja der darstellende Text in Schulbüchern ebenso eine sprachliche Vereinfachung aufweist (Alavi, 2015, 2016). Musenberg und Riegert problematisierten in diesem Zusammenhang kürzlich, dass die Elementarisierung von Quellen in Bezug auf geschichtsdidaktische Prinzipien zu einer nicht gewollten Vereinfachung führen kann. Die Alterität und Multiperspektivität von Quellen kann durch Eingriffe von außen verlorengehen und dann steht die Fachorientierung auf dem Spiel (Riegert & Musenberg, 2017).

Neben dem Quellen- besteht nach Bredel und Maaß auch ein Grammatikproblem, da die Zeitfolge, also die sprachliche Darstellung von Temporalität, nicht im selben Ausmaß in Leichter Sprache existiert wie in der Standardsprache (Bredel & Maaß, 2016). Dementsprechend werden erst neue Forschungen aufzeigen, ob und wie Leichte Sprache im Geschichtsunterricht bzw. bei der Geschichtsvermittlung hilft (u.a. Berendonck, 2017).

Ein weiterer wichtiger Punkt bezüglich der Vermittlung von Geschichte ist die im inklusiven Unterricht nötige Veranschaulichung, aber gleichzeitig auch die Aneignung von Geschichte: Was bereits über die Elementarisierung von Quellen gesagt wurde, spielt auch hier eine große Rolle. Veranschaulichung geht geradezu zwangsläufig mit einer Komplexitätsreduktion einher. Musenberg weist in einem Beitrag darauf hin, dass die Veranschaulichung dazu führt, dass die Ansprüche der Fachwissenschaft und Fachdidaktik zurückgeschraubt werden müssen. Des Weiteren ist die Reflexion sensibler Inhalte (z.B. Holocaust) für lernschwache Schülerinnen und Schüler laut ihm schwieriger. Im Hinblick auf den inklusiven Unterricht bedarf es neben einer Wahrnehmung mit allen Sinnen laut Musenberg (2015) auch einer inneren kognitiven Verknüpfung. Dies bedeutet, dass die Veranschaulichung auf verschiedenen Ebenen mit unterschiedlichen Medien sowie Methoden und (emotionalen) Zugängen vonstattengehen muss. Barsch (2016) bekräftigt hierbei auch die Wichtigkeit der genauen Instruktion durch die Lehrperson. Im Rückgriff auf die innere kognitive Verknüpfung wird in den neuesten Forschungen auf Lückes produktiven Eigen-Sinn eingegangen, indem die subjektorientierte Aneignung von Geschichte (Musenberg, 2016b) im Vordergrund steht. Dass dabei die Imagination und damit auch der fiktionale lebensweltliche Bezug zur Geschichte eine wichtige Rolle spielt, mag für Vertreterinnen und Vertreter strenger Rationalität ein Ärgernis sein, ist aber sicherlich eine Chance für den inklusiven, potenzialorientierten Geschichtsunterricht.

Ein wortwörtlich radikaler Ansatz in Hinsicht auf Inklusion wird von Völkel vertreten. Sie kritisiert, dass das Geschichtsbewusstsein als mentale Struktur bezüglich Inklusion nicht mehr die Leitkategorie des Geschichtsunterrichts und des Geschichtsbewusstseins sein könne, da nach derzeitigem Konsens in der geschichtsdidaktischen Theoriebildung erhebliche kognitive und sprachliche Leistungen vollbracht werden müssen, um am Diskurs teilzuhaben. Vielmehr geht Völkel davon aus, dass die Theoriebildung bei der leiblichen Erfahrung des Menschen und eben nicht erst nach dem Aufbau einer mentalen Operation beginnen müsse. Die am Leib und eben nicht am Körper erfahrene Zeitlichkeit sei dabei der Ausgangspunkt und auch die Bedingung für Raum und Zeit. Somit gebe es kein mentales Innenleben (Geschichtsbewusstsein) und gesellschaftlich gemachtes Außenleben (Geschichtskultur) als Struktur mehr, sondern die leibliche Erfahrung als Reflexionsgrund. Geschichte bzw. Zeiterfahrung dürfe sich dementsprechend nicht nur auf die narrative Deutung von Vergangenem beziehen, sondern auch auf die „primäre Erfahrungswelt des Menschen" (Völkel, 2016b, S. 47). Hierbei geht es

Völkel gleichermaßen um die Inhalte, die sich an der leiblichen Erfahrung orientieren müssen (Völkel, 2016a, 2017).

6.4 Veränderung des Inhalts?

Die geschichtsdidaktische Debatte über mögliche neue Inhalte in einem inklusiven Geschichtsunterricht wird noch kaum geführt: Im Rückgriff auf Lückes Überlegungen zur Diversität lässt sich zumindest ein inhaltliches Feld abstecken. Lücke (2012) fordert, dass, wenn die gesellschaftliche Verortung des Geschichtsbewusstseins ernstgenommen werde, man auf das Instrumentarium der Diversity- bzw. Intersectionality Studies zurückgreifen solle, um einer gegenwärtigen Gesellschaftskonstellation Genüge zu tun. Er betont dabei die sozialen Kategorien der Ungleichheit der Diversity Studies, also *Race*, *Class* und *Gender*. Darüber hinaus muss die gesellschaftliche Produktion von Herrschaft und Identität berücksichtigt werden. Denn diese sozialen Kategorien werden auf der Ebene der strukturellen Herrschaftsverhältnisse, der symbolischen Repräsentation und der Identitätskonstruktion erzeugt und ausgehandelt. Diese Kategorien sollen laut Lücke an den Schnittstellen historisch unter Bezugnahme auf Alterität und Historizität erzählt werden. Die Auseinandersetzung mit historisch erfahrener (sozialer) Ungleichheit ist eine Chance für eine Verschiebung der Perspektive auf Geschichte im Unterricht, was bedeutet, dass eben nicht mehr ein Nationalnarrativ erzählt wird, sondern die Produktion von Ungleichheit an Schnittstellen unter Berücksichtigung von sozialen Kategorien. In Bezug auf Inklusion muss dementsprechend die Trias *Race*, *Class* und *Gender* um *Disability* erweitert werden. Wolter (2016) fordert in diesem Sinn eine Didaktik der *Disability History* und zeigt, dass auch die Geschichte der Frau lange Zeit im deutschsprachigen Geschichtsunterricht keine Rolle spielte und demgemäß nun die *Disability History* vor dem Hintergrund, auf den von Lücke beschriebenen Ebenen, der gesellschaftlichen Produktion von „Normalität – Anormalität" und „Inklusion – Exklusion" entworfen werden müsse.

Die Überlegungen Lückes und Wolters schließen direkt an die Diskussion um die curriculare Umgestaltung in der Inklusionsforschung an: Dederich (2014) weist allgemein in diesem Zusammenhang darauf hin, dass zwar die Orientierung an den Kategorien der Intersektionalitätsforschung durchaus problematisch ist, da die bewusste Benennung der Kategorie „Behinderung" Differenz und damit Spannung erzeugt. Jedoch argumentiert er überzeugend, dass der Vorteil gegenüber einer antikategorialen Pädagogik gerade darin besteht, dass in der Intersektionalitätsforschung diese Kategorien mit Absicht hervorgehoben werden, um erstens die politische Relevanz zu betonen und zweitens Möglichkeiten zur (gesellschaftlichen) Überwindung zu diskutieren. In Hinsicht auf mögliche inhaltliche Veränderungen ist dabei auf neuere Publikationen zu verweisen, welche im Rückgriff auf den Index für Inklusion Neustrukturierungen der Curricula unter inklusiven Vorzeichen diskutieren (Braunsteiner, Hinz & Jo, 2017).

6.5 Kompetenzgraduierung

Im Zuge der Kompetenzdebatte und einer Neuausrichtung des Geschichtsunterrichts auf die Grundidee des historischen Lernens wurde auch die Frage virulent, inwieweit ein kompetenz- und nicht mehr wissensbasierter Geschichtsunterricht auf unterschiedliche Leistungsniveaus von Schülerinnen und Schülern eingehen und ihre unterschiedlichen Fähigkeiten berücksichtigen kann, wobei im Fokus der Betrachtung die Theoriebildung hinsichtlich Graduierungsmodelle liegt. Prinzipiell ist festzuhalten, dass es derzeit in der Geschichtsdidaktik kein umfassendes allgemein anerkanntes Modell, sondern nur Annäherungsüberlegungen mit unterschiedlichen Denkoptionen zur Graduierungsthematik gibt.

Im gymnasialen Segment der schulischen Praxis wird realiter der Weg über Anforderungsbereiche als Graduierungsparameter beschritten. In den österreichischen Aufgabenstellungen zur Neuen Reifeprüfung sowie der deutschen EPA bilden sich drei Anforderungsbereiche mit aufsteigendem Schwierigkeitsgrad ab: Anforderungsbereich I umfasst die Reproduktion, also das reine Wiedergeben von Sachverhalten und eingeübten Arbeitstechniken. In Anforderungsbereich II fallen jene Akte, die selbstständiges Erklären, Bearbeiten und Ordnen von Inhalten (Reorganisation) sowie das angemessene Anwenden von methodischen Schritten auf unbekannte Zusammenhänge (Transfer) erfordern. Anforderungsbereich III betrifft den reflexiven Umgang mit neuen Zusammenhängen bzw. Problemkonstellationen, eingesetzten Methoden und gewonnenen Erkenntnissen (Reflexion), um zu selbstständigen Begründungen, Interpretationen und Bewertungen zu gelangen (Problemlösung) (KMK, 2005, S. 6; BMB, 2011, S.16).

Impulse in Hinsicht auf kompetenzbezogene Graduierungslogiken kommen auch aus den Sozialwissenschaften und der Politischen Bildung, welche mit dem klassischen Gegensatz „Konkretheit und Lebensweltbezug" versus „Abstraktion und Ferne" verbunden mit einer Altersstufenunterscheidung arbeiten: Der Schwierigkeitsgrad im Kompetenzniveau entwickelt sich vom persönlich eigenen Naherlebnis vor Ort über die institutionelle Einbettung in Regeln und Systeme zur Reflexion der Systeme auf einer Metaebene (zum Beispiel Behrmann, Grammes & Reinhardt, 2004; Sander, 2009, S. 304).

Als Mitglied der internationalen Projektgruppe FUER-Geschichtsbewusstsein zur Entwicklung eines Kompetenz-Strukturmodells setzte sich Körber eingehend mit der Graduierung im Hinblick auf die Unterscheidung von Niveaus der Kompetenzen historischen Denkens auseinander. Ihm geht es nicht um die Abbildung der Lernprogression, wie ein Lernender von einem zum anderen Niveau kommt, sondern um den Nachweis der Logik der Niveauunterscheidung historischen Denkens. Es werden – ausschließlich aus pragmatischen Gründen der Übersichtlichkeit – nur fünf Niveaus unterschieden, wobei das Nullniveau und das Maximalniveau nur ideel zu denkende Limitationen darstellen. Basal, (inter-)mediär und elaboriert werden die Niveaustufen selbst, die Übergangsfelder als Intervall-Niveaus bezeichnet. Basal definiert ein Niveau, auf dem die Verfügung über eine historische Kompetenz nur in ersten Ansätzen erkennbar ist. Es können Unterscheidungen von Vergangenheit und Gegenwart nur im direkten eigenen Umfeld wahrgenommen werden. Auf einem intermediären Niveau verfügt der historisch Denkende über gesellschaftlich geprägte und anerkannte Kategorien und Konzepte von Geschichte, die im gesellschaftlichen Diskurs Verwendung finden. Die Einbettung des eigenen Ichs in den gesamthistorischen Prozess ist möglich. Ein elaboriertes Niveau nimmt jemand ein, der eigenständig und (selbst-)reflexiv mit bestehenden Konventionen umgehen kann und diese auch kritisch hinterfragt. Als Graduierungskriterien werden die Konventionalitätsstufe, die Komplexität im vernetzten Denken, die Reflexivität, die Abstraktion, die Selbstständigkeit, die Transferweite, die Intrinsität und die Fähigkeit zur Schematisierung herangezogen. Zu betonen ist, dass unterschiedliche Niveaus in einer Person synchron nebeneinander bestehen können. Eine Person könnte z.B. im Teilaspekt der Fragekompetenz ein weitaus höheres Niveau als im Bereich der Re- und Dekonstruktionskompetenz erreicht haben. Kompetenzniveaus stellen nach Körber auch kein Rezept für eine Unterrichtsplanung dar. Es wäre sinnlos, zunächst konventionelle Formen historischen Denkens aufzubauen und erst anschließend eine kritische Hinterfragung zu fördern. Beides muss neben- und miteinander das Unterrichtsgeschehen bestimmen (Körber, 2007b, S. 457–466).

Doch – und diese Frage stellt sich – wie kann ein Kompetenzmodell verbunden mit einer Graduierungstheorie des historischen Denkens einen inklusiven Geschichtsunterricht grundlegen? Nicht nur verwendet das HiTCH-Projekt das sogenannte FUER-Kompetenzmodell als Forschungsgrundlage, sondern auch in der Inklusionsforschung wird es als durchaus sinnvoll für den inklusiven Geschichtsunterricht interpretiert. Barsch und Dziak-Mahler (2014) heben hervor, dass insbesondere die Fragekompetenz, welche ein Alleinstellungsmerkmal des FUER-Modells ist, für inklusiven Geschichtsunterricht von großem Nutzen sein kann. Die Fragekompetenz in Hinsicht auf die Schülerin oder den Schüler gedacht, also subjektorientiert, kann über den Weg der Konfrontation mit historischen Phänomenen (Quellen oder Darstellungen) dazu führen, dass die Fragen der Schülerinnen und Schüler den Unterricht strukturieren. Dass es hierbei im inklusiven Geschichtsunterricht auch zu unhistorischen Fragen kommt, muss keineswegs bedeuten, dass die fachlichen Standards aufgegeben werden. Denn durch starke Instruktion kann aus einer nicht historischen durchaus eine historische Fragestellung werden.

Aber es gibt auch kritische Stimmen. Kühberger (2016a) sieht zwar das Potenzial im FUER Graduierungsmodell, aber auch die noch bestehenden Defizite. Ist es „ein Raster ohne Tiefgang"? Er fordert eine Ziselierung, eine Verfeinerung der Niveaustufen, „um jene für einen inklusiven Geschichtsunterricht notwendigen Nuancen der potenziellen fachspezifischen Lernentwicklungen überhaupt erst sichtbar machen zu können und um damit eine Sensibilisierung für noch weit kleinschrittigere Momente innerhalb des historischen Denkens zu erreichen". (Kühberger, 2016a, S. 68) Die Kritik trifft auch die à priori im Modell zwar nicht intendierte Lernprogression, aber dennoch so nötige Beschreibung von gangbaren Entwicklungswegen. Sein Plädoyer zielt auf eine Konkretisierung einer „Rampe" im historischen Lernen ab, die allen Schülerinnen und Schülern zur Verfügung steht, was „ein radikaleres Umdenken in der Konzeption von fachspezifischen Lerngelegenheiten" zur Folge hätte (Kühberger, 2016a, S. 69). Kennzeichen dafür ist eine binnendifferenzierte Aufgabenkultur mit individuellen Zugängen über unterschiedliche Materialien und Methoden in Bezug auf einen gemeinsamen Gegenstand der Historie. Eine zusätzliche Gefahr bei Graduierungsparametern könnte auch darin bestehen, dass spezielle Aufgabentypen für ‚Lernschwächere' bzw. ‚Lernstärkere' geschaffen werden und dadurch die Balance zwischen „zentrifugalen und zentripetalen Dynamiken" (Boban, 2015, S. 280) im inklusiven Geschichtsunterricht verloren gehen könnte.

6.6 Fazit

Die Diskussion und noch vielmehr die Forschung zu Geschichtsdidaktik und Inklusion stehen nach wie vor am Anfang. Besonders wichtig ist, dass nun immer mehr empirische Forschungen über das historische Lernen in inklusiven Settings durchgeführt werden. Es lässt sich aber durchaus konstatieren, dass das Potenzial von Inklusion in der Debatte erkannt wurde: Das Nachdenken über Inklusion in der Geschichtsdidaktik zeigt erstens blinde Flecken in der Theoriedebatte. Dies führt, wenn man zum Beispiel Lückes Ansatz folgen will, zu einem Perspektivenwechsel in der (theoretischen) Betrachtung von Geschichte. Zweitens wird das Potenzial subjektorientierter Zugänge hervorgehoben. Diese eigensinnigen Zugänge stellen eine Chance dar, Lernen an einem gemeinsamen historischen Sachverhalt in einem binnendifferenzierten Unterricht zu ermöglichen; und stehen damit für eine Potenzialorientierung. Während drittens die Orientierung einer 2007 entwickelten Kompetenzgraduierung nach wie vor große Schwierigkeiten in Bezug auf inklusives Lernen bereitet, ist viertens das Heranführen an gängige Kompetenzmodelle durchaus denkbar. Gerade die Fragekompetenz des FUER-Kompetenzmodelles wird hervorgehoben. Nachfolgende empirische Forschungen werden wesentlich konkreter herausarbeiten, welche Möglichkeiten und Chancen die Potenzialorientierung mit sich bringt.

Literatur

Aichele, V. (2016). Behindertenrechtskonvention. In M. Dederich, I. Beck, G. Antor & U. Bleidick (Hrsg.), *Handlexikon der Behindertenpädagogik. Schlüsselbegriffe aus Theorie und Praxis* (3., erweiterte und überarbeitete Auflage, S. 456–457). Stuttgart: Kohlhammer.

Alavi, B. (2013). Inklusion und Geschichtswettbewerb – Barrierefreier Geschichtswett-bewerb? *Public History Weekly* 1 (1). Verfügbar unter: DOI: dx.doi.org/10.1515/phw-2013–129 [08.06.2017].

Alavi, B. (2014). Inklusion konkret: Heidelberg in Leichter Sprache. *Public History Week-ly*, 2 (7). Verfügbar unter: DOI: dx.doi.org/10.1515/phw-2014–1409 [08.06.2017].

Alavi, B. (2015). Leichte Sprache und historisches Lernen. *Zeitschrift für Geschichtsdidak-tik*, 14, 169–190.

Alavi, B. (2016). Narrative Kompetenz im inklusiven Geschichtsunterricht?! Ein Unter-richtsversuch. In B. Alavi & M. Lücke (Hrsg.), *Geschichtsunterricht ohne Verlierer!? Inklusion als Herausforderung an die Geschichtsdidaktik* (S. 85–100). Schwalbach/Ts.: Wochenschau.

Alavi, B., Barsch, S., Kühberger, C. & Lücke, M (Hrsg.). (im Erscheinen). *Handbuch Diversität im Geschichtsunterricht. Zugänge zu einer inklusiven Geschichtsdidaktik.* Frankfurt am Main: Wochenschau.

Alavi, B. & Lücke, M. (2016). Geschichtsunterricht ohne Verlierer?! Inklusion als Her-ausforderung für die Geschichtsdidaktik. In B. Alavi & M. Lücke (Hrsg.), *Geschichts-unterricht ohne Verlierer!? Inklusion als Herausforderung für die Geschichtsdidaktik* (S. 7–15). Schwalbach/Ts.: Wochenschau.

Alavi, B. & Terfloth K. (2013). Historisches Lernen im inklusiven Unterricht. In T. Klauß & K. Terfloth (Hrsg.), *Besser gemeinsam lernen! Inklusive Schulentwicklung* (S. 185–207). Heidelberg: Winter

Ammerer, H., Hellmuth, T. & Kühberger, C. (Hrsg.) (2015). *Subjektorientierte Geschichts-didaktik.* Schwalbach/Ts.: Wochenschau.

Barsch, S. (2001). Geschichtsunterricht an der Schule für Geistigbehinderte. *Zeitschrift für Heilpädagogik*, 12 (52), 515–518.

Barsch, S. (2011a). „Die Anderen da draußen" – Behinderung als Kategorie der Ge-schichtsdidaktik. *Zeitschrift für Geschichtsdidaktik*, 10, 105–116.

Barsch, S. (2011b). Geschichtsdidaktik und Sonderpädagogik – Historische Kompetenzen im Fokus sonderpädagogischer Förderung. *Zeitschrift für Heilpädagogik*, 62, 136–142.

Barsch, S. (2013). Historische Imagination von Schülern mit „Lernbehinderungen". Em-pirische Zugangsweisen und Ergebnisse einer Pilotierung. In J. Hodel & B. Ziegler (Hrsg.), *Forschungswerkstatt Geschichtsdidaktik 12*. Beiträge zur Tagung „geschichts-didaktik empirisch 12" (S. 95–107). Bern: hep.

Barsch, S. (2014a). Geschichtsbewusstsein von Schülerinnen und Schülern mit sonder-pädagogischem Förderbedarf. In T. Arand & M. Seidenfuß, M. (Hrsg.), *Neue Wege – neue Themen – neue Methoden? Ein Querschnitt aus der geschichtsdidaktischen For-schung des wissenschaftlichen Nachwuchses* (S. 285–295). Göttingen: Vandenhoeck & Ruprecht.

Barsch, S. (2014b). Narrative der Vielfalt Sonderpädagogische Potenziale für das his-torische Lernen. In S. Barsch & W. Hasberg (Hrsg.), *Inklusiv-Exklusiv. Historisches Lernen für alle* (S. 40–59). Schwalbach/Ts: Wochenschau.

Barsch, S. (2016). Schülerinnen und Schüler mit dem Förderschwerpunkt Lernen denken historisch – Einblicke in die empirische Forschung. In B. Alavi & M. Lücke (Hrsg.), *Inklusion und Geschichtsdidaktik. Theoretische, empirische und pragmatische Perspek-tiven* (S. 71–84). Schwalbach/Ts.: Wochenschau.

Barsch, S. & Dziak-Mahler, M. (2014). Problemorientierung inklusive: Historisches Lernen im inklusiven Unterricht. In B. Amrhein & M. Dziak-Mahler (Hrsg.), *LehrerInnenbildung gestalten: Fachdidaktik inklusiv* (S. 119–132). Münster: Waxmann.

Behrmann G. C., Grammes T. & Reinhardt S. (2004). Politik. Kerncurriculum Sozialwissenschaften in der gymnasialen Oberstufe (unter Mitarbeit von Hampe P.). In H. E. Tenorth, (Hrsg.), *Kerncurriculum Gymnasiale Oberstufe II* (S. 322–406). Weinheim/ Basel: Beltz.

Berendonck, S. (2017). Leichte Sprache – Der Weg zu einem reflektierten Geschichtsbewusstsein. In U. Fix, B. Bock & D. Lange (Hrsg.), *,Leichte Sprache' im Spiegel theoretischer und angewandter Forschung* (S. 473–476). Berlin: Frank & Timme.

BMB (2011). Die kompetenzorientierte Reifeprüfung: Geschichte, Sozialkunde und Politische Bildung. Richtlinien und Beispiele für Themenpool und Prüfungsaufgaben. Wien. Verfügbar unter: https://www.bmb.gv.at/schulen/unterricht/ba/reifepruefung_ahs_lfgsk_21067.pdf [08.06.2017].

Boban, I. (2015). Stärkung in der Gruppe – das Konzept „Summer University". In R. Kruschel & A. Hinz (Hrsg.), *Zukunftsplanung als Schlüsselelement von Inklusion. Praxis und Theorie personenzentrierter Planung* (S. 279–285). Bad Heilbrunn: Klinkhardt.

Braunsteiner, M.-L., Hinz, A. & Jo, J. (2017). Bildungspläne und Inklusive Bildung – zwischen Kompetenzrastern und Neustrukturierung des Wissens. In I. Boban & A. Hinz (Hrsg.), *Inklusive Bildungsprozesse gestalten. Nachdenken über Horizonte, Spannungsfelder und Schritte.* (S. 134–167). Seelze: Klett-Kallmeyer.

Bredel, U. & Maaß, C. (2016). *Leichte Sprache. Theoretische Grundlagen – Orientierung für die Praxis.* Berlin: Dudenverlag.

Dederich, M. (2014). Intersektionalität und Behinderung. Ein Problemaufriss. *Behinderte Menschen*, 1, 47–53.

Feyerer, E. (2016). Allgemeine Qualitätskriterien für einen inklusiven Geschichtsunterricht. In C. Kühberger & R. Schneider (Hrsg.), *Inklusion im Geschichtsunterricht. Zur Bedeutung geschichtsdidaktischer und sonderpädagogischer Fragen im Kontext inklusiven Unterrichts* (S. 11–30). Bad Heilbrunn: Klinkhardt.

Hasberg, W. (2013). The religious dimension of social diversity and history education. *Yearbook of the International Society for History Didactics*, 34, 147–169.

Hasberg, W. (2014). Historisches Lernen für alle. In S. Barsch & W. Hasberg (Hrsg.), *Inklusiv–Exklusiv. Historisches Lernen für alle* (S. 11–39). Schwalbach/Ts.: Wochenschau.

KMK (2005). Einheitliche Prüfungsanforderungen in der Abiturprüfung Geschichte, Beschluss der Kultusministerkonferenz vom 1.12.1989 in der Fassung vom 10.02.2005. Verfügbar unter: http://www.kmk.org/fileadmin/Dateien/veroeffentlichungen_beschluesse/1989/1989_12_01-EPA-Geschichte.pdf [08.06.2017].

Körber, A. (2007a). Die Dimensionen des Kompetenzmodells „Historisches Denken". In A. Körber, W. Schreiber & A. Schöner (Hrsg.), *Kompetenzen historischen Denkens. Ein Strukturmodell als Beitrag zur Kompetenzorientierung in der Geschichtsdidaktik* (Kompetenzen: Grundlagen – Entwicklung – Förderung 2) (S. 89–154). Neuried: ars una.

Körber, A. (2007b). Graduierung: Die Unterscheidung von Niveaus der Kompetenzen historischen Denkens. In A. Körber, W. Schreiber & A. Schöner (Hrsg.), *Kompetenzen historischen Denkens. Ein Strukturmodell als Beitrag zur Kompetenzorientierung in der Geschichtsdidaktik* (Kompetenzen: Grundlagen – Entwicklung – Förderung 2) (S. 415–472). Neuried: ars una.

Kühberger, C. (2016a). Wo Beginnt historisches Lernen? Die Herausforderung der Inklu-sion für den Geschichtsunterricht. In C. Kühberger & R. Schneider (Hrsg.), *Inklusion im Geschichtsunterricht. Zur Bedeutung geschichtsdidaktischer und sonderpädagogi-scher Fragen im Kontext inklusiven Geschichtsunterrichtes* (S. 65–83). Bad Heilbrunn: Klinkhardt.

Kühberger, C. (2016b). Intersektionalität – Ein Weg für den geschlechtersensiblen Ge-schichtsunterricht? In N. Bennewitz & H. Burkhardt (Hrsg.), *Gender in Geschichts-didaktik und Geschichtsunterricht. Neue Beiträge zu Theorie und Praxis* (S. 55–86). Münster: LIT.

Lücke, M. (2012). Diversität und Intersektionalität als Konzepte der Geschichtsdidaktik. In M. Barricelli & M. Lücke (Hrsg.), *Handbuch Praxis des Geschichtsunterrichts* 1 (S. 136–146). Schwalbach/Ts.: Wochenschau.

Lücke, M. (2015). Inklusion und Geschichtsdidaktik. In J. Riegert & O. Musenberg (Hrsg.), *Inklusiver Fachunterricht in der Sekundarstufe* (S. 197–206). Stuttgart: Kohl-hammer.

Musenberg, O (2014). Zur Notwendigkeit historischer Bildungsangebote und Möglich-keit historischen Lernens im Förderschwerpunkt geistige Entwicklung. In S. Barsch & W. Hasberg (Hrsg.), *Inklusiv-Exklusiv. Historisches Lernen für alle* (S. 60–79). Schwalbach/Ts.: Wochenschau.

Musenberg, O. (2015). Veranschaulichung der Vergangenheit – didaktische Ansprüche heterogener Lerngruppen an inklusiven Geschichtsunterricht. In J. Riegert & O. Mu-senberg (Hrsg.), *Inklusiver Fachunterricht in der Sekundarstufe* (S. 206–220). Stutt-gart: Kohlhammer.

Musenberg, O. (2016a). Die Problematisierung historischen Lernens in der Heil- und Sonderpädagogik 1880–1950. In C. Kühberger & R. Schneider (Hrsg.), *Inklusion im Geschichtsunterricht. Zur Bedeutung geschichtsdidaktischer und sonderpädagogischer Fragen im Kontext inklusiven Geschichtsunterrichtes* (S. 47–64). Bad Heilbrunn: Klinkhardt.

Musenberg, O. (2016b). Perspektiven ‚eigensinniger Aneignung' von Geschichte. Im-pulse für die Theoriebildung inklusiver Geschichtsdidaktik. In B. Alavi & M. Lücke (Hrsg.), *Inklusion und Geschichtsdidaktik. Theoretische, empirische und pragmatische Perspektiven* (S. 19–33). Schwalbach/Ts.: Wochenschau.

Musenberg, O. (Hrsg.) (2017). *Kultur – Geschichte – Behinderung 2. Die eigensinnige An-eignung von Geschichte* (2. Neu bearbeitete Aufl.). Oberhausen: Athena.

Musenberg, O. & Pech, D. (2011). Geschichte thematisieren – historisch lernen. In C. Ratz (Hrsg.), *Unterricht im Förderschwerpunkt geistige Entwicklung. Fachorientierung und Inklusion als didaktische Herausforderung* (S. 217–240). Oberhausen: Athena.

Musenberg, O. & Riegert, J. (2014a). »Pharao geht immer!« – Die Vermittlung zwischen Sache und Subjekt als didaktische Herausforderung im inklusiven Geschichtsunter-richt der Sekundarstufe. Eine explorative Interview-Studie. *Zeitschrift für Inklusion*, 4. Verfügbar unter: http://www.inklusion-online.net/index.php/inklusion-online/ article/view/202/207 [08.06.2017].

Musenberg, O. & Riegert, J. (2014b). Inklusiver Geschichtsunterricht in der Sekundarstu-fe. Skizze einer explorativen Studie. In S. Schuppener, N. Bernhardt, M. Hauser & F. Poppe (Hrsg.), *Inklusion und Chancengleichheit. Diversity im Spiegel von Bildung und Didaktik* (S. 216–223). Bad Heilbrunn: Klinkhardt.

Pandel, H.-J. (2005). *Geschichtsunterricht nach PISA. Kompetenzen, Bildungsstandards und Kerncurricula*. Schwalbach/Ts: Wochenschau.

Pandel, H.-J (2012). Geschichtsunterricht in unterschiedlichen Schulformen (insbesondere Sekundarstufe I). In M. Barricelli & Lücke (Hrsg.), *Handbuch Praxis des Geschichtsunterrichts* 1 (S. 167–175). Schwalbach/Ts.: Wochenschau.

Pandel, H.-J. (2017). *Geschichtsdidaktik: Eine Theorie für die Praxis* (Forum Historisches Lernen) (2. Aufl.). Schwalbach/Ts.: Wochenschau.

Riegert, J. & Musenberg O. (2017). Zur didaktischen Bedeutung ‚Leichter Sprache' im inklusiven Unterricht. In U. Fix, B. Bock & D. Lange (Hrsg.), *‚Leichte Sprache' im Spiegel theoretischer und angewandter Forschung* (S. 387–400). Berlin: Frank & Timme.

Sander, W. (2009). Kompetenzen in der Politischen Bildung – eine Zwischenbilanz. *Österreichische Zeitschrift für Politikwissenschaft, 3*, 293–307.

Schneider, R. (2016). Inklusion und Geschichteunterricht – Ein Versuch zum „inklusiven" und bildungstheoretischen Gehalt von Geschichte. In C. Kühberger & R. Schneider (Hrsg.), *Inklusion im Geschichtsunterricht. Zur Bedeutung geschichtsdidaktischer und sonderpädagogischer Fragen im Kontext inklusiven Geschichtsunterrichtes* (S. 31–46). Bad Heilbrunn: Klinkhardt.

Trautwein, U., Bertram, C., von Borries, B., Brauch, N., Hirsch, M., Klausmeier, K., Körber, A., Kühberger, C., Meyer-Hamme, J., Merkt, M., Neureiter, H., Schwan, S., Schreiber, W., Wagner, W., Waldis, M., Werner, M., Ziegler, B. & Zuckowski, A. (2017). Kompetenzen historischen Denkens erfassen. Konzeption, Operationalisierung und Befunde des Projekts „Historical Thinking – Competencies in History" (HiTCH). Münster: Waxmann.

Völkel, B. (2015). Subjektorientierte Geschichtsdidaktik. Überlegungen zu einem uneindeutigen Begriff. In H. Ammerer, T. Hellmuth & C. Kühberger (Hrsg.), *Subjektorientierte Geschichtsdidaktik* (S. 73–91). Schwalbach/Ts.: Wochenschau.

Völkel, B. (2016a). Zeit erfahren und handhaben lernen – Annäherungen an eine inklusive Geschichtsdidaktik. In C. Kühberger & R. Schneider (Hrsg.), *Inklusion im Geschichtsunterricht. Zur Bedeutung geschichtsdidaktischer und sonderpädagogischer Fragen im Kontext inklusiven Geschichtsunterrichtes* (S. 103–120). Bad Heilbrunn: Klinkhardt.

Völkel, B. (2016b). Kategorien oder Inhalte? Erste Annäherungen an eine inklusive Geschichtsdidaktik. In B. Alavi & M. Lücke (Hrsg.), *Geschichtsunterricht ohne Verlierer!? Inklusion als Herausforderung für die Geschichtsdidaktik* (S. 34–57). Schwalbach/Ts.: Wochenschau.

Völkel, B. (2017). *Inklusive Geschichtsdidaktik. Vom inneren Zeitbewusstsein zur dialogischen Geschichte*. Schwalbach/Ts.: Wochenschau.

Wenzel, B. (2012). Heterogenität und Inklusion – Binnendifferenzierung und Individualisierung. In M. Barricelli & M. Lücke (Hrsg.), *Handbuch Praxis des Geschichtsunterrichts* 2 (S. 238–255). Schwalbach/Ts.: Wochenschau.

Windischbauer, E. (2016). Inklusiver Geschichtsunterricht – ein Menschenrecht. Zur Relevanz der aktuellen Debatte für die Praxis des Geschichtsunterrichtes. In C. Kühberger & R. Schneider (Hrsg.), *Inklusion im Geschichtsunterricht. Zur Bedeutung geschichtsdidaktischer und sonderpädagogischer Fragen im Kontext inklusiven Geschichtsunterrichtes* (S. 151–161). Bad Heilbrunn: Klinkhardt.

Wolter, H. (2016). Wie kann der Umgang mit Behinderung in der Geschichte im Geschichtsunterricht Berücksichtigung finden? Zu einer Didaktik der Disability History. In B. Alavi & M. Lücke (Hrsg.), *Geschichtsunterricht ohne Verlierer!? Inklusion als Herausforderung für die Geschichtsdidaktik* (S. 118–131). Schwalbach/Ts.: Wochenschau.

Toni Simon

7. Potenzialorientierung, Sachunterricht(sdidaktik) und Inklusion

7.1 Vorbemerkungen: Der Sachunterricht auf dem Weg zur Inklusion?

Kaum eine andere Fachdidaktik hat sich so früh und umfassend mit dem Thema Inklusion beschäftigt wie der Sachunterricht (Pech & Schomaker, 2013), sodass dieser auf seinem Weg zur Inklusion recht weit sein könnte. Ein Blick auf die inklusionspädagogischen Entwicklungen innerhalb der Sachunterrichtsdidaktik (Pech, Schomaker & Simon, 2018) lässt daran jedoch Zweifel aufkommen, denn nach dem relativ frühen Start der Auseinandersetzungen mit Inklusion im Sachunterricht (vgl. Seitz, 2003) und zwei frühen empirischen Arbeiten (Seitz, 2005; Schomaker, 2007) kam der Inklusionsdiskurs im Sachunterricht nur schleppend voran. Zwar erschien 2011 der Band „Sachunterricht auf dem Weg zur Inklusion" (Giest, Kaiser & Schomaker, 2011), in dessen Rahmen sich erstmals eine Vielzahl von Autorinnen und Autoren anhand vielfältiger Fragestellungen dem Thema Inklusion widmete, doch dieser scheinbare Hochpunkt der themenbezogenen Auseinandersetzungen markierte nicht den Beginn einer intensiven, systematischen Arbeit am Thema Inklusion. Vielmehr beschäftigt sich nach wie vor lediglich eine kleine Gruppe von Autorinnen und Autoren *konsequent* mit dem Zusammenhang von Inklusion und Sachunterricht, sodass konstatiert werden muss, dass das Thema (noch) nicht in der Breite der Sachunterrichtsdidaktik angekommen ist (Pech, Schomaker & Simon, 2017; Pech, Schomaker & Simon, 2018). Der Sachunterricht „verortet sich [...] auch heute noch als Regelschuldidaktik", und in „zentralen Werken wie dem Perspektivrahmen der Gesellschaft für Didaktik des Sachunterrichts (2013) und dem Handbuch Didaktik des Sachunterrichts (2015) spielt Inklusion nur eine marginale Rolle" (Pech, Schomaker & Simon, 2017, S. 125).

7.2 Potenzialorientierung, Sachunterricht(sdidaktik) und Inklusion – eine Annäherung

Potenzialorientierung wird in diesem Beitrag als Ausgangspunkt von Lehr-Lern-Prozessen und deren Begleitung sowie Reflexion verstanden. Sie impliziert einerseits eine Orientierung auf die Individualität der Schülerinnen und Schüler und deren Potenziale entsprechend der Maßgabe, dass jede Entwicklung „entwicklungslogisch" ist (Feuser, 1995). Andererseits trägt sie dem „Recht des Kindes auf Achtung" (Korczak, 2007) Rechnung und unterstreicht, dass die Entfaltung individueller Potenziale mit der Umsetzung von Partizipationsrechten von Schülerinnen und Schülern einhergeht. Auch bezieht sie sich auf die Reflexion der Potenziale eines Faches (hier des Sachunterrichts) für die Realisierung inklusiver Bildung und auf die (multiperspektivischen) Potenziale von Lerngegenständen. Im Kontext der Triangulation dieser Aspekte steht die Orientierung an Potenzialen Defizit- und Normorientierungen sowie Praktiken der Etikettierung, Marginalisierung und Diskriminierung diametral entgegen.

Um sich der pädagogisch-didaktischen Figur der Potenzialorientierung aus der Perspektive der Sachunterrichtsdidaktik zu nähern, wird nachfolgend zunächst der Blick auf die spezifischen Potenziale des Sachunterrichts für die Verwirklichung inklusiver Bildung gelegt. In einem zweiten Schritt werden Möglichkeiten und tradierte Wege der Orientierung auf Potenziale von Lernenden innerhalb der Sachunterrichtsdidaktik thematisiert. Im dritten Schritt wird ferner auf Planungsmodelle für inklusiven Sachunterricht eingegangen.[1]

7.2.1 Potenziale des Sachunterrichts für inklusive Bildungsprozesse

Für das Identifizieren besonderer Potenziale des Sachunterrichts und seiner Didaktik zur Realisierung inklusiver Bildung spielt dessen Spezifik eine nicht unwesentliche Rolle. Zu dieser gehört es u.a., dass der Sachunterricht als eines der Kernfächer der Primarstufe gemeinhin als „sperriges Gebilde" (Pech, 2009, S. 1) gilt, denn es gibt „wohl kein zweites Unterrichtsfach im gesamten Bildungssystem, das eine ähnliche inhaltliche Bandbreite aufweist" (Kahlert, 2014a, S. 505). Der Sachunterricht zeichnet sich als „Inter-Disziplin" (Fischer, 2006, S. 1) durch große Komplexität der Inhalte und fachdidaktischen Bezüge aus, sodass die Abgrenzung von anderen Fächern der Grundschule z.T. problematisch erscheint (Blaseio, 2004). Aus dem vermeintlichen Problem der extremen inhaltlichen Komplexität, der Schwierigkeit der Abgrenzung von anderen Fächern und damit einhergehend der Bestimmung der eigenen Fachspezifik erwachsen jedoch gleichsam besondere Stärken des Sachunterrichts, der „gerade daraus Gewinn zieht", dass er per se „verschiedene Perspektiven zusammenbringt" (Fischer, 2006, S. 1).

Vorzüge des Sachunterrichts für inklusive Bildung nach Hinz
Die für den Sachunterricht und seine Didaktik benannten konstitutiven Merkmale der (Über-)Komplexität und Vielperspektivität erweisen sich insbesondere für die Realisierung inklusiver Bildung als vorteilhaft – darauf verweist u.a. auch Hinz (2011). Nach Hinz birgt der für den Sachunterricht bedeutsame Anspruch der allgemeinen Bildung eine „Grundorientierung in Richtung auf Inklusion in sich" (2011, S. 34), da dieser es (theoretisch) zur Folge hat, „dass differenziert wird und [dass; *Einfügung T.S.*] vielfältige Perspektiven auf einen komplexen Gegenstand er-

---

1   Für kritisch-konstruktive Rückmeldungen und Korrekturen danke ich Detlef Pech und Jaqueline Simon.

öffnet werden" (ebd.) – zumindest wenn der Anspruch grundlegender Bildung i.S.
einer „Bildung für alle an allem" verstanden wird (ebd.). Dem Anspruch einer Bildung *an allem* wird Aus- und Nachdruck verliehen, wenn der Sachunterricht als
Fach bestimmt wird, „in dem ‚mit der Welt umgegangen' wird" (Pech, 2009, S. 8).
Dem Anspruch einer Bildung *für alle* kommt der Sachunterricht jedoch solange
nicht umfassend genug nach, wie er sich als Regelschuldidaktik versteht respektive
nicht bestrebt ist, seine Akteurinnen und Akteure im Hinblick auf inklusive Settings (neu) zu bestimmen (Pech, Schomaker & Simon, 2018).

Da der Sachunterricht die Lebenswelt der Lernenden zum Gegenstand des Unterrichts macht und die Lernenden bei der Erschließung derselben zu unterstützen
versucht (z.B. Kahlert, 2014a), bieten sich besondere Potenziale, um ein lebensweltorientiertes, sinnhaftes bzw. sinnstiftendes Lernen zu initiieren und dabei „an
vielfältige Fragen und Interessen der Kinder anzuknüpfen, ihre Heterogenität mit
den innewohnenden Lebensweltbezügen als Orientierung einzubringen" (Hinz,
2011, S. 35). Zudem lassen die von der Gesellschaft für Didaktik des Sachunterrichts (GDSU) beschriebenen perspektivbezogenen und -übergreifenden Denk-,
Arbeits- und Handlungsweisen (GDSU, 2013) zumindest theoretisch „hohe Anteile
von Eigenaktivität" (Hinz, 2011, S. 35) zu. Zu diesen Denk-, Arbeits- und Handlungsweisen zählen auch ästhetische Zugänge, deren Bedeutung für den inklusiven
(Sach-)Unterricht mit den ersten inklusionspädagogischen empirischen Arbeiten
innerhalb der Sachunterrichtsdidaktik (Seitz, 2005; Schomaker, 2007) herausgearbeitet wurde und die auch von Hinz (2011) hervorgehoben wird.

Des Weiteren betont Hinz die Vorzüge des perspektiv- respektive fächerübergreifenden Charakters des Sachunterrichts, der mit einer geringen „‚Atomisierung'
der Inhalte" und größeren „Chancen zur einer Auseinandersetzung mit Lerngegenständen in größeren Kontexten" (ebd.), z.B. im Rahmen projektorientierten Arbeitens, einhergeht.[2] Auch das Bewusstsein für das besondere Spannungsverhältnis
von Kind und Wissenschaft bzw. Kind, Welt und Sache (z.B. Pech, 2009) ist im
Sachunterricht selbstverständlich(er), sodass potenziell „größere Chancen zu einer
sinnvollen Balance zwischen wissenschaftlicher Systematik und kindlichen Zugängen" (Hinz, 2011, S. 35) bestehen.

Potenziale des traditionellen Vielperspektivitätsprinzips
Eines der zentralen Prinzipien des Sachunterrichts und seiner Didaktik ist das
der Vielperspektivität (z.B. Köhnlein, Marquardt-Mau & Schreier, 1999; Giest,
Hartinger & Tänzer 2017). Es ist hochgradig anschlussfähig an die Idee inklusiver
Bildung, impliziert u.a. die „Fähigkeit und Bereitschaft, Perspektiven zu erwei-

---

2 Am Beispiel des Sachunterrichts zeigt sich, dass und wie es möglich ist, bestehende
   fachdidaktische respektive disziplinäre Grenzen zugunsten eines multiperspektivischen, phänomenorientierten Unterrichts aufzuweichen, was anschlussfähig an Diskussionen zum Charakter eines inklusiven Curriculums ist (Booth & Aiscow, 2011,
   2017). Entsprechend kann der Sachunterricht als Denk- und Handlungsfolie für andere Fachdidaktiken auf deren Weg zur Inklusion betrachtet werden.

tern und zu wechseln" (Platte, 2010, S. 95), und gilt für die inklusive Pädagogik und den Sachunterricht als wichtiger professioneller Handlungsanspruch (Simon, 2017).

Das Prinzip der Vielperspektivität[3] wurde innerhalb der Sachunterrichtsdidaktik seit den 1970er Jahren beschrieben und begründet und gilt heute als konstitutives, wenngleich nicht abschließend be- bzw. erforschtes Merkmal des Sachunterrichts (Thomas, 2013; Kahlert, 2014b; Giest, Hartinger & Tänzer, 2017), das auch für die Konzeption inklusiven Sachunterrichts hoch relevant ist (z.B. Pech & Schomaker, 2013; Pech, Schomaker & Simon, 2017; Simon, 2017). Sachunterrichtliche Vielperspektivität bezieht sich dem historisch gewachsenen Verständnis nach „primär auf eine übergreifende Wahrnehmung der inhaltlichen Dimensionen des Lernfeldes (Köhnlein 1990, 2000, 2012, bes. S. 149ff., 340ff., Köhnlein et al., 1999)" (Köhnlein, Marquardt-Mau & Duncker, 2013, S. 1). Im Kern geht es um die multiperspektivische Auseinandersetzung mit Lerngegenständen (z.B. Köhnlein, Marquardt-Mau & Schreier, 1999; Köhnlein, Marquardt-Mau & Duncker, 2013), indem im Prozess der Auseinandersetzung eine fachwissenschaftliche und methodische Offenheit sowie eine Offenheit für die Perspektiven der Lernenden auf die Sache(n) des Sachunterrichts gewährt werden (siehe die Beiträge in Köhnlein, Marquardt-Mau & Schreier, 1999). Auf diese Art und Weise sollen subjektive Zugänge im Unterricht adäquat berücksichtigt werden (Köhnlein, Marquardt-Mau & Duncker, 2013, S. 2). Insbesondere durch die Betonung der Offenheit für subjektive Perspektiven der Lernenden und deren Heterogenität ist das „traditionelle" Vielperspektivitätsverständnis des Sachunterrichts uneingeschränkt anschlussfähig an grundlegende Ideen der inklusiven Pädagogik und Didaktik. Allerdings bleibt diesem „traditionellen" Verständnis entsprechend die tradierte institutionelle Rahmung von Schule überwiegend aufrechterhalten, indem bspw. das Primat der Didaktik bei der Lehrkraft liegt, d.h., die Lehrkraft trifft Entscheidungen (z.B. zu Unterrichtsinhalten) qua ihrer Expertise und Verantwortung überwiegend bis ausschließlich alleine. Aus Sicht des „breiten" Inklusionsverständnisses[4] wird diese tradierte Rahmung stärker irritiert bzw. infrage gestellt und Vielperspektivität in einem erweiterten Sinne begründet (Simon, 2017), wie weiter unten aufgezeigt werden wird.

---

3   Dieser Absatz basiert im Wesentlichen auf Ausführungen aus einem Aufsatz zu Annäherungen an inklusionspädagogische und -didaktische Begründungslinien des sachunterrichtlichen Vielperspektivitätsprinzips (Simon, 2017).

4   Inklusion wird dem engen Verständnis nach vor allem auf sonderpädagogische Fragen und Kategorien bezogen. Beim breiten Inklusionsverständnis hingegen geht es um deutlich mehr als nur um die „Umorganisation der sonderpädagogischen Förderung in die allgemeine Schule hinein" (Hinz, 2014, S. 7). Vielmehr geht es um vielfältige Fragen der Verminderung und Verhinderung von Prozessen der Marginalisierung, Stigmatisierung und Diskriminierung (Ziemen, 2017) unter Wahrung einer intersektionalen Perspektive (Winker & Degele, 2009).

Inklusion implizit und explizit zum Thema machen

Ein weiterer Vorteil für die Realisierung potenzialorientierten, inklusiven Unterrichts ist, dass es im Sachunterricht auf vielfältige Art und Weise möglich ist, implizit wie explizit an Fragen von Inklusion und Exklusion zu arbeiten und somit auf der Ebene des Fachunterrichts zur Etablierung und Pflege inklusiver Strukturen, Kulturen und Praktiken beizutragen. So können exemplarisch bei der Arbeit am Thema Sexualität heteronormative Orientierungen kritisch reflektiert und dekonstruiert werden oder Fragen sozialer Ungleichheit und Armut mit ihrer Bedeutung für die Theorie und Praxis von Inklusion in der Schule und darüber hinaus thematisiert werden. Anhand des Themas Heimat(en) kann beispielhaft „der Umgang mit kultureller Vielfalt (mit Blick auf z.B. verschiedene Nationen, aber auch Regionen, Gemeinden, Quartiere etc.) oder auch sozialen Disparitäten, die Anerkennung von differenten Lebensweisen und der Umgang mit Vorurteilen bzw. stereotypen Urteilen, das Schaffen und Pflegen eines Verständnisses bzw. einer Offenheit gegenüber dem Anderen, Fremden oder Unbekannten, die aktive Gestaltung positiver, nachhaltiger Beziehungen, die aktive (Mit-)Gestaltung förderlicher (heimatlicher) Lebensräume, etc." (Simon, 2015a, S. 5) verdeutlicht werden.

Dass eine solche Orientierung auf Inklusion innerhalb des Sachunterrichts (noch) nicht selbstverständlich ist, zeigt sich exemplarisch an im Perspektivrahmen der GDSU enthaltenen Ausführungen zum perspektivvernetzenden Bereich Gesundheit und Gesundheitsprophylaxe. Diese Ausführungen enthalten neben „einer einseitigen Orientierung auf das Verhalten von Schüler_innen", die eine „kritische Auseinandersetzung mit dem Verständnis von Gesundheit und Gesundheitsförderung innerhalb des Sachunterrichts" (Simon, 2013, S. 20) nahelegt, normative Orientierungen, die „in einem deutlichen Widerspruch zur Anerkennung von Vielfalt und Autonomie i. S. individueller Lebensentwürfe" (ebd.), die sowohl für die moderne Gesundheitsförderung als auch für die Praxis inklusiver Schule bedeutsam sind (ebd.), stehen. So wird die Bereitschaft der Schülerinnen und Schüler, im Kontext der Gesundheitsförderung „bestimmte Gewohnheiten zu verändern" (GDSU, 2013, S. 147), als ein Kriterium der Leistungsbeurteilung [sic!] bezeichnet.

7.2.2 Potenziale der Lernenden im Sachunterricht in den Blick nehmen und zum Tragen kommen lassen

Im Rahmen der Sachunterrichtsdidaktik gibt es verschiedene Methoden, Prinzipien und Konzeptionen, die darauf ausgerichtet sind, die Potenziale der Lernenden anzuerkennen und produktiv in den Unterricht einzubringen. So kann zum Beispiel auf das Philosophieren mit Kindern im Sachunterricht verwiesen werden (z.B. Michalik, 2013), bei dem u.a. die Gleichwertigkeit der Lernenden mit ihrer individuellen Perspektive auf ein Thema im Rahmen philosophischer Dialoge maßgeblich ist (Michalik, 2005, 2013). Auch der Kommunikative Sachunterricht

(Kaiser, 2004 sowie Becher, Miller, Oldenburg, Pech & Schomaker, 2013) kann als Konzeption eines Sachunterrichts hervorgehoben werden, bei der es um die Orientierung an individuellen Potenzialen und das kommunikative Explizieren dieser geht. Nachfolgend werden drei Zugänge beschrieben, wie innerhalb des Sachunterrichts im Kontext beliebiger perspektivbezogener oder -übergreifender Themen Potenziale der Lernenden in den Blick genommen werden (können). Dabei wird der Fokus auf einem erweiterten Vielperspektivitätsverständnis des Sachunterrichts liegen, welches anschlussfähig an inklusionsdidaktische Diskussionen und Forschungen zur Realisierung der Partizipation von Schülerinnen und Schülern in Schule und (Fach-)Unterricht ist (diverse Beiträge in Kruschel, 2017; Simon, Schmitz & Moser, 2018).

Potenziale des inklusionsdidaktisch erweiterten Vielperspektivitätsprinzips
Im Rahmen der oben stehenden Ausführungen zu den Vorzügen des Sachunterrichts und seiner Didaktik für inklusive Bildung wurde bereits punktuell deutlich, dass und wie die Potenziale von Lernenden fachdidaktisch in den Blick genommen werden können. Die Orientierung an den Potenzialen der Lernenden ist im Kontext des „traditionellen" Vielperspektivitätsverständnisses des Sachunterrichts weitgehend selbstverständlich, bezieht sich jedoch auf den Prozess der Auseinandersetzung mit i.d.R. von Lehrkräften gesetzten Themen/Gegenständen – d.h. nur auf bestimmte Unterrichtsphasen/-elemente. Aus inklusionsdidaktischer Sicht liegt eine Erweiterung dieses Verständnisses nahe, indem es z.B. auch auf die Planung und Vorbereitung von Lehr-Lern-Settings angewendet wird (Simon, 2017), sodass die Lernenden *mit*bestimmen und *mit*entscheiden können, was, wann, wie, wo, mit wem gelernt werden soll. Ein Vorschlag zur konsequenten Umsetzung einer partizipativen, inklusiven Sachunterrichtsdidaktik liegt in Form eines Planungsmodells vor (Gebauer & Simon, 2012a, 2012b; Simon, 2015b). Ein auf Partizipation sowie potenziell alle Unterrichtsphasen bezogenes Verständnis von Vielperspektivität (siehe Abbildung 7.1) knüpft an zentrale Forderungen einer inklusiven (Sachunterrichts-)Didaktik (exemplarisch Platte, 2008; Pech, Schomaker & Simon, 2017) an, da diese die „aktive Beteiligung Lernender an der Gestaltung von Lernumwelt, Lerninhalten und Lerntempo" (Platte, 2008, S. 46) sowie die Anerkennung aller Lernenden im „Zusammenspiel individueller Potenziale und demokratischer Kultur" (ebd., S. 47) einfordert.

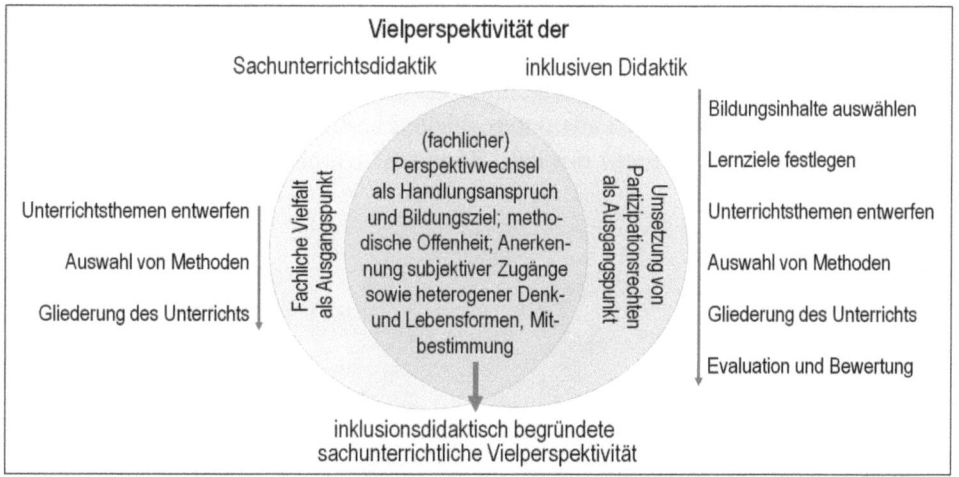

Abbildung 7.1: Sachunterrichtlich-inklusionsdidaktische Vielperspektivität im Schnitt-
feld von Sachunterrichtsdidaktik und inklusiver Didaktik

Eine reale und relevante Beteiligung der Lernenden (Eikel, 2006) geht über die klassische Berücksichtigung unterschiedlicher Zugänge zur und vielfältiger Perspektiven auf die Sache(n) des Sachunterrichts hinaus, da sie sich auch auf Entscheidungen bezieht, die traditionell (weitgehend) allein von Lehrkräften getroffen werden. Das partizipative Planen, Gestalten und Reflektieren von schulischen Lehr-Lern-Prozessen bzgl. der Auswahl von Inhalten, Zielen, Themen und Methoden, der Gestaltung von Lernsituationen und -aufgaben sowie die Evaluation der Lernprozesse, d.h. auch der Leistungsrückmeldung und -bewertung, kann als Ausdruck eines inklusionsdidaktisch erweiterten Vielperspektivitätsverständnisses des Sachunterrichts verstanden werden (Simon, 2017). Es geht mit der grundlegenden Orientierung an den Potenzialen der Lernenden für die kreative und produktive Mitgestaltung von (Sach-)Unterricht einher, verlangt von Lehrkräften jedoch einen Spagat zwischen pädagogisch-professioneller Verantwortung und dem Vertrauen in die Lernenden.

Bereits im Zuge der Planung von Lehr-Lern-Settings durch didaktische Partizipation auf die Potenziale der Lernenden zu setzen, bedeutet einen Bruch mit der klassischen Rolle von Lehrkräften in Schule und regt z.T. veränderte Strukturen, Kulturen und Praktiken an. Dies verdeutlicht die „Verknüpfung von fachdidaktischen Aspekten mit Fragen der Schulentwicklung" (Pech, Schomaker & Simon, 2017, S. 124). Anstatt dass Lehrkräfte – wie traditionell üblich – in (weitgehend) alleiniger Verantwortung Inhalte aufgrund ihres bildungstheoretischen Gehaltes auswählen und diese dann mit aus ihrer Sicht „passenden" Kinderfragen, -interessen oder -perspektiven verbinden, regt eine partizipative Planung den umgekehrten Weg an (Gebauer & Simon, 2012b; Simon, 2015b; Pech, Schomaker & Simon, 2017). So werden die Potenziale der Lernenden in Form von Kinderfragen, -interessen und -perspektiven zum Ausgangspunkt der Planungen von Lehr-Lern-Settings gemacht, da diese für die Lernenden subjektiv relevant sind und ihre

Beachtung die Wahrung der Partizipationsrechte der Lernenden impliziert. Die didaktische Herausforderung liegt sodann darin, gemeinsam mit den Lernenden zu eruieren, was an ihren Fragen etc. bildungstheoretisch relevant ist/werden kann und welche Lernprozesse sich aus ihnen ableiten lassen. Ein anschauliches Beispiel dafür gibt Seitz (2013, S. 205f.) mit der „Knetwelt" (Abbildung 7.2).

Abbildung 7.2:   Ausschnitt aus der „Knetwelt" (Seitz, 2013, S. 205)

Seitz schildert den Fall einer Klasse, in der im Rahmen eines offenen Unterrichtsanfangs – zunächst durch ein Kind initiiert – über mehrere Wochen eine kleine aus Knete modellierte ‚Welt' entsteht, die letztlich zum Thema des Unterrichts wird. „In der Knetwelt machen die Kinder im doppelten Wortsinn ‚gemeinsame Sache', sie gehen in einen sachbezogenen Austausch, führen ihre Deutungen und Ideen zusammen und verhandeln darüber. Die Lehrkräfte greifen dies im Klassengespräch auf, führen die aufgeworfenen Fragen weiter, regen zum Recherchieren und zum Nachfragen an und unterstützen den Dialog der Kinder" (ebd., S. 206). Seitz zeigt, dass und wie individuell bedeutsames Handeln von Kindern zum inhaltlichen Ausgangspunkt für einen inklusiven Sachunterricht gemacht werden kann, indem es den Lernenden möglich gemacht wird, Potenziale frei einzubringen. Sie verdeutlicht, „wie wichtig es […] sein kann, an individuellen Interessen und Begabungen der Kinder anzusetzen und diesen im sozialen Gefüge der Klasse kommunikativen Raum zu geben – auch dann, wenn diese auf den ersten Blick (sach-)unterrichtsfern zu sein scheinen. Denn das sachunterrichtsdidaktische Potenzial eines individuellen Interesses erschließt sich mitunter erst im Laufe der Implementierung in den Unterricht" (ebd.). Das Modellieren der „Knetwelt" und der kommunikative Austausch über diese mündeten letztlich in der Auseinandersetzung mit klassischen Themen des Sachunterrichts, wie z.B. Stadtgeographie und Tierpflege (ebd.).

Anhand dieses Beispiels lässt sich erahnen, dass das Einlassen auf die Potenziale der Lernenden zumindest temporär mit einer gesteigerten Ungewissheit einhergehen kann, wenn noch unklar ist, ob und was an den individuellen Potenzialen (sach-)unterrichtlich relevant ist/werden kann. Diese gesteigerte Ungewissheit gilt es seitens der Professionellen im Kontext der in der inklusiven Pädagogik ohnehin gesteigerten Ungewissheit (Böing, 2016, 2017) auszuhalten. Dass dies nicht selbstverständlich ist, lässt sich in Bezug auf Bedenken interpretieren, bei denen konsequent kindorientierte Unterrichtsgestaltungen und Differenzierungen (primär) mit der Gefahr des Verlustes von Bildungsinhalten und Fachlichkeit verbunden werden (z.B. Kahlert, 2016a). Aus Sicht einer inklusiven, potenzialorientierten Sachunterrichtsdidaktik scheint es jedoch destruktiv prinzipiell anzunehmen, dass Bildungsinhalte, Fachlichkeit oder (hohe) Anforderungen verloren gehen, wenn Lernende bei der Planung und Durchführung von Unterricht mitbestimmen können (Simon, 2017). Dies würde ein Desinteresse der Lernenden an bestimmten Inhalten, ein Vermeiden herausfordernder Situationen oder gar die bildungstheoretische Irrelevanz der Potenziale der Lernenden voraussetzen und verkennt, dass (didaktische) Partizipation Dialog und gemeinsame Entscheidungen impliziert, sodass die Lehrkraft nicht lediglich Fragen, Interessen oder Perspektiven der Lernenden unreflektiert und -kommentiert aufnimmt, sondern mit den Lernenden in den Diskurs tritt, um *gemeinsam* mit ihnen (besonders) relevante Fragen etc. auszuwählen, denen weiter nachgegangen werden soll (ebd.).

Von Kinderfragen und -vorstellungen ausgehen
Das tradierte sowie das inklusionsdidaktisch erweiterte Vielperspektivitätsverständnis des Sachunterrichts implizieren zwei Aspekte, die eine sachunterrichtsdidaktische Tradition darstellen und auf die hier daher nochmals bündig eingegangen werden soll. So hat das Ein- und Umgehen auf/mit Kinderfragen (z.B. Boegner & Miller, 2008; Miller & Brinkmann, 2011), wie z.B. „Warum konnten Mädchen keine Ritter werden?" oder „Kann die Sonne Steine schmelzen lassen?", sowie das Identifizieren von Kindervorstellungen, (Prä-)Konzepten und (Vor-)Wissen zu konkreten sachunterrichtlich relevanten Phänomenen (z.B. Arndt & Schwier, 2001; Vocilka & Schrenk, 2012; Schwelle, Hartinger, Lohrmann & Groß Ophoff, 2013), wie z.B. zu Arbeitslosigkeit (Gläser, 2002) oder zum Schwimmen und Sinken (Jonen, Möller & Hardy, 2003) im Sachunterricht Tradition. Derartige Fragen und Vorstellungen können die Lernenden entsprechend des Vielperspektivitätsprinzips mit in den Sachunterricht einbringen – je nach Vielperspektivitätsverständnis in unterschiedlichem Umfang und zu unterschiedlichen Zeitpunkten (Simon & Simon, 2019). Das gezielte Wahr- und Aufnehmen von Kinderfragen und -vorstellungen, um auf deren Basis Sachunterricht (gemeinsam) zu planen und durchzuführen, gilt zudem als wichtiger Bestandteil inklusionsorientierten diagnostischen Handelns im Sachunterricht (Gebauer & Simon, 2012b; Seitz & Simon, 2018).

Das Zulassen, Aufnehmen und Weiterführen von Kinderfragen und -vorstellungen kann und wird innerhalb der Sachunterrichtsdidaktik jedoch nicht per se potenzialorientiert, sondern teils auch defizitorientiert praktiziert. So werden Kindervorstellungen mitunter als naive Theorien, Miss- oder Fehlkonzepte bezeichnet, worin sich eine spezifische Haltung zu diesen ausdrückt. Giest (2007, S. 13) merkt dazu kritisch an: „Leider werden Schülervorstellungen in der Regel als Abweichen von der wissenschaftlichen Vorstellung dargestellt, als misconceptions oder Fehlvorstellung, Fehlinterpretationen, kurz als falsch, den Sachverhalt nicht ‚richtig‘ erfassend diffamiert. Dieser Blick ist nur aus der Position des Primats des Lehrens verständlich und verbaut den Zugang zum Verstehen kindlichen Denkens."

Ganz i.S. einer Potenzialorientierung merkt auch Fischer an, dass die „subjektive Qualität der Äußerungen von Kindern […] zunächst vor ihrer objektiven Wichtigkeit und Wertigkeit" steht und dass „Begrifflichkeiten wie Prä- oder gar Fehlkonzepte" daher „zu kurz" greifen (Fischer, 2013, S. 27). Neben der Abwertung von Kinderfragen und -perspektiven werden diese mitunter auch instrumentalisiert, indem sie primär als Mittel zur Motivationssteigerung benutzt werden. Dies ist nicht als generell falsch zu kritisieren; die Perspektive der Potenzialorientierung wahrend, kann eine Motivationssteigerung jedoch eher von sekundärem Interesse sein. An erster Stelle sollte es um die Anerkennung individueller Potenziale gehen und darum, diesen Ausdruck zu verleihen (Gebauer & Simon, 2012b).

7.2.3 Ansätze zur Planung inklusiven Sachunterrichts

Die bisherigen Ausführungen zu den Potenzialen des Sachunterrichts für die Realisierung inklusiver Bildung sowie zum Umgang mit den Potenzialen im (inklusiven) Sachunterricht spiegeln sich in Ansätzen zur Planung inklusiven Sachunterrichts wider. Da es auch im Sachunterricht kein einheitliches Verständnis von Inklusion gibt, sind diese Planungsansätze,[5] von denen derzeit zwei vorliegen (Kahlert & Heimlich, 2012; Kahlert, 2014c, 2015, 2016b sowie Gebauer & Simon, 2012a, 2012b; Simon 2015b), z.T. sehr unterschiedlich. Zudem basieren sie zwar mitunter auf empirischen Erkenntnissen, sie sind selbst aber bisher nicht empirisch geprüft (Pech & Rauterberg, 2016).

Da die grundsätzliche Orientierung im Ansatz von Kahlert und Heimlich einer Potenzialorientierung m.E. eher entgegensteht, wird nachfolgend wesentliche Kritik an diesem zusammengefasst, um dies zu verdeutlichen.[6] Der Ansatz von Gebauer und Simon wird hingegen detaillierter vorgestellt.

5　Für konzeptionelle Vorschläge eines inklusiven Sachunterrichts kann u.a. auf die Arbeiten von Pech und Schomaker (2013), Kaiser und Seitz (2017) sowie Pech, Schomaker und Simon (2018) verwiesen werden.

6　Für weitere inhaltliche Auseinandersetzungen mit Kahlerts und Heimlichs Ansatz sei auf entsprechende Publikationen der Autoren und auf die kritische Auseinandersetzung von Pech und Rauterberg (2016) verwiesen.

Zum Ansatz der inklusionsdidaktischen Netze nach Kahlert und Heimlich

Die sogenannten inklusionsdidaktischen Netze (Kahlert & Heimlich, 2012; Kahlert 2014c, 2015, 2016b) sind das Resultat der Erweiterung des tradierten Ansatzes der didaktischen Netze (Kahlert, 2002) um sonderpädagogische Perspektiven (Gebauer & Simon, 2012a, 2012b; Pech & Rauterberg, 2016), die mit einer expliziten Defizitorientierung einhergeht, da statt Stärken und Potenzialen v.a. Lern- und Entwicklungsprobleme der Schülerinnen und Schüler im Fokus stehen (z.B. Kahlert & Heimlich, 2012). Diese Defizitorientierung wurde früh kritisiert. So schreiben Gebauer und Simon: „Die (sonder)pädagogische Orientierung an Lern- und Entwicklungsproblemen, die u.a. als Ausgangspunkt für (sonder)pädagogische Diagnostik beschrieben wird sowie einige Ausführungen zum Charakter (sonder-)pädagogischer Förderung muten sehr integrationspädagogisch, weniger inklusionspädagogisch an." (Gebauer & Simon, 2012b, S. 14) Pech und Rauterberg (2016, S. 142ff.) greifen diese Kritik im Rahmen ihrer Auseinandersetzung mit Planungsinstrumenten für inklusiven Sachunterricht auf und bestätigen, dass die Erweiterung der didaktischen Netze hin zu den inklusionsdidaktischen Netzen darin besteht, „dass neben den fachlichen Perspektiven auf den Lehr-Lern-Gegenstand nun in einem weiteren Schritt jeweils auch sonderpädagogische Perspektiven, die sich eng an die bayrischen Förderschullehrpläne anlehnen, beachtet werden sollen". Beide Autoren resümieren kritisch, dass „dieser Ansatz [...] kaum eine ernsthaft eigenständige Planung inklusiven Unterrichts genieren" kann (ebd., S. 144). Neben der sonderpädagogischen (Defizit-)Orientierung des Ansatzes erscheint auch der Umgang mit Kinderfragen und -perspektiven kritisch und wenig anschlussfähig an die pädagogisch-didaktische Figur der Potenzialorientierung. So wird das Anknüpfen an Kinderfragen und -perspektiven, das oben als bedeutend für potenzialorientierten, inklusiven (Sach-)Unterricht beschrieben wurde, bei den inklusionsdidaktischen Netzen zwar suggeriert, wenn fachliche Perspektiven um lebensweltliche Dimensionen ergänzt werden sollen. In erster Linie handelt es sich dabei jedoch um Überlegungen und Entscheidungen der Lehrperson, die Kinderfragen und -interessen *antizipierend* in den Planungsprozess einbringt. Damit wird verkannt, dass auf „Kinder bezogene Forschungs- und Handlungsperspektiven von Erwachsenen [...] unweigerlich bestimmt [sind] vom erkenntnisleitenden Interesse (Habermas 1968) der Erwachsenen. Die Angehörigen der älteren Generation können nur immer wieder versuchen, sich an Kinderperspektiven anzunähern und herauszufinden, was im Interesse von Kindern liegen könnte (Honig, Lange & Leu 1999). Diese Bemühungen sind riskant, denn die älteren Menschen können den Blickpunkt der Jüngeren nicht einnehmen" (Prengel, 2003b, S. 12). Eine tatsächliche Berücksichtigung von Kinderfragen und -perspektiven ist daher nicht ohne echten Einbezug der Lernenden möglich. Entsprechend des inklusionspädagogischen Anspruches gilt es damit, die Stimmen der Lernenden zur Geltung kommen zu lassen (Boban & Hinz, 2004, S. 40; Hershkovich, Simon & Simon 2017), denn vor allem „das Zuhören ermöglicht Einblicke in ihre Erlebnis- und Denkweisen" (Prengel, 2016, S. 56). Entsprechend kritisieren Gebauer und Simon, dass bei den inklusionsdidaktischen Netzen nicht wirklich an Kinderfragen und -perspektiven angeknüpft wird und Fragen der Partizipation keine Rolle spielen (Gebauer & Simon, 2012b, S. 13).

Zum Planungsansatz nach Gebauer und Simon
Der Ansatz von Gebauer und Simon basiert einerseits auf der kritischen Auseinandersetzung mit dem Ansatz der inklusionsdidaktischen Netze. Andererseits nehmen Gebauer und Simon Bezug auf Seitz (2005) und ihre Überlegungen zur didaktischen Strukturierung und Grundprinzipien einer inklusiven Sachunterrichtsdidaktik, auf Bruners (1970) Konzept der kognitiven Entwicklung sowie auf Arbeiten zur Ästhetischen Bildung von Kämpf-Jansen (2000) sowie Blohm, Heil, Peters, Sabisch und Seydel (2006). Auf dieser Basis haben Gebauer und Simon ein Planungs- und Handlungsmodell für einen inklusionsorientierten Sachunterricht entwickelt und zur Diskussion gestellt, bei dem der Fokus auf die Adaption von Lernsettings gelegt wird, indem neben den Lernvoraussetzungen auch die Interessen und Bedürfnisse von Kindern sowie deren Partizipationsrechte geachtet werden. Ziel ist es, die Entfaltung individueller Potenziale bestmöglich zu unterstützen sowie Perspektiven, Themen, Interessen und Bedürfnisse der Lernenden bei Planungs- und Handlungsprozessen zu berücksichtigen. Die Heterogenität einer Lerngruppe soll daher nicht nur erfasst und akzeptiert, sondern gefördert werden, sodass es zu unterschiedlichen Lernwegen und -zielen im Rahmen eines individualisierten, gemeinsamen Curriculums kommt.

Das Modell will pädagogisches Planen und Handeln evozieren, das die Verknüpfung von Ich und Welt seitens der Lernenden unterstützt, indem Schülerinnen und Schüler

a) natürlichen, kulturellen und sozialen Phänomenen begegnen und subjektive Ankerpunkte finden (z.B. durch sinnliches Wahrnehmen, in Beziehungen treten, Staunen, Fragen, Vermuten, Erinnern);

b) individuelle Lernwege gehen und Erkenntnisse gewinnen können (z.B. durch das gleichberechtigte Arrangement unterschiedlicher Repräsentationsebenen, Interaktions- und Aneignungsformen (siehe Abbildung 7.5), individuelles Tempo, etc.);

c) z.B. durch körperliche Ausdrucksweisen, (Selbst-)Inszenierung, Interaktion, Gespräche, Bilder, Objekte, Texte, Abstraktionen etc.) Sinn und Bedeutung erlangen und

d) Lernspuren und -ergebnisse dokumentieren und Resonanz in ihrer Lebenswelt (z.B. durch Darbietungen, Produkte, Präsentationen, Tagebücher, Portfolios) erfahren (Gebauer & Simon, 2012b).

Phase 1 bezeichnet den Prozess *inklusionsorientierter Diagnostik* (z.B. Simon & Geiling, 2016), in dessen Rahmen Informationen gewonnen werden, die i.S. von Hypothesen in didaktisches Planen und Handeln einfließen. Diagnostisches Handeln, dass im tradierten Bildungswesen nicht widerspruchsfrei bleibt und vor dem Hintergrund von Praktiken der (strukturellen) Diskriminierung kritisch zu reflektieren ist (ebd.; Seitz & Simon, 2018), wird im Rahmen des Ansatzes als eine formative, d.h. lernprozessbegleitende, „an der Einzelpersönlichkeit orientierte und differenzierte Diagnostik zur Unterstützung der Entfaltung von Potenzialen aller Lernenden" (Seitz & Simon, 2018, S. 81) verstanden. Grundsätzlich verstehen Gebauer und Simon eine solche Diagnostik als Grundlage inklusiver Didaktik, pädagogischer Handlungsplanung und -reflexion sowie für das Erstellen von Lehr-, Lern- und Förderplänen mit individualisierten pädagogischen Angeboten bei besonderer Beachtung individueller Ressourcen und Barrieren und möglicher bzw. nötiger settingbezogener Adaptionsleistungen (auch Simon, 2015b). Die diagnostische Aufmerksamkeit liegt dabei – im Gegensatz zu z.B. Kahlert und Heimlich – nicht nur auf Problemen i.w.S. (auch die Gegenüberstellung diagnostischer Ansätze im Sachunterricht in Seitz & Simon, 2018), sondern potenziell auf allen Rahmenbedingungen, die die Lernenden betreffen könnten (Abbildung 7.3); d.h. auf materiellen, räumlichen und zeitlichen Bedingungen wie z.B. Lehr- und Lernmittel, Mobiliar, die Lage und das Gelände der Schule, Raumeinteilungen, die Atmosphäre etc.; auf Faktoren der Lehrperson wie z.B. fachliches, diagnostisches und fachdidaktisches Wissen und Können, aber auch unterrichtsrelevante Werthaltungen, Einstellungen und Interessen etc. (Helmke, 2009), d.h. auf die „Gesamtheit aller geistigen, sprachlichen und materiellen Handlungen" bzw. Dispositionen (Tänzer & Lauterbach, 2012, S. 6) sowie auf Faktoren inter- und intra-kollektiver und individueller Heterogenität, aber auch Gemeinsamkeiten.

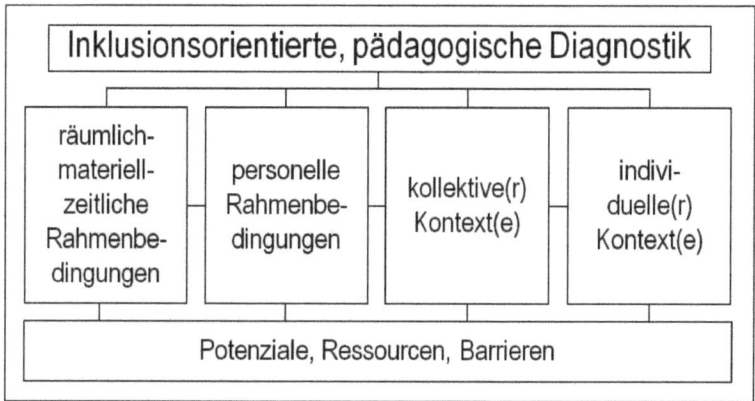

Abbildung 7.3:   Aufmerksamkeitsbereiche inklusionsorientierter Diagnostik

Phase 2 (siehe Abbildung 7.4) impliziert das *ko-konstruktive Zustandekommen des sachunterrichtlichen Lerngegenstandes* bzw. konkreten Themas, an dem individuell, aber gemeinsam gearbeitet werden soll, und basiert u.a. auf dem Ansatz der Didaktischen Rekonstruktion (Kattmann, Duit, Gropengießer & Komorek, 1997; für den Sachunterricht vgl. z.B. Seitz, 2005), bei dem fachliche Perspektiven und die der Lernenden im Prozess der didaktischen Strukturierung zusammengeführt

werden, sodass nach Seitz (2006 in Anlehnung an Prengel, 2003a) auch individuelle, kollektive und universelle themen- bzw. gegenstandsbezogene Perspektiven
zum Tragen kommen. In dieser Phase ist es von zentraler Bedeutung, Fragen,
Perspektiven und Interessen von Kindern zuzulassen und anzuregen, d.h., didaktische Partizipation zuzulassen, indem Schülerinnen und Schüler mitbestimmen,
mit welchen Phänomenen sie sich auseinandersetzen wollen und warum. Dies
kann z.B. durch Gespräche, aber auch mithilfe des „leeren Blattes" erfolgen, sodass
bspw. schriftsprachliche Kompetenzen keine zwingende Voraussetzung zur Partizipation sind. Am Ende dieser Phase sollte nicht nur festgelegt sein, was gelernt
werden soll, sondern v.a. auch, was die Schülerinnen und Schüler lernen wollen,
welchen Fragen sie nachgehen wollen und ggf. bereits wie, mit wem etc.

Pech und Rauterberg (2016, S. 143) haben zu unserem Ansatz kritisch angemerkt: „im Ansatz von Gebauer und Simon spielt Didaktik kaum eine Rolle". Dieser Kritik lässt sich an diesem Punkt unseres Ansatzes nur begrenzt folgen. Und
auch wenn im Nachfolgenden methodische Aspekte im Fokus stehen, wäre die
Kritik von Pech und Rauterberg zwar aus der Perspektive eines engen Didaktik-
Verständnisses, bei dem Didaktik sich auf das Was bezieht und Fragen der Methodik erst nachfolgend betrachtet werden, nachvollziehbar. Gleichwohl irritiert
ihre Kritik, da zumindest Pech sich für ein weites Didaktikverständnis im Sachunterricht ausspricht, wenn er in seinem Aufsatz „Sachunterricht – Didaktik und
Disziplin" für ein Verständnis von Didaktik plädiert, „das zum einen beinhaltet,
dass Didaktik nicht nur relevant für schulische, sondern von Bedeutung für jegli-
che Bildungsprozesse ist und zum anderen nicht zu beschränken ist auf die Fragen
des ‚Was' oder gar nur des ‚Wie', sondern auf alle Fälle auch die Frage des ‚Warum'
umfasst." (Pech, 2009, S. 8) Unabhängig davon kann betont werden, dass unserem
Ansatz ein weites Didaktikverständnis zugrunde liegt, bei dem Fragen des Was
und des Wie gleichbedeutend sind.

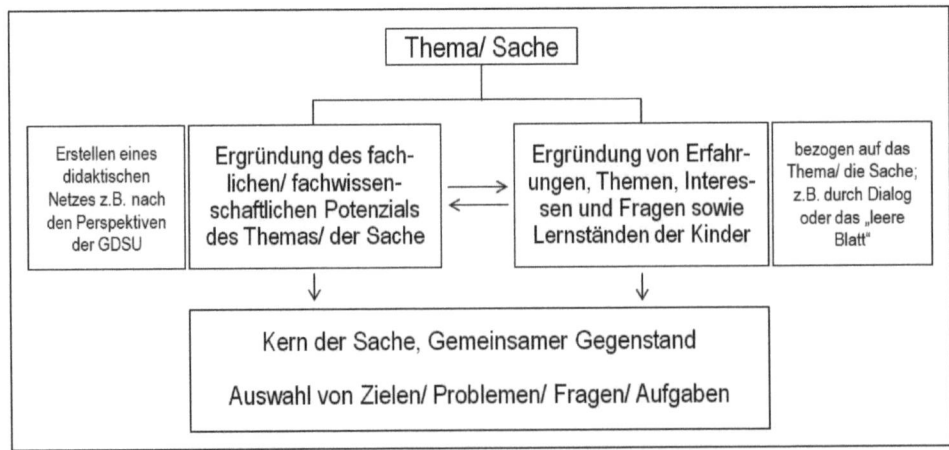

Abbildung 7.4: Das Zustandekommen von Lerngegenständen als Ko-Konstruktion

In *Phase 3* steht die Suche nach *Möglich- und Notwendigkeiten adaptiver Leistungen* im Zentrum, die u.a. aus diagnostischen Hypothesen abgeleitet werden können. Hier geht es sowohl um Adaption auf der Mikro- wie Makroebene (z.B. Klieme & Warwas, 2011) als auch um die Ermöglichung differenzierter Zugänge zum Lerngegenstand durch eine ausgewogene Beachtung von unterschiedlichen Interaktions- und Repräsentationsebenen, Abstraktionsniveaus sowie didaktisch-methodischen Inszenierungstechniken (siehe Abbildung 7.5).[7] Die Auswahl adaptiver Strategien findet dabei potenziell nicht nur – wie tradiert üblich – durch die Lehrkraft, sondern nach Möglichkeit auch durch die Lernenden – also ebenfalls ko-konstruktiv – statt. Auf diese Weise wird auch hier den Potenzialen der Lernenden Rechnung getragen und es soll ein subjektiv anschlussfähiger und möglichst motivierender Zugang zur Sache ermöglicht werden. Ein besonderes Augenmerk liegt dabei auf ästhetischen Zugangsweisen und für den Sachunterricht zentralen Denk-, Arbeits- und Handlungsweisen (GDSU, 2013). Einer einseitig kognitiven Ausrichtung von Lehr-Lern-Prozessen soll zugunsten vielfältiger, mehrperspektivischer Zugänge zu einem Lerngegenstand entgegengewirkt werden.

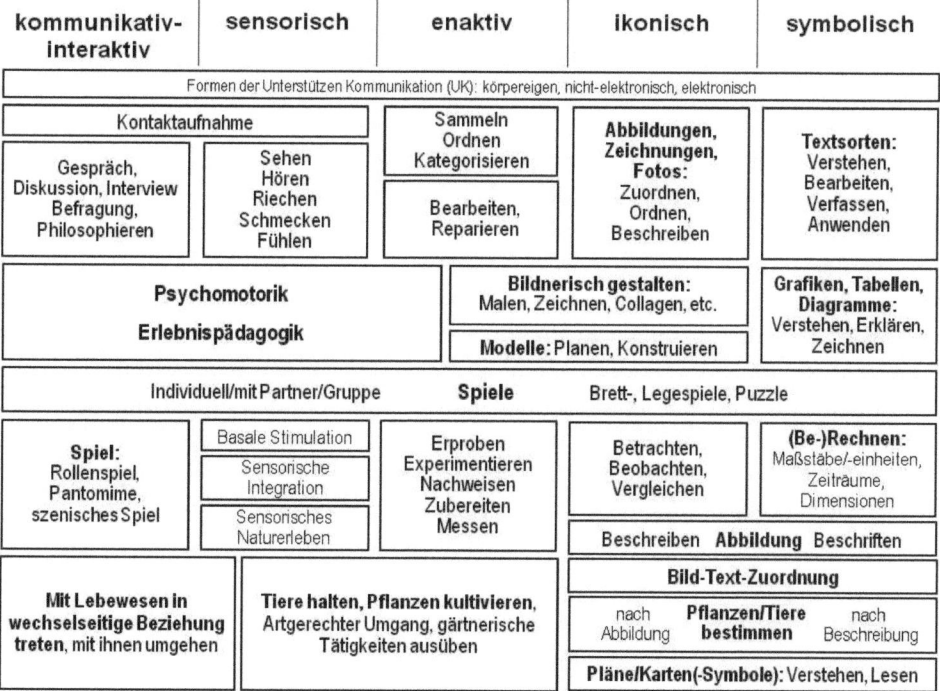

Abbildung 7.5: Interaktions- und Repräsentationsebenen sowie didaktisch-methodische Inszenierungstechniken für einen inklusionsorientierten Sachunterricht

7   Die Abbildung enthält eine kleine Veränderung: So erstreckt sich das Feld „Spiele" im Gegensatz zu älteren Abbildungen nun von der kommunikativ-interaktiven bis zur symbolischen Ebene. Für die Anregung zu dieser Veränderung danke ich Juliane Gröber und ihren Studierenden der HU Berlin.

In *Phase 4*, der *schriftlichen Fixierung der didaktisch-methodischen Vorüberlegungen*, können die mit dem Modell generierten pädagogischen bzw. methodisch-didaktischen Anregungen in gängige Formulare für die Unterrichtsplanung respektive Schemata zur didaktisch-methodischen Vorstrukturierung von Lehr-Lern-Settings überführt werden, sodass eine generelle Anschlussfähigkeit und formale Offenheit gegeben und eine Umsetzung in unterschiedlichsten Settings (vom 45-minütigen Unterricht bis hin zu Projekten oder projektorientierten Vorhaben) möglich ist. Gleichsam steht mit der Niederschrift der Vorarbeiten eine nützliche Reflexionsgrundlage zur Verfügung.

7.3   Fazit

Wie aufzuzeigen versucht wurde, hat der Sachunterricht als Fach besondere Potenziale zur Umsetzung inklusiver Bildung. Zudem gibt es fachdidaktisch tradierte Bestände, die es ermöglichen, potenzialorientiert auf Lernende einzugehen und es ihnen gleichsam zu ermöglichen, ihre Potenziale zu entfalten. Insbesondere im Zuge der Diskussionen um eine inklusive Sachunterrichtsdidaktik, die längst nicht abgeschlossen sind, gewinnt die Perspektive der Potenzialorientierung an Bedeutung und geht z.B. mit einer Orientierung am Prinzip der (didaktischen) Partizipation einher. Diese wurde als Aspekt einer inklusionsdidaktisch begründeten Vielperspektivität im Sachunterricht zur Diskussion gestellt. Als sachunterrichtsdidaktischer Ansatz zur Unterrichtsplanung, der eine solche Vielperspektivität impliziert und der als anschlussfähig an die pädagogisch-didaktische Figur der Potenzialorientierung erachtet wird, wurde der Ansatz von Gebauer und Simon vorgestellt, dem es jedoch bisher an einer empirischen Überprüfung mangelt. Auf Basis der Ausführungen in diesem Beitrag kann und soll die Bedeutung der Vielperspektivität als wichtiges Moment einer allgemeinen (inklusiven) Didaktik hervorgehoben und zur theoretischen sowie empirischen Fundierung derselben aufgerufen werden. Inwiefern sich das sachunterrichtliche und inklusionspädagogische respektive -didaktische Vielperspektivitätsverständnis überschneiden und synergetisch ergänzen können, wurde anzudeuten versucht.

Literatur

Arndt, S. & Schwier, V. (2001). Politisches Wissen und gesellschaftliche Handlungsfähigkeit von Kindern: Politikorientierung im Sachunterricht. In J. Kahlert & E. Inckemann (Hrsg.), *Wissen, Können und Verstehen – über die Herstellung ihrer Zusammenhänge im Sachunterricht* (S. 177–188). Bad Heilbrunn: Klinkhardt.

Becher, A., Miller, S., Oldenburg, I., Pech, D. & Schomaker, C. (Hrsg.) (2013). *Kommunikativer Sachunterricht – Facetten der Entwicklung*. Baltmannsweiler: Schneider.

Blaseio, B. (2004). *Entwicklungstendenzen der Inhalte des Sachunterrichts. Eine Analyse von Lehrwerken von 1970 bis 2000*. Bad Heilbrunn: Klinkhardt.

Blohm, M., Heil, C., Peters, M., Sabisch, A. & Seydel, F. (Hrsg.) (2006). Über Ästhetische Forschung. München: kopaed.

Boban, I. & Hinz, A. (2004). Der Index für Inklusion – ein Katalysator für demokratische Entwicklung in der „Schule für alle". In F. Heinzel & U. Geiling (Hrsg.), *Demokratische Perspektiven in der Pädagogik* (S. 37–48). Wiesbaden: VS Verlag.

Boegner, V. & Miller, S. (2008). Kinderfragen als Ausgangspunkt des Sachunterrichts – Bausteine für eine theoretische Fundierung. In H. Giest & J. Wiesemann (Hrsg.), *Kind und Wissenschaft. Welches Wissenschaftsverständnis hat der Sachunterricht* (S. 145–157). Bad Heilbrunn: Klinkhardt.

Böing, U. (2016). Ungewissheit – Implikationen einer nicht ausgrenzenden Pädagogik für Strukturen und Praktiken schulischer Inklusion. In U. Böing, U. & A. Köpfer (Hrsg.), *Be-Hinderung der Teilhabe. Soziale, politische und institutionelle Herausforderungen inklusiver Bildungsräume* (S. 95–114). Bad Heilbrunn: Klinkhardt.

Böing, U. (2017). Ungewissheit. In K. Ziemen (Hrsg.), *Lexikon Inklusion* (S. 228–230). Göttingen: Vandenhoeck & Ruprecht.

Booth, T. & Ainscow, M. (2011). *Index for inclusion. Developing learning and participation in schools.* 3rd revised Edition. Bristol: CSIE.

Booth, T. & Ainscow, M. (2017). *Index für Inklusion. Ein Leitfaden für Schulentwicklung.* Herausgegeben von Bruno Achermann, Donja Amirpur, Maria-Luise Braunsteiner, Heidrun Demo, Elisabeth Plate und Andrea Platte. Weinheim & Basel: Beltz.

Bruner, J. S. (1970). *Der Prozeß der Erziehung.* Berlin: Berlin-Verlag.

Eikel, A. (2006). *Demokratische Partizipation in der Schule.* Berlin: BLK.

Feuser, G. (1995). *Behinderte Kinder und Jugendliche zwischen Integration und Aussonderung.* Darmstadt: Wissenschaftliche Buchgesellschaft.

Fischer, H.-J. (2006). „Disziplin Sachunterricht in Wissenschaft und Hochschule". *www.widerstreit-sachunterricht.de*, Nr. 7, Oktober 2006. Verfügbar unter: http://www.widerstreit-sachunterricht.de/ebeneI/superworte/zumsach/fidisziplinsu.pdf [03.07.2017]

Fischer, H.-J. (2013). Sinn und Unsinn der Naturbildung im frühen Kindesalter. In M. Rauterberg & S. Schumann (Hrsg.), *Umgangsweisen mit Natur(en) in der Frühen Bildung* (S. 13–31). 9. Beiheft von www.widerstreit-sachunterricht.de. Berlin.

Gebauer, M. & Simon, T. (2012a). Inklusive Didaktik im Sachunterricht: Chancen und Herausforderungen am Beispiel des Science Camp der Kinderuniversität Halle. Erfahrungen aus einem interdisziplinären Kooperationsprojekt. *Zeitschrift für Inklusion*, Nr. 3 (2012). Verfügbar unter: http://www.inklusion-online.net/index.php/inklusion/article/view/174/164 [03.07.2017]

Gebauer, M. & Simon, T. (2012b). Inklusiver Sachunterricht konkret: Chancen, Grenzen, Perspektiven. *www.widerstreit-sachunterricht.de*, Nr. 18, Oktober 2012. Verfügbar unter: http://www.widerstreit-sachunterricht.de/ebeneI/superworte/inklusion/gebauer_simon.pdf [03.07.2017]

Gesellschaft für Didaktik des Sachunterrichts (GDSU) (Hrsg.). (2013). *Perspektivrahmen Sachunterricht.* Vollständig überarbeitet und erweiterte Ausgabe. Bad Heilbrunn: Klinkhardt.

Giest, H. (2007). Kulturhistorische Theorie/Tätigkeitsansatz und Sachunterricht. *www.widerstreit-sachunterricht.de*, Ausgabe Nr. 8 (März 2007). Verfügbar unter: http://www.widerstreit-sachunterricht.de/ebeneI/didaktiker/giest/kulturhist.pdf [03.07.2017]

Giest, H., Hartinger, A. & Tänzer, S. (Hrsg.) (2017). *Vielperspektivität im Sachunterricht.* Bad Heilbrunn: Klinkhardt.

Giest, H., Kaiser, A. & Schomaker, C. (Hrsg.) (2011). *Sachunterricht auf dem Weg zur Inklusion.* Klinkhardt: Bad Heilbrunn.

Gläser, E. (2002). *Arbeitslosigkeit aus der Perspektive von Kindern. Eine Studie zur didaktischen Relevanz ihrer Alltagstheorien.* Bad Heilbrunn: Klinkhardt.

Helmke, A. (2009). *Unterrichtsqualität und Lehrerprofessionalität: Diagnose, Evaluation und Verbesserung des Unterrichts.* Seelze Velber: Klett/Kallmeyer.

Hershkovich, M., Simon, J. & Simon, T. (2017). Menschenrechte, Demokratie, Partizipation und Inklusion – ein (fast) in Vergessenheit geratenes Wechselverhältnis? In R. Kruschel (Hrsg.), *Menschenrechtsbasierte Bildung. Inklusive und Demokratische Lern- und Erfahrungswelten im Fokus* (S. 141–152). Bad Heilbrunn: Klinkhardt.

Hinz, A. (2011). Inklusiver Sachunterricht – Vision und konkretes Handlungsprogramm für den Sachunterricht? In H. Giest, A. Kaiser & C. Schomaker (Hrsg.), *Sachunterricht – auf dem Weg zur Inklusion* (S. 23–38). Bad Heilbrunn: Klinkhardt.

Hinz, A. (2014). Inklusive Bildung – wo stehen wir heute? Eine kritische Zwischenbilanz. *Grundschulzeitschrift, 28* (275/276), 6–9.

Jonen, A., Möller, K. & Hardy, I. (2003). Lernen als Veränderung von Konzepten – am Beispiel einer Untersuchung zum naturwissenschaftlichen Lernen in der Grundschule. In D. Cech & H.-J. Schwier (Hrsg.), *Lernwege und Aneignungsformen im Sachunterricht* (S. 93–108). Bad Heilbrunn: Klinkhardt.

Kahlert, J. (2002). *Der Sachunterricht und seine Didaktik.* Bad Heilbrunn: Klinkhardt.

Kahlert, J. (2014a). Sachunterricht – ein fachlich vielseitiger Lernbereich. In W. Einsiedler, M. Götz, A. Hartinger, F. Heinzel, J. Kahlert & U. Sandfuchs (Hrsg.), *Handbuch Grundschulpädagogik und Grundschuldidaktik* (4. Auflage; S. 505–511). Bad Heilbrunn: Klinkhardt.

Kahlert, J. (2014b). Zwischen didaktischer Vernunft und inhaltlicher Beliebigkeit – Vielperspektivität im Sachunterricht. *Zeitschrift für Grundschulforschung, 7* (2), 9–21.

Kahlert, J. (2014c). Inklusionsdidaktische Netze – zur Theorie und Pragmatik eines Planungsmodells für inklusionsorientierten Unterricht. In S. Pemsel-Maier & M. Schambeck (Hrsg.), *Inklusion!? Religionspädagogische Einwürfe* (S. 123–141). Freiburg u.a.: Herder.

Kahlert, J. (2015). Inklusionsdidaktische Netze in der politischen Bildung. Konzeptioneller Hintergrund und Anwendungsmöglichkeiten. In C. Dönges, W. Hilpert & B. Zurstrassen (Hrsg.), *Didaktik der inklusiven politischen Bildung* (S. 182–195). Bonn: BpB.

Kahlert, J. (2016a). Inklusion im Sachunterricht – eine Fachdidaktik auf dem Weg in die Individualisierungsfalle. *Sonderpädagogische Förderung heute, 61* (3), 234–243.

Kahlert, J. (2016b). *Der Sachunterricht und seine Didaktik.* 4. Auflage. Bad Heilbrunn: Klinkhardt.

Kahlert, J. & Heimlich, U. (2012). Inklusionsdidaktische Netze – Konturen eines Unterrichts für alle (dargestellt am Beispiel des Sachunterrichts). In U. Heimlich & J. Kahlert (Hrsg.), *Inklusion in Schule und Unterricht. Wege zur Bildung für alle* (S. 153–190). Stuttgart: Kohlhammer.

Kaiser, A. (1997). Zukünftiger Sachunterricht ist kommunikativer Sachunterricht. *Pädagogik und Schulalltag, 52* (1), 14–20.

Kaiser, A. (2004). Kommunikativer Sachunterricht. In A. Kaiser & D. Pech (Hrsg.), *Neuere Konzeptionen und Zielsetzungen im Sachunterricht* (S. 48–57). Baltmannsweiler: Schneider.

Kaiser, A. & Seitz, S. (2017). *Inklusiver Sachunterricht. Theorie und Praxis.* Baltmannsweiler: Schneider.

Kämpf-Jansen, H. (2000). *Ästhetische Forschung.* Köln: Salon Verlag.

Kattmann, U., Duit, R., Gropengießer, H. & Komorek, M. (1997). Das Modell der Didaktischen Rekonstruktion – Ein Rahmen für naturwissenschaftsdidaktische Forschung und Entwicklung. *Zeitschrift für Didaktik der Naturwissenschaften, 3* (3), 3–18.

Klieme, E. & Warwas, J. (2011). Konzepte der Individuellen Förderung. *Zeitschrift für Pädagogik, 57* (6), 805–818.

Korczak, J. (2007). *Das Recht des Kindes auf Achtung. Fröhliche Pädagogik.* Herausgegeben von Friedhelm Beiner. Gütersloh: Gütersloher Verlagshaus.

Köhnlein, W., Marquardt-Mau, B. & Duncker, L. (2013). Vielperspektivität. *www.widerstreit-sachunterricht.de*, Nr. 19, Oktober 2013. Verfügbar unter: www.widerstreit-sachunterricht.de [19.01.2016]

Köhnlein, W., Marquardt-Mau, B. & Schreier, H. (Hrsg.) (1999). *Vielperspektivisches Denken im Sachunterricht.* Bad Heilbrunn: Klinkhardt.

Kruschel, R. (Hrsg.) (2017). *Menschenrechtsbasierte Bildung. Inklusive und Demokratische Lern- und Erfahrungswelten im Fokus.* Bad Heilbrunn: Klinkhardt.

Michalik, K. (2005). Philosophieren über Mensch und Natur im Sachunterricht. In K. Michalik & C. Hößle (Hrsg.), *Philosophieren mit Kindern und Jugendlichen. Didaktische und methodische Grundlagen des Philosophierens* (S. 13–23). Baltmannweiler: Schneider.

Michalik, K. (2013). Philosophieren im Sachunterricht – Entwicklung, Bilanz und Perspektiven. In H.-J. Fischer, H. Giest & D. Pech (Hrsg.), *Der Sachunterricht und seine Didaktik. Bestände prüfen und Perspektiven entwickeln* (S. 63–70). Bad Heilbrunn: Klinkhardt.

Miller, S. & Brinkmann, V. (2011). Von Schülerfragen ausgehen und mit heterogenen Lernvoraussetzungen umgehen in einem Sachunterricht für alle Kinder. In H. Giest, A. Kaiser & C. Schomaker (Hrsg.), *Sachunterricht – auf dem Weg zur Inklusion* (S. 67–78). Bad Heilbrunn: Klinkhardt.

Pech, D. (2009). Sachunterricht – Didaktik und Disziplin. Annäherung an ein Sachlernverständnis im Kontext der Fachentwicklung des Sachunterrichts und seiner Didaktik. *www.widerstreit-sachunterricht.de*, Nr. 13, Oktober 2009. Verfügbar unter: http://www.widerstreit-sachunterricht.de/ebeneI/didaktiker/pech/did_dis.pdf [23.06.2017].

Pech, D. & Rauterberg, M. (2016). Wozu Didaktik? Ein Beitrag zum Verhältnis von Sachunterrichtsdidaktik und Inklusion. In J. Riegert & O. Musenberg (Hrsg.), *Didaktik und Differenz* (S. 134–147). Bad Heilbrunn: Klinkhardt.

Pech, D. & Schomaker, C. (2013). Inklusion und Sachunterrichtsdidaktik. Stand und Perspektiven. In K.-E. Ackermann, O. Musenberg & J. Riegert (Hrsg.), *Geistigbehindertenpädagogik!? Disziplin – Profession – Inklusion* (S. 341–359). Oberhausen: Athena.

Pech, D., Schomaker, C. & Simon, T. (2017). Inklusive Fachdidaktik Sachunterricht. In K. Ziemen (Hrsg.), *Lexikon Inklusion* (S. 124–125). Göttingen: Vandenhoeck & Ruprecht.

Pech, D., Schomaker, C. & Simon, T. (2018). Inklusion sachunterrichts-didaktisch gedacht. In D. Pech, C. Schomaker & T. Simon (Hrsg.), *Sachunterrichtsdidaktik & Inklusion. Ein Beitrag zur Entwicklung* (S. 10–25). Baltmannsweiler: Schneider.

Platte, A. (2008). *Inklusive Bildungsprozese: Teilhabe am Lernen und Lehren in einer Schule für alle.* In T. Rihm (Hrsg.), *Teilhaben an Schule. Zu den Chancen wirksamer Einflussnahme auf Schulentwicklung* (S. 39–52). Wiesbaden: VS Verlag.

Platte, A. (2010). Inklusiver Unterricht – eine didaktische Herausforderung. In A. Hinz, I. Körner & U. Niehoff (Hrsg.), *Auf dem Weg zur Schule für alle. Barrieren überwinden – inklusive Pädagogik entwickeln* (S. 87–100). Marburg: Lebenshilfe-Verlag.

Prengel, A. (2003a). Kinder akzeptieren, diagnostizieren, etikettieren? – Kulturen- und Leistungsvielfalt im Bildungswesen. In B. Warzecha (Hrsg.), *Heterogenität macht Schule. Beiträge aus sonderpädagogischer und interkultureller Perspektive* (S. 27–39). Münster: Waxmann.

Prengel, A. (2003b). Einleitung: Forschen und handeln im Interesse von Kindern? In A. Prengel (Hrsg.), *Im Interesse von Kindern?* (S. 11–17). Weinheim & München: Juventa.

Prengel, A. (2016). Didaktische Diagnostik als Element alltäglicher Lehrerarbeit – „Formatives Assessment" im inklusiven Unterricht. In B. Amrhein (Hrsg.), *Diagnostik im Kontext inklusiver Bildung* (S. 49–63). Bad Heilbrunn: Klinkhardt.

Schomaker, C. (2007). *Der Faszination begegnen. Ästhetische Zugangsweisen im Sachunterricht für alle Kinder*. Oldenburg: DIZ.

Schwelle, V., Hartinger, A., Lohrmann, K. & Groß Ophoff, J. (2013). „Ein Nussknacker ist aus Metall und deshalb stärker als die Hand." Präkonzepte von Drittklässlern zum Hebelgesetz. In H.-J. Fischer, H. Giest & D. Pech (Hrsg.), *Der Sachunterricht und seine Didaktik. Bestände prüfen und Perspektiven entwickeln* (S. 129–136). Bad Heilbrunn: Klinkhardt.

Seitz, S. (2003). Wege zu einer inklusiven Didaktik des Sachunterrichts – das Modell der Didaktischen Rekonstruktion. In G. Feuser (Hrsg.), *Integration heute – Perspektiven ihrer Weiterentwicklung in Theorie und Praxis* (S. 91–104). Frankfurt a.M.: Peter Lang.

Seitz, S. (2005). *Zeit für inklusiven Sachunterricht*. Baltmannsweiler: Schneider.

Seitz, S. (2006). Inklusive Didaktik: Die Frage nach dem ‚Kern der Sache'. *Zeitschrift für Inklusion Online*, Nr. 1 (2006). Verfügbar unter: http://www.inklusion-online.net/index.php/inklusion-online/article/view/184/184 [23.06.2017]

Seitz, S. (2013). Kommunikativer Sachunterricht in inklusiven Grundschulen: Kinder machen gemeinsame Sache. In A. Becher, S. Miller, I. Oldenburg, D. Pech & C. Schomaker (Hrsg.), *Kommunikativer Sachunterricht – Facetten der Entwicklung* (S. 205–212). Baltmannsweiler: Schneider.

Seitz, S. & Simon, T. (2018). Grundlagen und Prinzipien diagnostischen Handelns im inklusiven Sachunterricht. In D. Pech, C. Schomaker & T. Simon (Hrsg.), *Sachunterrichtsdidaktik & Inklusion. Ein Beitrag zur Entwicklung* (S. 80–95). Baltmannsweiler: Schneider.

Simon, T. (2013). Gesundheitsförderung in der Schule und im Sachunterricht als Beitrag zur schulischen Inklusion. *www.widerstreit-sachunterricht.de*, Nr. 19, Oktober 2013. Verfügbar unter: http://www.widerstreit-sachunterricht.de/ebeneI/superworte/inklusion/gesund.pdf /article/view/186/174 [Zugriff am 19.06.2017]

Simon, T. (2015a). ‚Heimat' im inklusiven Sachunterricht am Beispiel des Lernens in Gedenkstätten. *www.widerstreit-sachunterricht.de*, Nr. 21, Oktober 2015. Verfügbar unter: http://www.widerstreit-sachunterricht.de/ebeneI/superworte/inklusion/inkluhei.pdf [23.06.2017]

Simon, T. (2015b). Adaption – woran und wofür? Adaption als Kerngeschäft inklusionsorientierter Sachunterrichtsdidaktik. In K. Liebers, B. Landwehr, A. Marquardt & K. Schlotter (Hrsg.), *Lernprozessbegleitung und adaptives Lernen in der Grundschule* (S. 229–234). Wiesbaden: Springer VS.

Simon, T. (2017). Vielperspektivität im Sachunterricht – Annäherungen an inklusions-pädagogische und -didaktische Begründungslinien. In H. Giest, A. Hartinger & S. Tänzer (Hrsg.), *Vielperspektivität im Sachunterricht* (S. 177–184). Bad Heilbrunn: Klinkhardt.

Simon, T. & Geiling, U. (2016). Diagnostik zur Unterstützung schulischer Inklusion – Ansprüche und Widersprüche auf der Suche nach angemessenen Handlungsprakti-ken. In U. Böing & A. Köpfer (Hrsg.), *Be-Hinderung der Teilhabe. Soziale, politische und institutionelle Herausforderungen inklusiver Bildungsräume* (S. 199–208). Bad Heilbrunn: Klinkhardt.

Simon, T., Schmitz, L. & Moser, V. (2018). Hochschuldidaktische Qualifizierung für In-klusion: Einblicke in das Projekt FDQI-HU. In E. Feyerer, W. Prammer, E. Prammer-Semmler, C. Kladnik, M. Leibetseder & R. Wimberger (Hrsg.), *System. Wandel. Ent-wicklung. Akteurinnen und Akteure inklusiver Prozesse im Spannungsfeld von Instituti-on, Profession und Person* (S. 277–282). Bad Heilbrunn: Klinkhardt.

Simon, J. & Simon, T. (2019). Warum scheint der Mond manchmal auch am Tag? Zum Umgang mit Kinderfragen und Kinderperspektiven im (Sach-)Unterricht. In D. Rumpf & S. Winter (Hrsg.), *Kinderperspektiven im Unterricht. Zur Ambivalenz der Anschaulichkeit* (S. 191-202). Wiesbaden: Springer VS.

Tänzer, S. & Lauterbach, R. (2012). *Persönliche Voraussetzungen und Bedingungen der Unterrichtsplanung – mit Beispielen für den Sachunterricht.* Kiel: IPN. Verfügbar unter: http://www.sinus-an-grundschulen.de/fileadmin/uploads/Material aus SGS/ Handreichung TaenzerLauterbach.pdf [23.06.2017]

Thomas, B. (2013). *Der Sachunterricht und seine Konzeptionen. Historische und aktuelle Entwicklungen.* 4., vollständig überarbeitete Auflage. Bad Heilbrunn: Klinkhardt.

Vocilka, A. & Schrenk, M. (2012). Fotosynthese – (k)ein Thema für die Grundschule? Schülervorstellungen über pflanzenphysiologische Prozesse und Möglichkeiten ihrer Veränderung im naturwissenschaftlichen Sachunterricht. In H. Giest, E. Heran-Dörr & C. Archie (Hrsg.), *Lernen und Lehren im Sachunterricht. Zum Verhältnis von Kons-truktion und Instruktion* (S. 127–134). Bad Heilbrunn: Klinkhardt.

Winker, G. & Degele, N. (2009). *Intersektionalität. Zur Analyse sozialer Ungleichheiten.* Bielefeld: Transcript.

Ziemen, K. (2017). Inklusion. In K. Ziemen (Hrsg.), *Lexikon Inklusion* (S. 101–102). Göt-tingen: Vandenhoeck & Ruprecht.

8. Zur Verortung des Konzeptes der „Potenzialorientierten Förderung" in den sozialwissenschaftlichen Fachdidaktiken – am Beispiel der Berufsorientierung

In Abgrenzung zur Defizitorientierung, die die deutsche Inklusionsdebatte bisher dominiert hat, entwickeln die Herausgeber dieses Bandes das Konzept der „Potenzialorientierten Förderung". Motivations-, lern- und kognitionspsychologisch gibt es viele Argumente für eine Hinwendung zu einer an Potenzialen orientierten Didaktik und Pädagogik. In diesem Beitrag erfolgt jedoch eine kritische Auseinandersetzung mit dem Konzept der „Potenzialorientierten Förderung". Exemplarisch soll dies für den Bereich der sozialwissenschaftlichen Fachdidaktiken am Beispiel der Potenzialanalyse erfolgen, die eine berufsorientierende Maßnahme ist. Die „Potenzialanalyse" wird bisher nicht explizit im Kontext der Inklusion diskutiert, aber als Instrument individueller, potenzialorientierter Förderung eingeordnet.

Mit der berufsorientierenden Potenzialanalyse und den in diesem Rahmen verwendeten Berufswahltests wird eine Maßnahme der „Potenzialorientierten Förderung" diskutiert.

Im ersten Abschnitt erfolgt zunächst eine Annäherung an das Konzept der „Potenzialorientierten Förderung" in der inklusiven Bildung. Danach werden grundlegende Informationen zur Berufsorientierung und zur Potenzialanalyse ausgeführt. Die beiden Abschnitte sollen fachfremden Leserinnen und Lesern zur fachlichen und bildungspolitischen Orientierung dienen und weisen einen eher deskriptiven Charakter auf. Ausgehend von diesen Darstellungen wird im dritten Kapitel die Potenzialanalyse sowohl test-ethisch als auch soziologisch und sozialpolitisch analysiert und eingeordnet. Diese Auseinandersetzung ist notwendig, da es um grundlegende Machtfragen geht, z.B. wer definieren darf, welche Potenziale förderwürdig sind. Es werden zudem weiterführende Forschungsbedarfe benannt.

8.1 Zum Konzept der „Potenzialorientierten Förderung"

Der Ansatz der „Potenzialorientierten Förderung" wird als ein fachübergreifendes, pädagogisch-didaktisches Konzept inklusiver Bildung definiert, das von den einzelnen Fachdidaktiken übersetzt und spezifiziert werden muss.

Es wendet sich:
- gegen diejenigen separierenden sonderpädagogischen Ansätze, die diagnostisch und pädagogisch ausgehend von Normalitätskonstruktionen an den vermeintlichen Leistungsdefiziten der Lernenden, also den sonderpädagogischen

Unterstützungsbedarfen, ansetzen (Veber, 2015, S. 5) und damit zumindest im Förderbereich „Lernen" zu einer Verfestigung bzw. zum Teil sogar Produktion von Strukturen sozialer Ungleichheit beitragen können (Lütje-Klose, Wild & Schwinger, 2014, S. 9).

- gegen Betrachtungsweisen, bei denen Förderbedarfe individualisiert und gesell-schaftliche Einflussfaktoren vernachlässigt werden.
- gegen die Dominanz eines sonderpädagogischen Inklusionsdiskurses (Veber, 2015, S. 2ff.), weil inklusive Bildung alle Lernenden betrifft.

In Abgrenzung zu den konservativen sonderpädagogischen Zugängen zu Inklusi-on im Bildungssystem geht der Ansatz der „Potenzialorientierten Förderung" von folgenden Leitideen aus:

- Inklusive Bildung wird als eine schulpädagogische Aufgabe verstanden, bei de-ren Bewältigung die Expertise der Sonderpädagogik, Erziehungswissenschaften, Psychologie und Fachdidaktik einfließen (Veber, 2015, S. 5). Inklusive Bildung bedarf daher multiprofessioneller Teams.
- Ein zentraler Referenzrahmen ist der psychologisch ausgerichtete ökosystemi-sche Ansatz von Bronfenbrenner (1981), der in der Literatur als Orientierungs-rahmen der „Potenzialorientierten Förderung" herangezogen wird (Veber, 2015, S. 8). Die ökosystemische Diagnostik berücksichtigt die für die Schülerinnen und Schüler bedeutsamen Beziehungen (Familie, Schule, Normen und Werte-struktur von relevanten Gruppen sowie der Gesellschaft) auf den unterschiedli-chen Systemebenen und setzt sie in Beziehung zueinander. Zielsetzung ist eine ganzheitliche Diagnostik und Förderung, die auf die Lebens- und Erkenntnis-welten der Schülerinnen und Schüler fokussiert ist (ebd.).
- Potenzialorientierte Förderung ist subjektorientiert. Sie geht von den Interessen und Bedürfnissen der Lernenden aus, negiert aber auch nicht die hieraus er-wachsenden Systemkonflikte (Veber, 2015, S. 13).
- Potenzialorientierte Bildung rückt die fachlichen Lehr-Lern-Prozesse stärker in den Mittelpunkt, da inklusive Bildung im Fachunterricht geleistet werden muss.

Nachfolgend soll am Beispiel der Berufsorientierung mit Bezugnahme auf die Maßnahme „Potenzialanalyse" das Konzept der „Potenzialorientierten Förderung" diskutiert werden. Zunächst erfolgen grundlegende Ausführungen zur Berufsori-entierung und zur Potenzialanalyse.

8.2   Potenzialorientierte Förderung in den sozialwissenschaftlichen Fachdidaktiken

Die „Berufsorientierung" wird als eine zentrale Aufgabe der sozioökonomischen Bildung definiert. Ihre Zielsetzung wird in der Literatur wie folgt beschrieben:

> Berufsorientierung ist: „ein lebenslanger Prozess der Annäherung und Abstimmung zwischen Interessen, Wünschen, Wissen und Können des Individuums auf der einen und Möglichkeiten, Bedarfen und Anforderungen der Arbeits- und Berufswelt auf der anderen Seite" (Butz, 2008, S. 50). Die Schülerinnen und Schüler sollen, so Drever und Kracke, befähigt werden „[…] längerfristig eigenverantwortlich ihre Berufsbiografien zu planen und zu gestalten" (Drever & Kracke, 2011, S. 37).

Obwohl die Berufsorientierung im allgemeinbildenden Schulwesen in den letzten zehn Jahren sowohl curricular als auch außerunterrichtlich erheblich ausgebaut wurde (z.B. Betriebspraktika, Job-Börsen, Girls- und Boys-Day, Berufspass, Besuch von Berufsmessen), wird von Unternehmerverbänden dennoch beklagt, dass

- die Studierendenquote zu hoch sei und deshalb die Anzahl der Auszubildenden im dualen System sinke,
- die Ausbildungsstellensuche der Jugendlichen sich auf wenige Berufsbilder konzentriere, weil sie zu wenige Berufsbilder kennen würden,
- die Jugendlichen nicht ausreichend flexibel seien, weshalb es bei einigen Berufsbildern ein Mismatch zwischen Stellenangeboten und -nachfrage gebe. Während z.B. im Gastgewerbe (z.B. Restaurantfachfrau/-mann, Köche/Köchinnen) Ausbildungsplätze vermehrt unbesetzt blieben, übersteige bei den Berufen Tierpfleger/-pflegerin, Mediengestalter/-gestalterin die Nachfrage das Angebot (Bundesministerium für Bildung und Forschung (BMBF), 2017, S. 70–75).
- viele Jugendliche nicht ausbildungsreif seien oder kein Durchhaltevermögen hätten. So wurde z.B. 2015 fast ein Viertel (24,9%) der geschlossenen Ausbildungsverträge vorzeitig aufgelöst (ebd., S. 76).

Die Liste der von Unternehmerverbänden in die politische Diskussion eingebrachten Argumente und beklagten Missstände bei der Berufsorientierung kann hier nicht erschöpfend dargestellt werden. Zum Ausdruck kommt erstens, dass Berufsorientierung vornehmlich als arbeitsmarktpolitisches Steuerungsinstrument verstanden wird, welches der Sicherung des Arbeitskräftebedarfs der Unternehmen dienen soll. Zweitens werden die Gründe für die Fehlsteuerung einseitig bei den Jugendlichen gesucht und individualisiert.

Gegen diese Deutung der Defizite auf dem Ausbildungsstellenmarkt wird eingewendet, dass

- vor allem Hauptschüler und Hauptschülerinnen im dualen Bereich kaum eine Chance hätten, eine Ausbildungsstelle zu bekommen. Gemäß der DGB-Studie „Kein Anschluss mit diesem Abschluss?" grenzen etwas mehr als 60 Prozent der Ausschreibungen auf der Lehrstellenbörse der IHK Jugendliche mit Haupt-schulabschluss aus (Anbuhl, 2016, S. 6). Mit individualisierten Perspektiven werden soziologische Erkenntnisse vernachlässigt, die Phänomene sozialer Un-gleichheit bei der Berufsorientierung aufzeigen.

- die Auflösung von Ausbildungsverträgen nicht einseitig in Defiziten der Aus-zubildenden zu finden sei, denn in Studien würden von den Ausbildungsabbre-chern bzw. -abbrecherinnen folgende Gründe genannt: Konflikte mit Ausbilde-rinnen oder Ausbildern sowie Vorgesetzten, eine mangelnde Ausbildungsqua-lität, ungünstige Arbeitsbedingungen, persönliche und gesundheitliche Gründe sowie falsche Berufsvorstellungen (BMBF, 2017, S. 75). Die Auflösung von Aus-bildungsverträgen konzentriere sich zudem auf wenige Berufe (Köche 43,6%, Hotelkaufleute 40,2%), die auch im DGB-Ausbildungsreport aufgrund der hohen Überstunden, ungenügenden Anleitung sowie unterdurchschnittlichen Bezahlung zu den Berufen mit den schlechtesten Bewertungen der befragten Auszubildenden gehörten (DGB Bundesvorstand (DGB), 2016, S. 6).
- gemäß des Berufsausbildungsberichts 2017 seit Jahren ein stetiger Verlust an Ausbildungsbetrieben im Kleinstbetriebsbereich zu verzeichnen sei, der durch andere Betriebsgrößen nicht kompensiert werde (BMBF, 2017, S. 67). Insgesamt sei die Ausbildungsbetriebsquote über alle Betriebsgrößen gesunken (ebd., S. 68), weshalb die Krise auf dem Ausbildungsstellenmarkt auch eine angebots-induzierte sei.

Sowohl Unternehmerverbände als auch Gewerkschaften fordern den Ausbau der Berufsorientierung an Schulen. Von den Schülern und Schülerinnen wird dieses Bedürfnis so nicht formuliert (Zurstrassen, 2015). In einer Studie der Vodafone-Stiftung gaben 74% der Befragten an, dass sie keinen weiteren Bedarf an Beratung hätten (Vodafone Stiftung Deutschland GmbH, 2014, S. 38). Für Verbände u.ä. ist Berufsorientierung jedoch vor allem auch als bildungs-, arbeits- und sozialpoliti-sches Steuerungsinstrument von Interesse. In der McDonalds-Ausbildungsstudie wird gefordert, „[...] die Berufsorientierung in allen Stufen des Schulsystems von der Grundschule an auszubauen und weiterzuentwickeln und alles zu ver-suchen, um die Arbeitswelt und die Bildungswelt wieder stärker zu verzahnen" (McDonald's Deutschland Inc., 2015, S. 82). Unterrichtsinhalte sollen, folgt man diesen Forderungen, auf die Anforderungen des Arbeitsmarktes hin ausgerichtet, eine stärkere Passung zwischen Auszubildenden und Arbeitsmarkt erwirkt werden.

8.3 Die Potenzialanalyse in der Berufsbildung als Instrument „Potenzialorientierter Förderung"

8.3.1 Hintergründe

In Reaktion auf solche Forderungen wurden/werden in vielen Bundesländern „Potenzialanalysen" eingeführt. Sie sind Bestandteil umfassender Berufsorientierungsprogramme. Der Prozess der Berufsorientierung soll von den Lernenden zur Dokumentation und aus Reflexionsgründen in einem Portfolio festgehalten werden. In Nordrhein-Westfalen wird seit dem Schuljahr 2016/17 in der achten Jahrgangsstufe in allen Schulformen eine Potenzialanalyse durchgeführt, die zeitlich auf ein oder an Förderschulen auf zwei Tage angelegt ist. Die Angebote werden schulformspezifisch differenziert in Angebote für Hauptschulen sowie für Realschulen und Gymnasien. Die Potenzialanalyse wird auf der Website zur Berufs- und Studienorientierung des Ministeriums für Schule und Bildung NRW (MSB NRW) als Instrument einer „Potenzialorientierten Förderung" konzeptualisiert: „Die Potenzialanalyse ist ein wichtiger Bestandteil der individuellen Förderung für Schülerinnen und Schüler im Rahmen ihrer Berufs- und Studienorientierung. Sie ermöglicht es ihnen, zu Beginn ihres Orientierungsprozesses durch Selbst- und Fremdeinschätzung sowie durch handlungsorientierte Verfahren ihre Potenziale zu entdecken" (MSB NRW). Potenzialanalysen werden, so Krzatala und Retzmann „[...] in der Regel in der 7./8. Jahrgangsstufe durchgeführt, weil ihre Erkenntnisse dann noch als Grundlage der individuellen Förderung der Schüler dienen können" (2014, S. 131). Die Lernenden sollen durch die Potenzialanalyse erfahren und reflektieren, wo ihre arbeitsmarktrelevanten Potenziale und Interessen liegen und wie sie diese optimieren bzw. bei der Berufswahl reflektiert einsetzen können.

Die Potenzialanalysen werden von freien Bildungsträgern der Privat- und Sozialwirtschaft durchgeführt. Diesen wird eine höhere Kompetenz als Lehrkräften bei der Berufsorientierung zugesprochen. Es gibt aber keine empirischen Studien, die diese Annahme stützen. Zudem ist nach wie vor unklar, auf welche allgemeinen Anforderungen alle bzw. auf welche spezifisch die Lehrenden in der Berufsorientierung vorbereitet werden sollen und wie dieses erfolgen soll (vgl. Drever & Kracke, 2011, S. 37). Die Übertragung der Potenzialanalyse auf freie Bildungsträger ist ein weiteres Beispiel für die Ökonomisierung des Schulsystems. Es werden nicht nur Teile des schulischen Bildungsauftrags marktförmig gemacht und von Unternehmen übernommen, sondern es werden auch Instrumente der Personalentwicklung in Unternehmen in den Unterricht hineingetragen (z.B. Entwicklungsgespräche, Zielvereinbarungen). Erstere Entwicklung verfestigt die Tendenz eines drohenden Kontrollverlustes des Staates über Inhalte, die an Schulen gelehrt werden.

Es gibt in Nordrhein-Westfalen kein einheitliches Konzept zur Durchführung der Potenzialanalyse. Die von den einzelnen Anbietern entwickelten Konzepte umfassen ein Spektrum von praktischen Übungen (Arbeit in Werkstätten), Sozialtrainings und zuweilen der theoretischen Auseinandersetzung mit Berufswahl. Als diagnostisches Instrument zur Ermittlung der Potenziale werden oft Berufs- wahltests verwendet. Das Ministerium für Arbeit, Gesundheit und Soziales in Nordrhein-Westfalen, das für die Potenzialanalyse zuständig ist – eine von der Verfasserin dieses Beitrags an das Schulministerium im Februar 2017 gerichtete Anfrage wurde zuständigkeitshalber an das Ministerium für Arbeit, Inspiration und Soziales (MAIS.NRW) weitergeleitet –, ergab, dass man keine Kenntnisse habe, welche Berufswahltests zum Einsatz kommen würden.

8.3.2 Ein Beispiel für ein Erhebungsinstrument

„Potenzialorientierte Förderung" setzt qualitativ hochwertige diagnostische Instru- mente voraus. An den potenzialorientierten Berufswahltests wird in der Literatur deutliche Kritik geübt. Krzatala und Retzmann weisen auf die Marketingstrategie der Anbieter hin: „Die Anbieter stellen die Qualität und Leistungsfähigkeit ihrer Verfahren – verkaufsfördernd – tendenziell einseitig heraus und kommunizieren deren Grenzen kaum oder gar nicht" (2014, S. 139). Nachfolgend werden ausge- wählte Einwände gegen Hollands SDS-Ansatz, dem RIASEC-Ansatz und Explorix ausgeführt.

Vernachlässigung sozialer Einflussfaktoren der Berufswahl:
- Viele der klassischen, psychologischen Berufswahltheorien, wie die von Hol- land, sind auf Einzelpersonen fokussiert (Hirschi, 2013, S. 30). Der Berufswahl- test Explorix stellt eine Individualdiagnostik dar. Die sozialen Rahmenbedin- gungen der Berufswahl, z.B. soziale Beziehungsnetzwerke, Zugangschancen, soziale Erwartungshaltungen, werden vernachlässigt (ebd., S. 31).
- Die Testteilnehmenden erhalten bei Explorix eine Vorschlagsliste für Berufe, die mit ihrem Persönlichkeitsstil übereinstimmen sollen. Zu berücksichtigen ist jedoch, dass die Anforderungsprofile vieler Berufe einem Wandel unterliegen. In sozialen Berufen beispielsweise nimmt heute der Bereich „Verwaltung" ei- nen erheblichen Anteil der Arbeitszeit ein. In medizinischen Berufen werden technische Kompetenzen wichtiger, in technischen Berufen hingegen, z.B. auf- grund der Teamarbeit in Betrieben, soziale Kompetenzen.
- Arbeitszufriedenheit ist nicht nur eine Frage der Passung von Persönlich- keitsstruktur und dem Anforderungsprofil eines Berufsbildes, sondern auch abhängig von gesellschaftlichen und sozialen Einflussfaktoren. So nimmt z.B. die Arbeitszufriedenheit in Pflegeberufen in Deutschland derzeit ab, weil die Arbeitsabläufe in der Pflege zunehmend standardisiert werden, wenig Zeit für persönliche Zuwendung zu den Gepflegten bleibt (Wieteck, 2016, S. 12ff.), der Beruf schlecht entlohnt wird und der soziale Status niedrig ist, auch wenn z.B. Altenpflege in Befragungen zu den 10 anerkanntesten Berufen zählt.

- Selbst wenn man in die Diagnostik der Berufswahltests vertraut, setzen diese die Unabhängigkeit und Ehrlichkeit der Testteilnehmer bei der Testbearbeitung voraus. Hier können aber auch Effekte wie sozial erwünschtes Antwortverhalten oder Statuspräferenzen greifen, infolgedessen falsche Diagnosen gestellt werden und Beratungsprozesse ihr Ziel verfehlen.

Andere Kritiken zielen auf Fragen der Test-Ethik:
- Weinrach und Srebalus (1994) zeigen anhand von Rohauswertungen im SDS auf, dass Frauen tendenziell häufiger den Bereichen Social und Artistic zugeordnet werden als den Bereichen Conventional und Realistic. Sie werten dies als eine Diskriminierung von Frauen. Entgegengehalten wird ihnen, dass dieses Ergebnis repräsentativ für die Gesellschaftsstruktur sei (vgl. Pravits, 2009, S. 30). Problematisch ist jedoch, dass junge Frauen so im Beratungsprozess immer wieder in die tendenziell schlechter bezahlten, von Frauen dominierten Berufe (soziale Berufe wie medizinisch-technische Assistentin, Krankenpflege, Heilerziehungspflege oder künstlerische Berufe wie das Friseurhandwerk, Kosmetik) hinein beraten werden. Die geschlechterspezifischen Ungleichheitsstrukturen auf dem Arbeitsmarkt können so verfestigt werden. Zudem können Klischees von biologisch bestimmten „Männer- oder Frauenberufen" tradiert werden, obwohl z.B. der hohe Anteil von Frauen in Ingenieurs- und naturwissenschaftlichen Berufen in osteuropäischen Staaten ein Indiz ist, dass die Differenzierung sozial-kulturell konstruiert wird und nicht biologisch.
- Explorix wurde für den deutschsprachigen Markt entwickelt und länderspezifisch angepasst. Problematisch ist dennoch, dass von kulturell homogenen Teilnehmergruppen ausgegangen wird. Internationale Studien deuten jedoch darauf hin, dass es bei der Struktur von Interessen kulturelle Unterschiede gibt, wenn auch aufgrund der eher kleineren Stichproben weiterer Forschungsbedarf besteht (Leong, Austin, Sekaran & Komarraj, 1998). Angesichts multikulturell zusammengesetzter Lerngruppen und in der Berufsberatung von Geflüchteten muss dennoch intensiv die Eignung der Test- und Diagnoseinstrumente auf ihre kulturelle Sensibilität überprüft und reflektiert werden.
- Mit Blick auf die kulturelle Heterogenität der Lerngruppen muss in gleicher Weise überprüft werden, ob Lerngruppen durch den Sprachcode, die Auswahl der in den Items abgefragten Inhalte und die verwendeten Testinstrumente, die in Berufswahltests verwendet werden, Benachteiligung erfahren (van de Vijver, 1998).

Über die Testkonstruktion hinaus ergeben sich weitere Forschungsbedarfe, die auf die Anwendung der Tests zielen, z.B.:
- Wie werden von den externen Bildungsträgern, Testinstituten und an Schulen etc. die Grenzen der Testdiagnostik kommuniziert?

- Wie kann sichergestellt werden, dass Lehrkräfte bzw. die Dozentinnen und Dozenten in den Institutionen, die die Tests anwenden, in der Beratung sachgerecht mit den Diagnoseinstrumenten (z.B. des Berufswahltests) umgehen?
- Wie kann auch unter der Perspektive der Fehldiagnostik verhindert werden, dass die Persönlichkeits- und Potenzialentwicklung der Lernenden negativ beeinträchtigt wird?
- Notwendig sind zudem systematisch vergleichende biografische Längsschnittuntersuchungen zur berufsorientierenden Wirkung von Explorix, um die Qualität des Tests für die Berufsberatung umfassend einschätzen zu können.

Auf die Ungleichheitsdimension „soziale Herkunft" wird exemplarisch im nachfolgenden Abschnitt eingegangen.

8.3.3 Arbeits- und bildungspolitische Steuerung zu Lasten sozioökonomisch Benachteiligter?

Büchter und Christe (2014) weisen darauf hin, dass Berufsorientierung ein Prozess ist, bei dem die individuellen Wünsche der Jugendlichen „kanalisiert" würden. Diese sollen lernen, „ihre lebens- und berufsperspektivischen Grenzen zu akzeptieren" (S. 13). Problematisch ist, dass dieser Anpassungsprozess vor allem von den Kindern aus sozioökonomisch schlechter gestellten Haushalten oder mit formal niedrigeren Bildungsqualifikationen abverlangt wird. Diese sollen durch Berufsorientierung „realistische" Berufsperspektiven entwickeln. In einer Studie des Berufsbildungsinstituts äußerte gut ein Viertel der befragten Hauptschülerinnen und -schüler einen Berufswunsch, der ein Studium voraussetzt. Diese werden pauschalisierend als „unrealistisch" eingestuft (vgl. Kohlmaier, 2015; Dombrowski, 2015). Den Lernenden wird eine mangelnde Adaptionsleistung unterstellt (siehe auch Menzei & Peinemann, 2015, S. 12).

Die Angebote für die Potenzialanalyse und viele Berufswahltests werden entsprechend differenziert in solche für Förderschulen, Hauptschulen sowie für Realschulen und für Gymnasien. Es besteht die Problematik, dass Potenziale sozial antizipiert und zugeschrieben werden – unabhängig von den tatsächlichen Potenzialen.

Die sozialstrukturelle Zuweisung von Berufschancen im Rahmen berufsorientierender Maßnahmen steht seit längerem in der Kritik (Bognanni, 2010). Der hohe Grad sozialer Ungleichheit im deutschen Bildungssystem (z.B. sozial ungleiche Übergangsempfehlungen von Grundschullehrkräften, unterschiedliches Niveau häuslicher Unterstützung, mittelschichtorientierter Sprachcode und mittelschichtorientierte Unterrichtsinhalte) wird außer Acht gelassen. Berufsorientierung, die vornehmlich darauf ausgerichtet ist, Berufsperspektiven ausgehend von der besuchten Schulform zu vermitteln, manifestiert die Prozesse und Strukturen sozialer Ungleichheit. Unberücksichtigt bleiben auch die schulischen Qualifizierungschancen, die z.B. das Berufskolleg eröffnet und die von den Lernenden genutzt werden.

Für die „Potenzialorientierte Förderung" ergeben sich aus den Ausführungen zur sozialen Ungleichheit durch Berufsorientierung und konkret der Maßnahme der Potenzialanalyse folgende Reflexions- und Forschungsaspekte:

- Gibt es nach Schulformen differenzierte unterschiedliche Potenziale (z.B. analytisches Denken, praktische Begabungen)?
- Wie kann verhindert werden, dass Potenziale unabhängig vom individuellen Fähigkeitsprofil eines Lernenden schichtspezifisch zugewiesen werden?
- Wie kann eine Verfestigung der Prozesse sozialer Ungleichheit durch Potenzialorientierte Förderung verhindert oder sogar abgebaut werden?
- Etc.

8.4   Potenzialorientierte Förderung – neoliberale Optimierung der Lernenden?

Der Ansatz der „Potenzialorientierten Förderung" ist nicht neu. Er schließt an Entwicklungen und Theorien der Sozialen Arbeit an, wie dem Ansatz der „Ressourcenorientierung", der in der Sozialen Arbeit, in der Pflege und in der Heilpädagogik seit den 1980er-Jahren diskutiert wird.

Die Ausführungen zum Ansatz der Ressourcenorientierung in der Sozialen Arbeit müssen in diesem Beitrag knappgehalten werden. Sie sind relevant, weil die sozialpolitischen Bestrebungen, die mit der ressourcen- oder eben der potenzialorientierten Förderung verbunden werden, zunehmend auch im Bildungssystem anvisiert werden, z.B. die Stärkung der Eigenverantwortung im Zuge des Abbaus sozialer Sicherungssysteme oder die Ökonomisierung des Bildungssystems.

Sozialpolitisch ist die Ressourcenorientierung seit den 1990er-Jahren rechtlich verankert, z.B. im Jugendhilfe-Gesetz seit 1990/91 (Möbius, 2010, S. 13). Ressourcenorientierung ist ein Verfahren des Empowerment-Ansatzes, der aus der US-Bürgerrechtsbewegung sowie Selbsthilfebewegung stammt und den Prozess der Selbst-Bemächtigung, der Selbstbestimmung und des persönlichen Autonomiegewinns beschreibt und fördern soll, auch indem die Betroffenen mehr Eigenverantwortung übernehmen. Die Argumentation und konzeptionelle Idee für die Ressourcenorientierung ist nahezu identisch mit dem Ansatz der „Potenzialorientierten Förderung":

> Orientierungsgröße ist nicht mehr in erster Linie das individuelle [...] Defizit. Kompetenzen und Potenziale der Adressat/innen und ihres Umfelds, die zur Bewältigung der anstehenden Probleme aktiviert werden können, werden zur Bezugsgröße für die Problembearbeitung. (Möbius, 2010, S. 19–20)

Das Konzept der Ressourcenorientierung berücksichtigt neben den Adressaten der Förderung ebenso ihr ökosystemisches Umfeld und nutzt dieses sogar gezielt als

Ressource der sozialen bzw. der heilpädagogischen und -pflegerischen Arbeit. Bei
der Diagnostik der zur Verfügung stehenden Ressourcen im Zuge der Aufstellung
des Hilfeplans werden die individuellen Ressourcen und diejenigen der vorhandenen sozialen Netzwerke erfasst. Die sozialen Netzwerke werden als Ressource
definiert: „Institutionelle Hilfe soll da geleistet werden, wo vorhandene soziale
Netzwerke nicht mehr ausreichend ‚greifen‘, dysfunktional wirken oder von den
Adressat/innen nicht mehr akzeptiert werden" (Möbius, 2010, S. 19). Mit der In-
dienstnahme sozialer Netzwerke, wodurch der Gedanke der Subsidiarität wieder
stärker betont wird, steht die Ressourcenorientierung in Tradition zu einem libera-
len und konservativen Wohlfahrtsstaatsverständnis.

Ähnlich wie bei der inklusiven „Potenzialorientierten Förderung" wird die
Förderung gesellschaftlicher und politischer Partizipation und Teilhabe anvisiert
(ebd., S. 19). Diese Zielsetzungen werden gesellschaftlich positiv bewertet. Dennoch muss man zur Einschätzung der Theorie der „Ressourcenorientierung" erstens auch den Zeitkolorit und zweitens die sozialpolitische Instrumentalisierung
und Vereinnahmung berücksichtigen (Dahme, Otto, Trube & Wohlfahrt, 2003).
Die sozialpolitische Karriere der Theorie der Ressourcenorientierung ist auch
Ausdruck der neoliberalen Wende, die von der schwarz-gelben Koalition unter
Helmut Kohl in den 1980er- bis 1990er-Jahren anvisiert wurde. Die Zielsetzungen der damaligen Regierungskoalition werden von dem Politikwissenschaftler
Schmidt wie folgt zusammengefasst: „[…] [E]rstens die finanzielle Konsolidierung
der Staatsfinanzen, zweitens die ‚Erneuerung der Sozialen Marktwirtschaft‘ im
Sinne einer neugeordneten Arbeitsteilung zwischen Staat und Markt, die den Staat
entlasten, Eigenverantwortlichkeit stärken und dem Markt mehr Spiel verschaffen
sollte und – drittens – die Revitalisierung gemeinschaftsdienlicher Pflicht- und
Akzeptanzwerte […]" (Schmidt, 1998, S. 59).

Das Konzept der Ressourcenorientierung war und ist ein Instrument zur Umsetzung dieser sozialpolitischen Bestrebungen, die einhergehen mit einer Akzent-
verschiebung der Aufgaben der Sozialen Arbeit von der unterstützenden hin zur
aktivierenden Hilfe. Auch die Nachfolgeregierungen haben weitgehend an diesen
Zielsetzungen festgehalten. Lutz fasst den sozialpolitischen Wandel wie folgt zusammen:

> Die bisherige Absicherung von sozialen und individuellen Risiken durch den
> Staat soll durch Rahmenbedingungen abgelöst werden, die es dem Einzelnen
> ermöglichen, Verantwortung für sich und andere zu übernehmen, wobei der
> Staat den Menschen eine gewisse Grundversorgung und temporäre Nothilfen
> garantiert. Letztlich geht es in den neuen Leitlinien der Politik um die Aktivie-
> rung des Einzelnen zu mehr Verantwortung für sich selbst und andere. Impli-
> zit wird das Bild eines eigennützigen ‚Unternehmers‘ handlungsleitend; wie es
> sich in der Konzeption des Begriffes ‚Arbeitskraftunternehmer‘ niederschlägt.
> (Lutz, 2008, 3f.)

Das Modell des Arbeitskraftunternehmers ist auch in der Berufsorientierung wirkungsmächtig und eine leitende Idee bei der Einführung der Potenzialanalyse. Der Arbeitskraftunternehmer ist ein Arbeitnehmer, der sich, so Voß und Pongratz (1998), als Unternehmer seiner Arbeitskraft versteht. Anhand der Kategorien „Selbstökonomisierung", „Selbstkontrolle" und „Verbetrieblichung des Lebenshintergrundes" wird ein Arbeitnehmer beschrieben, der als strategisch handelnder Akteur Nachfrage für seine Arbeitskraft schaffen muss, indem er durch permanente selbstständige Qualifizierung wettbewerbsfähig bleibt. Die Tätigkeit des Arbeitskraftunternehmers ist geprägt durch Eigenmotivation, Selbstoptimierung, Selbstorganisation und Flexibilität, wodurch sich eine Annäherung der Struktur des Lebens an die Struktur eines Betriebs (Verbetrieblichung) ergibt. Diese Entwicklung ist nicht in allen Aspekten neu, sie gewinnt aber durch die zunehmende Verdrängung der Arbeitnehmer auf betriebsexterne Arbeitsmärkte eine neue Qualität. Pongratz und Voß sind von der These ausgegangen, dass sich die gesellschaftliche Verfassung von Arbeitskraft ändert. Der bisher dominierende Typus des Arbeitnehmers im fordistischen und tayloristischen System (Normalarbeitsverhältnis, Festanstellung, rigide strukturierte Arbeitsanweisungen) wird ersetzt durch den Arbeitskraftunternehmer, der projektbezogen eingestellt oder beauftragt wird. Obwohl der Arbeitskraftunternehmer nicht in allen Branchen als Arbeitskrafttyp dominiert, hat sich das Konzept durch die Diskussion in den Massenmedien oder im Erziehungssystem dennoch zum gesellschaftlich relevanten Bezugsrahmen entwickelt, in dem „der eigene Marktwert, unternehmerische Strategien und ein positiver Bezug zum Arbeitsmarkt als Ideal installiert werden" (Köhler, Barteczeko, Schröder & Bohler, 2014, S. 120).

Berufsorientierung ist in diesem Kontext ein arbeitsmarktpolitisches Steuerungsinstrument. In einer Publikation der OECD wird folgendes ausgeführt: „Eine bessere Bildungs- und Berufsberatung kann auch die Schülerpräferenzen besser an den Arbeitsmarkterfordernissen orientieren […]" (OECD, 2010, S. 61). Was die OECD von den Lernenden erwartet, wird in der Titelüberschrift des dritten Kapitels deutlich, aus dem das Zitat entnommen wurde. Dort heißt es: „Dem Arbeitsmarkt gerecht werden" (ebd., S. 49). Berufsorientierung und konkret die Potenzialanalyse dient vor allem der Qualifizierung und Anpassung an flexible Arbeitsmärkte. Büchter und Christe konstatieren, dass der Anpassungsprozess vornehmlich von den Jugendlichen geleistet werde (2014, S. 13). Die Lernenden sollen durch Berufsorientierung lernen, ihre Potenziale zu eruieren, (auf Arbeitsmarktrelevanz hin) zu bewerten und an die Anforderungen des Arbeitsmarktes anzupassen, wie es vom Arbeitskraftunternehmer gefordert wird. Man geht nicht mehr von der beruflichen Normalbiografie aus. Berufsorientierung wird folglich als ein lebenslanger und individueller Prozess verstanden, den die Individuen gestalten müssten und der „die Selbstständigkeit, Eigenverantwortung und Persönlichkeitsentwicklung fordere und fördere" (vgl. Krzatala & Retzmann, 2014, S. 130).

Im Hinblick auf die Diskussion über die „Potenzialorientierte Förderung" lassen sich aus den Ausführungen zur Potenzialanalyse im Bereich der Berufsorientierung folgende Fragen ableiten:

- Wer definiert bei der „Potenzialorientierten Förderung", welche Potenziale förderwürdig sind? Unternehmen, die die Testentwicklung durch Drittmittelprojekte an Hochschulen oder Testinstituten beauftragen, können eine erhebliche Definitionsmacht erhalten über die Auswahl der förderwürdigen Potenziale und den Grad der gewünschten Ausprägung der Potenziale. Sehr prominent beworben wurden die Berufswahltests der Allianz-Versicherung (mittlerweile eingestellt), der Victoria Versicherung (www.v-scout.de) und von Xing (https://bewerbung.com/).
- Welche Kriterien gelten bei der Auswahl der förderwürdigen Potenziale?
- Wessen Potenziale erhalten Priorität? Die Interessen der Lernenden (Subjektorientierung) oder (vermeintlich) übergeordnete gesellschaftliche, politische, privatwirtschaftliche etc. Interessen?
- Kann man sicherstellen, dass die als förderwürdig definierten Potenziale auch in Zukunft noch relevant sind?

8.5 Schlussbemerkungen: Forschungs- und gesellschaftspolitische Diskussionsbedarfe

Das Anliegen einer inklusiven, potenzialorientierten Berufsorientierung ist pädagogisch und (fach-)didaktisch zu begrüßen. Menschen zu befähigen, ihre beruflichen Interessen und ihre hierzu relevanten Fähigkeiten einschätzen zu können (soweit das in der Berufsorientierungsphase überhaupt möglich ist), sollte ein grundsätzliches Anliegen von Berufsorientierung sein. Ebenso die Berücksichtigung der Lebenswelt und sozialen Netzwerke der Lernenden, z.B. im Rahmen einer ökosystemischen Diagnostik. Die berufsorientierende Potenzialanalyse ist mit ihrem Ansatz, von den Potenzialen auszugehen und nicht von den Leistungsdefiziten, partiell anschlussfähig mit dem Konzept der „Potenzialorientierten Förderung".

Die in diesem Beitrag dargestellte Auseinandersetzung mit der Potenzialanalyse in der Berufsorientierung als ein Beispiel für „Potenzialorientierte Förderung" im sozialwissenschaftlichen Unterricht zeigt jedoch vielfältige Fallstricke der beruflichen Potenzialanalyse, aber auch der „Potenzialorientierten Förderung" insgesamt auf. Klärungsbedürftig sind erstens viele (test-)ethische Fragen, wie beispielsweise die Frage nach der Legitimität der als förderwürdig definierten Potenziale. Notwendig ist zweitens die gesellschafts- und bildungspolitische Verortung des Konzepts. Die berufsorientierende Potenzialanalyse weist einerseits zwar einen emanzipativen Charakter auf, indem über die vorhandenen Potenziale die individuelle Handlungsfreiheit und Mündigkeit gefördert werden soll. Andererseits aber besteht die Problematik, dass sie an den Zielen eines neoliberalen Sozialstaats- und

Wirtschaftsverständnisses ausgerichtet ist und als Steuerungsinstrument gedeutet oder instrumentalisiert wird. Aufgezeigt wurde dies am Beispiel des Arbeitskraftunternehmers, der befähigt ist, über arbeitswelt- und berufsorientierende Potenzialanalysen seine Arbeitskraft eigenständig zu optimieren und zu organisieren.

Derzeit erfüllt die Potenzialanalyse in der Berufsorientierung viele Kriterien einer potenzialorientierten, inklusiven Förderung im Sinne der Herausgeber (siehe Abschnitt 1 dieses Beitrags) nicht. Sozialstrukturell wirkt Berufsorientierung oft eher selektierend als inklusiv (vor allem bei sozioökonomisch benachteiligten Sozialgruppen), und die berufsorientierende Potenzialanalyse ist stark durch unternehmerische sowie arbeits-, sozial- und gesellschaftspolitische Steuerungsinteressen überformt. Damit besteht ein Spannungsverhältnis zum pädagogischen und didaktischen Prinzip der Subjektorientierung, das, wie im ersten Abschnitt dieses Beitrags ausgeführt, ein zentrales Merkmal der „Potenzialorientierten Förderung" ist. In Konsequenz stellt sich die Frage, ob die berufsorientierende Potenzialanalyse, wie von der Bildungspolitik proklamiert, tatsächlich als eine Maßnahme der „Potenzialorientierten Förderung" gemäß der Kriterien der Herausgeber gedeutet werden kann. Mit Blick auf die Subjektorientierung, also dem Prinzip, Bildungsprozesse in und aus den Interessen und Lernbedürfnissen der Schülerinnen und Schüler her zu denken, sind Zweifel angebracht. Es bleibt jedoch abzuwarten, ob das Prinzip der Subjektorientierung in der „Potenzialorientierten Förderung" weiterhin eine dominante Stellung einnimmt und wie es in Zukunft ausgelegt wird. Gelingt es tatsächlich durch das Konzept der „Potenzialorientierten Förderung", die Subjektorientierung als dominantes pädagogisches und didaktisches Prinzip in Bildungsinstitutionen zu etablieren, dann würde dies eine Umkehr von der Kompetenzorientierung bedeuten.

Literatur

Anbuhl, M. (2016). *„Kein Anschluss mit diesem Abschluss?". DGB-Expertise zu den Chancen von Jugendlichen mit Hauptschulabschluss auf dem Ausbildungsstellenmarkt.* Eine Analyse anhand der Zahlen der DIHK-Lehrstellenbörse vom 13. Juli 2016 und des Berichts „Bildung in Deutschland 2016". Zugriff am 24.09.2017. Verfügbar unter http://www.dgb.de/themen/++co++f1472caa-523d-11e6-9331-525400e5a74a

Bognanni, M. (2010). Job-Center in der Kritik: Hartz-IV-Schüler fühlen sich zur Ausbildung gedrängt. Zugriff am 27.09.2017. Verfügbar unter http://www.spiegel.de/schulspiegel/leben/jobcenter-in-der-kritik-hartz-iv-schueler-fuehlen-sich-zu-ausbildung-gedraengt-a-707608.html

Bronfenbrenner, U. (1981). *Die Ökologie der menschlichen Entwicklung. Natürliche und geplante Experimente.* Frankfurt am Main: Klett-Cotta.

Büchter, K. & Christe, G. (2014). Berufsorientierung. Widersprüche und offene Fragen. *Zeitschrift für Berufspädagogik (bwp@), 1,* 12–15.

Bundesministerium für Bildung und Forschung (Hrsg.) (2017). *Berufsbildungsbericht 2017.* Bonn. Zugriff am 09.09.2017. Verfügbar unter https://www.bmbf.de/pub/Berufsbildungsbericht_2017.pdf

Butz, B. (2008). Grundlegende Qualitätsmerkmale einer ganzheitlichen Berufsorientierung. In G.-E. Famulla (Hrsg.), *Berufsorientierung als Prozess* (S. 42–62). Hohengehren: Schneider-Verlag.

Dahme, H. J., Otto, H. U., Trube, A. & Wohlfahrt, N. (Hrsg.). (2003). *Soziale Arbeit für den aktivierenden Staat.* Opladen: VS Verlag für Sozialwissenschaften.

DGB Bundesvorstand (Hrsg.). (2016). *Ausbildungsreport 2016.* Zugriff am 09.09.2017. Verfügbar unter www.dgb.de/++co++b536d92c-6f89…/DGB-Jugend-Ausbildungsreport-2016.pdf

Dombrowski, R. (2015). *Berufswünsche benachteiligter Jugendlicher. Die Konkretisierung der Berufsorientierung gegen Ende der Vollzeitschulpflicht.* Bielefeld: Bertelsmann.

Drever, B. & Kracke, B. (2011). Wissenschaftliche Fundierung der Berufsorientierung. *Zeitschrift für Praxis und Theorie in Betrieb und Schule, 131,* 37–39.

Hirschi, A. (2013). Berufswahltheorien – Entwicklung und Stand der Diskussion. In T. Brüggemann & S. Rahn (Hrsg.), *Berufsorientierung. Ein Lehr- und Arbeitsbuch* (S. 27–41). Münster: Waxmann.

Holland, J. L. (1997). *Making vocational choices: A theory of vocational personalities and work environments* (3. Aufl.). Odessa: Psychological Assessment Research.

Köhler, C., Barteczeko, S., Schröder, S. & Bohler, K. F. (2014). Der Arbeitskraftunternehmer ist tot – es lebe der Arbeitskraftunternehmer! Anmerkungen zu Fragen der Selbstvermarktung abhängig Beschäftigter. *Arbeits- und Industriesoziologische Studien, 1,* 109–125.

Kohlmaier, M. (2015). Was Hauptschüler wollen. *Süddeutsche Zeitung vom 18.8.2015.* Zugriff am 02.10.2017. Verfügbar unter http://www.sueddeutsche.de/bildung/benachteiligte-jugendliche-was-hauptschueler-wollen-1.2608543

Krzatala, K. & Retzmann, T. (2014). Kompetenzdiagnostik in der Berufsorientierung. Eine Bestandsaufnahme der Potentialanalyse als Diagnose- und Förderinstrument in der Sekundarstufe I. In T. Retzmann (Hrsg.), *Ökonomische Allgemeinbildung in der Sekundarstufe I und Primarstufe. Konzepte, Analysen, Studien und empirische Befunde* (S. 128–143). Schwalbach Ts.: Wochenschau Verlag.

Leong, F. T. L., Austin, J. T., Sekaran, U. & Komarraj, M. (1998). An Evaluation of the Cross-Cultural Validity of Holland's Theory: Career Choices by Workers in India. *Journal of Vocational Behavior, 52,* 441–455.

Lütje-Klose, B., Wild, E. & Schwinger, M. (2014). *Dritter Zwischenbericht: Befunde der Bielefelder Längsschnittstudie zum Lernen in inklusiven und exklusiven Förderarrangements (BiLieFF) der Universität Bielefeld.* Verfügbar unter http://www.uni-Bielefeld.de/inklusion/docs/BiLieF_Dritter_Zwischenbericht.pdf

Lutz, R. (2008). Perspektiven der sozialen Arbeit. *Aus Politik und Zeitgeschichte, Themenheft: Wandel der Sozialen Arbeit, 12/13,* 3–10.

McDonald's Deutschland Inc. (Hrsg.). (2015). *Entschlossen Unentschlossen. Azubis im Land der (zu vielen) Möglichkeiten. Eine Repräsentativbefragung junger Menschen im Alter von 15 bis unter 25 Jahren.* Zugriff am 25.09.2017. Verfügbar unter http://ausbildungsstudie2015.de

Menzei, M. & Peinemann, K. (2015). *Die Einbettung der Berufsorientierung in die Curricula der allgemeinbildenden Schulen der Sekundarstufe I in NRW als eine berufspädagogische Entwicklungsaufgabe.* Zugriff am 09.09.2017. Verfügbar unter http://www.bwpat.de/ausgabe27/menzel_peinemann_bwpat27.pdf

Ministerium für Schule und Weiterbildung NRW (Hrsg.). *Potentialanalyse*. Zugriff am 27.09.2017. Verfügbar unter http://www.berufsorientierung-nrw.de/standardelemente/potenzialanalyse/index.html

Möbius, T. (2010). Ressourcenorientierung in der Sozialen Arbeit. In T. Möbius & S. Friedrich (Hrsg.), *Ressourcenorientiertes Arbeiten: Anleitung zu einem gelingenden Praxistransfer im Sozialbereich* (S. 13–30). Wiesbaden: VS Verlag für Sozialwissenschaften.

OECD (2010). *OECD-Studie zur Berufsorientierung. Lernen für die Arbeitswelt*. Paris: OECDpublishing

Pravits, R. M. (2009). *Zum beruflichen Interesse von Gesundheits- und Krankenpflegeschüler/innen. Eine Validierungsstudie des neu entwickelten Interessenfragebogens RIASEC-RRK*. Diplomarbeit Universität Wien. Zugriff am 26.09.2017. Verfügbar unter https://core.ac.uk/download/pdf/11584815.pdf.

Schmidt, M. G. (1998). *Sozialstaatliche Politik in der Ära Kohl. Christlich-liberale Politik in Deutschland 1982–1998*. Wiesbaden: Springer Verlag.

Schröder, M. (2015). *Studienwahl unter den Folgen einer radikalen Differenzierung*. Bad Heilbrunn: Klinkhardt.

van de Vijver, F. J. R. (1998). Towards a Theory of Bias and Equivalence. In J. A. Harkness (Hrsg.), *Cross-Cultural Survey Equivalence* (Zuma-Nachrichten, Spezial Band 3, S. 41–66). Mannheim: ZUMA.

Veber, M. (2015). Potenzialorientierung – Weg und Ziel Inklusiver Bildung. *Schulpädagogik heute, 6* (12), 1–21.

Vodafone Stiftung Deutschland GmbH (Hrsg.) (2014). *Schule, und dann? Herausforderungen bei der Berufsorientierung von Schülern in Deutschland*. Düsseldorf. Zugriff am 03.09.2017. Verfügbar unter https://www.vodafone-stiftung.de/uploads/tx_newsjson/Schule_und_dann.pdf.

Voß, G. & Pongratz, H. J. (1998). Der Arbeitskraftunternehmer. Eine neue Grundform der Ware Arbeitskraft? *Kölner Zeitschrift für Soziologie und Sozialpsychologie, 1*, 131–158.

Weinrach, S. G. & Srebalus, D. J. (1994). Die Berufswahltheorie von Holland. In D. Brown & L. Brooks (Hrsg.), *Karriere-Entwicklung* (S. 44–74). Stuttgart: Klett-Cotta.

Wieteck, P. (2016). *Pflegepersonal. Sachverständigeneinschätzung*. Zugriff am 11.09.2018. Verfügbar unter https://www.bundestag.de/blob/482792/9b75a614f406cb1546ce3e6bfb2e871c/18_14_0221-5-_gute-arbeit---gute-versorgung_esve-wieteck-data.pdf.

Zurstrassen, B. (2015). *Schüler und Schülerinnen wollen nicht noch mehr Berufsorientierung*. Zugriff am 03.10.2017. Verfügbar unter https://www.sowi-online.de/blog/sch%C3%BCler_sch%C3%BClerinnen_wollen_nicht_noch_mehr_berufsorientierung.html

Petra Frehe-Halliwell und H.-Hugo Kremer

9. Eine Analyse ausbildungsvorbereitender Bildungsgänge

9.1 Einführung: Lehre und Lernen in der Ausbildungsvorbereitung

Für das Lehren und Lernen im Bereich der Berufs- und Ausbildungsvorbereitung stellen sich besondere Herausforderungen. Es handelt sich dabei um einen Bildungsbereich für Jugendliche, die den direkten Übergang von der allgemeinbildenden Schule in die (duale) Berufsausbildung bzw. Arbeitswelt nicht geschafft haben. Diese Lernenden, deren „Übergang in eine Lebensunterhalt sichernde Beschäftigung" gefährdet ist, werden auch als ‚benachteiligte Jugendliche' gekennzeichnet (Enggruber, Euler, Gidion & Wilke, 2003; Bojanowski, Koch, Ratschinski & Steuber, 2013). Benachteiligung kann aus sozialen Faktoren (soziales Milieu, Nationalität, Geschlecht etc.), aus strukturellen Faktoren (Arbeitsmarktlage, Region etc.) oder aus individuellen Faktoren (Lernschwierigkeiten, mangelnde Verhaltensdispositionen, fehlende Motivation) resultieren, die sich wiederum auch untereinander bedingen können (Bohlinger, 2004; zusammenführend Frehe, 2015b, S. 30–32). Dazu ist anzumerken, dass im aktuellen Inklusionsdiskurs der Anspruch erhoben wird, die äußeren Faktoren, die zu Benachteiligung führen, in Augenschein zu nehmen und zu verändern und Benachteiligung nicht im Sinne einer ‚Selbstverschuldung' der Individuen zu verstehen (Prengel, 2013).

Berufs- und ausbildungsvorbereitende Angebote werden von beruflichen Schulen und/oder Bildungsträgern angeboten. Systemisch betrachtet ist dieser Bereich, der auch als Übergangssystem bezeichnet wird, der beruflichen Bildung zugeordnet. Am Berufskolleg[1] wird die Ausbildungsvorbereitung der Berufsschule zugeordnet.[2] Seit 2006 wird es – neben dem dualen System und dem Schulberufssystem – statistisch als dritte Säule des Berufsbildungssystems erfasst (Konsortium Bildungsberichterstattung, 2006, S. 80). Die Etablierung dieses ‚Übergangsbereiches' in den vergangenen Jahren kann im Zusammenhang mit der sinkenden Integrationskraft der beruflichen Bildung resp. des dualen Berufsausbildungssystems betrachtet werden. Gesellschaftliche Veränderungen und bildungspolitische Forderungen wie Migration und Inklusion werden in der beruflichen Bildung besonders in diesem Bereich aufgefangen bzw. haben hier deutliche Auswirkungen auf die Zielgruppenzusammensetzung. So stellt der aktuelle Bildungsbericht bspw. fest, dass der Anteil an Jugendlichen mit Migrationshintergrund im Übergangssystem mit 19,8% deutlich über ihrem Anteil im dualen System (7,8%) und Schulberufssystem (8,7%) liegt und darüber hinaus seit 2005 hier auch am stärksten angestiegen

---

1 Wir nehmen in diesem Beitrag die Perspektive aus Nordrhein-Westfalen (NRW) auf. Berufliche Schulen werden hier Berufskolleg genannt.

2 siehe Ausbildungs- und Prüfungsordnung für Berufskollegs (APO-BK) unter https:// www.schulministerium.nrw.de/docs/Recht/Schulrecht/APOen/BK/APOBK.PDF

ist (Konsortium Bildungsberichterstattung, 2006, S. 176). Ähnlich verhält es sich in Bezug auf Jugendliche mit sonderpädagogischem Förderbedarf. Bezogen auf die berufliche Bildung handelt es sich zwar um eine ‚schwierige Datenlage‘[3], es zeigt sich jedoch, dass der Großteil an Jugendlichen mit sonderpädagogischem Förderbedarf im Regelsystem der Berufsbildung ebenfalls in diesem Übergangsbereich beschult wird.[4] Auch die Bertelsmann Stiftung (2014) berichtet entsprechend: „Von den jährlich rund 50.000 Schulabgängern mit sonderpädagogischem Förderbedarf finden nur etwa 3.500 einen betrieblichen Ausbildungsplatz" (S. 1).

In diesem Beitrag richten wir den Blick auf die curricularen Vorgaben für ausbildungsvorbereitende Bildungsgänge an Berufskollegs und deren Rezeption am Beispiel der berufsbildenden Schulen in Nordrhein-Westfalen. Wir fokussieren hier insbesondere das Spannungsfeld von Beruflichkeit und Subjektorientierung. Es erscheint, dass der Bildungsgang[5] der Ausbildungsvorbereitung in seinen Anforderungen überwiegend durch die angrenzenden Systeme bestimmt wird (Kremer, 2011). Einerseits geht es mit Blick auf das allgemeinbildende System darum, einen dem Hauptschulabschluss gleichwertigen Schulabschluss zu ermöglichen bzw. nachholen zu können. Auf der anderen Seite werden Fachunterricht, Praktika und Qualifizierungsbausteine in einem konkreten Berufsfeld durchgeführt, für das sich die Lernenden bereits mit der Wahl des Berufskollegs, das den Bildungsgang der Ausbildungsvorbereitung anbietet, entscheiden.[6] Für die Ausbildungsvorbereitung wird darüber hinaus die allgemeine Zielsetzung verfolgt, eine Ausbildungsfähigkeit der Lernenden zu erreichen.

Wir betrachten zunächst die curricularen Grundlagen in Form der geltenden Bildungspläne (Abschnitt 2). Daran anschließend fokussieren wir auf die Bildungspraxis und nehmen hier exemplarisch Bildungsgangkonzeptionen als Analysebasis

---

3   Dies ist mitunter darauf zurückzuführen, dass im Kontext der statistischen Erfassung von Inklusion überwiegend die Schularten bis zur Sekundarstufe II betrachtet werden und berufliche Schulen damit entweder nicht mehr betrachtet werden oder aber mit anderen Schulformen zusammengefasst werden, die ebenfalls mehrere Bildungsgänge anbieten (so bspw. erfolgt in Autorengruppe Bildungsberichterstattung, 2016). Erschwerend kommt hinzu, dass einige Förderbedarfe – wie bspw. der Förderschwerpunkt Sprache – mit dem Verlassen der allgemeinbildenden Schule formal nicht mehr bestehen. Vor diesem Hintergrund können kaum verlässliche Zahlen für die berufliche Bildung oder ihre einzelnen Bereiche zur Verfügung gestellt werden.

4   Für NRW z.B. das Gutachten von Klemm, 2014.

5   Bei einem Bildungsgang handelt es sich um eine eigenständige Organisationseinheit, die zwischen der Schul- und Unterrichtsebene anzusiedeln ist (Buschfeld, 2002, S. 1) und weiter über Klassen resp. Lerngruppen differenziert werden kann.

6   Einige Berufskollegs sind in einem konkreten Berufsfeld ausgewiesen und bieten hier verschiedene Bildungsgänge mit entsprechenden Abschlüssen an, z.B. kaufmännische Berufskollegs, Berufskollegs für Technik etc. Daneben existieren sogenannte Bündelberufskollegs, die mehrere Berufsbereiche anbieten, z.B. kaufmännischer Bereich, gestaltender Bereich und Soziales/Ernährung. Auch bei letzterer Variante müssen sich die Lernenden bei der Anmeldung zunächst für ein Berufsfeld entscheiden.

auf. Im vierten Abschnitt kommen wir zu einem zusammenführenden Fazit. Der Beitrag schließt mit Abschnitt 5, in dem die Notwendigkeit von Beruflichkeit und Subjektorientierung nochmals argumentativ aufgenommen wird und sie in einer Heuristik zur Didaktik der Ausbildungsvorbereitung zusammengeführt werden.

9.2   Bildungspläne in der Ausbildungsvorbereitung – eine Analyse zu Beruflichkeit und Subjektorientierung

In NRW stehen seit August 2015 für den Bildungsgang der Ausbildungsvorbereitung an Berufskollegs neue Bildungspläne zur Erprobung zur Verfügung. Vor dem Hintergrund der fachdidaktischen Ausrichtung dieses Sammelbandes wird an dieser Stelle die Betrachtung des vollzeitschulischen Bildungsplans für den Fachbereich[7] Wirtschaft und Verwaltung aufgenommen.[8] Damit geraten dann die sogenannten bereichsspezifischen Fächer ‚Geschäftsprozesse im Unternehmen‘, ‚Personalbezogene Prozesse‘ und ‚Gesamtwirtschaftliche Prozesse‘ (QUA-LiS NRW, 2015) in den Fokus. Im vorliegenden Abschnitt werden die Ergebnisse einer inhaltsanalytischen Auswertung der vorliegenden Bildungspläne vorgestellt. Er fasst die (1) Zielsetzungen des Bildungsgangs, (2) dessen curricularen Aufbau sowie adressierte (3) didaktische Prinzipien, Methoden und Maßnahmen zusammen. Ein besonderer Fokus der Analyse liegt dabei auf der Fragestellung, wie Beruflichkeit einerseits und Subjektorientierung andererseits in diesen curricularen Dokumenten konzipiert und an Lehrkräfte adressiert werden.[9]

9.2.1 Zielsetzung des Bildungsgangs

Entsprechend der übergreifenden Zieldimension des Berufskollegs in NRW (APO-BK) wird auch für die Ausbildungsvorbereitung der Erwerb einer umfassenden beruflichen, gesellschaftlichen und personalen Handlungskompetenz als übergeordnete Zielgröße benannt. Konkreter wird im Sinne eines gesamt- bzw. betriebswirt-

---

7   Weitere Fachbereiche, in denen ein Bildungsgang der Ausbildungsvorbereitung angeboten wird, sind Technik/Naturwissenschaften, Informatik, Ernährungs- und Versorgungsmanagement, Agrarwirtschaft, Gestaltung, Gesundheit/Erziehung/Soziales (siehe https://www.berufsbildung.nrw.de/cms/bildungsgaenge-bildungsplaene/ausbil dungsvorbereitung-anlage-a/bildungsplaene/index.html).

8   Die Bildungspläne aller Fachbereiche folgen einer einheitlichen Struktur. Vor diesem Hintergrund kann der Fachbereich Wirtschaft und Verwaltung exemplarisch herangezogen werden. Ähnliche Erkenntnisse ließen sich aus der Analyse der Bildungspläne in einem anderen Fachbereich ziehen.

9   Analysegrundlage ist der Bildungsplan zur Erprobung im Fachbereich Wirtschaft und Verwaltung (QUA-LiS NRW, 2015). Die Quelle wird in diesem Abschnitt nur dann noch gesondert ausgewiesen, wenn es sich um konkrete Verweise handelt.

schaftlichen Zugangs das Ziel verfolgt, den Lernenden Kenntnisse bez. der Vielfalt wirtschaftlicher Aktivitäten, Geschäftsfelder und Betriebsstrukturen zu vermitteln (QUA-LiS NRW, 2015, S. 11). Daneben wird auch eine tätigkeitsbezogene Perspektive aufgenommen und auf den Kompetenzerwerb bez. grundlegender Verkaufstätigkeiten, verwaltender Tätigkeiten sowie Tätigkeiten im Rahmen wesentlicher Arbeits- und Geschäftsprozesse verwiesen (ebd.). Damit kann zunächst festgestellt werden, dass die Bildungspläne ein weit gefasstes Verständnis von Beruflichkeit mitführen, das verschiedene Abstraktionsebenen – vom Wirtschaftskreislauf bis hin zu konkreten kaufmännischen Tätigkeiten – aufweist. Gleichzeitig werden jedoch auch starke Einschränkungen adressiert. So geht es bspw. um die fachgerechte „Bewältigung von Aufgaben aus einem überschaubaren sozioökonomischen Entscheidungs-, Struktur- und Bedingungsrahmen mit geringer Komplexität" (ebd., S. 12). Dies zeigt sich dann für den vorliegenden Bildungsplan darin, dass gewisse Tätigkeitsbereiche ausgeklammert werden. Dabei handelt es sich überwiegend um analytische Tätigkeiten und Tätigkeiten des Controllings (ebd., S. 13). Neben Kompetenzzielen, die das ‚Berufliche' adressieren, werden im Bildungsplan jedoch auch allgemeine Zielsetzungen benannt. So wird beispielsweise die „Ausbildungsfähigkeit in Schule und Betrieb" (ebd., S. 31) angeführt. Nach Definition des Nationalen Pakts für Ausbildung und Fachkräftenachwuchs in Deutschland (2006, S. 3) handelt es sich dabei um einen „Mindeststandard für die Aufnahme einer Berufsausbildung" und damit um berufsunabhängige Kompetenzbereiche, die vor der Aufnahme eines beruflichen Werdegangs vorliegen sollen. Hierunter werden bspw. allgemeine Bildungs- und Arbeitsfähigkeit, schulische Basiskenntnisse sowie grundlegende kognitive, soziale und persönliche Dispositionen, psychische und physische Belastbarkeit gefasst (ebd., S. 12). Als weitere Zielkategorie wird der Erwerb eines dem Hauptschulabschluss gleichwertigen allgemeinbildenden Abschluss aufgeführt (ebd., S. 8). Damit handelt es sich genaugenommen zwar nicht um berufliche Kompetenzbereiche, jedoch um eine Qualifikation und Grundlage, die für den Zugang zu beruflicher Ausbildung und beruflichem Kompetenzerwerb durchaus nicht unerheblich ist.

9.2.2 Curricularer Aufbau

Laut Kultusministerkonferenz [KMK]-Handreichung (2011, überarbeitete Fassung von 1996) für den berufsbezogenen Unterricht in der Berufsschule sollen die Bildungspläne entsprechend des so genannten Lernfeldansatzes strukturiert werden. Damit werden exemplarische berufliche Tätigkeiten (Handlungsfelder) als curriculare Referenz herangezogen. Aus ihnen werden Kompetenzen bestimmt, die zur Bewältigung eben dieser Situationen benötigt werden. Diese handlungs- und outcomeorientierte Herangehensweise löst eine rein fachsystematisch ausgerichtete Lehrplankonzeption ab, die im Sinne einer Inputorientierung Inhalte benennt, die es zu lernen/lehren gilt. Die Lernfelddidaktik soll auch dazu beitragen, dass allgemeinbildende Inhalte im Kontext des Beruflichen und damit situativ verankert erlernt werden können (Kremer & Sloane, 2000). Für die Bildungspläne der Ausbildungsvorbereitung zeigt sich, dass hier Strukturelemente des Lernfeldansatzes aufgenommen werden. So werden beispielsweise klassische Arbeits- und Geschäftsprozesse bzw. Anforderungssituationen grundgelegt (z.B. Kundenaufträge bearbeiten und Auftragsabwicklung durchführen, Güter disponieren und beschaffen). An anderer Stelle wird eher einer funktionalen Logik gefolgt. So werden Lernfelder bestimmten Funktionsbereichen wie Management, Beschaffung, Absatz, Personal, Controlling etc. zugeordnet. In organisierenden oder zertifizierenden Dokumenten wie Stundentafeln oder Zeugnissen werden hingegen Fächer aufgeführt, die einem berufsbezogenen und einem berufsübergreifenden sowie einem Differenzierungsbereich zugeordnet werden. Zusammenfassend lässt sich sagen, dass sich die Lernfelder und Fächer sehr stark an berufsrelevanten Kompetenzen eines spezifischen Berufsfeldes (hier: kaufmännisch-verwaltend) orientieren. Auch wenn an dieser Stelle nur die bereichsspezifischen (also berufsfachlichen) Bildungspläne aufgenommen werden, kann mit Blick auf die Gesamtstundentafel die Bedeutung dieser Profilierung verdeutlicht werden: So kann dieser berufsbezogene Bereich bis zu 1200 von insgesamt bis zu 1440 Stunden umfassen (ebd., S. 17) – dies sind rund 83% der gesamten Unterrichtszeit.

9.2.3 Didaktische Prinzipien, methodische Zugänge und Maßnahmen

Die analysierten Bildungspläne weisen durchgehend aus, dass die didaktische Arbeit im Bildungsgang handlungs- und kompetenzorientiert zu gestalten ist. Da die zu fördernden Handlungsfelder und Kompetenzen überwiegend aus beruflichen Anforderungssituationen, Arbeits- und Geschäftsprozessen generiert werden, wird die gekennzeichnete Anforderungsorientierung auch methodisch nochmals gestützt. Gleichzeitig wird an verschiedenen Stellen auf die Notwendigkeit individueller Förderung (die in NRW wie in fast allen Bundesländern schulgesetzlich verankert ist) verwiesen – mitunter wird sogar ein „Höchstmaß an individueller Förderung" (Kremer & Sloane, 2000, S. 31) eingefordert. Weiter wird ein Subjektbezug adressiert, nachdem die „individuelle Sicht auf Kompetenz" in den Mittelpunkt zu rücken ist (ebd., S. 32). Dies lässt auf ein Kompetenzverständnis schließen, nach dem der individuelle Fortschritt des Einzelnen (individuelle Bezugsnorm) zu erfassen ist. Dies steht einem Kompetenzverständnis entgegen, nach dem Bewertungen anhand gegebener Standards (sachliche oder kriteriengeleitete Bezugsnorm) oder sozialer Vergleichsgrößen (soziale Bezugsnorm) (u.a. Basel & Rützel, 2007, S. 77) durchgeführt werden. Angesichts der kriterienbezogenen Zielsetzungen ‚Hauptschulabschluss' und ‚Ausbildungsreife' erscheint dies ambivalent. Insgesamt ist den Bildungsplänen ein konstruktivistisches Lehr-Lernverständnis hinterlegt (ebd., S. 9). Die Verschränkung theoretischen und praktischen Lernens wird an verschiedenen Stellen hervorgehoben und mit der Zielsetzung einer „stringente[n] dualisierte[n] Berufsvorbereitung" (ebd., S. 12) nochmals verstärkt. Der Anspruch der Dualisierung zeigt sich auch in den methodischen Hinweisen und aufzunehmenden Maßnahmen: So soll ein Bezug zur beruflichen Praxis hergestellt werden, indem Praktika, Betriebsbesichtigungen, Lernortkooperationen mit Unternehmen und anderen externen Praxispartnern durchgeführt bzw. gestaltet werden sollen (ebd., S. 14). Praktika nehmen im Rahmen des Bildungsplans einen besonderen Stellenwert ein (ebd., S. 11). Praxisbezug wird also vornehmlich aus einer beruflichen Perspektive aufgenommen.

9.2.4 Zusammenführung: Bildungspläne – Primat des Beruflichen

Die Analyse des Bildungsplans zur Ausbildungsvorbereitung im Fachbereich Wirtschaft und Verwaltung zeigt, dass eine starke Orientierung an (Qualifikations-) Anforderungen der Arbeits- und Berufswelt resp. beruflicher Ausbildungsgänge aufgenommen wird. Die Bildungspläne scheinen dabei vorwiegend auf die Entwicklung einer breit angelegten bzw. universellen kaufmännisch-verwaltenden Grundkompetenz ausgerichtet zu sein, allerdings bezogen auf Anforderungssituationen mit geringem Komplexitäts- und Selbststeuerungsgrad.

Die Bezüge im Bildungsplan zum lernenden Subjekt werden nur sehr vereinzelt hergestellt. So wird bspw. angeführt, die individuellen Ausgangslagen der Lernenden einzubeziehen, lebensnahe Fragestellungen aufzunehmen oder Thematiken aus der Lebenswirklichkeit der Lernenden einzubinden. Insgesamt werden damit jedoch keine subjektorientierten Lehr-Lerngegenstände bestimmt, vielmehr erscheint dies als methodischer Hinweis, bspw. eine Situation aus der Lebenswelt der Lernenden als Einstieg in berufliche Thematiken aufzunehmen.

Zusammenfassend lässt sich feststellen, dass der betrachtete Bildungsplan unter dem Primat des beruflich-fachlichen entwickelt wurde. Methodisch-didaktisch werden jedoch Gestaltungsprinzipien wie Subjekt- und Lebensweltbezug oder individuelle Förderung adressiert. In diesem Kontext wird dann auch ein Kompetenzverständnis formuliert, das auf eine individuelle Bezugsnorm rekurriert, jedoch kaum mit der Vergabe standardisierter Qualifikationen wie etwa dem Hauptschulabschluss vereinbar ist. Im Rahmen des Forschungs- und Entwicklungsprozesses wurde dieser Aspekt auf verschiedenen Ebenen an das Praxisfeld zurückgespiegelt. Zunächst erscheint es uns wichtig, dass derartigen Momente aufgedeckt werden und sie somit eine Relevanz für die Gestaltung gewinnen können. Im Designzusammenhang wird damit der Aufgabe der Curriculumentwicklung vor Ort systemisch eine höhere Bedeutung beigemessen. Momentan bleibt allerdings offen, in welcher Form dieses Spannungsfeld in die Curriculumarbeit einzubinden ist.

9.3 Bildungsgangkonzepte in der Ausbildungsvorbereitung – zwischen Subjektorientierung und Beruflichkeit

In diesem Abschnitt geht es darum herauszuarbeiten, wie sich die normativen Vorgaben der Bildungspläne der Ausbildungsvorbereitung in ihrer Realisierung in der Praxis darstellen können. Einen empirischen Zugang zu dieser Praxis bieten uns dabei durchgeführte und aktuelle Forschungs- und Entwicklungsprojekte zu didaktischen Fragestellungen am Übergang ‚Schule – Beruf‘.

Aus der Gesamtschau der durchgeführten Forschungs- und Entwicklungskontexte am Übergang ‚Schule – Beruf‘ konnten wir bereits in vorangegangenen Arbeiten verdeutlichen, dass die Lehrenden hier curricular-didaktisch in einem Spannungsfeld zwischen Anforderungen der Arbeitswelt und den Bedürfnissen der Lernenden zu agieren haben (vgl. Kremer, 2011; Frehe, 2015b, S. 15–19). Für Lehrende wird die Notwendigkeit gesehen, diesen Herausforderungen auf der Ebene der Bildungsgangarbeit im Team zu begegnen. Dies führt dann zu standortspezifischen Bildungsgangkonzepten (vgl. Frehe & Kremer, 2016). Vorliegend soll die Praxisgestaltung in ausbildungsvorbereitenden Bildungsgängen in den Blick genommen werden. Dabei kann an den Berufskollegs in NRW gegenwärtig ein starker Trend bezogen auf die Umstrukturierung der standortspezifischen Bildungsgangkonzeptionen in der Ausbildungsvorbereitung festgestellt werden, der jedoch weitestgehend unabhängig von der Reformierung der Bildungspläne (Abschnitt 2) zu betrachten ist.

Die in diesem Abschnitt aufgenommene vertiefende Fallstudie zu sogenannten ‚Tageslernsituationen‘ ist in ein designbasiertes Forschungs- und Entwicklungsprojekt (Projekt 3i)[10] eingebunden und stützt sich auf die in diesem Kontext generierten Textprodukte. Herangezogen werden insbesondere Protokolle aus Projekttreffen, aber auch Interviewtranskripte und Dokumentationen zu durchgeführten Forschungshospitationen an einem Berufskolleg (vgl. vertiefend zur Kennzeichnung dieser Textprodukte Frehe, 2015b, S. 157–159 in Anlehnung an Sloane, 1992, u.a.). Diese wurden in Anlehnung an Kuckartz (2012) und Mayring (2010) inhaltsanalytisch ausgewertet und auf die Fragestellung dieses Beitrags bezogen.

9.3.1 Allgemeine Kennzeichnung von Tageslernsituationen

Häufig unter dem Titel ‚Tageslernsituationen‘ werden Unterrichtstage und Stundenpläne in ausbildungsvorbereitenden Bildungsgängen an Berufskollegs neu strukturiert. Die Ursprünge dieses Ansatzes können dabei kaum gesichert nachvollzogen werden. Aus unserer Perspektive lassen sich jedoch Bezüge zu frühen Arbeiten bspw. des Berufskollegs Ernährung, Sozialwesen und Technik in Geilenkirchen unter dem Begriff ‚Jugendliche in Arbeitsgruppen – JAG-Modell‘

---

10 Informationen zum Projekt 3i siehe unter: https://www.uni-paderborn.de/cevet/forschung/aktuelle-projekte/3i/ [31.07.2017].

(Berufskolleg für Ernährung, Sozialwesen, Technik (EST) in Geilenkirchen, 2001) herstellen, die u.a. darauf abzielten, mit veränderten berufsschulischen Konzepten Jugendliche in ausbildungsvorbereitenden Bildungsgängen zur Teilnahme am Unterricht zu motivieren. Diese Konzepte wurden in den Projekten TANDEM (2009–2012) und InBig (2012–2014) aufgenommen und weiterentwickelt (Beutner, Kranert, Rose & Kremer, 2015). Aktuell wird in diesem Zusammenhang auf das ‚Bergheimer-Modell‘ verwiesen, welches von Emmans, Sarrazin und Hübner (2014) beschrieben wird.

Als Ausgangspunkt der Entwicklung von Tageslernsituationen wird dargestellt, dass in den Klassen der Ausbildungsvorbereitung die Problematik besteht, dass die Lernendengruppe an jedem Schultag anders zusammengesetzt ist. Dies ist auf die hohen Fehlzeiten der Lernenden in diesem Bereich zurückzuführen, die wiederum verschiedenste Gründe haben können, wie bspw. Schulverweigerung, Drogenkonsum oder familiäre Problemlagen. Ein Berufskolleg berichtet, dass von 72 Schülerinnen und Schülern im gesamten Bildungsgang regelmäßig nur 30 bis 40 anwesend sind (Protokoll Diskursarena 3i). Die Tageslernsituationen werden so aufbereitet, dass ein Themenkomplex im Rahmen eines Schultages bewältigt und abgeschlossen werden kann. Dies ermöglicht den Lernenden täglich einen ‚neuen‘ Einstieg in eine Thematik. Die Lernenden sollen so von dem Gefühl befreit werden, etwas verpasst zu haben oder im ‚Stoff‘ nicht mehr hinterherzukommen, was Schulabstinenz befördern kann.

An den umsetzenden Berufskollegs werden pro Tag meist mehrere Tageslernsituationen zu verschiedenen Themen parallel angeboten. Dies soll den Lernenden ermöglichen, eine interessengesteuerte Auswahl vorzunehmen. Jede Tageslernsituation wird dabei von den verantwortlichen Lehrkräften (wenn möglich im Team-Teaching) betreut. Für die Schülerinnen und Schüler wird die Klassenstruktur (wenn vorhanden) in dieser Zeit aufgelöst. Vorteile werden darin gesehen, dass typische Rollen in Klassenverbünden wie ‚der Klassenclown‘ etc. sich nicht herausbilden.

Die Lehr-Lerngegenstände bzw. Thematiken der einzelnen Lernsituationen sind dabei stark an den (antizipierten) Interessen und Herausforderungen in der Lebenswelt der Lernenden ausgerichtet. Im Rahmen der angeführten Forschungs- und Entwicklungskontexte wurden beispielsweise Tageslernsituationen zu den Themenkomplexen ‚Meine erste eigene Wohnung‘, ‚Handykauf‘ oder ‚Führerschein‘ angesprochen. Dies soll die Lernenden dazu motivieren, überhaupt wieder regelmäßig zum Unterricht zu erscheinen und Schule anders wahrzunehmen als aus der bisherigen Schulbiografie möglicherweise gewohnt. Zumeist erfolgt die Umsetzung der Tageslernsituationen dabei fachübergreifend. An einigen Standorten werden allerdings auch fachbezogene Tageslernsituationen angeboten, um insbesondere den Transfer von Leistungsbewertungen in Zeugnisformulare zu gewährleisten – vor allem, wenn ein dem Hauptschulabschluss gleichwertiger allgemeinbildender Abschluss vergeben werden soll. Ebenfalls sind Konzeptionen zu finden, nach denen sich die Tageslernsituationen an den vorgegebenen Handlungsfeldern und Anforderungssituationen des Fachbereiches orientieren (z.B. Berufskolleg für Wirtschaft Geilenkirchen, 2017).

9.3.2 Vertiefende Fallstudie: ‚Modultage in der Ausbildungsvorbereitung'

Wie bereits zu Beginn von Abschnitt 3 verdeutlicht wurde, ist auch das Konzept der Tageslernsituationen durch die Implementation am Berufskolleg standortspezifischen Bedingungen und Entscheidungen unterworfen. Vor diesem Hintergrund soll im Folgenden eine fallbezogene Perspektive aufgenommen werden. Die vorliegende Darstellung stützt sich dabei auf Dokumentationen zu einer durchgeführten Forschungshospitation (vgl. zum methodischen Vorgehen Frehe, 2015b, S. 166, 188–189) mit anschließendem Gruppeninterview dreier Akteure der Ausbildungsvorbereitung.

Das hier betrachtete Berufskolleg bietet verschiedene Bildungsgänge zu den Fachbereichen Technik und Gestaltung an und beschult rund 2.500 Schülerinnen und Schüler. Die Ausbildungsvorbereitung (Teilzeit, Vollzeit und Internationale Förderklassen) werden der Abteilung ‚Berufliche Grundbildung' zugeordnet, die daneben auch Formen der Berufsfachschule umfasst. Die Ausbildungsvorbereitung/Vollzeit (AV-Vollzeit), in der auch das Konzept der hier betrachteten ‚Modultage'[11] verortet wird, orientiert sich am Berufsfeld ‚Metall- und Holztechnik'. Insgesamt weist das Berufskolleg seit den 1980er-Jahren eine Expertise und Profilierung bez. der beruflichen Bildung ‚benachteiligter Jugendlicher' auf, die insbesondere durch die Unterstützung der Schulleitung vorangetrieben wurde.

Seit einem Jahr werden Tageslernsituationen bzw. Modultage am Berufskolleg für eine bestimmte Gruppe der Jugendlichen in der AV-Vollzeit angeboten, bei denen das Erreichen des dem Hauptschulabschluss gleichwertigen allgemeinbildenden Abschlusses von den Lehrenden als unwahrscheinlich eingeschätzt wird. Ein Großteil dieser Gruppe ist aus Förderschulen in den Bildungsgang der Ausbildungsvorbereitung eingegangen. Weitere Hinweise auf die Kriterien zur Zusammenführung von Lerngruppen werden an dieser Stelle nicht geliefert. Von insgesamt 20 Lernenden in der Klasse erscheinen im Schnitt etwa zwölf bis 16 Lernende je Schultag in unterschiedlichster Gruppenkonstellation. Die Klasse wird insgesamt von einem Lehrendenteam betreut, das sich aus einer Lehrkraft, einer Sonderpädagogin und der Schulsozialarbeiterin zusammensetzt, wobei der Unterricht in den Tageslernsituationen im Team-Teaching durchgeführt wird. Der Modultag (Tageslernsituation) findet dabei immer montags statt. Dienstags, mittwochs und donnerstags gehen die Schülerinnen und Schüler ins Praktikum bzw. in die Werkstatt, freitags findet dann ein Förderunterricht in Mathematik und Deutsch statt. Insgesamt werden die Lernenden an zwei Tagen in einem Umfang von je vier Stunden am Berufskolleg unterrichtet. Am Montag wird jeweils ein

---

11 Der standortspezifisch gewählte Begriff ‚Modultag' wird synonym zum Begriff Tageslernsituation verwendet.

Thema aufgenommen. Dabei kann auf ein Grundrepertoire an Themen für Tageslernsituationen zurückgegriffen werden: Alkohol und Drogen, Verkehrserziehung,
Geographie, Kaffee, Umgang mit Geld, Weihnachten, Sport/Gesundheitsförderung,
Stadt, Bewerbung I + II und Ernährung. Dabei wird neben der Lebensweltorientierung auch versucht, saisonale Ereignisse (Weihnachten etc.) aufzunehmen.
Darüber hinaus können die Schülerinnen und Schüler selbst Themenvorschläge
unterbreiten. Die Themen werden von den Lehrenden dabei lediglich ‚grob‘ vorbereitet, da davon ausgegangen wird, dass die Fragen und Herausforderungen, die
sich im Kontext der Lernumgebung ergeben, kaum zu antizipieren sind. In der
Interaktion mit den Lernenden kommt es häufig dazu, dass Aspekte situativ und
ad hoc ausgelassen, übersprungen oder hinzugenommen werden müssen. Didaktische Entscheidungen sind überwiegend kurzfristig zu treffen (vgl. Interview,
Z. 37). Jeder Lernende hat zum Unterricht an den Modultagen ein Schülertagebuch
zu führen. Dieses enthält neben persönlichen Dokumenten (Steckbrief, Lebenslauf,
Checkliste für meine Interessen und Fähigkeiten etc.) insbesondere Reflexionsbö-
gen zu den Tageslernsituationen. Hier dokumentieren die Lernenden Antworten
zu den Fragestellungen ‚Worum ging es?‘, ‚Was habe ich gelernt?‘, ‚Was habe ich
nicht verstanden?‘ und ‚Was hat mir Spaß gemacht?‘. Ebenfalls wird die Leistung
der Lernenden je Modultag bewertet. Zur Transparenz der Leistungsbewertung
bekommen die Schülerinnen und Schüler einen ausgefüllten Bewertungsbogen.

Aus dem geführten Gruppeninterview mit dem Abteilungsleiter, der Lehrkraft
und der Sonderpädagogin geht hervor, dass die Bildungsgangkonzeption deutlich
auf einer Subjektorientierung fußt, die Anbindung an Beruflichkeit aber bestmöglich versucht wird:

> Und letztlich ging es immer darum, [...] sich auf die Gegebenheiten vor Ort
> mit Bildungsangeboten einzustellen. Immer wieder darauf zu reagieren, dass
> wir diesen Jugendlichen gute Angebote machen können. Und wir arbeiten in
> dem Vollzeitbereich zurzeit auch noch in den Werkstätten. Politisch gewollt ist
> natürlich, dass sie in die Betriebe gehen. Wir wissen aber alle, die hier in dem
> Bereich arbeiten, dass das so ad hoc gar nicht möglich ist. Also wir wollen sie
> schon auch immer fit machen für den Beruf und Praktika. Natürlich im bes-
> ten Fall für die Ausbildung. Dass sie ihren Lebensunterhalt irgendwann auch
> selber bestreiten können. Also es geht wirklich immer [dar-]um, Jugendliche
> eigentlich in ihrem Lebensweg zu begleiten. (Interview, Z. 8).

Es wird verdeutlicht, dass sich das Team bewusst dafür entschieden hat, für diese Zielgruppe ein motivierendes und niedrigschwelliges Angebot zu entwickeln,
das sich eng an den Bedürfnissen und Interessen der Lernenden orientiert, die
Vorgaben des Bildungsplans weitestgehend ausblendet und somit auch keinen allgemeinbildenden Abschluss ermöglichen kann (Interview, Z. 52, Z. 16). Insgesamt
wird in dieser Konzeption ein Kompetenzverständnis mitgeführt, das den – wenn
auch sehr kleinen – Entwicklungsschritten des Einzelnen eine Bedeutung beimisst:
„Wir wollen gar nicht wirklich so vermitteln, das ist Lernziel A, B, C, D, E, F und

das muss jetzt abgehakt werden noch diese Stunde, sondern es geht darum, jedem die Möglichkeit [zu; Einfügung P.F., H.K.] geben, irgendeinen Erkenntnisgewinn hier rauszuziehen." (Interview, Z. 92). Dies ist eng verzahnt mit einer stärkenorientierten und wertschätzenden Haltung den Lernenden gegenüber, die auch in der Hospitationssituation beobachtet werden konnte. Die Sonderpädagogin formuliert dazu:

> Wir gehen weg von diesem Defizit[ansatz; PF/HK] in dieser Klasse, weil was sollen [wir; Einfügung P.F., H.K.] die Schüler bestärken oder in diesem Glauben lassen, was sie schon seit zehn Jahren Regelschule [...] gehört haben. Du bist schlecht, du hast das nicht erreicht, du kannst das nicht. [...] Es ist sehr [...] negativ geprägt und [wir; PF/HK] versuchen genau das Denken wegzukriegen. (Interview, Z. 90)

Den umsetzenden Akteuren wurden dabei seitens der Abteilungsleitung große Spielräume bzgl. der curricularen Konzeption eingeräumt: Die Lehrenden berichten, dass frei entschieden werden konnte:

> Welche Schwerpunkte setzen wir in der Klasse? [Wir; Einfügung P.F., H.K.] Sind so angefangen, dass wir überlegt haben: Was ist das, was den Schüler am meisten interessiert? Es geht ja um die Berufsvorbereitung. Wir wollen ja auch vermitteln, dass wir ihnen eine Chance geben, vielleicht in irgendeinen Beruf einsteigen zu können. Also geht es um die Grundlagen, welche Stärken, welche Schwächen ich habe, Persönlichkeitsanalyse hinzu welche Berufsfindungsmöglichkeiten habe ich? An wen kann ich mich wenden? So dieses System Schule auch mal ganz bewusst zu machen. (Interview, Z. 25)

Trotz aller Hervorhebung der Orientierung am lernenden Subjekt wird dennoch deutlich, dass die Lehrenden ihren Auftrag zur beruflichen Bildung nicht verkennen: „[...] wir sind ein Berufskolleg und wir wollen die Beruflichkeit voranbringen." (Interview, Z. 76). Allerdings sei Beruflichkeit und damit verbundene Fachlichkeit für diese Zielgruppe anders zu adressieren.

9.3.3 Zusammenführung: Tageslernsituationen – Primat der Subjektorientierung

Insgesamt kann vorliegend konstatiert werden, dass in der Praxis größte Anstrengungen vorgenommen werden, die Lernenden zum Ausgangspunkt didaktischen Handelns zu machen. Individuellen Zielkorridoren und Entwicklungswegen sowie einer stärkenorientierten Haltung in der Lehr-Lerngemeinschaft wird dabei besondere Bedeutung beigemessen. Subjektorientierung wird vorliegend nicht nur methodisch gedeutet. Vielmehr werden lebensweltnahe, (antizipiert) subjektiv relevante Lehr-Lerngegenstände in diesem Konzept curricular aufgenommen und Lehr-Lerngegenständen, die Beruflichkeit und allgemeinbildende Abschlüsse bedienen, vorangestellt. ‚Motivationsförderung' und ‚Lebensweltbezug' werden damit als übergeordnete Kriterien zur Auswahl von Themen und Inhalten herangezogen.

Im betrachteten Fall handelt es sich um eine Lerngruppe aus der Ausbildungsvorbereitung im Berufsfeld Metall- und Holztechnik. Im gesamten Repertoire an Tageslernsituationen lässt sich kaum ein Thema mit konkretem Berufsbezug ausmachen. In der Forschungshospitation (Thema Kaffee) wurden eher gesamtgesellschaftliche bzw. volkswirtschaftliche Bezüge hergestellt, wie ‚Fair-Trade', ‚Angebot und Nachfrage', ‚Dritte Welt' etc. In der Gesamtschau der Tageslernsituationen und ihrer Themen lässt sich weiterhin kaum eine gemeinsame Bezugsgröße, wie etwa ein kohärentes Kompetenzprofil, ausmachen. Die Auswahl von Inhalten und Themen sowie ihre Sequenzierung erscheinen eher beliebig und in einzelnen Einheiten isoliert – dies erschwert sicherlich einen zielgerichteten und systematischen Kompetenzaufbau.

Zusammenfassend ist zu sagen, dass die Anstrengungen, in den Bildungsgängen abgegrenzte und motivationsförderliche Sequenzen zu konzipieren, deutlich zu erkennen sind. Hier bieten Tageslernsituationen durchaus interessante Ansatzpunkte, führen jedoch auch zu Veränderungen des Beruflichen bzw. dessen Stellenwert in der Ausbildungsvorbereitung.

9.4   Zusammenführung und Fazit

Auf den ersten Blick mag der Eindruck entstehen, dass die kompetenzorientierten Bildungspläne, die sich an den jeweiligen beruflichen Handlungsfeldern ausrichten, und die schulischen Curricula in der Praxis weit auseinanderliegen. Diese These haben wir in verschiedene Diskussionsrunden mit Akteuren aus den Bildungsgängen eingebracht. Bei aller Unterschiedlichkeit der Antworten kann festgehalten werden, dass die Orientierung am Lern- und Entwicklungsbedarf der Individuen eine feste und zentrale Größe nicht nur für die Unterrichts-, sondern auch für die Bildungsgangarbeit vor Ort sein sollte.

Die Ausführungen zu Tageslernsituationen zeigen hier jedoch, dass Ansatzpunkte zu entwickeln sind, die den Jugendlichen schrittweise einen Zugang anbieten müssen und in der Form eine Offenheit besitzen, dass sie eine individuelle Differenzierung erfahren können. Dabei finden wir es eine überaus interessante Frage, inwiefern projektförmige Ansätze wie Tageslernsituationen an Lernfelder angebunden bzw. in diesen zusammengeführt werden können. Aus unserer Sicht zeigen Tageslernsituationen, dass die Authentizität und subjektive Relevanz der Situationen für die Lernenden eine höhere Bedeutung haben kann als realitätsnahe Lern- und Anforderungssituationen, die jedoch durch die Jugendlichen nicht erschlossen werden können.

Daneben zeigt sich vor Ort sehr deutlich, dass ein enger Berufsfeldbezug nur für wenige Jugendliche förderlich ist. Daher ist es erforderlich, dass über die Ausbildungsvorbereitung eine Hinführung zur Beruflichkeit erfolgt, die nur sehr begrenzt in Auseinandersetzung mit einem Berufsfeld möglich ist. Dies stellt curricular und institutionell die Herausforderung, dass Jugendlichen individuell unterschiedliche Zugänge zu Beruflichkeit (in verschiedenen Berufsfeldern) zu eröffnen sind.

Das Konzept der Tageslernsituationen zeigt sehr anschaulich, dass die Ausbildungsvorbereitung durchaus in der Gefahr steht, das Berufliche aus dem Auge zu verlieren. Aus unserer Sicht wäre zu fragen, welche Bedeutung das Berufliche haben kann und soll. Die Bildungspläne der Ausbildungsvorbereitung sollten hier einen Referenzrahmen zur Sequenzierung und Differenzierung von sogenannten Tageslernsituationen eröffnen und so eine Orientierung für die Profilierung der Bildungsgänge vor Ort anbieten.

Die Curriculumrezeption zeigt deutlich auf, dass vor Ort die Notwendigkeit gesehen wird, das Subjekt zum Ausgangspunkt der Modellierung, Gestaltung und Reflexion einer Didaktik der beruflichen Bildung heranzuziehen und dem Lernenden Wege in die Komplexität beruflicher Handlungsfelder zu eröffnen. Berufliche Handlungsfelder bieten damit Korridore und Wege an und gleichermaßen sind sie Zielgröße für die Ausbildungsvorbereitung. Hier gilt es, über eine auf das Individuum ausgerichtete Bildungsgangkonzeption eine Integration in berufliche Bildung zu eröffnen. Dies wird die Ausbildungsvorbereitung nicht isoliert leisten können, sondern bedarf der Öffnung beruflicher Ausbildungsformen und der Möglichkeiten zur Anbindung an die berufliche Ausbildung. Dies stellt Berufskollegs vor gravierende Herausforderungen und bedarf einer professionellen Curriculumarbeit vor Ort. Die Rahmenbedingungen hierzu sind herzustellen.

9.5 Didaktik der Ausbildungsvorbereitung – ein Ausblick

Das Erkenntnisinteresse, die didaktischen Besonderheiten im Bereich der Ausbildungsvorbereitung zu konturieren und modellhaft zu fassen, begleitet uns nun schon über mehr als acht Jahre in verschiedenen designbasierten Projektkontexten am Übergang Schule – Beruf. Hier zeigen sich auch die Widersprüche und Herausforderungen der Inklusionsdebatte an Berufskollegs. Ausbildungsvorbereitende Bildungsgänge stellen sich der Herausforderung der Inklusion und tragen gleichermaßen zur Etablierung eines Sonderformats und damit zur Exklusion bei. Diese Widersprüche zeigen sehr schön auf, dass Inklusion nicht isoliert auf der Unterrichts- oder Curriculumebene realisiert werden kann. Der Terminus ‚Gemeinsames Lernen‘ auf der Unterrichtsebene führt eben auch mit, welche Personen und Gruppen in einem Bildungsgang bzw. einer Klasse zusammengeführt werden. Die Widersprüchlichkeit ergibt sich hier daraus, dass mit der Anlage der Ausbildungsvorbereitung in gewissem Sinne eine Homogenisierung angestrebt wird und dann auf Ebene des Unterrichts trotz dieser Homogenisierungsanstrengungen die Lehrkräfte sich wiederum mit einer heterogenen Gruppe konfrontiert sehen (Frehe, 2015a). Dieses Spannungsfeld zeigt sich in vielen Handlungsbereichen der

Ausbildungsvorbereitung (Kremer, 2017). Eine besondere Herausforderung in der Curriculumarbeit zeigt sich darin, eine Individualisierung der Lern- und Entwicklungswege zu eröffnen. Das folgende Rahmenmodell (vgl. Abbildung 9.1) könnte als Orientierungs- und/oder Reflexionshilfe für das didaktische Handeln vor Ort auf der Ebene von Bildungsgang- und Unterrichtsarbeit herangezogen werden.

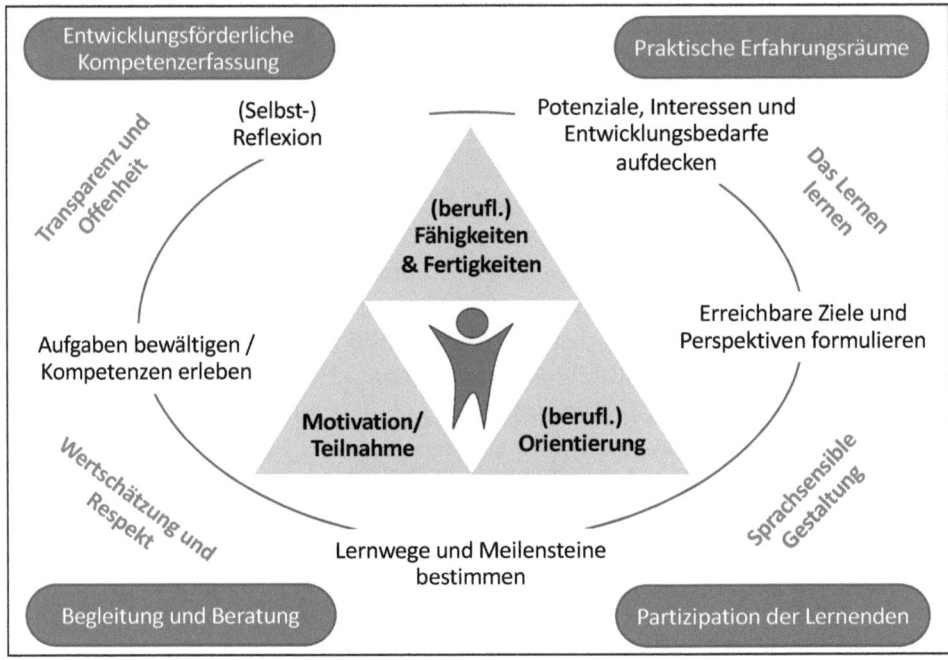

Abbildung 9.1: Modell zur Didaktik der Ausbildungsvorbereitung (weiterentwickelt nach Kremer, 2015, S. 387)

Unser Modell enthält sowohl strukturelle als auch prozessbezogene Elemente. Als konstitutiv ist die Setzung anzusehen, dass der einzelne Lernende in den Mittelpunkt des didaktischen Handelns gerückt wird – wir nehmen hier also ganz bewusst eine subjektorientierte Perspektive als zentralen Punkt des Modells auf. Dies zeigt sich weiter in dem kreisförmig angedeuteten Lehr-Lernprozess:

Ausgangspunkt des Lehrens und Lernens sollen im Sinne eines potenzialorientierten Zugangs die Stärken und Ressourcen des einzelnen Jugendlichen sein sowie dessen Interessen und Entwicklungsbedarfe. Im Gegensatz zu Zeugnisnoten oder Dokumenten, die den Förderbedarf von Lernenden ausweisen, sind jedoch die individuellen Potenziale und Interessen der Lernenden für die Lehrenden nur schwer ersichtlich, vielfach sind sie selbst den Lernenden nicht bewusst. Ein erster bedeutender Schritt wird also darin gesehen, individuelle Stärken aufzudecken und dabei insbesondere auch die informellen Entwicklungskontexte (z.B. Hobby, Familie, Jobs, etc.) der Lernenden in Betracht zu ziehen. Eine solche potenzialorientierte Kompetenzerfassung (z.B. in Form von Kompetenzbilanzen), die gemeinsam mit dem Lernenden, den Peers und den Lehrenden erfolgt, kann als eigenständige Lernumgebung gestaltet werden und gleichzeitig wichtige Kompetenzen im Bereich Selbsteinschätzung und -reflexion fördern.[12] Eng orientiert an Verfahren zur individuellen Förderplanung gilt es individuelle, d.h. erreichbare und für den Lernenden subjektiv sinnstiftende, Zielsetzungen zu formulieren – bestmöglich partizipativ mit dem Lernenden. Diese können sich an den gesetzten Zielen des Bildungsgangs (z.B. Hauptschulabschluss) orientieren, aber durchaus auch individualisiert, d.h. zieldifferent, vereinbart werden (z.B. die Absolvierung eines Qualifizierungsbausteins, das ,Durchhalten' eines zehntägigen Betriebspraktikums, die Entwicklung eines Berufe-Portfolios etc.). Kleinere Zielsetzungen können als Meilensteine auf dem Weg zu einem Langzeitziel formuliert werden und die Motivation der Lernenden im Verlauf des Bildungsgangs aufrechterhalten. Daneben sind den Lernenden auch (verschiedene) Wege zu eröffnen, durch die sie die gesetzten Ziele und Meilensteine erreichen können. Die Begleitung und Beratung der Lernenden im Lernprozess wird zur wichtigen Aufgabe für Lehrende. Lernumgebungen sind weiter so zu gestalten, dass die individuellen Stärken des Lernenden zum Tragen kommen können oder (theoretisch) Gelerntes in problemhaltigen Aufgabenstellungen angewendet und insbesondere von den Lernenden erfahren werden können. Praxisnahe Erfahrungsräume wie Werkstätten, Lernfirmen oder Gestaltungsprojekte können hier einen wichtigen Beitrag leisten und den Schulalltag darüber hinaus interessant gestalten. Lernumgebungen, die im Sinne der vollständigen Handlung planerische, durchführende und evaluierende Aufgabenbereiche enthalten, sind auch für diese Zielgruppe wichtig. Nicht zuletzt geht es im Sinne von Partizipation auch für diese Lernenden darum, für weiterführende Entwicklungsziele die eigene Kompetenzentwicklung einschätzen zu können und auf dieser Grundlage weitere Ziele/Meilensteine mit zu bestimmen.

Lehren und Lernen findet dabei im Kontext des Beruflichen statt. Diese Einbettung kann den Lernenden mit überwiegend negativen schulischen Erfahrungen einen echten neuen Zugang zum Lehren und Lernen eröffnen. Dabei ist jedoch, wie oben angeführt, nicht trivial davon auszugehen, dass für alle Jugendlichen der Ausbildungsvorbereitung die Vermittlung beruflicher Fähigkeiten und Fertigkeiten im Sinne einer im Niveau abgeschwächten Berufsausbildung hilfreich ist. Vielmehr gehen wir von (mindestens) drei Zugängen zu Beruflichkeit aus, die relevant sein können. Sie werden im Modell als Dreiecke angedeutet und können auch simultan als Profil aufgenommen werden. Neben (1) beruflicher Grundbildung kann es so für einen Teil der Lernenden relevant sein, sich zunächst weiter (2) (beruflich) zu orientieren: Dies kann bezogen auf die eigene Berufsbiografie und Lebensplanung erfolgen, sich über verschiedene Berufsfelder hinweg erstrecken oder vertiefend innerhalb eines Berufsfeldes bzw. Ausbildungsberufes aufgenommen werden. Für einen anderen Lernenden mag es hingegen grundlegend wichtig sein, ihn zunächst

---

12 Im Rahmen des Projekts InLab wurde die Rollenbasierte Kompetenzbilanz (Frehe, 2015b; Frehe und Kremer, 2014) entwickelt. Sie kann als Beispiel für eine stärkenorientierte Kompetenzerfassung herangezogen werden.

wieder für schulisches Lernen zu motivieren (vgl. Abbildung 9.1). Bei der Raumgestaltung im Maler- und Lackiererhandwerk kann bspw. das Erlernen und Anwenden des Dreisatzes möglicherweise für den Lernenden sinnstiftender erscheinen als im Rahmen einer Textaufgabe. Das Lob der Meisterin oder des Meisters im Betrieb kann ebenfalls eine andere Wirkung haben als eine Rückmeldung durch Lehrerinnen und Lehrer.

Bei der Gestaltung von Lernumgebungen und der Ermöglichung von authentischen Erfahrungsräumen sind gerade in Bezug auf die Zielgruppe in der Ausbildungsvorbereitung die folgenden pädagogischen Prinzipien von besonderer Bedeutung: Im Sinne professionellen Lehrhandelns ist den Lernenden auch eine wertschätzende und respektvolle Haltung gegenüber einzunehmen. Zum einen geht es dabei um einen potenzialorientierten Zugang: Jeder Mensch verfügt über Stärken und kann sich weiterentwickeln. Zum anderen geht es auch darum, die jungen Erwachsenen als mündige, selbstbestimmte Subjekte wahrzunehmen und ihnen somit Prozesse, Entscheidungen und Konsequenzen transparent und offen zugänglich zu machen. In Bezug auf methodische Herangehensweisen, wie bspw. kooperatives oder selbstgesteuertes Lernen, die möglicherweise vorausgesetzt werden, ist zu beachten, dass die Jugendlichen häufig das Lernen erst noch erlernen müssen und möglicherweise auch alternative Zugänge (z.B. erlebnisorientiertes Lernen) erforderlich sind. Insgesamt ist die richtige Balance zwischen Selbst- und Fremdsteuerung wohl ständig neu auszuloten und kann nicht pauschal für Lerngruppen bestimmt werden. Sprache ist Mittel zur Verständigung und damit letztlich auch unerlässlich für Lehren und Lernen. Gerade für die Zielgruppe – und dies betrifft nicht nur die Jugendlichen mit Migrationshintergrund – ist auch eine sprachsensible Gestaltung bzw. Aufbereitung von Texten und sprachlicher Interaktion notwendig. Denn Sprache kann ausgrenzen, abhängen oder verunsichern, aber auch neue Wege eröffnen und erleuchten.

Insgesamt wird deutlich, dass das Individuum ins Zentrum gerückt wird, das Berufliche aber Umgebungsgröße ist, um diese Entwicklung zu ermöglichen. Damit erfolgt eine Umdeutung der Kompetenzorientierung vom Objekt zum Subjekt. Die Schwierigkeit besteht nun einerseits darin, dass die tradierte berufliche Didaktik, die sich vornehmlich auf die duale Ausbildung bezieht und damit eine enge Orientierung am Berufsprinzip[13] mitführt, nicht einfach auf das Lehren und

---

13 Das Berufsprinzip ist in der Berufs- und Wirtschaftspädagogik eine langfristig und vielseitig diskutierte Kategorie. Verkürzend kann mit Berufsprinzip eine Orientierung an einem ganzheitlichen Berufsbild bezeichnet werden, dessen Qualifikationen auf der Ebene von Facharbeitertätigkeiten über formalisierte Bildungswege erworben werden können (Berufsausbildung). Das Berufsprinzip wird ebenfalls in der Funktion beruflicher und sozialer Integration bzw. Selbstverwirklichung, Orientierung und Identifikation gesehen. Im gegenwärtigen Diskurs wird das Berufsprinzip auf seine Zukunftsbeständigkeit in einer sich wandelnden Gesellschaft hinterfragt und insbesondere dem Trend einer modularisierten beruflichen Bildung gegenübergestellt. Vergleiche zusammenführend zum Berufsprinzip z.B. Deißinger, 1998 oder Hellwig, 2008.

Lernen in der Ausbildungsvorbereitung übertragen werden kann (Rützel, 2007; Kremer, 2010). Andererseits wird der Blick auf die Lernenden in diesem Bereich schon systemisch bedingt auf ihre Defizite und Unzulänglichkeiten gerichtet, wenn es im Sinne einer ‚Reparaturfunktion' darum geht, noch nicht erreichte allgemeinbildende Abschlüsse zu verfolgen (Kremer & Zoyke, 2013). Genaugenommen müssen sich dann Standards nicht an eine Gruppe von Jugendlichen richten, sondern an die einzelne Person angepasst werden können. Dies ist aus unserer Sicht konstitutiv für eine inklusive Bildungsarbeit und ist zurzeit in einem hohen Maße in der schulischen Curriculumarbeit zu leisten.

Literatur

Autorengruppe Bildungsberichterstattung. (2016). *Bildung in Deutschland 2016. Ein indikatorengestützter Bericht mit einer Analyse zu Bildung und Migration.* Verfügbar unter http://www.bildungsbericht.de/de/bildungsberichte-seit-2006/bildungsbericht-2016/pdf-bildungsbericht-2016/bildungsbericht-2016

Basel, D. & Rützel, J. (2007). Bildungsstandards und Diagnostik. Königswege oder Sackgassen für die individuelle Förderung? In P. Kaune, J. Rützel & G. Spöttl (Hrsg.), *Berufliche Bildung, Innovation, Soziale Integration. Internationale Wettbewerbsfähigkeit, Entwicklung und Karriere, Mitgestaltung von Arbeit und Technik. 14. Hochschultage Berufliche Bildung 2006* (S. 69–80). Bielefeld: Bertelsmann.

Bertelsmann Stiftung. (2014). *Inklusion: Nur wenige Jugendliche mit Förderbedarf finden nach der Schule einen Ausbildungsplatz.* Verfügbar unter http://www.bertelsmann-stiftung.de/de/presse/pressemitteilungen/pressemitteilung/pid/inklusion-nur-wenige-jugendliche-mit-foerderbedarf-finden-nach-der-schule-einen-ausbildungsplatz/

Berufskolleg für Ernährung, Sozialwesen, Technik (EST) in Geilenkirchen. (2001). *Jugendliche in Arbeitsgruppen – Das JAG-Modell.* unveröffentlicht.

Berufskolleg für Wirtschaft Geilenkirchen. (2017). *Leistungsbewertung Ausbildungsvorbereitung.* Zugriff am 30.03.2017. Verfügbar unter http://www.bkwirtschaft.de/index.php/leistungsbewertung_avb.html

Beutner, M., Kranert, T., Rose, S. & Kremer, H.-H. (2015). Kurzportrait zum Standortkonzept des Berufskollegs Ernährung, Sozialwesen, Technik in Geilenkirchen. In H.-H. Kremer & M. Beutner (Hrsg.), *Individuelle Kompetenzentwicklungswege: Bildungsgangarbeit in einer dualisierten Ausbildungsvorbereitung. Ergebnisse und Reflexionen aus dem Forschungs- und Entwicklungsprojekt InBig* (S. 109–129). Detmold: Eusl.

Bohlinger, S. (2004). Der Benachteiligtenbegriff in der beruflichen Bildung. *Zeitschrift für Berufs- und Wirtschaftspädagogik (ZBW), 100* (2), 230–241.

Bojanowski, A., Koch, M., Ratschinski, G. & Steuber, A. (Hrsg.). (2013). *Einführung in die Berufliche Förderpädagogik. Pädagogische Basics zum Verständnis benachteiligter Jugendlicher.* Münster: Waxmann.

Buschfeld, D. (2002). *Konditionen beruflicher Bildungsgänge. Theoretische Fundierung eines berufs- und wirtschaftspädagogischen Konzepts.* Unveröffentlichte Habilitationsschrift. Köln.

Deißinger, T. (1998). *Beruflichkeit als „organisierendes Prinzip" der deutschen Berufsausbildung.* Markt Schwaben: Eusl.

Emmans, A., Sarrazin, D. & Hübner, M. (2014). Erfolgreichen Unterricht in KSoB-Klassen gestalten. Berufsschulpflicht für Klassen für Jugendliche ohne Berufsausbildungsverhältnis sinnvoll gestalten. *BBW – Aus der Praxis für die Praxis*, 18–20.

Enggruber, R., Euler, D., Gidion, G. & Wilke, J. (2003). *Pfade für Jugendliche in Ausbildung und Betrieb. Zusammenfassung des Gutachtens.* Zugriff am 01.08.2017. Verfügbar unter http://web.archive.org/web/20060108004952/http://www.wm.baden-wuerttem berg.de/sixcms/media.php/1106/Jugendliche_Ausbildung.pdf

Frehe, P. (2015a). „Und in der Homogenität begegnet uns dann die Heterogenität" – Individuelle Bildungsgangarbeit durch Eröffnung eines vielfältigen Bildungsangebots. In H.-H. Kremer & M. Beutner (Hrsg.), *Individuelle Kompetenzentwicklungswege: Bildungsgangarbeit in einer dualisierten Ausbildungsvorbereitung. Ergebnisse und Reflexionen aus dem Forschungs- und Entwicklungsprojekt InBig* (S. 197–216). Detmold: Eusl.

Frehe, P. (2015b). *Auf dem Weg zu einer entwicklungsförderlichen Didaktik am Übergang Schule – Beruf. Eine designbasierte Studie im Anwendungskontext.* Detmold: Eusl.

Frehe, P. & Kremer, H.-H. (2014). *Die Rollenbasierte Kompetenzbilanz. Stärken aufnehmen – Kompetenzen entwickeln – Übergänge eröffnen. Handreichung für Lehrende.* Zugriff am 29.10.2014. Verfügbar unter https://www.uni-paderborn.de/fileadmin/ cevet/Download/Handreichung_rbKB_final.pdf

Frehe, P. & Kremer, H.-H. (2016). Ausbildungsvorbereitung als Domäne – Inklusion in der Exklusion? *bwp@ Berufs- und Wirtschaftspädagogik – online*, 30, 1–21. Zugriff am 30.03.17. Verfügbar unter http://www.bwpat.de/ausgabe30/frehe_kremer_bwpat30.pdf

Hellwig, S. (2008). *Zur Vereinbarkeit von Competency-Based Training (CBT) und Berufsprinzip. Konzepte der Berufsbildung im Vergleich.* Wiesbaden: VS Verlag für Sozialwissenschaften.

Klemm, K. (2014). *Junge Erwachsene mit sonderpädagogischem Förderbedarf in den Berufskollegs des Landes Nordrhein-Westfalen – Bildungsstatistische Analysen und Empfehlungen.* Verfügbar unter https://www.schulministerium.nrw.de/docs/Schulsystem/ Inklusion/Auf-dem-Weg-zur-inklusiven-Schule/Gutachten-Prof_-Klemm---Daten analyse.pdf

Konsortium Bildungsberichterstattung. (2006). *Bildung in Deutschland. Ein indikatorengestützter Bericht mit einer Analyse zu Bildung und Migration.* Bielefeld: Bertelsmann.

Kremer, H.-H. (2010). Berufsorientierung als Herausforderung und Chance für die schulisch strukturierten Bildungsgänge des Übergangssystems. In H.-H. Kremer & A. Zoyke (Hrsg.), *Individuelle Förderung in der beruflichen Bildung. Grundlegung und Annäherung im Kontext von Forschungs- und Entwicklungsprojekten* (S. 143–162). Paderborn: Eusl.

Kremer, H.-H. (2011). Berufsorientierung als Herausforderung für berufsbildende Schulen. *bwp@ Berufs- und Wirtschaftspädagogik – online*, Spezial 5, 1–12. Zugriff am 24.02.2017. Verfügbar unter http://www.bwpat.de/ht2011/ws02/kremer_ws02-ht2011. pdf

Kremer, H.-H. (2015). InBig: Kein Ende … vor dem Anfang einer weiteren Professionalisierung der Bildungsgangarbeit. In H.-H. Kremer & M. Beutner (Hrsg.), *Individuelle Kompetenzentwicklungswege: Bildungsgangarbeit in einer dualisierten Ausbildungsvorbereitung. Ergebnisse und Reflexionen aus dem Forschungs- und Entwicklungsprojekt InBig* (S. 385–391). Detmold: Eusl.

Kremer, H.-H. (2017). Teaching under and in inequality in German Vocational Schools. In S. Natale & A. Libertella (Hrsg.), *Wealth Equity Dynamics: Economics and Education Challenges* (S. 47–67). New York: Global Scholary Publications.

Kremer, H.-H. & Sloane, P. F. E. (2000). Lernfelder implementieren – erste Umsetzungserfahrungen lernfeldstrukturierter Curricula. *Zeitschrift für Berufs- und Wirtschaftspädagogik (ZBW), 15,* 170–182.

Kremer, H.-H. & Zoyke, A. (2013). Forschung in Innovationsarenen: individuelle Förderung als Herausforderung der Bildungsgangarbeit in der Ausbildungsvorbereitung. In G. Niedermair (Hrsg.), *Facetten berufs- und betriebspädagogischer Forschung. Grundlagen – Herausforderungen – Perspektiven* (S. 359–381). Linz: Trauner Verlag.

Kuckartz, U. (2012). *Qualitative Inhaltsanalyse. Methoden, Praxis, Computerunterstützung.* Weinheim & Basel: Beltz Juventa.

Kultusministerkonferenz. (2011). *Handreichung für die Erarbeitung von Rahmenlehrplänen der Kultusministerkonferenz für den berufsbezogenen Unterricht in der Berufsschule und ihre Abstimmung mit Ausbildungsordnungen des Bundes für anerkannte Ausbildungsberufe.* Zugriff am 01.08.2017. Verfügbar unter http://www.kmk.org/fileadmin/Dateien/veroeffentlichungen_beschluesse/2011/2011_09_23_GEP-Handreichung.pdf

Mayring, P. A. E. (2010). *Qualitative Inhaltsanalyse. Grundlagen und Techniken* (11. neu bearbeitete Aufl.). Weinheim & Basel: Beltz.

Nationaler Pakt für Ausbildung und Fachkräftenachwuchs in Deutschland. (2006). *Kriterienkatalog Ausbildungsreife.* Zugriff am 01.08.2017. Verfügbar unter http://www.arbeitsagentur.de/web/wcm/idc/web/wcm/idc/groups/public/documents/webdatei/mdaw/mdk1/~edisp/l6019022dstbai378703.pdf?_ba.sid=L6019022DSTBAI378706

Prengel, A. (2013). *Pädagogische Beziehungen zwischen Anerkennung, Verletzung und Ambivalenz.* Opladen, Berlin, Toronto: Verlag Barbara Budrich.

QUA-LiS NRW. (2015). *Bildungsplan zur Erprobung für die Bildungsgänge der Ausbildungsvorbereitung berufliche Kenntnisse, Fähigkeiten und Fertigkeiten sowie berufliche Orientierung und ein dem Hauptschulabschluss gleichwertiger Abschluss. Fachbereich Wirtschaft und Verwaltung. Bereichsspezifische Fächer: Geschäftsprozesse im Unternehmen, Personalbezogene Prozesse, Gesamtwirtschaftliche Prozesse.* Zugriff am 01.08.2017. Verfügbar unter https://www.berufsbildung.nrw.de/cms/upload/ausbildungsvorbereitung/wirtschaft_verwaltung/av_wuv_bereichsspez-faecher.pdf

Rützel, J. (2007). Integration durch Ausgrenzung? Das Nadelöhr duale Berufsausbildung. *Berufsbildung, 107/108,* 2.

Sloane, P. F. E. (1992). *Modellversuchsforschung: Überlegungen zu einem wirtschaftspädagogischen Forschungsansatz. Wirtschafts-, Berufs- und Sozialpädagogische Texte* (Bd. 18). Köln: Müller Botermann.

Roman Bartosch und Andreas Köpfer

10. Lernen in heterogenen Gruppen – Differenzierung, Diagnostik und didaktische Handlungsfähigkeit im Englischunterricht

10.1 Einleitung – Englischunterricht im Kontext von Schul- und Unterrichtsentwicklung mit dem Anspruch „Inklusion"

In der derzeitigen bildungswissenschaftlichen, schulpädagogischen und fachdidaktischen Diskussion scheinen Bezugnahmen auf Heterogenität und Inklusive Bildung zum Status quo zu gehören, u.a. auch in der Fremdsprachendidaktik (z.B. Bartosch & Rohde, 2014; Burwitz-Melzer, Königs, Riemer & Schmelter, 2017). Der Entwicklungsverlauf, den die beiden nun häufig gemeinsam genannten und diskutierten Begriffe „Heterogenität" und „Inklusion" haben, kann jedoch als durchaus different bezeichnet werden. Die ,Rede von der Heterogenität' (Budde, 2012) wurde insbesondere nach den PISA-Studien und dem guten Abschneiden von Ländern en vogue, deren bildungsorganisatorische und schulstrukturellen Prämissen tendenziell auf einer stärkeren Berücksichtigung der Vielfalt der Schülerinnen und Schüler basieren (Arbeitsgruppe internationale Vergleichsforschung, 2003). Inklusion hingegen gelangte – ausgehend von sonderpädagogischen Selbstkritiken an der vorherrschenden Integrationspraxis (Hinz, 2002; Sander, 2002) über rechtliche Transformationsprozesse durch die UN-Behindertenrechtskonvention (UN, 2006) bis hin zu transdisziplinären und intersektionalen Referenzen und Kontextualisierungen – entlang der Differenzlinie Behinderung bzw. Be-Hinderung (Böing & Köpfer, 2016) zu fachlicher wie gesellschaftlicher Popularität. Gemein ist den beiden Diskursen, dass derzeit ein tendenziell affirmativer, top-down gesteuerter und auf die Umsetzung der Integration von Schülerinnen und Schüler mit sonderpädagogischem Förderbedarf in allgemeinen Schulen bzw. auf den bildungsgerechten Umgang mit Heterogenität fokussierender Prozess sichtbar wird. Es zeigt sich innerhalb dieser Transformationsbewegung – nicht der schulisch-unterrichtlichen Strukturen, sondern der Transformation des Diskurses – dass die fachdidaktische Umsetzung von schulischer Inklusion bzw. des Umgangs mit Heterogenität in den Blickpunkt gerät. Ob diese Fokussierung dem Gegenstand und Begriffsradius von Inklusion entspricht oder die bildungspolitische Präferenz einer umsetzungsorientierten Konzeptentwicklung von Inklusion in und durch die Fachdidaktiken im Vordergrund steht, kann an dieser Stelle nicht hinreichend diskutiert werden. Konstatiert werden kann jedoch eine Gemengelage aus unterschiedlichen Anforderungsproklamierungen, insbesondere an die Veränderung von Lehrerhandeln und Unterrichtsgestaltung (Trautmann, 2010). Dabei tritt – um Schucks (2000) Differenzierungskategorien zu bemühen – eine strukturelle Orientierung der Veränderung von schulisch-unterrichtlichen Rahmenbedingungen für Bildung und Lernen zugunsten einer „personale[n *Einfügung R.B., A.K.*] Orientierung" (Schuck, 2000, S. 234) an (individuellen Förder-)Bedürfnissen als förderbedürftig attestierter oder als marginalisiert beschriebener Schülerinnen- und Schülergruppen in den Hintergrund (Hazibar & Mecheril, 2013).

10.2 Theorielinien zur Adressierung heterogener Gruppen in der Fremdsprachendidaktik

Zumindest auf den ersten Blick scheint der Englischunterricht eines der fachdidaktischen Handlungsfelder zu sein, die für die Realisierung eines Inklusionsanspruchs in besonderem Maße geeignet zu sein scheint (Nieragden, 2014; Schäfer, 2015; Surkamp, 2017). Dies liegt nicht nur an allgemeinen, in den letzten Jahren verstärkt auch empirisch untersuchten Ansätzen der Schülerinnen- und Schülerzentrierung, der kreativen Textarbeit sowie einer auf Individualisierung zielenden binnendifferenzierenden Methodologie (vgl. Börner, Edelhoff & Lohmann, 2010; Bowler & Parminter, 2002; Bredella, 2007; Surkamp, 2007), sondern, allgemein gesprochen, an einer weitgehend konstruktivistischen Auffassung von Prozessen des (Zweit-)Spracherwerbs (Haß, 2015). Haß verweist in diesem Kontext auf die inzwischen zu grundlegendem fachdidaktischen Wissen gehörende Überzeugung, dass Lernen „in individuellen Auseinandersetzungs- und Aneignungsprozessen [geschieht Einfügung R.B., A.K.], die innerhalb sozialer Beziehungen und im Umgang mit Gegenstandsbereichen stattfinden" (S. 250). Und mit Bezug auf das Englischlernen, auch von Schülerinnen und Schülern mit Lernschwierigkeiten, fassen Haß und Kieweg (2012, S. 35) zusammen: „Guter Englischunterricht ist aus lerntheoretischer Perspektive ein Unterricht, der mit einem Blick auf die Lerndispositionen der Schüler und mit einem zweiten Blick auf die angestrebten Lernziele vielfältige Formen unterrichtlichen Lernens ermöglicht".

Es existieren zwar Gegenargumente, die darauf aufbauen, dass empirische Untersuchungen festgestellt haben, dass ein in gewissen Graden homogenisierender, primär durch direkte Instruktion operierender Englischunterricht „effizienter" in dem Sinne sei, dass schneller von einer relativ großen Gruppe von Schülerinnen und Schülern eine bestimmte Menge z.B. an Vokabeln gelernt werden kann (De Florio-Hansen, 2014). Jedoch lässt sich dagegenhalten, dass ein entsprechendes Forschungsdesign und auf *summative assessment* (Haß, 2015, S. 271) beruhendes Evaluieren grundlegende fachdidaktische Zielsetzungen (bedeutungsvolle Kommunikation, Sprachbewusstsein, Interkulturelle Kommunikative Kompetenz v.a. im Hinblick auf die von Byram diskutierten Dimensionen des Wissens und Könnens (Rohde, 2014)) nicht oder nur bedingt erfassen, und Prinzipien, wie sie in der letzten Zeit vor allem in der Primarstufendidaktik (weiter)entwickelt worden sind (u.a. *message before accuracy*), nicht in ausreichendem Maße beachten. Dies verweist auf eine offene Frage, mit der sich subsumptionsorientierte Untersuchungen – bezogen auf Unterrichtsgestaltungen – konfrontiert sehen: Wie können komplexe pädagogische und fachliche Konzepte der Unterrichtsgestaltung ebenso wie prozessorientierte und auf *formative assessment* aufbauende Elemente in ein Test-Instrumentarium integriert werden? Diese scheinen in den meisten Fällen nur bedingt geeignet, Unterrichtsprozesse und -praktiken abzubilden (Rödler, 2013). Qualitativ-rekonstruktive Untersuchungen hierzu stehen bislang noch aus.

Dennoch legen bisherige empirische Erkenntnisse nahe, dass zumindest das Sprachkönnen Englisch lernender Schülerinnen und Schüler ein gutes Niveau aufweist: Die in den Grundschulen durchgeführten punktuellen Erhebungen (DESI, EVENING) zeichnen durchweg ein positives Bild vom frühen Fremdsprachenbeginn in stark heterogenen Klassenverbänden (Böttger, Engel & Groot-Wilken, 2013) und helfen verstehen, dass bisher vor allem medial debattierte Zweifel am Nutzen dieses Unterrichts eher in einem nicht sinnvoll strukturierten Übergang zur Sekundarstufe begründet liegen oder auf das strukturelle Problem verweisen, dass Englisch (auch) in der Grundschule relativ häufig fachfremd unterrichtet wird (Jaekel, Schurig, Florian & Ritter, 2017). Ebenso wie die in der Sekundarstufe durchgeführten VERA-Studien zeichnen sie jedoch ein Bild, das zum einen die Relevanz außerschulischer und bildungsbiographischer Faktoren in Erinnerung ruft und zum anderen vor Augen führt, dass gerade komplexe Kompetenzen, die im Laufe einer Bildungsbiographie angebahnt und entwickelt werden müssen, einer entsprechenden Testung nur bedingt zugänglich sind (Rohde, 2014, S. 117). Es ließe sich damit fragen, ob bestehende Instrumentarien tatsächlich in ausreichendem Maße geeignet sind, den Englischunterricht „von Behauptungen zu Gewissheiten" (Thürmann, 2013) zu entwickeln oder ob nicht doch eine theoretisch-konzeptuelle Adjustierung z.B. aufgrund allgemeinpädagogischer Modelle und fachdidaktischer Weiterentwicklungen vonnöten ist. Nach wie vor steht außer Frage, dass Fremdsprachendidaktik, wie es die bisherige empirische Forschung nahelegt, nicht auf Erkenntnisse der Spracherwerbsforschung verzichten kann (Keßler, 2013). Was jedoch ein angemessener Sprachenbegriff und was Gelingens-bedingungen von Fremdsprachenunterricht im Sinne einer prozessorientierten, auf funktionale Kompetenzen ausgerichteten und Diversität produktiv aufgreifenden Mehrsprachigkeitsdidaktik sind, ist Gegenstand wissenschaftlich-theoretischer Aushandlungen. Eine Klärung solcher Fragen ließe dann in einem zweiten Schritt zu, unterrichtspraktisch-professionelles Handeln zu modellieren und anhand einer entsprechenden Operationalisierung formativ zu diagnostizieren und schließlich zu bewerten.

Ohne die Relevanz und Nützlichkeit der genannten Studien in Frage stellen zu wollen, lässt sich daher zusammenfassend festhalten, dass es ein Desiderat zu adressieren gilt, das sich aus einem zunehmenden Bedürfnis ergibt, diagnostisch versiert Unterrichtsplanung individualisierend zu gestalten. Bevor wir in einem Ausblick am Ende dieses Beitrags einige Vorschläge machen wollen, wie dieser Herausforderung entgegengetreten werden kann, möchten wir einige fachdidaktische Überlegungen skizzieren, die wir sowohl als relevant für den Unterricht als auch für die diagnostische Praxis erachten (Hallet, 2017, S. 92) und anschließend Bezug nehmen auf dezidiert inklusionsorientierte Forschungsarbeiten, die einen entsprechenden Anspruch entweder bereits umzusetzen versuchen oder einen solchen kritisch einfordern.

Verstärkt in den Fokus einer inklusionsorientierten Englischdidaktik gerückt sind in den letzten Jahren Überlegungen zur „Kooperation am Gemeinsamen Gegenstand", wie sie von Feuser (1995, 1998, 2013; für den Kontext inklusive Englischdidaktik Köpfer, 2014; Bartosch & Köpfer, 2015; Chilla & Vogt, 2017) im Rahmen einer Allgemeinen (integrativen) Pädagogik vorgeschlagen worden ist. Gemein ist diesen Überlegungen, dass sie ihrerseits etablierte Vorschläge zu Differenzierung und Individualisierung (Verriere, 2016) aufgreifen und in den Gesamtkontext eines Gemeinsamen Gegenstands stellen wollen (Springob & Schäfer, 2017, S. 14; Chilla & Vogt, 2017, S. 69). Dabei werden oftmals fachliche Gegenstände, (digitale Medien) (Eisenmann, 2017) oder literarische Texte als Gegenstand definiert und davon ausgehend Differenzierungsmaßnahmen geplant. Hier wird deutlich, dass der Begriff des Gegenstands widersprüchlich genutzt wird: Bei Feuser umfasst er Unterrichtsprozesse, methodische Zugriffe und kooperative Lernformen ebenso wie eine gemeinsame Orientierung an Phänomenen der Lebenswelt der Schülerinnen und Schüler (fundamentale Bildungsinhalte) sowie gesellschaftlich relevante Bildungskategorien (elementare Bildungsinhalte) im Sinne Klafkis. In englischdidaktischer Forschung dagegen rücken verstärkt Fachgegenstände in den Blick, was zumindest die Frage aufwirft, inwiefern ein solcher Zugang Gefahr laufen kann, den Blick von gemeinsam geteilten Lernprozessen zumindest zeitweise abzulenken und Phänomen-orientierten Unterricht zu fokussieren, der erst im Anschluss „re-individualisiert" werden muss, was zweifelsohne eine große Herausforderung und nicht zuletzt enorme Arbeitsbelastung darstellt, wie einzelne Studien und Befragungen auch bestätigen (Klippel, 2017, S. 119–121).

Es ist an dieser Stelle sicherlich hilfreich, einige der in den letzten Jahren im Kontext der sog. „kommunikativen Wende" entwickelten und erprobten didaktischen Ansätze in Erinnerung zu rufen, um sie in einem nächsten Schritt auf ihre Kommensurabilität mit dem Begriff des Gemeinsamen Gegenstands hin zu überprüfen. Anstatt sich auf ein – in Zukunft dann immer wieder auszudifferenzierendes – Lehrwerk und die dort vorgeschriebene Progression zu beschränken, fordern Ansätze aus dem Bereich des *Task-Based Learning* (bzw. des *Task-Supported Learning*) (Ellis, 2003) eine prozessorientierte, gemeinsame Arbeit an auszuhandelnden Aufgaben, die im Gegensatz zu *exercises* nicht als bloße Übungen zu verstehen sind, die lehrerzentriert vermittelte Inhalte festigen helfen sollen, sondern den Mittelpunkt oder zumindest Angelpunkt unterrichtlicher Interaktion ausmachen. Während das Attribut *task-based* bedeutet, dass unterrichtliches Handeln insgesamt an einer Aufgabe ausgerichtet sein soll, was bisher in dieser Reinform nur selten praktiziert werden kann (Müller-Hartmann & Schocker-von Ditfurth, 2013, S. 203), legt die Idee des aufgabenunterstützten (*task-supported*) Lernens zumindest nahe, Lehren und Lernen an einer *task* auszurichten, zu deren Bearbeitung der Gebrauch der englischen Sprache und die gemeinsame Aushandlung von Bedeutung (Long, 1981) erforderlich sind. Im Sinne konstruktivistischen Denkens wird in beiden Fällen also das sprachliche Handeln und der gemeinsame kommunikative Austausch im kooperativen Bearbeiten von Aufgaben in den Mittelpunkt gerückt und wandelt sich somit vom im Lehrgang untersuchten Phänomen im vorher beschriebenen Sinne zum Gegenstand. Das von Willis vorgelegte Konzept des *task cycle* (Willis D. & Willis, 2007) hilft, den beschriebenen Prozess zu strukturieren; Hallet und Krämer (2012) haben zudem das Konzept der Aufgabe lebensweltlich, kompetenzorientiert und mit besonderem Augenmerk auf kooperative Arbeits- und Sozialformen als „komplexe Kompetenzaufgabe" weiterentwickelt und somit ein Modell gemeinsamen und inklusionsorientierten Lernens vorgeschlagen, dass unserer Auffassung nach dem Feuserschen Gemeinsamen Gegenstand besonders nahekommt, da *tasks* individualisiert und kooperativ zu lösen und in ihrer zeitlichen Dimension flexibel (als Projekt, als *workplan* etc.) zu gestalten sind (Bartosch, im Erscheinen).

Eine derartige Orientierung an kooperativ zu lösenden, binnendifferenzierenden Kompetenzaufgaben würde erlauben, dem oben erwähnten Problem des Gegenstandsbegriffs zu begegnen und hat gleichzeitig Konsequenzen für die empirische Begleitung von Unterricht: Bisher führt eine Orientierung am Feuserschen Gegenstandsbegriff noch häufig zu einer Bedeutungsverschiebung hin zu einer phänomen- und lehrgangsorientierten Auffassung von Gegenständlichkeit (das *simple past* der englischen Sprache als „Gegenstand"). Im Gegensatz dazu betont Feuser in zahlreichen Publikationen, dass seine Vorstellung eines Gemeinsamen Gegenstands neben einer inhaltlichen, lebensweltlichen und problemorientierten Dimension gleichermaßen Fragen der kooperativen und der individualisierten Lernprozesse umfasst und das prozesshafte Lernen aufgrund innerer Differenzierung in den Mittelpunkt stellt. Für eine Diagnostik bzw. am Anspruch von Inklusion orientierte Leistungserhebung bedeutet dies, dass nicht bloß individuelle Performanz im Mittelpunkt stehen kann, sondern eine Form der formativen Evaluation, die den Prozess und die gemeinsame Kooperation in den Mittelpunkt einer potenzialorientierten Erhebung stellt. Inwiefern der Begriff des Gegenstands, wie er von Feuser eingeführt in der aktuellen Debatte aufgegriffen wird, helfen kann, werden die folgenden Ausführungen zu diskutieren versuchen.

10.3 Lernen in heterogenen Gruppen – erste Forschungsbefunde im Bereich des Fremdsprachenunterrichts

Die bisher dargestellten Beobachtungen sollen nun im Kontext fremdsprachendidaktischer, vor allem den Englischunterricht betreffender Forschung konkretisiert werden. Es ist zu erkennen, dass das Forschungsinteresse gerade im Kontext von an Inklusion orientiertem Fremdsprachenunterricht innerhalb der letzten Jahre enorm angestiegen ist. Während für den Bereich des an Heterogenität orientierten Englischunterrichts erste Literatur- und Forschungszusammenfassungen existieren (Tillmann & Wischer, 2006; Trautmann, 2010), zeigt sich hinsichtlich der empirischen Bearbeitung von Forschungsdesiderata im Kontext von an Inklusion orientiertem Fremdsprachenunterricht bislang aber eine eher rudimentäre Forschungslandschaft mit punktuellen Erkenntnissen (Doert & Nold, 2015; Rossa, 2015). Es kann dabei konstatiert werden, dass sich Forschungen, die terminologisch „Inklusion" ausweisen, in erster Linie auf Englischunterricht beziehen, in denen Schülerinnen und Schüler mit und ohne sonderpädagogischen Förderbedarf lernen (u.a. Gerlach, 2015). Im Folgenden werden kurze Einblicke in ausgewählte Studien gegeben:

So nimmt zum Beispiel die aktuelle Studie *Inklusiver Englischunterricht am Gymnasium* von Springob (2017) die Herausforderung Inklusion an einem ausgewählten Gymnasium in den Blick, die mittels einer Mixed-Methods-Studie – bestehend aus einem quantitativen wie qualitativen Forschungszugang – hinsichtlich der Realisierung von Englischunterricht in einer heterogenen Klasse untersucht wird. Als Ergebnis wird insbesondere ein notwendiges Zusammenspiel von inklusionsorientierten Einstellungen, Anwendung förderdiagnostischer Verfahren sowie fachdidaktischer Differenzierung betont, das als Gelingensbedingung für inklusive Unterrichtsentwicklung im Fach Englisch gelten kann.

Die von Schlaak 2015 durchgeführte Studie zum Thema *Fremdsprachendidaktik und Inklusion – Herausforderungen im Kontext von Mehrsprachigkeit und Migration* intendiert einen empirisch kontrollierten Blick auf die Umsetzung inklusiver Bildung im Fremdsprachenunterricht (hier im Französisch-, Spanisch- und Italienischunterricht) im Regelschulsystem (S. 13). Im Zeitraum von Oktober 2014 bis März 2015 führte Schlaak in einer ersten Phase 10 Tiefeninterviews mit Fremdsprachenlehrkräften in Willkommens-/Integrationsklassen mithilfe eines spezifischen Fragebogens im Umfang von 18 Fragen durch. In einer zweiten Phase schloss sie eine quantitative Erhebung durch einen offenen Fragebogen mit 24 Fragen an, die sich inhaltlich mit Mehrsprachigkeit, Migration und Inklusion befassten. Als Ergebnisse der Untersuchung werden Herausforderungen der Akteurinnen und Akteure in Bezug auf Inklusion herausgestellt. Um dem Reformauftrag Inklusion gerecht werden zu können, nennen die Lehrkräfte die Arbeit in Teams, bestehend aus unterschiedlichen Akteurinnen und Akteuren, personelle und räumliche Unterstützung sowie angemessene Aus- und Weiterbildungsangebote als Voraussetzung für eine erfolgreiche Umsetzung von Inklusion. Bezüglich der Leistungsbewertung sind die Lehrkräfte der Willkommensklasse der Meinung, dass eine individuelle Betrachtung – d.h. formative Leistungsbewertungen – stärker im Vordergrund stehen sollten. Jedoch leide ein inklusiver Unterrichtsansatz und die Herstellung inklusiver Unterrichtsmaterialien unter der fehlenden Aus- und Weiterbildungssituation während und nach dem Studium, da Inklusion nur unzureichend behandelt werde.

Einer empirischen Adressierung gelingender Rahmenbedingungen für inklusiven Fremdsprachenunterricht wird auch durch Gerlach (2015) auf Grundlage von

Experteninterviews nachgegangen. Inhaltlich zielt die explorative Untersuchung zum einen auf die generelle Einstellung der Befragten zur Thematik ab und behandelt zum anderen den methodischen Umgang, entsprechende Rahmenbedingungen, noch vorhandene Schwierigkeiten wie auch perspektivisch damit verbundene Wünsche und Erwartungen der Lehrkräfte. Die Befragung von Fremdsprachenlehrkräften an Regelschulen mit Inklusionserfahrung bildet eine allgemein positive Perspektive auf Inklusion ab. Jedoch wurden auch Schwierigkeiten in der Umsetzung artikuliert, die sich häufig in Form eines Mehraufwands ausdrückten, der wiederum mit dem Grad der Behinderung zusammenhänge. Als förderlich angesehene Aspekte im inklusiven Fremdsprachenunterricht nannten die Befragten u.a. eine starke Ritualisierung des Unterrichts, das Nutzen einer einfachen Sprache, das multisensorische Arbeiten sowie einen stärkeren Fokus auf Sprachproduktion und Kommunikation. Zudem wünschen sich die Befragten eine personelle Unterstützung im laufenden Unterricht, eine veränderte Ausbildung, bessere Fortbildungen und geeignetes Fördermaterial. Die Gruppe der Sonder-/Förderlehrkräfte mit fremdsprachlicher Erfahrung vertritt insgesamt ein eher idealistisches Verständnis von Inklusion, äußert aber auch negative Einzelbeispiele und sieht die Umsetzung eher kritisch, da sie meist in deutlich kleineren Klassen unterrichten, in denen bestimmte Förderschwerpunkte innerhalb der Lerngruppe festgelegt sind. Wie die Fremdsprachenlehrkräfte vermerken auch sie, dass der Schwerpunkt nicht auf der Schreibkompetenz, sondern der mündlichen Sprachproduktion und dem Hörverstehen liege. Zusätzlich setzen Fremdsprachenlehrkräfte vermehrt Bilder und Bildkarten ein, um den Wortschatz zu trainieren und das Spielerische gegenüber der Inhaltsorientierung zu betonen. Darüber hinaus wird die Differenzierung der Lernenden betont und die Einsicht, dass der Fortschritt einer bzw. eines Lernenden mit zugeschriebenem sonderpädagogischen Förderbedarf nicht an der Klassennorm gemessen werden dürfe. Auch Sonder- und Förderlehrkräfte betonen, offen für Team-Teaching zu sein und nennen technische, bauliche und personelle Ausstattung von Regelschulen als das größte Hindernis für Inklusion.

Darüber hinaus entstehen eine Reihe von Forschungsarbeiten – u.a. angestoßen durch die Qualitätsoffensive Lehrerbildung oder durch Forschungskonferenzen – die sich mit Inklusion als Forschungsfeld für den Englischunterricht auseinandersetzen (z.B. Johannsen 2018, im Erscheinen) und theoriegeleitet diskutieren (Burwitz-Melzer, Königs, Riemer & Schmelter, 2017). Exemplarisch für derzeit laufende Forschungsprojekte soll das Projekt „DIEG – Differenzierungs- und Differenzkonstruktionen" (Budde et al., 2016) und die hierin angesiedelte Forschungsarbeit von Svenja Johanssen zu innerer Differenzierung im Kontext inklusiven Englischunterrichts (2018, im Erscheinen) expliziert werden. Mittels eines qualitativ-rekonstruktiven Forschungsansatzes und basierend auf praxistheoretischen Annahmen nach Schatzki (2010) untersucht Johanssen Praktiken der Differenzsetzung und Differenzierung im Englischunterricht von Grundschulen (3./4. Klasse) in Norddeutschland. Erste Ergebnisse zeigen, dass – so Johanssen (2018, im Erscheinen) – „jede Form der Differenzierung, die Teilhabe verheißt, im selben Zug besondert und eine Form der Differenz markiert". Differenzierung als didaktische Maßnahme für den Unterricht in heterogenen Gruppen wird hier also differenzierter und hinsichtlich ihrer Inklusions- und Exklusionspraxis betrachtet, was sich vor dem Hintergrund unterschiedlichen Lehrerinnen- und Lehrerhandelns divergent darstellt (ebd.).

Festzuhalten ist, dass trotz der evidenten Notwendigkeit, praktikable methodische Zugänge zu entwickeln und zu erproben, bisherige Ansätze und Forschungsergebnisse immer wieder herausstellen, dass grundlegende Fragen des (fach)didaktischen Verständnisses sowie über bisherige, unterrichtspraktisch bzw. methodisch orientierte Konzepte herausgehende Aspekte einer „Pädagogik der Vielfalt" (Prengel, 2016) untersucht und modelliert werden müssen (Klippel, 2017). Im Folgenden möchten wir die oben skizzierten Aspekte aufgreifen und zusammenführen mit den bisherigen Forschungsresultaten und -desideraten. Konzentrieren wollen wir uns dafür auf die beiden Bereiche der didaktischen Handlungsfähigkeit und der diagnostischen Kompetenz, da beide Aspekte sowohl konkrete unterrichtliche Relevanz und Dringlichkeit besitzen, beide aber gleichermaßen weitere Forschung und Erprobung erfordern, die im Verhältnis zu den grundlegenden, im ersten Teil dieses Aufsatzes skizzierten inklusionstheoretischen Überlegungen stehen sollten, um zu einem diversitätssensiblen Englischunterricht beizutragen.

10.3.1 Differenzierung

Wie oben bereits erläutert, ist das Phänomen der Heterogenität keinesfalls völlig neu, sondern hat, im Gegenteil, bereits große Aufmerksamkeit vor allem in Bezug auf die Entwicklung von aufgabenbasierten und individualisierten Lernsettings genossen. Gerade der Bereich der Primarstufendidaktik, der seit jeher mit der Grundschule eine Form der Beschulung erforscht hat, die deutlich weniger Möglichkeiten kennt, Schülerinnen und Schüler auszusondern, verfügt somit über eine Reihe von Modellen und fremdsprachendidaktischen Prinzipien, die sich anbieten, auch im Sekundarbereich übernommen oder verstärkt beachtet zu werden (für den inklusiven Kontext s. auch Schäfer, 2015).

Mit Blick auf die Herausforderung einer an Inklusion orientierten Differenzbearbeitung von Schülerinnen und Schülern sollte unseres Erachtens zudem der Bereich des interkulturellen Lernens bzw. der interkulturellen Kompetenz stärker in den Blick gerückt werden. Interkulturalität spielt als eine der Kernkompetenzen der Englischdidaktik seit langem eine besondere Rolle, und zahlreiche Ansätze und Methoden, vor allem im Bereich der Literatur- und Kulturdidaktik, schlagen Wege und Mittel vor, das für den kulturellen Austausch bzw. das Verstehen vermeintlich fremder Menschen und Kulturen zentrale Moment der Alterität zu bearbeiten (Hallet & Nünning, 2007; Erll & Gymnich, 2015). Hier ist auch vor allem auf die Möglichkeiten und Herausforderungen von Diagnostik und Messbarkeit der interkulturelles Lernen betreffenden Kompetenzen zu verweisen: In dem Bereich gemachte Vorschläge und durchgeführte Studien lassen sich im Hinblick auf Inklusion und Potenzialorientierung Gewinn bringend aufgreifen und weiterentwickeln.

Im Anschluss an Lütge schlagen wir daher vor, Diversitätssensibilität im fremdsprachlichen Unterricht aus dieser Perspektive zu fokussieren, da „mit dem Inter- und Transkulturellen Lernen" sehr häufig „das Thema ‚otherness' und seine verschiedenen Facetten" aufscheinen (2017, S. 190). Zwar ist auch Lütges kritischem Blick auf die identitätspolitischen Verengungen der Transkulturalitätsdebatte und -didaktik zuzustimmen; unser Fokus liegt in vorliegendem Fall aber mehr auf der Tatsache, dass mit entsprechenden didaktischen und empirischen Arbeiten erste sinnvolle Versuche gemacht und Studien präsentiert worden sind, die das schwer fassbare Moment der Heterogenität mit der notwendigen Sensibilität angehen und, wenn möglich, zu modellieren suchen (Steininger, 2014; Brunsmeier, 2016; Hallet, 2017). Es wäre daher zu überlegen, inwiefern in Zukunft der in dem Bereich der Interkulturellen (Kommunikativen) Kompetenz und einer Didaktik des Fremdverstehens entwickelte hermeneutische Zugang zu Differenz und Differenzkonstruktion für eine diversitätssensible und vom Gegenstand her induzierte Kategorienbildung in didaktischen Kontexten fruchtbar gemacht und entlang der Potenziale der SchülerInnen ausgerichtet werden kann (Bartosch, im Erscheinen; sowie zur Differenzkonstruktion innerhalb schulischer Praktiken, Budde, 2012; Sturm & Wagner-Willi, 2012; Reh & Ricken, 2014).

10.3.2 Diagnostik

Die Frage, wie eine an Inklusion orientierte Diagnostik konturiert sein kann (Amrhein, 2016), wie sie im Verhältnis zu didaktischen Prozessen im Unterricht stehen kann (Prengel, 2016), wie durch sie eine adäquate Annäherung an die Lern- und Entwicklungsstände von Schülerinnen und Schülern gelingt und wie Unterstützungskategorien (re-)definiert und geformt werden können, ist derzeit Gegenstand wissenschaftlicher Aushandlung. Vor dem Hintergrund einer Betonung umfassender individueller Förderung führt Burwitz-Melzer diesbezüglich aus, dass „Standard- und Kompetenzorientierung" besonders bedeutsam für eine inklusive Diagnostik seien, da dadurch „individuelle Leistungsprofile" erstellt werden könnten (Burwitz-Melzer, Königs, Riemer & Schmelter, 2017, S. 34). Eine solche Diagnose müsse dem unterrichtlichen Handeln vorausgehen; danach gelte es, für den „individualisierten Unterricht ein[en] genaue[n] methodische[n] Plan" zu erstellen (S. 35). Im Anschluss an eine Unterrichtseinheit schließlich bedürfe es „Reflexionsgesprächen" und „individuelle[r] Lernverträge[]"(ebd.), die den weiteren Verlauf des Lernens gestalten helfen sollen. Diese Auffassung bringt jedoch zwei problematische Implikationen mit sich: Erstens ist nicht völlig trennscharf dargestellt, inwiefern eine solche an Standards ausgerichtete, diagnostische Profilierung prozess- und kooperationsorientiert in die unterrichtliche Praxis integriert werden soll. Dies wäre notwendig, um pädagogische Diagnostik als eine Dimension gelingenden Fremdsprachenlernens zu etablieren, anstatt reifizierende Prozesse der statischen, wenn auch individualisierten Kategorisierung anzustoßen. Zweitens stellt sich die Frage der Praktikabilität. In der Forschungsarbeit von Kubanek und Edelenbos (2012) lautet ein Fazit, dass „die Lehrer die Anfertigung schriftlicher Berichte über Kinder gerne vermeiden würden. Das Gleiche gilt für formale Tests" (S. 7). Wenn aber Diagnostik in der Praxis als störende oder belastende Nebentätigkeit gefasst wird, besteht die Gefahr, dass sie in formalisierter Weise unzureichend, nur punktuell und vor allem in erster Linie in Bezug auf Schülerinnen und Schüler, sog. „Inklusionskinder", durchgeführt wird, denen bereits statusdiagnostisch sonderpädagogischer Unterstützungsbedarf attestiert wurde. Dann zeichnet sich genau das Phänomen ab, aus dessen Kritik sich das Verständnis von Inklusion als Infragestellung einer Zwei-Gruppen-Theorie herausgebildet hat (Hinz, 2013): Die normorientierte Adressierung des latent Abweichenden (mittels diagnostischer Verfahren) in einem homogenisierten und homogenisierenden Handlungsrahmen.

Kubanek und Edelenbos (2012) plädieren für eine verstärkte Fokussierung diagnostischer Kompetenz bei angehenden Lehrkräften und argumentieren, eine solche beginne

> mit dem Bewusstsein der Lehrkräfte für die Notwendigkeit einer genauen Beobachtung des fremdsprachlichen Lernzuwachses […] und schließt die Fähigkeit ein, diesen zu interpretieren und in Reaktion darauf den Lernern adäquate Hilfe zu geben. (S. 2)

Interessanterweise rekontextualisiert eine solche Vorstellung von diagnostischer Kompetenz jedoch das Ziel einer Diagnose und verschiebt den Fokus von Störungsbildern bei Kindern hin zu kommunikativer Performanz und Lern- bzw. Unterstützungsangeboten. Dies macht es nach wie vor möglich, Leistungen von Lernenden in einer an Standards orientierten Matrix zu platzieren, da sprachlicher Output und kommunikative Performanz z.B. anhand spracherwerbstheoretischer und ggf. mehrsprachigkeitsdidaktischer Erwerbsstufen evaluiert werden können. Gleichzeitig verhindert der Fokus auf sprachliche Entwicklung jedoch eine fixe, durch empirische Überprüfung womöglich zusätzlich festgeschriebene Kategorisierung anhand von z.B. Behinderungskategorien, die das Kind als „Inklusionskind" essentialisiert.

Zu einem ähnlichen Ergebnis kommt auch eine von uns an Schulen in Nordrhein-Westfalen durchgeführte Vorstudie zum Einsatz diagnostischer Instrumente. Im Rahmen dieser explorativen Studie wurden knapp 100 Lehrkräfte, die innerhalb der letzten 10 Jahre den Schuldienst begonnen haben, zu ihrem diagnostischen Vorgehen im Englischunterricht befragt. Berichtet wird davon, dass weder Zeit, Räume und Instrumente zur Verfügung stünden, adäquat zu testen bzw. diese Tätigkeit angemessen bzw. in einem formativen Sinne in den Unterrichtsalltag zu integrieren (z.B. bezogen auf das von Pienemann entwickelte „Rapid Profiling"-Programm; siehe dazu auch Trautmann, 2010, S. 7 und Caspari, 2017, S. 45, die zu einem ähnlichen Fazit bezüglich tatsächlicher Diagnosetätigkeit kommt). Viel häufiger genannt wurde jedoch die generelle Unkenntnis von bzw. Überforderung durch operationalisierte Psychometrie sowie der Wunsch, anhand von Instrumenten, die dem eigenen professionellen Handeln näher stehen, Leistungen und Fortschritte zu bewerten. Diese Idee soll im folgenden Abschnitt unter Rückgriff auf den oben dargelegten Gegenstandsbegriff weiterentwickelt werden.

10.3.3 Didaktische Handlungsfähigkeit

Caspari (2017) verweist auf ihre Forschungsergebnisse zu Diagnostik und Handlungsfähigkeit von Lehrkräften und stellt unter Rückgriff auf Arbeiten von Junghans und Schinschke (2009) fest, dass Differenzierungsangebote, wie sie in aktuellen Lehrwerken vorgeschlagen werden, paradoxerweise „lernschwächere Schüler/innen sogar benachteiligen [können, *Einfügung R.B, A.K.*], weil [sie, *Einfügung R.B, A.K*] vor allem reproduktive und geschlossene Aufgabenformate, selten aber kognitiv herausfordernde und offene Aufgabeformate" enthalten (S. 46). Im Hinblick auf diagnostische Erhebungen lässt sich sagen, dass ein Mehr an Diagnostik dieses Problem eher verschärfen als beheben würde, wenn summatives und standardisiertes Testen mit der Erhebung von Lernzuwächsen und der temporären Platzierung von Lernenden in einem Lern- oder Förderraster gleichgesetzt wird. Die von Caspari (2017) identifizierten Kernziele eines diversitätssensiblen Fremdsprachenunterrichts – Lernendenautonomie, Öffnung von Aufgaben und Unterricht, komplexe Lernaufgaben sowie ganzheitliche bzw. kreative Zugänge (S. 46) – lassen sich folglich auch als Entwicklungsaufgaben einer an Inklusion orientierten und diversitätssensiblen und formativen Diagnostik verstehen.

Dazu ist notwendig, den Kern diagnostischer Tätigkeit nicht in einem pathozentrisch wahrgenommenen Individuum, sondern in der gemeinschaftlichen unterrichtlichen Tätigkeit, wie sie beispielsweise mit dem Konzept der komplexen Kompetenzaufgabe entwickelt worden ist (Hallet & Krämer, 2012; Hallet, 2017), zu sehen. Zielt eine solche Kompetenzaufgabe immer (auch) auf ein gemeinsam entwickeltes Produkt – einen „Output", der nicht als quantifizierbare Leistung verengt, sondern im Sinne einer kooperativen aber individualisierten Auseinandersetzung mit dem Gemeinsamen Gegenstand verortet werden kann –, so lässt sich dieses Produkt auch förderdiagnostisch untersuchen und entsprechend nutzen. Den Umgang mit Lerngegenständen und Produkten gemeinsamen Lernens kennen Lehrkräfte und sind in der Lage, differenziert und professionell damit umzugehen und zur Bewertung zu nutzen. Es wäre somit eine vielversprechende Herausforderung, diese bereits etablierte Praxis im Hinblick auf diagnostische Kompetenz und vor allem alltagspraktische Umsetzbarkeit hin weiterzuentwickeln.

Aus den aufgeführten Forschungsarbeiten werden folgende Entwicklungslinien deutlich, die insbesondere auf empirische Desiderate verweisen:

- Die seit einigen Jahren bereits erfolgte Berücksichtigung von Phänomenen der Heterogenität muss auch und gerade in an Inklusion interessierten Schulentwicklungsprozessen und fachdidaktischen Modellen weiterentwickelt werden.
- Kritisch zu sehen sind dabei einseitige Rufe nach Individualisierung, sofern sie gemeinschaftlich-kooperativen und prozessualen Lernabläufen zu wenig Aufmerksamkeit schenken. In diesem Sinne darf auch der Begriff des Gemeinsamen Gegenstands nicht missverstanden werden, der sich nicht auf individualisiert zu didaktisierende (Sprach-)Phänomene beschränken lässt, sondern vielmehr eine allgemeinpädagogische Lernvorstellung beschreibt, die es fachdidaktisch zu konturieren gilt.
- Für diese Konturierung bedarf es neben Forschung zu Begrifflichkeit und Konzepten der Differenz in fachdidaktischen Settings einer Diskussion diagnostischer Kompetenz: Kann diagnostische Kompetenz sich erschöpfen im z.B. durch Fortbildung vermittelten sonderpädagogischen Fachwissen? Ist eine an der dortigen Testung orientierte Diagnostik praktikabel und zielführend in fremdsprachlichen Kontexten (Hallet, 2011, S. 71)? Und schließlich: Welcher Professionalisierungsschritte bedarf es bei den Lehrkräften; welche derzeit vielleicht unentdeckten oder ungenutzten fachdidaktischen Potenziale existieren bereits und können mobilisiert werden?

10.4 Schlussfolgerungen – Annäherungen an eine gegenstandsorientierte Diagnostik

Aus dem Zusammenzug und dem Überblick über bisherige Studien im Kontext von an Inklusion orientiertem Fremdsprachenunterricht kann konstatiert werden, dass sich die empirische Bildungsforschung bislang schwerpunktmäßig auf das Lehrerinnen- und Lehrerhandeln in heterogenen Lehr-Lernsettings fokussiert. Zunehmend ist dabei die Frage virulent, wie Lehrpersonen nicht nur im Sinne von Einstellung und Wissen zu Inklusion, sondern konkret innerhalb von Unterrichtssituationen adäquat und am fremdsprachlichen Lerngegenstand orientiert die Lern- und Entwicklungsstände von Schülerinnen und Schülern einschätzen und formativ begleiten können. Während die theoretische Diskussion hierzu zunimmt, wurde eine empirische Adressierung der Unterschiedlichkeit von Lernständen und der Frage, wie mit Leistungsdifferenzen innerhalb eines auf Heterogenität fokussierenden Englischunterrichts in diagnostischer Hinsicht umzugehen ist, bislang nicht geleistet. Dabei wird mehrfach darauf hingewiesen, dass gerade die pädagogische und didaktische Diagnostik als zentrale Annäherungsperspektiven auf die unterschiedlichen Lern- und Entwicklungsstände der Schülerinnen und Schüler (Sturm, 2013; Stojanov, 2007; Prengel, 2016) und gleichzeitig in die Unterrichtsabläufe einzulassende Handlungsperspektiven unverzichtbare Entwicklungslinien im Fremdsprachenunterricht sind und gleichzeitig dort wenig adressiert werden (Chilla & Vogt, 2017). Wie bereits im Bildungsbericht 2014 (Autorengruppe Bildungsberichterstattung, 2014) erfasst, existiert derzeit eine Reihe von Diagno-severfahren und -instrumenten, denen im Kontext inklusiver Bildung und der damit einhergehenden Forderung nach Förderung durch Individualisierung und Differenzierung eine Schlüsselfunktion zukommt. Die bisherigen Instrumente zielen dabei primär auf die individuelle Schülerin bzw. den individuellen Schüler, was sowohl aus sonderpädagogischer Sicht individueller (Früh-)Förderung und Prophylaxe als auch aufgrund der Forderung eines individuellen Anspruchs auf Teilhabe gerechtfertigt scheint. Zudem ist eine entsprechende sonderpädagogische Diagnostik an Fragen infrastruktureller Ausstattung, Ressourcenallokation und in-stitutioneller Platzierung gekoppelt.

Aus inklusionstheoretischer wie auch unterrichtspraktischer Sicht bleibt die auf Allokation und Selektion fokussierende Statusdiagnostik jedoch bislang we-nig verbunden mit prozessbegleitender, gegenstandsbezogener Diagnostik eines inklusiven Englischunterrichts und hält wenige Anschlüsse z.B. zu theoretischen Vorarbeiten zur Kooperation am gemeinsamen Gegenstand (s. Abschnitt 2) bereit. Tatsächlich folgern einige Forscherinnen und Forscher, dass die Notwendigkeit zu Individualisierung, die ursprünglich als Lernendenzentrierung im didaktischen Handeln vorgeschlagen worden ist und inzwischen eine individualisierte Psycho-metrie verlangt, ebenfalls bedeute, dass eine Abkehr vom gemeinsamen (Lehr-) Gegenstand vonnöten sei (Bär, 2017, der sich auf Budde, 2015 bezieht).

Zum einen ließe sich inklusions- und differenztheoretisch kritisieren, dass In-klusion – als kritischer Anspruch zur Analyse von Inklusions- und Exklusions-prozessen – in entsprechenden Kategorisierungspraktiken pathozentrischer Dia-gnostik nur schwer umfassend und nichtstigmatisierend realisierbar ist. So wird bildungspolitisch auch im Kontext inklusiver Umsetzungsversuche nach wie vor eine bipolare Differenzsetzung in behindert/nicht-behindert mittels statusdiagnos-tischer Verfahren relevant gemacht und führt zu weiterführenden Differenzprak-tiken. Während sich aus unterrichtspraktischer Sicht konstatieren lässt, dass eine entsprechende Verortung notwendig sei, um Unterricht entsprechend planen und Förderungs- und Unterstützungsallokationen vornehmen zu können, kann kritisch eingewendet werden, dass die tatsächliche Belastung für zumeist nicht sonderpä-dagogisch ausgebildete Pädagoginnen und Pädagogen, Testungen und Diagnostik schnell, ständig und dauerhaft im Sinne spiralcurricularer Adaption durchzufüh-ren, die Gefahr von Fehldiagnosen erhöht und zu Frustration und Ängsten aufsei-ten des pädagogischen Personals führen kann.

Eine dezidiert fachdidaktische Diagnostik, die gegenstandsbezogen und im Kontext didaktisch reflektierter Lehr-/Lernsettings zu verstehen ist, gilt es noch zu entwickeln und zu erproben. Eine zentrale Perspektive wäre hierbei, den diagnos-tischen Blick vom als förderbedürftig attestierten Kind und seinen vermeintlichen Defiziten wegzubewegen und als gegenstandsbezogene Behinderungen zu fassen, die es handlungstheoretisch zu analysieren gilt. Hierbei könnte das handlungsthe-oretische Modell von Knebel (2007) in seiner Adaption auf den Englischunterricht dienen (s. Abbildung 10.1). Mit Blick auf die Handlungsorientierung zeigt sich

dieses Modell anschlussfähig an soziale Verständnisse von Behinderung als Akti-
vitätseinschränkung und legt den Fokus auf eine potenzialorientierte Analyse von
Handlungserfahrungen mit dem Gegenstand Fremdsprache auf unterschiedlichen
Ebenen (Mikroanalyse der Sprache, Sprachhandlungsanalyse und biographische
Analyse.

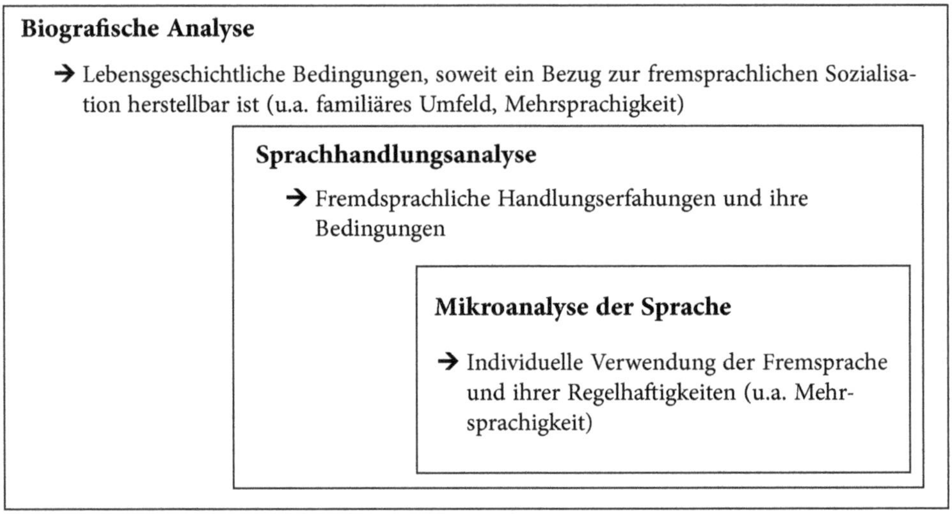

Biografische Analyse

→ Lebensgeschichtliche Bedingungen, soweit ein Bezug zur fremsprachlichen Sozialisation herstellbar ist (u.a. familiäres Umfeld, Mehrsprachigkeit)

> **Sprachhandlungsanalyse**
>
> → Fremdsprachliche Handlungserfahungen und ihre
> Bedingungen
>
> > **Mikroanalyse der Sprache**
> >
> > → Individuelle Verwendung der Fremsprache
> > und ihrer Regelhaftigkeiten (u.a. Mehr-
> > sprachigkeit)

Abbildung 10.1: Handlungstheoretisches Modell nach Knebel (adaptiert für Englischunterricht, eigene Darstellung)

Innerhalb dieses von Knebel für den Kontext der Sprachförderung entwickelten
Modells wird zum einen entlang von unterschiedlichen Ebenen die Handlungsfähigkeit im Sinne eines performativen Potenzials bzw. Potenzialeingeschränktheit
einer Schülerin bzw. eines Schülers festgemacht. Dies geschieht ausgehend vom
und in relationaler Bestimmung zum Lerngegenstand, anhand dessen die individuelle Verwendung, z.B. von fremdsprachlichen Ausdrücken, Grammatik, Wortschatz, begriffliches Wissen etc. in einer sprachbezogenen Mikroanalyse evaluiert
wird, bevor auf der Ebene der „Sprachhandlungsanalyse" grundsätzliche Handlungserfahrungen (z.B. Kontakt mit der englischen Sprache in weiteren unterrichtlichen Situationen, im direkten Handlungsumfeld, im Peer-Kontext, im jeweiligen
Interessensgebiet der Schülerin bzw. des Schülers etc.) analysiert werden. So lässt
sich bestimmen, welche Bedingungen bisher entwicklungsförderlich oder -hinder-
lich waren und z.B. welche Formen der Zusammenarbeit und didaktischen Gestaltung des Unterrichts gewinnbringend sind. Die Ebene der biographischen Analyse
kann darüber hinaus Hintergründe zu Spracherwerb und Sprachverwendung (ggf.
Mehrsprachigkeit) innerhalb des Sozialisationsprozesses der Schülerin bzw. des
Schülers liefern. Wenngleich das an dieser Stelle nur skizzenhaft vorgestellte und
adaptierte Modell in seinem didaktischen Anwendungs- und Praktikabilitätsradius
zunächst in den Unterrichtskontext einzupassen ist, soll an dieser Stelle insbeson-

dere die Verbindung der diagnostischen Analyse der Schülerin bzw. des Schülers und des Lerngegenstandes hervorgehoben werden, die es – und dies lassen die gesamthaften Ausführungen dieses Aufsatzes erkennen – weiter zu entwickeln und auch empirisch zu untersuchen gilt.

Literatur

Amrhein, B. (Hrsg.). (2016). *Diagnostik im Kontext inklusiver Bildung – Theorien, Ambivalenzen, Akteure, Konzepte.* Bad Heilbrunn: Klinkhardt.

Arbeitsgruppe internationale Vergleichsforschung. (2003). *Vertiefender Vergleich der Schulsysteme ausgewählter PISA-Teilnehmerstaaten.* Berlin/Bonn: Bundesministerium für Bildung und Forschung.

Autorengruppe Bildungsberichterstattung. (2014). *Bildung in Deutschland 2014. Ein indikatorengestützter Bericht mit einer Analyse zu Bildung von Menschen mit Behinderungen.* Bielefeld: Bertelsmann.

Bär, M. (2017). Auf dem Weg zur inklusiven Schule – Mögliche Implikationen aus fremdsprachendidaktischer Perspektive. In E. Burwitz-Melzer, F. G. Königs, C. Riemer & L. Schmelter (Hrsg.), *Inklusion, Diversität und das Lehren und Lernen fremder Sprachen. Arbeitspapiere der 37. Frühjahrskonferenz des Fremdsprachenunterrichts* (S. 10–20). Tübingen: Narr.

Bartosch, R. (im Erscheinen). *Interkulturelle Inklusion. Vorschläge zum Differenzierungsbegriff im Englischunterricht ab der Primarstufe.*

Bartosch, R. & Köpfer, A. (2015). Stadtnatur als Gemeinsamer Gegenstand im inklusiven Englischunterricht – Spannungsfelder und Möglichkeiten in der didaktischen Fachdiskussion. In C. M. Bongartz & A. Rohde (Hrsg.), *Inklusion im Englischunterricht* (S. 195–208). Frankfurt am Main: Peter Lang.

Bartosch, R. & Rohde, A. (Hrsg.). (2014). *Im Dialog der Disziplinen. Englischdidaktik – Förderdiagnostik – Inklusion.* Trier: Wissenschaftlicher Verlag.

Böing, U. & Köpfer, A. (Hrsg.). (2016). *Be-Hinderung der Teilhabe. Soziale, politische und institutionelle Herausforderungen inklusiver Bildungsräume.* Bad Heilbrunn: Klinkhardt.

Börner, O., Edelhoff, C. & Lohmann, C. (Hrsg.). (2010). *Individualisierung und Differenzierung im kommunikativen Englischunterricht.* Braunschweig: Diesterweg.

Böttger, O., Engel, G. & Groot-Wilken, B. (Hrsg.). (2013). *Hörverstehen, Leseverstehen, Sprechen. Diagnose und Förderung von sprachlichen Kompetenzen im Englischunterricht der Primarstufe.* Münster: Waxmann.

Bowler, B. & Parminter, S. (2002). Mixed-level Teaching: Tiered Tasks and Biased Tasks. In J. C. Richards & W. A. Renandya (Hrsg.), *Methodology in Language Teaching. An Anthology of Current Practice* (S. 59–64). Cambridge: Cambridge University Press.

Bredella, L. (2007). Bildung als Interaktion zwischen literarischen Texten und Leser/innen. Zur Begründung der rezeptionsästhetischen Literaturdidaktik. In W. Hallet & A. Nünning (Hrsg.), *Neue Ansätze und Konzepte der Literatur- und Kulturdidaktik* (S. 49–68). Trier: Wissenschaftlicher Verlag.

Brunsmeier, S. (2016). *Interkulturelle Kommunikative Kompetenz im Englischunterricht der Grundschule: Grundlagen, Erfahrungen, Perspektiven.* Tübingen: Narr.

Budde, J. (2012). Die Rede von der Heterogenität in der Schulpädagogik. Diskursana-lytische Perspektiven [63 Absätze]. *Forum Qualitative Sozialforschung / Forum: Qualitative Social Research, 13* (2), Art. 16. Verfügbar unter http://nbn-resolving.de/urn:nbn:de:0114-fqs1202160

Budde, J. (2015). Zum Verhältnis der Begriffe Inklusion und Heterogenität. In T. Häcker, J. Plikat & K. Wieland (Hrsg.), *Inklusion als Entwicklung. Konsequenzen für Schule und Lehrerbildung* (S. 117–132). Bad Heilbrunn: Klinkhardt.

Budde, J., Blasse, N. & Johannsen, S. (2016). Praxistheoretische Inklusionsforschung im Schulunterricht. *Zeitschrift für Inklusion, 4*. Verfügbar unter http://www.inklusion-online.net/index.php/inklusion-online/article/view/358/310

Burwitz-Melzer, E., Königs, F. G., Riemer, C. & Schmelter, L. (Hrsg.). (2017). *Inklusion, Diversität und das Lehren und Lernen fremder Sprachen. Arbeitspapiere der 37. Früh-jahrskonferenz des Fremdsprachenunterrichts*. Tübingen: Narr.

Caspari, D. (2017). Differenzsensibler Fremdsprachenunterricht – eine Großbaustelle. In E. Burwitz-Melzer, F. G. Königs, C. Riemer & L. Schmelter (Hrsg.), *Inklusion, Di-versität und das Lehren und Lernen fremder Sprachen. Arbeitspapiere der 37. Früh-jahrskonferenz des Fremdsprachenunterrichts* (S. 43–53). Tübingen: Narr.

Chilla, S. & Vogt, K. (2017). Englischunterricht mit heterogenen Lerngruppen: Eine in-terdisziplinäre Perspektive. In S. Chilla & K. Vogt (Hrsg.), *Heterogenität und Diversi-tät im Englischunterricht. Fachdidaktische Perspektiven* (S. 55–81). Frankfurt am Main: Peter Lang.

De Florio-Hansen, I. (2014). *Fremdsprachenunterricht lernwirksam gestalten. Mit Beispie-len für Englisch, Französisch, Spanisch*. Tübingen: Narr.

Doert, C. & Nold, G. (2015). Integrativer Englischunterricht – Forschungsfragen zwi-schen Wunsch und Wirklichkeit. In C. M. Bongartz & A. Rohde (Hrsg.), *Inklusion im Englischunterricht* (S. 23–37). Frankfurt am Main: Peter Lang.

Eisenmann, M. (2017). Differenzierung und Individualisierung mit Web 2.0 Tools. In S. Chilla & K. Vogt (Hrsg.), *Heterogenität und Diversität im Englischunterricht. Fachdi-daktische Perspektiven* (S. 155–178). Frankfurt am Main: Peter Lang.

Ellis, R. (2003). *Task-Based Learning and Teaching*. Oxford: Oxford University Press.

Erll, A. & Gymnich, M. (2015). *Interkulturelle Kompetenzen. Erfolgreich Kommunizieren zwischen den Kulturen*. Stuttgart: Klett.

Feuser, G. (1995). *Behinderte Kinder und Jugendliche – zwischen Integration und Ausson-derung*. Darmstadt: Wissenschaftliche Buchgesellschaft.

Feuser, G. (1998). Aspekte einer Didaktik unter Berücksichtigung tätigkeitstheoretischer und entwicklungspsychologischer Erkenntnisse. In H. Eberwein (Hrsg.), *Behinderte und Nichtbehinderte lernen gemeinsam. Handbuch der Integrationspädagogik* (S. 170–179). Weinheim: Beltz.

Feuser, G. (2013). Inklusive Bildung – ein pädagogisches Paradoxon. In G. Banse & B. Meier (Hrsg.), *Inklusion und Integration. Theoretische Grundfragen und Fragen der praktischen Umsetzung im Bildungsbereich.* (S. 25–41). Frankfurt am Main: Peter Lang.

Gerlach, D. (2015). Inklusion im Fremdsprachenunterricht: Zwischen Ansprüchen und Grenzen von Heterogenität, Fachdidaktik und Unterricht(srealität). *Fremdsprachen Lehren und Lernen, 44* (1), 123–137.

Hallet, W. (2011). *Lernen fördern Englisch. Kompetenzorientierter Unterricht in der Sekun-darstufe I*. Seelze: Klett Kallmeyer.

Hallet, W. (2017). Fremdsprachenunterricht und inclusive education. In E. Burwitz-Melzer, F. G. Königs, C. Riemer & L. Schmelter (Hrsg.), *Inklusion, Diversität und das Lehren und Lernen fremder Sprachen. Arbeitspapiere der 37. Frühjahrskonferenz des Fremdsprachenunterrichts* (S. 88–101). Tübingen: Narr.

Hallet, W. & Krämer, U. (Hrsg.). (2012). *Kompetenzaufgaben im Englischunterricht. Grundlagen und Unterrichtsbeispiele.* Seelze: Klett Kallmeyer.

Hallet, W. & Nünning, A. (Hrsg.). (2007). *Neue Ansätze und Konzepte der Literatur- und Kulturdidaktik.* Trier: Wissenschaftlicher Verlag.

Haß, F. (Hrsg.). (2015). *Fachdidaktik Englisch – Tradition, Innovation, Praxis.* Stuttgart: Klett.

Haß, F. & Kieweg, W. (Hrsg.). (2012). *I can make it! Englischunterricht für Schülerinnen und Schüler mit Lernschwierigkeiten.* Seelze: Klett Kallmeyer.

Hazibar, K. & Mecheril, P. (2013). Es gibt keine richtige Pädagogik in falschen Verhältnissen. Widerspruch als Grundkategorie einer Behinderungspädagogik. *Zeitschrift für Inklusion-online.net.* Zugriff am 09.09.2017. Verfügbar unter http://www.inklusion-online.net/index.php/inklusion.online/article/view/23/23

Hinz, A. (2002). Von der Integration zur Inklusion – terminologisches Spiel oder konzeptionelle Weiterentwicklung? *Zeitschrift für Heilpädagogik, 53,* 354–361.

Hinz, A. (2013). Inklusion – von der Unkenntnis zur Unkenntlichkeit!? – Kritische Anmerkungen zu einem Jahrzehnt Diskurs über schulische Inklusion in Deutschland. *Zeitschrift für Inklusion Online.* Zugriff am 10.09.2017. Verfügbar unter http://www. inklusion-online.net/index.php/inklusion/article/view/201/182

Jaekel, N., Schurig, M., Florian, M. & Ritter, M. (2017). From Early Starters to Late Finishers? A Longitudinal Study of Early Foreign Language Learning in School. *Language Learning: A Journal of Research in Language Studies, 67* (3), 631–664.

Johanssen, S. (2018). Praxistheoretische Perspektiven innerer Differenzierung im Kontext einer inklusiven Englischdidaktik. Differenzierungskonstruktionen in (Sprach-) Freiräumen. In R. Bartosch & A. Köpfer (Hrsg.), *Inklusion und Nachhaltigkeit* (im Ersch.). Trier: Wissenschaftlicher Verlag.

Junghans, C. & Schinschke, A. (2009). Diagnose – und was dann? Lernausgangslage Jahrgangsstufe 7. *Praxis Fremdsprachenunterricht, 6.1,* 15–20.

Keßler, J.-U. (2013). Gelingensbedingungen für guten Englischunterricht ab der Grundschule. In O. Böttger, G. Engel & B. Groot-Wilken (Hrsg.), *Hörverstehen, Leseverstehen, Sprechen. Diagnose und Förderung von sprachlichen Kompetenzen im Englischunterricht der Primarstufe* (S. 141–158). Münster: Waxmann.

Klippel, F. (2017). Inklusion, Heterogenität und Diversität: Herausforderungen für Schule und Fremdsprachenunterricht. In E. Burwitz-Melzer, F. G. Königs, C. Riemer & L. Schmelter (Hrsg.), *Inklusion, Diversität und das Lehren und Lernen fremder Sprachen. Arbeitspapiere der 37. Frühjahrskonferenz des Fremdsprachenunterrichts* (S. 113–124). Tübingen: Narr.

Knebel, U. von (2007). Sprachförderung im Unterricht als diagnosegeleiteter Prozess. In H. Schöler & A. Welling (Hrsg.), *Sonderpädagogik der Sprache.* (S. 1082–1103). Göttingen u.a.: Hogrefe Verlag.

Köpfer, A. (2014). Kernkategorien einer inklusiven Englischdidaktik. In R. Bartosch & A. Rohde (Hrsg.), *Im Dialog der Disziplinen. Englischdidaktik – Förderdiagnostik – Inklusion* (S. 157–166). Trier: Wissenschaftlicher Verlag.

Kubanek, A. & Edelenbos, P. (2012). Diagnostische Kompetenz im Englischunterricht – von Fingerspitzengefühl zu evidenzbasiertem Handeln. In W. Hansmann, U. Dirks & H. Bambuch (Hrsg.), *Professionalisierung und Diagnose-Kompetenz. Kompetenzentwicklung und -förderung im Lehramtsstudium.* Zugriff am 09.09.2017. Verfügbar unter http://archiv.ub.uni-marburg.de/es/2012/0006/pdf/V.1_Kubanek_Diagnostische_Kompetenz_im_Englischunterricht.pdf

Long, M. H. (1981). Input, Interaction and Second Language Acquisition. In H. Winitz (Hrsg.), *Annals of the New York Academy of Sciences: Native Language and Foreign Language Acquisition 379* (S. 259–278). New York: New York Academy of Sciences.

Lütge, C. (2017). „… und jetzt auch noch Inklusion" oder „Embracing Everyone"? Herausforderungen für eine diversitätssensible Fremdsprachendidaktik. In E. Burwitz-Melzer, F. G. Königs, C. Riemer & L. Schmelter (Hrsg.), *Inklusion, Diversität und das Lehren und Lernen fremder Sprachen. Arbeitspapiere der 37. Frühjahrskonferenz zur Erforschung des Fremdsprachenunterrichts* (S. 188–196). Tübingen: Narr.

Müller-Hartmann, A. & Schocker-von Ditfurth, M. (2013). Task-based Language Teaching und Task-Supported Language Learning. In W. Hallet & F. G. Königs (Hrsg.), *Handbuch Fremdsprachendidaktik* (203–207). Seelze: Klett Kallmeyer.

Nieragden, G. (2014). Literaturdidaktik war eigentlich immer schon inklusiv – Ein Plädoyer für den Einsatz von kleineren fiktionalen Textformen im Englischunterricht förderpädagogischer und inklusiver Klassen. In R. Bartosch & A. Rohde (Hrsg.), *Im Dialog der Disziplinen. Englischdidaktik – Förderdiagnostik – Inklusion* (S. 167–182). Trier: Wissenschaftlicher Verlag.

Prengel, A. (2016). Didaktische Diagnostik als Element alltäglicher Lehrerarbeit – „Formatives Assessment" im inklusiven Unterricht. In B. Amrhein (Hrsg.), *Diagnostik im Kontext inklusiver Bildung – Theorien, Ambivalenzen, Akteure, Konzepte.* (S. 49–63). Bad Heilbrunn: Klinkhardt.

Reh, S. & Ricken, N. (2014). Relative und radikale Differenz – Herausforderung für die ethnographische Forschung in pädagogischen Feldern. In A. Tervooren, N. Engel, M. Göhlich, I. Miethe & S. Reh (Hrsg.), *Ethnographie und Differenz in pädagogischen Feldern. Internationale Entwicklungen erziehungswissenschaftlicher Forschung* (S. 25–46). Bielefeld: transcript.

Rödler, P. (2013). Inklusion ist evident begründbar aber nicht evident machbar – Das Problem pädagogischer Praxis mit Ergebnissen ‚evidenzbasierter' Wissenschaft. *Behindertenpädagogik, 52* (4), 380–387.

Rohde, A. (2014). Sprachwissen, Sprachkönnen und deren Alltagstauglichkeit. Zur Kompetenzorientierung in der Fremdsprachendidaktik. In A. Bresges, B. Dilger, T. Hennemann, J. König, H. Lindner, A. Rohde et al. (Hrsg.), *Kompetenzen diskursiv. Terminologie, exemplarische und strukturelle Klärungen in der LehrerInnenbildung* (S. 105–120). Münster: Waxmann.

Rossa, H. (2015). Lerngelegenheiten im inklusiven Englischunterricht für Schülerinnen und Schüler mit Förderbedarf im Bereich der geistigen Entwicklung. In C. M. Bongartz & A. Rohde (Hrsg.), *Inklusion im Englischunterricht* (S. 169–184). Frankfurt am Main: Peter Lang.

Sander, A. (2002). Von der integrativen zur inklusiven Bildung. Internationaler Stand und Konsequenzen für die sonderpädagogischer Förderung in Deutschland. In A. Hausotter, W. Boppel & H. Meschenmoser (Hrsg.), *Perspektiven sonderpädagogischer Förderung in Deutschland. Dokumentation der Nationalen Fachtagung vom 14.-16.*

November 2001 in Schwerin (S. 143–164). Middelfart (DK): European Agency for Development in Special Needs Education.

Schäfer, U. (2015). Inklusives Lehren und Lernen im Englischunterricht. In C. M. Bongartz & A. Rohde (Hrsg.), *Inklusion im Englischunterricht* (S. 57–69). Frankfurt am Main: Peter Lang.

Schatzki, T. R. (2010). Materiality and Social Life. *Nature and Culture, 5* (2), 123–149.

Schlaak, C. (2015). *Fremdsprachendidaktik und Inklusionspädagogik: Herausforderungen im Kontext von Mehrsprachigkeit und Migration*. Stuttgart: ibidem.

Schuck, K. D. (2000). Diagnostische Konzepte. In J. Borchert (Hrsg.), *Handbuch der Sonderpädagogischen Psychologie* (233–249). Göttingen: Hogrefe.

Springob, J. (2017). *Inklusiver Englischunterricht im Gymnasium. Evidenz aus der Schulpraxis im Spiegel von Spracherwerbstheorie und Fremdsprachendidaktik*. Bern: Peter Lang Verlag.

Springob, J. & Schäfer, U. (2017). Die Kompetenzaufgabe und der Gemeinsame Gegenstand. Englischunterricht in heterogenen Gruppen realisieren. In Kooperationsinitiative für Didaktik in der Inklusion am Zentrum für LehrerInnenbildung (Hrsg.), *Fachdidaktik Inklusiv II . Die Online-Kurzpublikation* (S. 14–16). Köln.

Steininger, I. (2014). *Modellierung literarischer Kompetenz. Eine qualitative Studie im Fremdsprachenunterricht der Sekundarstufe I*. Tübingen: Narr.

Stojanov, K. (2007). Bildungsgerechtigkeit im Spannungsfeld zwischen Verteilungs-, Teilhabe- und Anerkennungsgerechtigkeit. In M. Wimmer, R. Reichenbach & L. Pongratz (Hrsg.), *Gerechtigkeit und Bildung* (S. 29–48). Paderborn u.a.:: Ferdinand Schöningh.

Sturm, T. (2013). *Lehrbuch Heterogenität in der Schule*. München: Reinhardt (UTB).

Sturm, T. & Wagner-Willi, M. (2012). Inklusion und Milieus in schulischen Organisationen. *Zeitschrift Inklusion-Online, 4*. Zugriff am 15.09.2017. Verfügbar unter http://www.inklusion-online.net/index.php/inklusion-online/article/view/32/32

Surkamp, C. (2007). Handlungs- und Produktionsorientierung im fremdsprachlichen Literaturunterricht. In W. Hallet & A. Nünning (Hrsg.), *Neue Ansätze und Konzepte der Literatur- und Kulturdidaktik* (S. 89–106). Trier: Wissenschaftlicher Verlag.

Surkamp, C. (2017). Inklusiver Fremdsprachenunterricht: Zum Potential von Literatur und handlungsorientierten Zugängen. In E. Burwitz-Melzer, F. G. Königs, C. Riemer & L. Schmelter (Hrsg.), *Inklusion, Diversität und das Lehren und Lernen fremder Sprachen. Arbeitspapiere der 37. Frühjahrskonferenz des Fremdsprachenunterrichts* (S. 314–325). Tübingen: Narr.

Thürmann, E. (2013). Sprachtests im Englischunterricht der Grundschule: Optimierungen auf dem Weg von Behauptungen zu Gewissheiten. In O. Böttger, G. Engel & B. Groot-Wilken (Hrsg.), *Hörverstehen, Leseverstehen, Sprechen. Diagnose und Förderung von sprachlichen Kompetenzen im Englischunterricht der Primarstufe* (S. 11–41). Münster: Waxmann.

Tillmann, K.-J. & Wischer, B. (2006). Heterogenität in der Schule. Forschungsstand und Konsequenzen. *Pädagogik, 58* (3), 44–48.

Trautmann, M. (2010). *Heterogenität – (k)ein Thema der Fremdsprachendidaktik?* Erweiterte und überarbeitete Fassung eines Vortrags für die 47. Tagung der BAG Englisch an Gesamtschulen am 9. Juni 2009 in Villigst. Zugriff am 16.09.2017. Verfügbar unter http://www.bag-englisch.de/wp-content/uploads/2010/01/Heterogenit%C3%A4t-Trautmann.pdf

UN. (2006). The UN-Convention on the Rights of Persons with Disabilities. Zugriff am 19.09.2017. Verfügbar unter http://www.un.org/disabilities/convention/conventionfull. shtml

Verriere, K. (2016). Wie können fremdsprachliche Sprechanlässe differenziert und individualisiert in den Unterricht integriert werden? Erkenntnisse aus einer Befragung und unterrichtspraktische Ideen. In S. Doff (Hrsg.), *Heterogenität im Fremdsprachenunterricht: Impulse – Kernfragen – Rahmenbedingungen – Perspektiven.* (S. 107–119). Tübingen: Narr.

Willis D. & Willis, J. (2007). *Doing Task-based Teaching.* Oxford: Oxford University Press.

Judith Leiß

11. Potenzialorientierung im Kontext von Deutschdidaktik und Inklusion

11.1 Einführung

Unter Potenzialorientierung verstehe ich mit Middendorf eine pädagogisch-didaktische Haltung, „die sich an den Stärken und Entwicklungsmöglichkeiten der Lernenden orientiert, um diese möglichst optimal individuell zu fördern und zugleich die Vielfalt der Potenziale und bereits vorhandene Fähigkeiten als Ressource für wechselseitiges Lernen zu nutzen" (Middendorf, 2015, S. 9–10). Als inklusiv kann eine solche Haltung insofern bezeichnet werden, als sie einen Gegenentwurf zu jenem Wahrnehmungs- und Bewertungsmuster darstellt, das an der Unterscheidung zwischen einer (wie auch immer konstruierten) Norm und (in der Regel negativen) Abweichungen von dieser Norm ausgerichtet ist. Hinz hat für dieses Muster den Begriff der Zwei-Gruppen-Theorie geprägt. Der Begriff bezieht sich auf

> die Vorstellung von zwei Gruppen innerhalb einer Klasse […]: eine die integriert wird und eine in die integriert wird, somit eine passive und eine aktive, eine der Normalen und Eigentlichen und eine der Anormalen und Nicht-Eigentlichen – eine die gefördert wird und eine die lernt. (Hinz, 2007, S. 83–84)

Dieser statischen, binären und hierarchisierenden Perspektive auf unterschiedliche Lernprofile setzt ein inklusiver Ansatz eine differenziertere Sichtweise entgegen, die grundsätzlich jeder Schülerin und jedem Schüler Lernpotenzial zuspricht und dieses in seiner Dynamik (also situationsabhängig und domänenspezifisch) zu beschreiben versucht (Naugk, Ritter, Ritter & Zielinski, 2016, S. 51). So sollen diskriminierende Fixierungen und Essentialisierungen im Sinne einer Reduktion von Individuen auf einzelne, als unveränderlich und wesenhaft betrachtete Merkmale wie ‚behindert‘ oder ‚nicht deutscher Herkunft‘ vermieden werden (Kappus & Kummer Wyss, 2016, S. 20). Die bekannten soziologischen oder didaktischen Diversitätsdimensionen können dabei grundsätzlich weiterverwendet werden, sie werden aber nun nicht mehr als binäre Konstrukte, sondern als Kontinuum verstanden:

> Das Konzept der Inklusion versteht sich […] als eine allgemeine Pädagogik, die es mit einer einzigen, untrennbar heterogenen Gruppe zu tun hat. […] Pädagogisch ist dann nicht mehr feststellbar, wo im kontinuierlichen Spektrum von Gleichheit und Verschiedenheit ‚das deutsche Kind‘ endet und ‚das ausländische Kind‘ beginnt, wo ‚die weibliche Rolle‘ endet und die ‚männliche‘ beginnt oder wo der Beginn von ‚sozialer Benachteiligung‘, ‚sonderpädagogi-

schem Förderbedarf' oder anderem ‚Anderssein' auszumachen wäre. (Hinz, 2002, S. 357)

Insofern nun diese inklusive Sichtweise der Konstruktion zweier Gruppen (einer Normgruppe und einer Gruppe der Normdevianten) entgegensteht, wird der Blick frei für die Potenziale der einzelnen Lernenden: „In radikaler logischer Konsequenz wird dann das Konzept der ‚disability' durch das von ‚giftedness' ersetzt" (Hinz, 2002, S. 357).

Der Potenzialorientierung kommt also – in systematischer Hinsicht – ein sehr zentraler Ort innerhalb des Inklusionsdiskurses zu. Die Frage nach der Bedeutung der Potenzialorientierung in der Deutschdidaktik kann daher aufschlussreich sein, wenn es darum geht, das Spektrum verschiedener inklusionsorientierter Ansätze innerhalb der Deutschdidaktik vorzustellen und diese auf ihre theoretisch-konzeptionelle Anschlussfähigkeit an den inklusionspädagogischen Diskurs zu befragen.

11.2   Potenzialorientierung in der Deutschdidaktik: aktuelle Positionen

Ziel dieses Beitrags ist es, ein breites Spektrum an aktuellen Positionen innerhalb der inklusionsorientierten Deutschdidaktik aufzuzeigen. Die Sichtung und Kommentierung ausgewählter Publikationen hat den Zweck, zu erkunden, in welchen Hinsichten Potenzialorientierung im Zusammenhang mit der Entwicklung einer inklusiven Deutschdidaktik eine Rolle spielt. Als ‚inklusionsorientiert' werden *alle* Positionen bezeichnet, die sich explizit auf den Inklusionsdiskurs beziehen – auch dann, wenn ihnen *nicht* das in Abschnitt 1 skizzierte Verständnis von Inklusion zu Grunde liegt. Berücksichtigt wurden nur Publikationen aus dem Zeitraum zwischen 2013 und 2016, also Publikationen, bei denen davon auszugehen ist, dass sie erst nach Inkrafttreten der UN-BRK in Deutschland im Jahr 2009 vorbereitet wurden, so dass eine theoretische Reflexion und/oder unterrichtspraktische Umsetzung der dort formulierten Standards erwartet werden kann.

11.2.1   Theoretisch-konzeptionelle Überlegungen

Die in der Einleitung in groben Strichen dargestellte zentrale Bedeutung der Potenzialorientierung für die Entwicklung einer inklusiven Deutschdidaktik wird in dem 2016 erschienen Band *Deutschunterricht in der inklusiven Grundschule* von Naugk, Ritter, Ritter und Zielinski (2016) wiederholt aufgegriffen und theoretisch fundiert entfaltet. Im Folgenden gehe ich nur auf das erste Kapitel („Ausgangspunkte, Zugänge und konzeptionelle Überlegungen") ein. Hier wird schnell deutlich, dass die Überwindung der Zwei-Gruppen-Theorie nach Naugk, Ritter, Ritter und Zielinski zentrales Merkmal bzw. zentrale Zielperspektive einer inklusiven

Fachdidaktik ist (bes. Naugk, Ritter, Ritter & Zielinski, 2016, S. 21 und S. 220).
Die Autorinnen und Autoren stellen in diesem Zusammenhang fest, dass „die
gegenwärtig relevanten Konzepte der Deutschdidaktik [sich] grob in zwei Tenden-
zen unterteilen" lassen (Naugk, Ritter, Ritter & Zielinski, 2016, S. 35), die mit den
Begriffen ‚Kompensation' beziehungsweise ‚Diversifizierung' belegt werden. Beide
Ansätze werden kritisch daraufhin befragt, ob bzw. inwiefern in ihnen die Zwei-
Gruppen-Theorie wirksam ist. Kompensatorische Ansätze dienen der ausgleichen-
den Förderung von Mitgliedern solcher Gruppen, denen eher ungünstige Lernvoraussetzungen attestiert werden (Naugk, Ritter, Ritter & Zielinski, 2016, S. 35).
Ohne die „zentrale Bedeutung" (Naugk, Ritter, Ritter & Zielinski, 2016, S. 36)
solcher Ansätze, die eine wichtige Rolle für das Empowerment bestimmter von
Ausgrenzung bedrohter Gruppen spielen können, zu negieren, warnen die Autorinnen und Autoren vor den „systemimmanente[n] Stolperstellen":

> Eingeschrieben ist dem kompensatorischen Verständnis eine mehr oder we-
> niger dichotome Vorstellung der Unterscheidung von erfolgreichem und
> nicht erfolgreichem Lernen, wobei die Charakterisierung eines Lernerfolgs
> offensichtlich an interindividuellen und scheinbar objektivierten Maßstäben
> gemessen wird; nicht in Relation zu den intraindividuellen Dispositionen des
> Einzelnen und der bestmöglichen Ausschöpfung der persönlichen Ressourcen.
> (Naugk, Ritter, Ritter & Zielinski, 2016, S. 36)

Da „zwischen der zentralen fachdidaktischen Aufgabe der bestmöglichen Förderung des einzelnen Kindes und der potenziell diskriminierenden Praxis der leistungsbezogenen Kategorisierung der Schülerklientel kaum klar konturierte Trenn-
linien existieren" (Naugk, Ritter, Ritter & Zielinski, 2016, S. 37), sehen die Autorinnen und Autoren die Gefahr, dass kompensatorische Maßnahmen, die Inklusion
zum Ziel haben, de facto exkludierend sein können (vgl. hierzu auch Abschnitt 4).
Während die kompensatorischen Ansätze primär im Hinblick auf allgemeine Leistungsstandards fördern, negieren auch die diversifizierenden Ansätze, die
aktuell vor allem im Bereich des Schriftspracherwerbs eine große Rolle spielen
(Naugk, Ritter, Ritter & Zielinski, 2016, S. 39; Merz-Grötsch, 2016), keinesfalls die
Bedeutung dieser Standards. Allerdings konstatieren sie ein Spannungsverhältnis
zwischen Normorientierung einerseits und der Notwendigkeit individueller Förderung und individueller Zielsetzungen andererseits, das sie „insofern aufzulösen
versuch[en], als Heterogenität auch als Ziel des Lernens anerkannt und unterstützt
werden soll" (Naugk, Ritter, Ritter & Zielinski, 2016, S. 37). Zwar ermöglichen di-
versifizierende Ansätze nach Einschätzung der Autorinnen und Autoren grundsätzlich die Überwindung der Zwei-Gruppen-Theorie. Insbesondere durch den
Rekurs auf gängige Erwerbsmodelle droht aber auch hier wieder die Gefahr, dass
individuelle Zugänge und Erwerbsbiografien, die sich mit diesen Modellen nicht
beschreiben lassen, im Sinne der Zwei-Gruppen-Theorie als ‚abnorm' wahrgenommen werden (Naugk, Ritter, Ritter & Zielinski, 2016, S. 41).

Festzuhalten ist daher, dass sowohl im Falle der kompensatorischen als auch der diversifizierenden Ansätze „orientierende normative Regelvorstellungen nach wie vor wirkmächtig" bleiben (Naugk, Ritter, Ritter & Zielinski, 2016, S. 42). Dennoch werden beide Ansätze für die Entwicklung einer inklusiven Deutschdidaktik insofern als notwendig und sinnvoll erachtet, als sie geeignet sind, Lehr-Lern-Prozesse zu individualisieren (Naugk, Ritter, Ritter & Zielinski, 2016, S. 42). Die Autorinnen und Autoren geben zu bedenken, dass Unterricht „so angelegt sein [soll], dass er Kinder bestmöglich fördert, auch hinsichtlich bestimmter gesellschaftlicher Anforderungen" (Naugk, Ritter, Ritter & Zielinski, 2016, S. 220). Insofern diese gesellschaftlichen Anforderungen nun per definitionem überindividuell sind, müssen die theoretisch-konzeptionellen Überlegungen der Autorinnen und Autoren nicht als Negation der Bedeutung von Normvorstellungen für die Unterrichtsentwicklung verstanden werden, sondern sind eher als Plädoyer für die konsequente, kritische Reflexion dieser Normvorstellungen zu sehen: Sinnvolle Orientierung bieten sie dort, wo sie so mit den Lernvoraussetzungen der einzelnen Schülerinnen und Schüler in Bezug gesetzt werden können, dass diese in ihrer persönlichen Entwicklung profitieren (Naugk, Ritter, Ritter & Zielinski, 2016, S. 220). Eine konsequente Potenzialorientierung wird hier als Möglichkeit gesehen, die Bedeutung gesellschaftlicher Normen für die schulische Bildung anzuerkennen und dennoch die „Normalisierungsfalle" (Naugk, Ritter, Ritter & Zielinski, 2016, S. 220) zu umgehen:

> Werden die individuellen Potenziale erkannt und ausgeschöpft, ermöglicht dies insofern eine inklusive Differenzierung und Individualisierung des Unterrichts, als nicht mehr von einer Normalgruppe und davon abweichenden leichteren oder schwereren Angeboten zum *Fördern und Fordern* ausgegangen wird, sondern […] Lehrgänge entwicklungsorientiert aufgefächert werden und in individuellem Tempo und bedingt auch unter divergierenden Zugriffen abgearbeitet werden können. (Naugk, Ritter, Ritter & Zielinski, 2016, S. 220)

Um die Bandbreite theoretisch-konzeptioneller Ansätze zur Entwicklung einer inklusiven und potenzialorientierten Deutschdidaktik sichtbar zu machen, sollen die konzeptionellen Überlegungen von Naugk et al. mit einem Beitrag kontrastiert werden, der im gleichen Jahr erschienen ist, sich selbst ebenfalls eindeutig innerhalb des deutschdidaktischen Inklusionsdiskurses verortet und in dem Potenzialorientierung ebenfalls eine zentrale Rolle für theoretisch-konzeptionelle Überlegungen zu einem inklusiven Deutschunterricht spielt: Rupps Beitrag „Der inklusive Blick auf das Lernen von Sprache, Literatur und den Umgang mit Medien – kulturwissenschaftliche Perspektiven auf die Deutschdidaktik", erschienen im Sammelband *Der inklusive Blick. Die Literaturdidaktik und ein neues Paradigma* (Frickel & Kagelmann, 2016a). Rupp leitet seine Überlegungen mit einem Bericht zu dem Projekt „Discovering Hands" ein, das es blinden Menschen ermöglicht, eine Ausbildung zur medizinischen Tastuntersucherin bzw. zum medizinischen Tastuntersucher zu absolvieren und somit ihren oft außergewöhnlich ausgeprägten

Tastsinn in der Krebsvorsorge einzusetzen. Das Projekt kann nach Rupp „als Blaupause für die Perspektive gelten, die in diesem Beitrag eingenommen wird: eine Behinderung soll nicht weiter nur als Behinderung, sondern als Begabung gesehen werden, nicht als Defizit, sondern als Ressource" (Rupp, 2016, S. 37). Ausgehend von der Frage „Was entdeckt man, wenn man Behinderung als Ressource erkennen lernt?" befindet Rupp, dass dieser „inklusionsorientierte Blick die gewohnten Wahrnehmungen zu verändern und zu erweitern vermag" (Rupp, 2016, S. 38). Allerdings widersprechen die Ausführungen des Autors dieser These – besonders evident etwa in der folgenden Formulierung:

> Durch die Wertschätzung ihrer latenten, verdrängten und missachteten Fähigkeiten erfahren nicht die Behinderten eine Rehabilitierung, sondern auch die ‚normal Gesunden' profitieren von ihren außergewöhnlichen Fähigkeiten. Auch für diese ‚normal Gesunden' erweitert sich das Erfahrungs- und Wertespektrum: die den behinderten Mitmenschen gezollte Anerkennung und Wertschätzung wirkt sich positiv auf das eigene Selbstwertgefühl aus und manifestiert sich in der Befriedigung, etwas Gutes getan zu haben. (Rupp, 2016, S. 38)

Auch die Anführungszeichen um die ‚normal Gesunden' herum können nicht über den Umstand hinwegtäuschen, dass das hier vorgeführte Verständnis von Potenzialorientierung die Zwei-Gruppen-Theorie nicht überwinden kann, sondern sie vielmehr perpetuiert. Das medizinische Konzept von Behinderung wird nicht in Frage gestellt, auch werden die medizinischen Tastuntersucher und -untersucherinnen nicht einfach als Menschen wahrgenommen, sondern primär als „behinderte Mitmenschen". Die Grenze zwischen sogenannten behinderten und sogenannten nicht behinderten Menschen wird durch den Hinweis gefestigt, dass letztere ersteren ‚etwas Gutes tun', wenn sie sich von ihnen untersuchen lassen.

Im zweiten Teil seines Beitrags versucht Rupp zu zeigen, wie „durch die Verschränkung von Bereichen des Förderbedarfs mit den Lernbereichen und darin anzustrebenden fachlichen Kompetenzen die inhaltliche Kontur der fachlichen Gegenstände transformiert wird" (Rupp, 2016, S. 54). Diese Transformation könne „im Einzelnen eine Erweiterung, Elementarisierung, Neu-Orientierung oder eine besondere Akzentuierung des entsprechenden Lernbereichs" bedeuten (Rupp, 2016, S. 45). Den verschiedenen Kompetenzbereichen des Deutschunterrichts ordnet Rupp jeweils „[i]nklusive Leitkonzepte" (Rupp, 2016, S. 46) zu, die sich wiederum an den „fünf Bereichen des Förderbedarfs" orientieren (Rupp, 2016, S. 45). Zu jedem dieser Bereiche werden dann beispielhaft „Formen des Nachteilsausgleichs" (Rupp, 2016, S. 49) aufgezählt. Hier finden ohne Zweifel viele Unterrichtskonzepte und didaktische Ansätze Erwähnung, die für einen im oben skizzierten Sinne inklusiven, potenzialorientierten Unterricht nützlich gemacht werden können – so etwa das mehrsinnliche Geschichtenerzählen, ein dezidiert ressourcenorientiertes Konzept, bei dem es „nicht um Kompensation individueller Defizite oder um sensorische Anregung [geht], sondern um kulturelle Teilhabe ohne Grenzen" (Fornefeld, 2013, S. 7). Auch das für den Deutschunterricht sicherlich sehr interessante Konzept ‚Leichte Sprache' findet Erwähnung (Abschnitt 4 dieses Beitrags). Allerdings legen die Ausführungen auch hier – entgegen der programmatischen Äußerungen zu Beginn des Beitrags – eine defizitorientierte Perspektive nahe, für die die Unterscheidung zwischen Norm und Abweichung im Sinne der Zwei-Gruppen-Theorie zentral ist. So etwa, wenn angemerkt wird, dass sich „[d]ie Reichweite der Anwendung Leichter Sprache [...] nicht auf Menschen mit besonderem Förderbedarf beschränkt, sondern [...] auch in ‚normalen' Kommunikationssituationen manchmal hilfreich" sein könne (Rupp, 2016, S. 47). Auch die Ausrichtung an den sonderpädagogischen Förderbereichen – und der damit traditionell einhergehenden „Defizit- und Defektorientierung" (Haas, 2012, S. 406) – ist mit einem potenzialorientierten Ansatz kaum zu vereinbaren.

11.2.2   Unterrichtspraktische Vorschläge mit theoretisch-konzeptioneller Rahmung

Lanigs Band *Deutsch inklusiv. Differenzierungsmöglichkeiten und Unterrichtsbeispiele für die Sekundarstufe* stellt einen Versuch dar, der Inklusion mit konkreten Aufgabenbeispielen, vielen methodischen Tipps und grundlegenden didaktischen Hinweisen den Weg in den Deutschunterricht zu ebnen. Dass Lanig einen potenzialorientierten Ansatz vertritt, zeigt sich ex negativo überall dort, wo er vor der Etikettierung von Lernenden durch Essentialisierung einzelner Merkmale warnt, die eine differenzierte Sicht auf Stärken und Schwächen des Einzelnen verhindere (z.B. Lanig, 2013, S. 8f.). Lanig weist in diesem Zusammenhang auch auf die Stigmatisierungsgefahr hin, die sich mit dem defizitorientierten Konstrukt des besonderen Förderbedarfs verbindet (Lanig, 2013, S. 9). Potenzialorientierung als positiver Gegenentwurf wird vor allem dort erkennbar, wo der Autor für eine konsequente Differenzierung des Unterrichts im Sinne einer Individualisierung nicht nur der Lernwege, sondern auch der Lernziele plädiert, um so das Entwicklungspotenzial der einzelnen Lernenden bestmöglich auszuschöpfen:

> In einer heterogen zusammengesetzten Klasse hat das tradierte System der Vergleichbarkeit keinerlei Berechtigung mehr. Umso wichtiger wird, dass sich die Schüler hier mit sich selbst vergleichen: Dass sie die eigenen Lernfortschritte reflektieren und sich selbst darüber klarwerden, woher sie kommen und wohin sie wollen. (Lanig, 2013, S. 15)

An anderer Stelle heißt es:

> Inklusion beginnt also nicht erst dort, wo sich die Regelklasse Schülern mit Behinderungen öffnet. Sie findet schon statt, wo wir Lehrkräfte die Unterschiede zwischen den Schülern ernst nehmen und auf deren individuelle Stärken und Schwächen eingehen. (Lanig, 2013, S. 12)

Aus den beiden zitierten Passagen geht hervor, welch zentrale Bedeutung der Potenzialorientierung für die Entwicklung einer inklusiven Deutschdidaktik zugeschrieben wird. Das letzte Zitat ist aber auch ein Beispiel dafür, dass Lanigs Ausführungen zum Zusammenhang von Inklusion und Potenzialorientierung nicht immer konsistent sind. So moniert er zwar, dass viele „Bildungspolitiker und Erziehungswissenschaftler […] die Termini ‚Integration‘ und ‚Inklusion‘ immer noch für austauschbar" halten (Lanig, 2013, S. 8). Dass Inklusion bedeute, dass „sich die Regelklasse Schülern mit Behinderungen öffnet", ist allerdings Ausdruck genau dieser Gleichsetzung von Integration und Inklusion. Die zitierte Passage müsste also eher folgendermaßen lauten:

> Inklusion beginnt […] nicht […] dort, wo sich die Regelklasse Schülern mit Behinderungen öffnet. Sie findet […] *erst dort* statt, wo wir Lehrkräfte die Unterschiede zwischen den Schülern ernst nehmen und auf deren individuelle Stärken und Schwächen eingehen – *unabhängig von etwaigen Beeinträchtigungen.* (Lanig, 2013, S. 12; *kursivierte Ergänzungen J.L.*)

Der Materialteil des Bandes enthält zum einen Aufgabenvarianten, unter denen die Schülerinnen und Schüler in thematischer oder methodischer Hinsicht oder hinsichtlich des Anspruchsniveaus selbst frei auswählen können. Lanig bricht eine Lanze für das „Prinzip der Angebotsdifferenzierung" – im Vertrauen darauf, „dass die Schüler diese Wahlfreiheit in der Regel nicht missbrauchen" (Lanig, 2013, S. 15). Allerdings wird auch darauf hingewiesen, dass ein dergestalt differenziertes Lernangebot durch individuelle Förderpläne ergänzt werden muss (Lanig, 2013, S. 15). Darüber hinaus werden auch Vorschläge gemacht, wie Aufgaben unterschiedlicher Schwierigkeitsstufe über eine vorgeschaltete diagnostische Maßnahme zugeordnet werden können (z.B. „Die Ampel", S. 65), so dass eine gruppenspezifische Differenzierung ermöglicht wird, ohne dass dabei auf fixe, verallgemeinernde und stigmatisierende Zuschreibungen zurückgegriffen werden muss.

Trotz einiger Widersprüchlichkeiten im konzeptionellen Teil bietet der Band gerade im Zusammenspiel von allgemeinen, konzeptionellen Überlegungen zu einem inklusiven, potenzialorientierten Deutschunterricht und konkreten Vorschlägen zur Differenzierung wertvolle Anregungen für Lehrkräfte, die sich von einer rein defizitorientierten Perspektive auf ihre Schülerinnen und Schüler lösen möchten. Die Realisierung der methodisch-didaktischen Vorschläge allein garantiert freilich noch keinen inklusiven Unterricht. Insofern Exklusion und Inklusion nicht unabhängig von konkreten sozialen Kontexten zu denken sind, ist es durchaus möglich, dass beispielsweise ein und dieselbe Maßnahme der Binnendifferenzierung in einem gegebenen Kontext A als inklusiv bezeichnet werden kann, in einem anderen Kontext B hingegen eine defizitorientierte Sichtweise fördern und so zur Festigung der Zwei-Gruppen-Theorie beitragen kann.

Das Ziel, theoretisch-konzeptionelle Überlegungen zur Entwicklung eines inklusiven Deutschunterrichts mit der Frage nach ihrer unterrichtspraktischen Realisierbarkeit zu verbinden, verfolgt auch Dannecker mit ihrem Beitrag „Litera-

turunterricht inklusiv gestalten – individuelle Zugänge zu einem literarischen Text
ermöglichen. Ergebnisse eines empirischen Unterrichtsprojekts zu Kellers ‚Kleider
machen Leute'" (2014b). Im Zentrum dieses Unterrichtsprojekts steht ein in mehreren Dimensionen differenzierender Arbeitsplan, der verschiedenen literarischen
Teilkompetenzen Aufgaben auf unterschiedlichen Niveaustufen zuordnet, ergänzt
durch Hilfsangebote und methodische Variationsmöglichkeiten.[1] Die Differenzierung des Lehr-Lern-Arrangements wird komplettiert durch unterschiedliche
Lektüreausgaben sowie ein Lesetagebuch, das auch Elemente der Portfolioarbeit
aufgreift (Dannecker, 2014a, S. 110f.). Der Arbeitsplan sowie das auf den Ausbau
metakognitiver Kompetenzen zielende Lesetagebuch sollen einen „schülerorientierten Unterricht [ermöglichen], der stärkenorientiert und nicht defizitorientiert
die Selbständigkeit und -verantwortung der Schülerinnen und Schüler fördert"
(Dannecker, 2014a, S. 110f.).

Mit Blick auf die Potenzialorientierung ist Danneckers Studie besonders insofern interessant, als sie die Aufmerksamkeit darauf lenkt, dass „die Haltung der
Lehrenden [entscheidend] ist […]: Erst indem die Lehrenden die Lernenden in
ihrer Unterschiedlichkeit wertschätzen und ihrem Leistungsvermögen, ihren
Begabungen und Fähigkeiten entsprechende Lernangebote bieten, ließe sich der
Anspruch der Förderung aller realisieren" (Dannecker, 2014b, S. 210). Im Rahmen
der Studie wurden die gleichen Materialien in zwei verschiedenen Lerngruppen
unter der Leitung zweier unterschiedlicher Lehrkräfte erprobt. Danneckers zusam-
menfassende Ausführungen zu den beobachteten Unterrichtseinheiten enthalten
Hinweise darauf, dass die Art und Weise, wie sich die jeweilige Lehrkraft zwischen
den Polen Defizitorientierung und Potenzialorientierung positioniert, von erheb-
licher Bedeutung für den Unterrichtsverlauf ist. So wird ein Zusammenhang zwischen einer eher defizitorientierten Perspektive auf die Schülerinnen und Schüler
und einer stärkeren Lenkung der Lehr-Lern-Prozesse durch die Lehrkraft vermutet
(Dannecker, 2014a, S. 121).

Zuletzt möchte ich auf einen Beitrag eingehen, der den Blick auf ein Spezi-
fikum potenzialorientierter, inklusiver Literaturdidaktik lenkt. In Kagelmanns
2014 veröffentlichtem Aufsatz „Merizonterweiterungen': Inklusive Potenziale für
den Deutschunterricht in Andreas Steinhöfels Kinderroman *Rico, Oskar und die
Tieferschatten*" ist ‚Potenzial' allerdings ein so schillernder Begriff, dass der genaue
Bezug zum Inklusionsdiskurs zunächst nur schwer zu fassen ist. Es gehe ihm, so
der Autor, mit seinen Unterrichtsvorschlägen um „Ausschöpfung ästhetischer und
lebensweltlicher Erfahrungspotenziale eines kinderliterarischen Kunstwerks" (Kagelmann, 2014, S. 249). Der Text berge „vielfältige ästhetische, soziale und ethische
Entwicklungspotenziale, die mit der entsprechenden Unterstützung durch Unterrichtsprozesse für die Schülerinnen und Schüler […] freigelegt werden können"

---

1   Der Arbeitsplan wurde in einer leicht veränderten Form des Aufsatzes (unter dem
    Titel „Auf dem Weg zu einem inklusiven Deutschunterricht: Literatur binnendiffe-
    renziert unterrichten – Ergebnisse eines Unterrichtsprojekts zu Kellers *Kleider ma-
    chen Leute*") mitabgedruckt (Dannecker 2014a, S. 114–119).

(Kagelmann, 2014, S. 250). Hier schreibt Kagelmann die „Erfahrungspotenziale" bzw. „Entwicklungspotenziale" zwar dem Text zu, die besagten Potenziale scheinen sich jedoch eher auf unterrichtlich angeleitete Interaktionen zwischen Schülerinnen und Schülern und Text zu beziehen als auf den Text selbst. Wie steht es aber mit der Zielformulierung, der Beitrag sei ein Versuch, „sich den inklusiven Potenzialen […] von Steinhöfels Erfolgsroman deutschdidaktisch zu nähern" (Kagelmann, 2014, S. 250)?

Dass es Kagelmann – zumindest *auch* – um individuelle Potenziale bzw. die Orientierung an den individuellen Potenzialen einzelner geht, wird dort deutlich, wo Potenzialorientierung (aber auch Defizitorientierung als konträre Haltung) in Bezug zur Romanhandlung gebracht werden. So heißt es über den Protagonisten Rico, seine Selbstcharakterisierung sei

> zunächst fast ausschließlich defizitorientiert, was mit der Art und Weise korrespondiert, wie Rico von einem Teil seiner Umwelt wahrgenommen wird. Er beschreibt sich als sogenanntes tiefbegabtes Kind, womit eine kognitive Einschränkung bezeichnet ist […], allerdings wird dies zweifach aufgehoben: Erstens zeichnet sich Rico insbesondere durch seine Empathiefähigkeit aus, zweitens wird die kognitive Teilleistungsstörung durch eine besondere Erzählfähigkeit modifiziert […]. Einer der ‚pädagogischen Angriffspunkte' des Romans besteht also darin, negative Fremdzuschreibungen abzuwehren bzw. defizitorientierte Außenwahrnehmungen und daraus resultierende Frustrationserlebnisse zu problematisieren. (Kagelmann, 2014, S. 252)

Indem Kagelmann darauf hinweist, dass der Unterschied zwischen Defizitorientierung und Potenzialorientierung als (ein) Thema des Romans gesehen werden kann, wird mit Blick auf die Entwicklung einer inklusiven Literaturdidaktik eine zweite Ebene oder Hinsicht erkennbar, in der Potenzialorientierung im Unterricht wirksam werden kann: Potenzialorientierung ist nicht nur als eine sich konsequent an den Lernvoraussetzungen und Bedürfnissen der Einzelnen orientierende didaktische *Haltung* zu verstehen, sondern kann in der Auseinandersetzung mit literarischen Werken darüber hinaus auch *Unterrichtsgegenstand* sein. In einem zweifachen Sinne inklusiv wäre also ein Literaturunterricht, der nicht nur potenzialorientiert differenziert, sondern auch die Auseinandersetzung mit dem Text dahingehend zu steuern versucht, dass sie zur Kritik defizitorientierter Wahrnehmungsweisen und Praxen in der fiktionalen Wirklichkeit wie auch in der außerfiktionalen Realität befähigt (auch Frickel & Kagelmann, 2016b, S. 19).

Mit diesem Überblick zur Bedeutung der Potenzialorientierung in der Deutschdidaktik hoffe ich, deutlich gemacht zu haben, dass die zentrale Bedeutung von Potenzialorientierung im Sinne eines flexiblen, differenzierten und diskriminierungsfreien Umgangs mit unterschiedlichsten Lernprofilen und Entwicklungsbedarfen in der deutschdidaktischen Forschung erkannt wurde und dass auch fundierte Überlegungen dazu vorliegen, wie Potenzialorientierung stärker in die Unterrichtsentwicklung integriert werden kann. Allerdings lassen sich unter den aktuellen, inklusionsorientierten Publikationen auch deutlich defizitorientierte Positionen ausmachen, die *Inklusion* eher als Maßnahmenbündel zur *Integration* bestimmter, anhand eines Defizits definierter Gruppen (etwa Schülerinnen und Schüler, denen ein sogenannter besonderer Förderbedarf attestiert wurde) in den Regelschulunterricht denn als gesamtgesellschaftliches Projekt konzipieren.[2] Somit ist also – zum Teil trotz expliziter Bezugnahme auf den menschenrechtsbasierten Inklusionsbegriff der UN-BRK, in der es ja um die Realisierung *universeller* Menschenrechte geht – immer noch die Zwei-Gruppen-Theorie virulent.

Um dieser „denkstilgemäßen Verschiebung der Inklusionsidee" (Pompe, 2016, S. 4) entgegensteuern zu können, wäre ein Instrument hilfreich, mit dessen Hilfe fachdidaktische Konzepte und deren Einbettung in konkrete – dem Anspruch nach inklusive – Lehr-Lern-Arrangements daraufhin überprüft werden könnten, ob bzw. in welchem Maße sie tatsächlich potenzialorientiert sind. Sofern es auf hinreichend breite Akzeptanz stieße, könnte ein solches Instrument nicht nur dazu beitragen, (unfreiwillig) stigmatisierende und diskriminierende unterrichtliche Praktiken zu identifizieren und gezielt zu verändern. Es könnte auch jenen Lernenden zu Gute kommen, die diskriminierenden Praktiken bislang nicht ausgesetzt waren, weil sie der Gruppe der ‚Normalen' zugerechnet werden. Denn insofern Potenzialorientierung als Gegenentwurf zu einer Modellierung und Planung von Unterrichtsprozessen verstanden werden kann, die auf der Unterscheidung zwischen einer Normgruppe und einer Gruppe der von der Norm Abweichenden basiert, müsste sich Potenzialorientierung im Einsatz von Maßnahmen zeigen, die eine Individualisierung und somit eine Verbesserung des Lernangebots für *alle* ermöglichen. Im folgenden Abschnitt schlage ich daher vor, die Konzepte ‚Universal Design' bzw. ‚Universal Design for Learning' als Referenzrahmen für die Entwicklung neuer bzw. für die Adaption bereits vorhandener Instrumente im Rahmen einer inklusiven und möglichst konsequent potenzialorientierten Fachdidaktik in Erwägung zu ziehen.

11.3 Universelles Design (UD) und Universal Design for Learning (UDL)

Sich bei der Entwicklung inklusiven Unterrichts auf Universelles Design zu beziehen ist insofern naheliegend, als die UN-BRK gemäß Artikel 4 alle Unterzeichnerstaaten dazu verpflichtet,

> Forschung und Entwicklung für Güter, Dienstleistungen, Geräte und Einrichtungen in universellem Design […] zu betreiben oder zu fördern, ihre Verfügbarkeit und Nutzung zu fördern und sich bei der Entwicklung von Normen

---

2   Besonders deutlich etwa bei Herz, der von „Gruppen, auf die Inklusionsmaßnahmen zutreffen" spricht (Herz, 2016, S. 216) bzw. von „einzelnen Schülerinnen und Schüler[n], die Inklusion betrifft" (S. 219). Auch Rupp, 2016, insbes. S. 45 u. S. 54.

und Richtlinien für universelles Design einzusetzen. (Vereinte Nationen, 2006, S. 1425)

Für unseren Zusammenhang ist Universelles Design (UD) von Bedeutung, weil es den Anspruch erhebt, menschlicher Vielfalt gerecht zu werden, ohne dabei auf binär strukturierte Oppositionen der Art ‚behindert/nicht behindert‘ zurückzugreifen und deren stigmatisierendes Potenzial zu aktivieren. ‚Universell‘ ist es also zum einen insofern, als es *nicht* um individuelle Lösungen für einzelne oder für Bevölkerungsgruppen geht, die von einer – implizit oder explizit als solchen bestimmten – Norm abweichen. Deutlich wird dies in der Begriffsbestimmung in Artikel 2 der UN-BRK, die Universelles Design zum verbindlichen Gestaltungsprinzip erhebt. Konkret gefordert wird die Gestaltung von

> Produkten, Umfeldern, Programmen und Dienstleistungen in der Weise, dass sie von allen Menschen möglichst weitgehend ohne eine Anpassung oder ein spezielles Design genutzt werden können. ‚Universelles Design‘ schließt Hilfsmittel für bestimmte Gruppen von Menschen mit Behinderungen, soweit sie benötigt werden, nicht aus. (Vereinte Nationen, 2006, S. 1424)

UD ist also auch insofern universell, als es sich keineswegs auf Bereiche wie Architektur oder Stadtplanung beschränkt, sondern sich auf die verschiedensten Domänen und sozialen Kontexte beziehen kann. Zu den ‚Umfeldern‘ und ‚Dienstleistungen‘, die gemäß der UN-BRK nach den Prinzipien Universellen Designs gestaltet werden sollen, können also auch der Schulunterricht im Allgemeinen und spezielle Lehr-Lern-Arrangements im Besonderen gezählt werden.

Dementsprechend leitet Reich aus den Prinzipien Universellen Designs Richtlinien für die inklusive Schul- und Unterrichtsentwicklung ab (Reich, 2014, S. 235–244). Abgesehen davon liegt das Potenzial, das dieser systemische Ansatz mit Blick auf die inklusionsorientierte Pädagogik und (Fach-)Didaktik hat, in Deutschland weitgehend brach und wird vor allem im Zusammenhang mit der Formulierung von Forschungsdesiderata erwähnt (z.B. Merz-Atalik, 2014, S. 38–39). In Nordamerika hingegen gibt es gleich mehrere weit verbreitete, vielfach erprobte und zumindest teilweise auch wissenschaftlich evaluierte Konzepte, die in Anlehnung an den architektonisch-produktgestalterischen Ansatz des UD nach Mace[3] neue Ansätze für das Lernen und Lehren entwickeln.[4] Ich werde mich im Folgenden auf das am Center for Applied Special Technology (CAST) entwickelte Universal Design for Learning (UDL) konzentrieren, das den wohl am weitesten entwickelten Ansatz darstellt.

---

3 Die Prinzipien und Standards sind abrufbar unter: http://www.udinstitute.org/principles.php (letzter Aufruf 24.07.2017).

4 Für einen knappen Überblick über verschiedene Ansätze aus deutscher Perspektive Fisseler und Markmann (2012). Zur Kritik an einer direkten Übertragung der DU-Prinzipien auf Lehr-Lern-Prozesse Edyburn (2010, S. 36).

Wie auch UD ist UDL insofern universell, als es nicht auf die Kompensation von Defiziten ausgerichtet und somit nicht auf eine bestimmte, anhand dieses Defizits definierte Zielgruppe zugeschnitten ist. Stattdessen soll *allen* Schülerinnen und Schülern ein verbessertes Lernangebot unterbreitet werden, das auf Grund seiner großen Adaptivität an ihre individuellen Lernpotenziale anknüpft. Der Ansatz geht dabei von einer großen Bandbreite unterschiedlicher Fähigkeitsprofile, Dispositionen und Lernbedarfe der Schülerinnen und Schüler aus, die stark kontextabhängig und überdies nicht stabil, sondern dynamisch sind (Meyer, Rose & Gordon, 2014, S. 6)[5]. Ziel ist es, diese menschliche Vielfalt *von vornherein* in die Unterrichtsplanung miteinzubeziehen, anstatt zunächst für eine fiktive Normgruppe zu planen und das Lernangebot im Nachhinein für einzelne ‚Normabweichler und -abweichlerinnen' zu modifizieren. Dadurch entfallen stigmatisierende und exkludierende Effekte unterrichtlicher Differenzierungsmaßnahmen, die auf nachträglich konstruierte, individuelle Lösungen setzen und Abweichungen von einer vermeintlichen Norm kompensieren sollen (Meyer, Rose & Gordon, 2014, S. 6).

> Drei Prinzipien sollen bei der Gestaltung von Lehr-Lern-Arrangements beachtet werden:
> - Provide multiple means of engagement (the "why" of learning)
> - Provide multiple means of representation (the "what" of learning)
> - Provide multiple means of action and expression (the "how" of learning) (Meyer, Rose & Gordon, 2014, S. 51)

Wie die Autorinnen und Autoren betonen, handelt es sich bei UDL nicht um eine „prescriptive checklist or formular with set methods and tools to be applied in every situation. [...] The UDL framework is translational – a means for translating research and innovation into practice – providing guiding principles" (Meyer, Rose & Gordon, 2014, S. 50). Neben der Potenzialorientierung ist es diese Flexibilität, die UDL so interessant macht: Möglicherweise könnte UDL nicht nur als Hilfestellung bei der Planung inklusiven Unterrichts dienen, sondern auch als Werkzeug für die theoretisch-konzeptionelle (Weiter-)Entwicklung fachdidaktischer Ansätze und Instrumente Anwendung finden, die zur Realisierung eines inklusiven Unterrichts beitragen können. Im letzten Abschnitt möchte ich dies an einem Beispiel erläutern.

---

5   Die Seitenangaben beziehen sich auf die frei verfügbare Web-Ausgabe, die unter http://udltheorypractice.cast.org/login abrufbar ist.

11.4 Universal Design for Learning als Instrument für die theoretisch-konzeptionelle Entwicklung einer inklusiven Fachdidaktik

In diesem Beispiel geht es um ,Leichte Sprache' und ihren Einsatz im inklusiven Literaturunterricht. Obwohl ,Leichte Sprache' „ihrer Intention nach als eine Form barrierefreier Kommunikation bezeichnet werden" kann (Bock, Lange & Fix, 2017, S. 11), wird die Bedeutung ,Leichter Sprache' für das gesamtgesellschaftliche Inklusionsprojekt derzeit sehr kontrovers diskutiert. Kennzeichnend für die Debatte ist, dass die Chancen und Grenzen des Einsatzes ,Leichter Sprache' unter Bezug auf ganz unterschiedliche Dimensionen des Konzepts (z.B. die sprachwissenschaftliche, inklusionspädagogische, soziologische oder fachdidaktische) diskutiert werden (der 2017 erschienene Sammelband von Bock, Fix und Lange dokumentiert diese disziplinäre Vielfalt sehr anschaulich).

Für unseren Zusammenhang ist besonders die Frage von Bedeutung, ob „[d]as Konzept sowie der Diskurs über ,Leichte Sprache' […] eine[…] Maßnahme der ,exkludierenden Inklusion'" sind, wie Zurstrassen (2017, S. 61) unter Bezug auf Schäffter formuliert. Unter ,exkludierender Inklusion' versteht dieser folgendes Phänomen: „Man ermöglicht Partizipation unter den Rahmenbedingungen eines sozial exkludierenden (,exklusiven') Sonderstatus diskriminierender Defizitzuschreibungen (,positive Diskriminierung'), der als Voraussetzung zur Teilhabe abverlangt wird" (Schäffter, 2013, S. 55). Bezogen auf ,Leichte Sprache' bedeutet dies, dass die Anwendung des Konzepts möglicherweise nur dem Anspruch nach inklusiv ist, tatsächlich aber durch eine defizitorientierte Definition der Adressatengruppe(n) die Zwei-Gruppen-Theorie perpetuiert. Obwohl Zurstrassen nicht bestreitet, dass ,Leichte Sprache' „dazu beigetragen [hat], die Inklusion im Sinne erweiterter gesellschaftlicher Teilhabechancen zu stärken" (Zurstrassen, 2017, S. 66), gibt sie zu bedenken, „dass ,Leichte Sprache' zugleich die Inklusion und die Exklusion fördern und verfestigen kann" und äußert die Befürchtung, „dass die exkludierenden Tendenzen dominieren" (Zurstrassen, 2017, S. 66). Ob die Verwendung ,Leichter Sprache' den Ansprüchen eines inklusiven, potenzialorientierten und nichtdiskriminierenden Deutschunterrichts gerecht werden kann, ist angesichts dieser Bedenken, die in ähnlicher Form auch von Vertreterinnen und Vertretern anderer Disziplinen geäußert worden sind (z.B. Seitz, 2014, S. 4; Bock, 2015, S. 14; Bredel & Maaß, 2016, S. 51), eine Frage von großer Bedeutung und Dringlichkeit.

Im Folgenden geht es darum zu zeigen, inwiefern die Bezugnahme auf UDL dazu beitragen kann, aus literaturdidaktischer Perspektive Antworten auf diese Frage zu finden. Zunächst einmal gehe ich davon aus, dass der Einsatz ,Leichter Sprache' im Unterricht nicht per se inklusiv ist – ebenso wenig, wie er per se exklusiv ist. Wie auch aus Zurstrassens Ausführungen hervorgeht, ist der soziale und funktionale Kontext entscheidend, in den Texte in ,Leichter Sprache' eingebunden sind. Wie also könnte der Einsatz von ‚Leichter Sprache‘ im Literaturunterricht so gestaltet werden, dass sie ihr inklusives Potenzial entfalten kann?

Beginnen wir mit dem UDL-Prinzip „Provide multiple means of representation". Hier geht es um die Schaffung von Wahlmöglichkeiten in drei Bereichen: „options for perception; options for language, mathematical expressions, and symbols; and options for comprehension" (Meyer, Rose & Gordon, 2014, S. 54). Mit Blick auf literarische Texte als Unterrichtsgegenstände lässt sich dieses Prinzip z.B. durch die Bereitstellung eines Textes in verschiedenen Medien (Buch, Computer), über verschiedene Sinneskanäle (visuell, auditiv, haptisch) und eben auch durch seine Bereitstellung in unterschiedlichen Stufen sprachlicher Komplexität erreichen, wie es durch die Übersetzung in ‚Leichte Sprache‘ geschähe.[6] Um auch nonverbale Zugänge zu einem Text (z.B. einer Märchenerzählung) anzubieten, kann zudem auf Symbolsysteme zurückgegriffen werden, die nicht auf Sprache im engeren Sinne beruhen (für das Märchenbeispiel könnten das beispielsweise Bilderbücher, Bildkarten oder auch musikalische Bearbeitungen sein). Hinsichtlich des Einsatzes ‚Leichter Sprache‘ im inklusiven Literaturunterricht lässt sich aus dem UDL-Prinzip „Provide multiple means of representation" und den entsprechenden Erläuterungen bei Meyer, Rose und Gordon (Meyer, Rose & Gordon, 2014, S. 54) ableiten, dass ‚Leichte Sprache‘ nur eines von mehreren Mitteln sein kann, um die Adaptivität eines Lehr-Lern-Arrangements zu erhöhen und dass ihr Einsatz nicht dazu führen darf, weitere Möglichkeiten der Präsentation von Lerngegenständen zu vernachlässigen. Damit sind zum einen die erwähnten nonverbalen Formen gemeint, zum anderen aber auch weitere Formen der Vereinfachung von Texten, die hinsichtlich der leserinnen- und leserseitigen Anforderungen graduelle Abstufungen zwischen dem Originaltext und der Übersetzung in ‚Leichte Sprache‘ ermöglichen. Dies können beispielsweise Textausgaben mit Glossar oder Erläuterungen sein oder auch Texte in sogenannter ‚Einfacher Sprache‘.[7] Die Forderung nach einer möglichst breiten Palette der Darbietung des Unterrichtsgegenstands (Meyer, Rose & Gordon, 2014, S. 54) ist hier in hohem Maße anschlussfähig an die Forderung, das auf starren Regeln beruhende Konzept ‚Leichte Sprache‘ durch eine „kontinuale Konzeptualisierung leichten Sprechens und Schreibens" zu ersetzen (Kleinschmidt & Pohl, 2017, S. 103), um so die Adaptivität des Lernangebots zu erhöhen.

Das UDL-Prinzip „Provide multiple means of engagement" bezieht sich auf die motivationalen und volitionalen Aspekte des Lernens. Meyer et al. unterscheiden drei lernwirksame Bereiche, in welchen Wahlmöglichkeiten zur Verfügung gestellt

---

6   Für einen knappen Überblick über mögliche Dimensionen von Textkomplexität und entsprechende leserseitige Anforderungen im Zusammenhang mit ‚Leichter Sprache‘ bzw. ‚Einfacher Sprache‘ vgl. Rosebrock, 2015, S. 35ff.

7   Nach Bredel und Maaß ist ‚Einfache Sprache‘ ein „Begriff für das Varietätenspektrum zwischen Leichter Sprache und Standardsprache" (Bredel und Maaß, 2016, S. 527). ‚Einfache Sprache‘ in diesem Sinne lässt sich daher nicht mit Hilfe von Regeln beschreiben.

werden müssen, damit Lernende ihr Potenzial optimal entfalten können: Es geht
um „options for recruiting student interest, options for sustaining effort and per-
sistence, and options for developing the ability to self-regulate" (Meyer, Rose &
Gordon, 2014, S. 52). Ich greife hier exemplarisch den letztgenannten Aspekt heraus. Als Angebot zur Selbstregulation des Lernprozesses nennen die Autorinnen
und Autoren u.a. eine „open choice of levels" (Meyer, Rose & Gordon, 2014, S. 53).
Mit Blick auf den Einsatz ‚Leichter Sprache' im Unterricht kann daraus abgeleitet werden, dass vereinfachte Texte – entgegen gängiger Praxis – nicht nur einer
bestimmten, durch die Lehrkraft qua Defizit bestimmten Gruppe zugänglich gemacht werden sollten. Vielmehr sollten grundsätzlich *alle* Schülerinnen und Schüler Zugriff auf *alle* Materialien haben (auch Reich, 2014, S. 237), so dass beispielsweise auch die parallele Nutzung verschiedener Textversionen möglich ist (Bredel
& Maaß, 2016, S. 57). Vorteile dieses Vorgehens wären nicht nur die Vermeidung
(zumindest potenziell) diskriminierender Zuschreibungen seitens der Lehrkraft.
Eingedenk dessen, dass vereinfachte Texte aus didaktischer Perspektive keinesfalls
als „Zielnorm und Zielstand" zu verstehen sind, sondern „einen bestimmten Stand
des Wissens und Könnens [kennzeichnen], der aber perspektivisch zu überwinden
ist" (Bock, 2015, S. 12), geht es hier auch darum, die für Inklusion zentrale ‚Brü-
ckenfunktion' (Bredel & Maaß, 2016, S. 57–58) der vereinfachten Textvarianten zu
verstärken.

Das inklusive Potenzial von ‚Leichter Sprache' könnte schließlich auch durch
eine Erweiterung ihrer Nutzungsmöglichkeiten im Sinne des dritten UDL-Prinzips
(„Provide multiple means of action and expression") besser erschlossen werden als
bislang (auch Reich, 2014, S. 238). So können Texte in ‚Leichter Sprache' nicht nur
eingesetzt werden, um einen literarischen Text leichter verständlich zu machen.
Wie ich bereits an anderer Stelle dargelegt habe (Leiß, 2018), gibt es vielfältige
weitere Funktionen für ‚Leichte Sprache' (und ‚Einfache Sprache') im Literaturunterricht, die zugleich mit einer Ausweitung des Nutzer- und Nutzerinnenkreises
einhergehen, so dass auch Schülerinnen und Schüler mit guter oder sehr guter
Lesekompetenz und ausgeprägten literarischen Kompetenzen von ‚Leichter Sprache' profitieren. Als Beispiel wären hier etwa kontrastive Verfahren zu nennen: Im
Vergleich zwischen literarischem Original und dem vereinfachten Text in ‚Leichter
Sprache' können etwa die stilistischen Besonderheiten des Ausgangstextes sehr effektiv herausgearbeitet werden. Die Übersetzung von Texten in ‚Leichte Sprache'
durch die Schülerinnen und Schüler und der Vergleich verschiedener Übersetzun-
gen stellt ein weiteres mögliches „means of action and expression" dar, das ‚Leichte
Sprache' aus ihrem traditionell defizitorientierten Kontext herauslöst und ihren
potenzialorientierten Einsatz ermöglicht.

Ich fasse zusammen: Der Rekurs auf die UDL-Prinzipien erweist sich sowohl
mit Blick auf die Entwicklung einer inklusiven Deutschdidaktik im Allgemeinen
als auch mit Blick auf das „Desiderat einer explizit didaktischen Kontextuali-
sierung Leichter Sprache" (Riegert & Musenberg, 2017, S. 388) als lohnend. Der
Vorwurf, die Verwendung ‚Leichter Sprache' sei eine Maßnahme ‚exkludierender

Inklusion', ließ sich zumindest für den Literaturunterricht ein Stück weit entkräften. In Auseinandersetzung mit den UDL-Prinzipien konnte konkretisiert werden, unter welchen Umständen ,Leichte Sprache' hier dazu beitragen kann, Differenzierung, Individualisierung und Potenzialorientierung als zentrale Elemente inklusiven Unterrichts zu realisieren. Aus fachdidaktischer Perspektive sind insbesondere die erweiterten Einsatzmöglichkeiten von ,Leichter Sprache' interessant, die sich aus der Auseinandersetzung mit dem dritten UDL-Prinzip ergeben: Sie erlauben es, äußerst unterschiedlich ausgeprägte Niveaus in den verschiedenen Teilbereichen von Lesekompetenz und literarischer Rezeptionskompetenz sowie entsprechend heterogene, individualisierte Ziele des Literaturunterrichts miteinander in Bezug zu setzen und Kooperation und Austausch zwischen den Lernenden zu fördern. Es wäre zu überprüfen, ob UDL sich auch mit Blick auf die Beurteilung und (Weiter-)Entwicklung anderer Unterrichtskonzepte und Methoden für den inklusiven, potenzialorientierten Unterricht als geeignetes Instrument erweist.

Literatur

Bock, B. (2015). Anschluss ermöglichen und die Vermittlungsaufgabe ernst nehmen. 5 Thesen zur Leichten Sprache. *Didaktik Deutsch, 20* (38), 9–17.

Bock, B., Fix, U. & Lange, D. (Hrsg.). (2017). *„Leichte Sprache" im Spiegel theoretischer und angewandter Forschung.* Berlin: Frank & Timme.

Bock, B., Lange, D. & Fix, U. (2017). Das Phänomen „Leichte Sprache" im Spiegel aktueller Forschung – Tendenzen, Fragestellungen und Herangehensweisen. In B. Bock, U. Fix & D. Lange (Hrsg.), *„Leichte Sprache" im Spiegel theoretischer und angewandter Forschung* (S. 11–31). Berlin: Frank & Timme.

Bredel, U. & Maaß, C. (2016). *Leichte Sprache. Theoretische Grundlagen. Orientierung für die Praxis.* Berlin: Duden.

Dannecker, W. (2014a). Auf dem Weg zu einem inklusiven Deutschunterricht: Literatur binnendifferenziert unterrichten – Ergebnisse eines Unterrichtsprojekts zu Kellers Kleider machen Leute. In F. Dietz, A. Sasse & G. P. Wind (Hrsg.), *Lesen und Schreiben lernen im inklusiven Unterricht. Bedingungen und Möglichkeiten. DGLS-Tagungsband* (S. 105–126). Berlin: Deutsche Gesellschaft für Lesen und Schreiben.

Dannecker, W. (2014b). Literaturunterricht inklusiv gestalten – individuelle Zugänge zu einem literarischen Text ermöglichen. Ergebnisse eines empirischen Unterrichtsprojekts zu Kellers „Kleider machen Leute". In J. Hennies & M. Ritter (Hrsg.), *Deutschunterricht in der Inklusion. Auf dem Weg zu einer inklusiven Deutschdidaktik* (S. 209–220). Stuttgart: Filibach.

Edyburn, D. L. (2010). Would You Recognize Universal Design for Learning if You Saw it? Ten Propositions for New Directions for the Second Decade of UDL. *Learning Disability Quarterly, 33* (1), 33–41.

Fisseler, B. & Markmann, M. (2012). Universal Design als Umgang mit Diversität in der Hochschule. *Journal Hochschuldidaktik, 23* (1–2), 13–16.

Fornefeld, B. (2013). *Mehr-Sinn® Geschichten. Erzählen – Erleben – Verstehen. Konzeptband.* Düsseldorf: selbstbestimmtes Leben.

Frickel, D. & Kagelmann, A. (Hrsg.). (2016a). *Der inklusive Blick. Die Literaturdidaktik und ein neues Paradigma*. Frankfurt a. M.: Lang.

Frickel, D. & Kagelmann, A. (2016b). Der inklusive Blick. Die Literaturdidaktik und ein neues Paradigma. In D. Frickel & A. Kagelmann (Hrsg.), *Der inklusive Blick. Die Literaturdidaktik und ein neues Paradigma* (S. 11–34). Frankfurt a. M.: Lang.

Haas, B. (2012). Dekonstruktion und Dekategorisierung: Perspektiven einer nonkategorialen (Sonder-)Pädagogik. *Zeitschrift für Heilpädagogik, 63* (10), 404–413.

Herz, C. (2016). Story grammars im inklusiven Deutschunterricht. Narratologische Konzeptionen am Beispiel KJL-affiner Text- und Filmformate. In D. Frickel & A. Kagelmann (Hrsg.), *Der inklusive Blick. Die Literaturdidaktik und ein neues Paradigma* (S. 213–228). Frankfurt a. M.: Lang.

Hinz, A. (2002). Von der Integration zur Inklusion – terminologisches Spiel oder konzeptionelle Weiterentwicklung? *Zeitschrift für Heilpädagogik, 53*, 354–361.

Hinz, A. (2007). Inklusion – Vision und Realität! Herausforderungen in Deutschland und Praxis in Kanada. In D. Katzenbach (Hrsg.), *Vielfalt braucht Struktur. Heterogenität als Herausforderung für die Unterrichts- und Schulentwicklung* (S. 81–98). Universität Frankfurt.

Kagelmann, A. (2014). ‚Merizonterweiterungen‘: Inklusive Potentiale für den Deutschunterricht in Andreas Steinhöfels Kinderroman *Rico, Oskar und die Tieferschatten*. In B. Amrhein & M. Dziak-Mahler (Hrsg.), *Fachdidaktik inklusiv. Auf der Suche nach didaktischen Leitlinien für den Umgang mit Vielfalt in der Schule* (S. 249–263). Münster: Waxmann.

Kappus, E.-N. & Kummer Wyss, A. (2016). Inklusion in der Regelschule. In A. Pompe (Hrsg.), *Deutsch inklusiv. Gemeinsam lernen in der Grundschule* (S. 15–28). Baltmannsweiler: Schneider.

Kleinschmidt, K. & Pohl, T. (2017). Leichte Sprache vs. adaptives Sprachhandeln. In B. Bock, U. Fix & D. Lange (Hrsg.), *„Leichte Sprache" im Spiegel theoretischer und angewandter Forschung* (S. 87–110). Berlin: Frank & Timme.

Lanig, J. (2013). *Deutsch inklusiv. Differenzierungsmöglichkeiten und Unterrichtsbeispiele für die Sekundarstufe* (Inklusion in der Praxis). Mülheim an der Ruhr: Verlag an der Ruhr.

Leiß, J. (2018). Leichte Sprache und Einfache Sprache als Differenzierungsinstrumente im inklusiven Literaturunterricht der Sekundarstufe. In M. Dziak-Mahler, T. Hennemann, S. Jaster, T. Leidig & J. Springob (Hrsg.), *Fachdidaktik inklusiv II. (Fach-)Unterricht inklusiv gestalten – theoretische Annäherungen und praktische Umsetzungen* (S. 145–162). Münster: Waxmann.

Merz-Atalik, K. (2014). Der Forschungsauftrag aus der UN-Behindertenrechtskonvention, nationale und internationale Probleme und ausgewählte Erkenntnisse der Integrations-/Inklusionsforschung zur inklusiven Bildung. In S. Trumpa, S. Seifried, E. Franz & T. Klauß (Hrsg.), *Inklusive Bildung. Erkenntnisse und Konzepte aus Fachdidaktik und Sonderpädagogik* (S. 24–46). Weinheim und Basel: Juventa.

Merz-Grötsch, J. (2016). Schreiben lernen. In A. Pompe (Hrsg.), *Deutsch inklusiv. Gemeinsam lernen in der Grundschule* (S. 70–87). Baltmannsweiler: Schneider.

Meyer, A., Rose, D. H. & Gordon, D. (2014). *Universal design for learning. Theory and practice*. Wakefield, MA: CAST Professional Publishing.

Middendorf, W. (2015). (Keine) Angst vor Inklusion? Herausforderungen und Chancen gemeinsamen Lernens in der Schule – eine Einführung. In C. Fischer (Hrsg.), *(Kei-*

ne) *Angst vor Inklusion. Herausforderungen und Chancen gemeinsamen Lernens in der Schule* (S. 9–18). Münster: Waxmann.

Naugk, N., Ritter, A., Ritter, M. & Zielinski, S. (2016). *Deutschunterricht in der inklusiven Grundschule. Perspektiven und Beispiele*. Weinheim: Beltz.

Pompe, A. (2016). Inklusion. In A. Pompe (Hrsg.), *Deutsch inklusiv. Gemeinsam lernen in der Grundschule* (S. 1–14). Baltmannsweiler: Schneider.

Reich, K. (2014). *Inklusive Didaktik. Bausteine für eine inklusive Schule*. Weinheim: Beltz.

Riegert, J. & Musenberg, O. (2017). Zur didaktischen Bedeutung Leichter Sprache im inklusiven Unterricht. In B. Bock, U. Fix & D. Lange (Hrsg.), *„Leichte Sprache" im Spiegel theoretischer und angewandter Forschung* (S. 387–399). Berlin: Frank & Timme.

Rosebrock, C. (2015). Der Mut zur Einfalt. Vereinfachte Klassikerausgaben für den Schulgebrauch. *Didaktik Deutsch, 20* (38), 33–39.

Rupp, G. (2016). Der inklusive Blick auf das Lernen von Sprache, Literatur und den Umgang mit Medien – kulturwissenschaftliche Perspektiven auf die Deutschdidaktik. In D. Frickel & A. Kagelmann (Hrsg.), *Der inklusive Blick. Die Literaturdidaktik und ein neues Paradigma* (S. 37–60). Frankfurt a. M.: Lang.

Schäffter, O. (2013). Inklusion und Exklusion aus relationaler Sicht – eine grundlagentheoretische Auseinandersetzung mit gesellschaftlichen Inklusionsprozessen. In R. Burtscher, E. J. Ditschek, K.-E. Ackermann, M. Kil & M. Kronauer (Hrsg.), *Zugänge zu Inklusion. Erwachsenenbildung, Behindertenpädagogik und Soziologie im Dialog* (S. 53–64). Bielefeld: wbv.

Seitz, S. (2014). Leichte Sprache? Keine einfache Sache. *Aus Politik und Zeitgeschichte, 64* (9–11), 3–6.

Vereinte Nationen. (2006). *Übereinkommen über die Rechte von Menschen mit Behinderungen*. Zit. nach Bundesgesetzblatt (2008) Teil II, Nr. 35, 31. Dezember 2008, 1420–1452. Zugriff am 24.07.2017. Verfügbar unter http://www.bgbl.de/xaver/bgbl/start.xav?startbk=Bundesanzeiger_BGBl&start=//*%255B@attr_id='bgbl208s1419.pdf'%255D#__bgbl__%2F%2F*%5B%40attr_id%3D%27bgbl208s1419.pdf%27%5D__1450363608357.

Zurstrassen, B. (2017). Leichte Sprache – eine Sprache der Chancengleichheit? In B. Bock, U. Fix & D. Lange (Hrsg.), *„Leichte Sprache" im Spiegel theoretischer und angewandter Forschung* (S. 53–69). Berlin: Frank & Timme.

Claudia Schlaak

12. Potenzialorientierter Fremdsprachenunterricht: Inklusive Vermittlungsstrategien im kompetenzorientierten Unterricht romanischer Sprachen

12.1 Potenzialorientierter (romanischer) Fremdsprachenunterricht: Erste Überlegungen

Mit dem Französisch-, Spanisch-, Italienischunterricht usw. wird das Ziel verfolgt, die jeweilig zu lernende Fremdsprache zu vermitteln und neue kulturelle Erfahrungen zu ermöglichen. Im Sinne eines potenzialorientierten Unterrichts soll hierbei die kulturelle und sprachliche Vielfalt in unseren Schulen wertgeschätzt und für das Fremdsprachenlernen produktiv aufgriffen werden.

Zur Umsetzung eines potenzialorientierten Fremdsprachenunterrichts müssen alltagspraktische Standards und Kriterien entwickelt werden. Inklusiver Fremdsprachenunterricht, der die Potenziale der Schülerinnen und Schüler in den Vordergrund stellt, erfordert daher, dass alle Kinder und Jugendlichen zusammen lernen und die, bezogen speziell auf den (romanischen) Fremdsprachenunterricht, kulturelle und sprachliche Heterogenität vollumfänglich berücksichtigt werden soll. Im Fremdsprachenunterricht sollten daher individuelle Lernstrategien sowie spezielle Sprachlerneignungen und -neigungen beachtet werden, denn jede Schülerin und jeder Schüler hat ein spezifisches Potenzial an sprachlicher und kommunikativer Komplexität etwa auf lexikalischer, grammatischer oder interkultureller Ebene usw. Es geht also um eine *verstärkte* Beachtung der Individualisierung:

> Differenzierung in der Schule und im Unterricht begreift Individualität als konstruktive Basis und verfolgt nur ein einziges Ziel: Jeder einzelne Schüler soll individuell maximal gefordert und damit optimal gefördert werden. Das individuelle Leistungsvermögen und das Lernverhalten sind Grundlage für differenzierende Maßnahmen auf der inhaltlichen, didaktischen, methodischen, sozialen und organisatorischen Ebene. (Paradies & Linser, 2008, S. 9)

Explizit muss im Fremdsprachenunterricht auf der einen Seite die kommunikative Selbsttätigkeit in der jeweiligen zu lernenden Fremdsprache gefördert werden, auf der anderen Seite ist es aber auch von Bedeutung, sich mit den spezifischen Traditionen, Bräuchen, Lebensweisen usw., also der außersprachlichen Ebene, zu beschäftigen. Aktuelle und angehende Fremdsprachenlehrkräfte wünschen sich für den romanischen Fremdsprachenunterricht anwendungsbezogene Konzepte und Modelle; vielfach werden zudem fehlende Angebote zur Aus- und Weiterbildung im Bereich der Fremdsprachendidaktik und der Inklusionspädagogik beklagt (vgl.

u.a. die Untersuchungen von Schlaak, 2015, 2017). Die Lehrkräfte können entscheidend dazu beitragen, dass der Ansatz der Inklusion und Potenzialorientierung im Bildungs- und Schulsystem und so auch im Fremdsprachenunterricht umgesetzt werden kann, denn mehrfach konnte nachgewiesen werden, dass bei der Umsetzung neuer Ideen die Lehrkräfte eine entscheidende Rolle spielen (vgl. u.a. Caspari, 2003; Frevel, 2008).

Ziel ist es, die Lernpotenziale der Kinder und Jugendlichen und damit im (romanischen) Fremdsprachenunterricht vor allem die sprachlichen bzw. fremdsprachlichen Voraussetzungen optimal zu berücksichtigen. Durch die Einbeziehung der Sprachpotenziale, differenzierte Aufgabenstellungen, flexible Methoden und Verfahren, die in Abschnitt 2 dieses Beitrags in ausgewählter Form dargestellt werden, soll auf die individuellen Voraussetzungen im Hinblick auf Interesse, Leistung, Kapazitäten usw. und auf die unterschiedlichen Lernwege der Schülerinnen und Schüler mit muttersprachlichen und fremdsprachlichen sowie unterschiedlichen kulturell geprägten Hintergründen eingegangen werden. Bei der individuellen Forderung und Förderung der Lernenden ist davon auszugehen, dass ein schulform- und fächerübergreifender Ansatz verfolgt werden muss. Es wird zudem – sowohl im Rahmen der Binnendifferenzierung als auch bei der Verfolgung eines inklusiven Ansatzes – ein offener, handlungsorientierter, kreativer und kommunikativer Unterrichtsansatz gefordert bzw. empfohlen (Klemm & Preuss-Lausitz, 2012, S. 20). Im Zentrum eines potenzialorientierten Fremdsprachenunterrichts steht also das gegenseitige Lehren und Lernen, wobei vor allem die (fremd-) sprachliche und kulturelle Vielfalt im Sinne einer interkulturellen Didaktik berücksichtigt werden muss.

12.2 Potenzialorientiertes Fordern und Förden im romanischen Fremdsprachenunterricht

Ein potenzialorientiertes Fordern und Fördern im romanischen Fremdsprachenunterricht, um auf die individuellen Bedarfe und Bedürfnisse und damit auf das individuelle Potenzial der Schülerinnen und Schüler einzugehen, ist grundsätzlich auf verschiedene Weise möglich. An ausgewählten Beispielen für den romanischen Fremdsprachenunterricht sollen hier Anregungen, methodische Ansätze und Strategien zur Umsetzung eines potenzialorientierten Fremdsprachenunterrichts vorgestellt werden. Hierbei geht es um Maßnahmen der Gestaltung der Lernbedingungen in der Schule, um methodische und didaktische Herangehensweisen im Unterricht, um die Leistungsbewertung sowie um die Ausgestaltung der Arbeitsbedingungen.

12.2.1 Sprachpotenziale nutzen

Für das Fremdsprachenlernen sollten Lehrkräfte stets auf die Kenntnisse der Lernenden im Deutschen und in anderen Sprachen zurückgreifen. Mehrsprachigkeit ist als Realität heute nicht mehr zu ignorieren (vgl. u.a. De Cilia, 2008, S. 81; Fernández Amman, Kropp & Müller-Lancé, 2015, S. 9; Schöpp, 2015, S. 162–163), so dass der noch aktuell vorherrschende Ansatz der Monolingualität im Fremdsprachenunterricht endlich überwunden werden muss (Dirim, 2005, S. 92–93), um dieses Potenzial zu nutzen. Vor dem Hintergrund, dass die romanischen Sprachen meist als zweite nach der ersten Fremdsprache Englisch gelernt werden,[1] haben die Schülerinnen und Schüler bereits mit einer fremden Sprache und Kultur Erfahrungen gemacht, auf die im romanischen Fremdsprachenunterricht zurückgegriffen werden sollte. Weitere Kulturen und damit auch Sprachen treten in Lerngruppen z.B. durch Schülerinnen und Schüler mit Migrationshintergrund auf. Das interkulturelle Lernen nimmt daher in einem potenzialorientierten Fremdsprachenunterricht einen großen Stellenwert ein; es ist wichtig, dass sich die Lernenden „selbstreflexiv und kritisch mit eigenen und fremden kulturellen Gegebenheiten [auseinandersetzen]" (De Florio-Hansen, 2008, S. 86). Es kann an die Sprachbiographien aller Lernerinnen und Lerner angeknüpft werden und z.B. durch ein Sprachportfolio eine explizite Auseinandersetzung damit erfolgen (vgl. beispielhaft die Ausführungen von Heyder, 2017, S. 71–73). Allein durch die Thematisierung der individuellen Mehrsprachigkeit werden die Lernenden mit ihrem Potenzial an Sprachkenntnissen wertgeschätzt. Dies kann auf der außersprachlichen Ebene erfolgen, indem beispielsweise beim Thema „Obst/Gemüse" oder beim Thema „Tiere" nach speziellem Obst und Gemüse oder typischen Tierarten in den Herkunftsländern gefragt wird, oder auf der konkreten materialsprachlichen Ebene, indem die jeweiligen Vokabeln in den unterschiedlichen Sprachen miteinander verglichen oder auch spezielle Formulierungen und Ausdrücke – z.B. idiomatische Wendungen – gegenübergestellt werden. Beispielhaft zeigt sich dies, wenn man bedenkt, dass im Französischen und Deutschen das Verliebtsein jeweils mit Schmetterlingen verbunden wird, man aber beim Räuspern bzw. Kratzen im Hals im Deutschen von einem Frosch spricht, im Französischen allerdings von einer Katze („chat") im Hals (vgl. zur Vermittlung von Phraseologismen u.a. Willwer, 2016, S. 125–144).

Bei einer interkulturell ausgerichteten Didaktik ist es u.a. Ziel, den eigenen Kulturkreis besser zu verstehen, sich aber auch mit unterschiedlichen Traditionen und Lebensweisen auseinanderzusetzen und sich stets selbst durch diesen Kontakt zu reflektieren. Die Übernahme unterschiedlicher Perspektiven verspricht, Akzeptanz, Toleranz und Offenheit gegenüber dem Fremden zu ermöglichen und kulturelle sowie sprachliche Barrieren abzubauen. Das „Fremdverstehen" wird

---

1 Nur in einigen Gebieten Deutschlands, vor allem an der Grenze zu Frankreich (Baden-Württemberg, Saarland), wird Französisch verbreitet als erste Fremdsprache angeboten.

hierdurch geschult und eine multikulturelle und polylinguale Vernetzung wird angeregt. Auch der Gemeinsame europäische Referenzrahmen für Sprachen (GeR) des Europarats fordert (Trim, Borth und Coste in Zusammenarbeit mit Sheils, 2001), dass sich jeder aktiv mit fremden Sprachen und Kulturen auseinandersetzen soll. So ist es Ziel, dass alle Bürgerinnen und Bürger neben ihrer Muttersprache noch mindestens zwei weitere Sprachen beherrschen (cf. u.a. Kommission der Europäischen Gemeinschaften, 2008, S. 4–6).

Im romanischen Fremdsprachenunterricht sollten im Sinne der Potenzialförderung mehrsprachige Kompetenzen, die durch vorgelernte Sprachen bei jeder Lernerin bzw. jedem Lerner existieren, eingebunden werden. Dafür genügt es nicht, wie stellenweise bereits festzustellen ist, dass Lehrkräfte darauf verweisen, dass zum Beispiel bestimmte Wörter aus dem Englischen bekannt sind. Spätestens mit dem Erwerb einer zweiten Fremdsprache sollten auch die konkreten Entschlüsselungsstrategien (vgl. u.a. Klein & Stegmann, 2000) im Bereich der unterschiedlichen Kompetenzen systematisch geschult und somit auf das sprachliche Vorwissen zurückgegriffen werden. Im Sinne des Erwerbs verschiedener romanischer Sprachen sollten Lernende auch Bezüge – im Kontext der Interkomprehensionsdidaktik (vgl. u.a. Bär, 2009) – zu anderen romanischen Sprachen kennenlernen und für sprachliche Ähnlichkeiten und Unterschiede sensibilisiert werden, um Transfer- und Ableitungsstrategien systematisch auszubauen. Insbesondere auf der Ebene des Wortschatzvergleichs lassen sich viele Ähnlichkeiten – sei es zwischen dem Englischen und den romanischen Sprachen (z.B. engl. to visit/franz. visiter; engl. activities/span. actividades) oder selbst zum Deutschen (dt. interessant/span. interesante/franz. intéressant(e) – finden. In diesem Lernprozess wird auf eine Vernetzung des vorhandenen Wissens gesetzt, die auch dazu führen kann, dass Vokabeln schneller behalten werden.

12.2.2   Im Unterricht differenzieren und die Autonomie der Lernenden stärken

Maßnahmen der äußeren Differenzierung sind im Sinne eines potenzialorientierten Fremdsprachenunterrichts nur bedingt förderlich, da es insbesondere bei Beachtung der individuellen (fremd)sprachlichen Voraussetzungen der Lernenden nicht *per se* möglich ist zu unterscheiden, ob eine Schülerin oder ein Schüler schlechter oder besser als eine andere oder ein anderer ist. Ein Lerner bzw. eine Lernerin kann zwar im Sinne der Leistungsbewertung nach Notenvergabe vielleicht nicht zu den besten Schülerinnen und Schülern einer Lerngruppe gehören, aber etwa durch den sprachlichen Hintergrund – z.B., weil er bzw. sie mehrere Sprachen beherrscht – den Fremdsprachenunterricht, allein im Bereich der Wortschatzarbeit, bereichern. Im Kontext der Neigungsdifferenzierung bzw. der Berücksichtigung der individuellen Neigungen und Interessen der Lernenden sind Strukturen, die der äußeren Differenzierung zuzurechnen sind, jedoch sinnvoll, da nicht jeder Lernende einen Wahlpflichtunterricht oder Leistungskurs besuchen möchte.

Gleichwohl sollten binnendifferenzierende Maßnahmen in den jeweiligen Lerngemeinschaften verfolgt werden, da durch spezifische Lernhilfen, individuellen Umfang bei den Aufgaben, inhaltlich unterschiedlich ausgerichtete Schwerpunktsetzungen, unterschiedliche Aufgabentypen usw. gut auf die unterschiedlichen Bedürfnisse der Lernenden eingegangen werden kann und diese jeweils speziell gefördert werden können. So sollten auch Schülerinnen und Schüler, die die zu lernende Fremdsprache bereits muttersprachlich beherrschen (aufgrund des persönlichen Hintergrundes), zum Beispiel verstärkt als Expertinnen und Experten in den Unterricht einbezogen werden.

Im Kontext eines potenzialorientierten Fremdsprachenunterrichts, in dem Individualisierung und Differenzierung (vgl. u.a. zu den Ansätzen der Differenzierung und Individualisierung im kompetenzorientierten Fremdsprachenunterricht Caspari & Holzbrecher, 2016) von wesentlicher Bedeutung sind, ist eine Stärkung der Lernerinnen- bzw. Lernerautonomie besonders wichtig. Im Sinne der heterogenen Lerngemeinschaft kann es nicht das Ziel sein, in einer Lerngruppe alle Lernenden immer auf den gleichen Wissensstand zu bringen. Fremdsprachenlernende hören nicht immer alle den gleichen Anteil heraus, schreiben nicht gleich lange Texte oder realisieren alle die jeweilige Fremdsprache phonetisch/phonologisch gleich. Eine Lernerin bzw. ein Lerner spricht vielleicht eher akzentfrei als andere, während diese bzw. dieser möglicherweise längere, fehlerfreiere und stilsichere Texte in der Fremdsprache konzipieren können. Im Kontext der Potenzialorientierung nimmt die Autonomie der Lernerinnen und Lerner eine besondere Rolle ein, da es die Lehrkraft unter den organisatorischen und strukturellen Bedingungen in der Schule nicht leisten kann, auf alle Schülerinnen und Schüler gleichzeitig einzugehen und sie in ihren sprachlichen Bereichen, die sie optimieren möchten, gleich intensiv zu fördern. Butzkamm (2004, S. 368) erklärt: „Menschen lernen Sprachen unterschiedlich schnell und gut." Die Lernenden sollten daher dahingehend trainiert werden, sich verstärkt Inhalte selbst zu erarbeiten, indem sie spezielle Methoden und Techniken kennenlernen, wie sie eigenständig eine Bearbeitung der Thematik planen und vornehmen können. Hierbei bieten sich vor allem offene und kooperative Methoden, bei denen auf die individuellen Bedarfe der Lernenden speziell eingegangen wird, an. Bei der Lerntheke bzw. beim Stationenlernen (vgl. u.a. Hegele, 2006; Fäcke, 2011, S. 61) können sich die Schülerinnen und Schüler bei den jeweiligen Stationen individuell Zeit nehmen, die sie jeweils zur Bearbeitung der Aufgaben benötigen, aber sich auch die jeweiligen Stationen entsprechend ihrer Neigungen und Interessen heraussuchen, an denen sie sich beim Fremdsprachenerwerb in der jeweiligen Kompetenz ganz besonders verbessern möchten bzw. sollen. Zahlreiche Methoden zur Autonomieförderung existieren bereits und sollten daher auch im Fremdsprachenunterricht genutzt werden. So können etwa Knickmethoden, Tandembögen, aber auch Lerntempoduette oder der Think-Pair-Share-Ansatz dazu genutzt werden, um auf die jeweiligen individuellen Lernprozesse angemessen einzugehen. Autonomes Lernen wird auch durch die Einbindung von Lernaufgaben, die der Kompetenzentwicklung im Fremdsprachenunterricht dienen, vermehrt geschult, da hierdurch eigene und individuelle Lösungswege sowie verschiedene Aufgabenstellungen genutzt, unterschiedliche Informationen bis hin verschiedenen Lernprodukten realisiert werden können, während die Fremdsprachenlehrkraft als Lernbegleiter zu verstehen ist und den Schülerinnen und Schülern hilfreich zur Seite steht.

12.2.3   Schüler motivieren statt im Lernprozess verlieren: Methodische und didaktische Vielfalt nutzen

Um Schülerinnen und Schüler im jeweiligen Fremdsprachenunterricht zu motivieren, sollten kreativ-kommunikative Verfahren sowie offene und kooperative Methoden (vgl. u.a. auch Abschnitt 2.4) genutzt werden. Als wichtiges „Werkzeug" für den Fremdsprachenunterricht gelten wiederkehrende Rituale, die für den romanischen Fremdsprachenunterricht sehr vielfältig ausfallen können (Plötner & Schlaak, 2017, S. 49–55): Redekette, Verwenden unterschiedlicher Aktivierungsmethoden wie Blätterlawine, Blitzlicht, ABC usw., Aufgreifen unterschiedlicher Symbole (z.B. spezielle Zeichen für verschiedene typische Fehler in der Fremdsprache) usw., die den Lernenden einerseits Struktur und Sicherheit geben, andererseits sie im Prozess des Fremdsprachenerwerbs jeweils abholen und ihnen verlässliche Anhaltspunkte geben. Es geht im kompetenzorientierten Fremdsprachenunterricht somit nicht mehr allein darum, sich sprachlich korrekt in der jeweiligen zu lernenden Fremdsprache auszudrücken, sondern auch darum, alltagsnahe Inhalte umzusetzen, konkrete Argumente anzuführen und komplexe Aufgaben zu lösen.

Im Kontext eines potenzialorientierten Fremdsprachenunterrichts ist es didaktisch auch sinnvoll, eine Steuerung des Unterrichts durch Visualisierung vorzunehmen, um sprachliche Schwierigkeiten abzubauen, da die Verarbeitung von Bildern meist unabhängig vom Sprachsystem erfolgt. Die Verbindung von Text und Bild und damit eine Vernetzung unterschiedlicher Konzepte kann dazu führen, dass der Fremdsprachenerwerb „leichter" vonstattengeht, da die Speicherung von Bildern holistisch und die Speicherung von Texten nach logisch-analytischen Regeln erfolgt. Es ist auffällig, dass Schülerinnen und Schüler sich Vokabeln durch die Verbindung von „Text" und „Bild" wesentlich leichter merken. Aber nicht nur im Bereich der Wortschatzarbeit ist eine Visualisierung im Fremdsprachenunterricht zu befürworten, auch bei der Vermittlung von grammatischen Strukturen ist dies wertvoll. Nach dem Ansatz der Signalgrammatik kann man grammatische Strukturen durch die Verwendung bestimmter Signale darstellen. Visuelle Signale wie Piktogramme und Bilder stehen dabei für bestimmte Strukturen und Regeln der Grammatik. Man kann zum Beispiel eine Glocke als Symbol nutzen, wenn eine Regel angewandt werden muss, die den Schülerinnen und Schülern besonders schwerfällt, oder mit Farben den Unterschied zwischen Nomen mit weiblichen und männlichen Artikeln markieren.

12.2.4 Kreative Potenziale im Fremdsprachenunterricht nutzen

Die Einbindung kreativer Potenziale, das heißt etwa musikalische Elemente, literarische Komponenten, eigene künstlerische Betätigung der Lernenden sowie spielerische Methoden, fördern einen interessanten und ansprechenden Fremdsprachenunterricht. Kreative Phasen sind von großer Bedeutung, da die Lernenden durch diese Freiräume ganz individuell ihr Vorwissen, ihre Erfahrungen, ihre Interessen, ihre Ideen usw. in den Unterricht und bei der Bewältigung spezifischer Aufgaben einbringen können.

Das vernetzte Lernen ist im potenzialorientierten Fremdsprachenunterricht ein wesentlicher Ansatz. Die Einbindung von Musik bzw. musikalischen Elementen in den Fremdsprachenunterricht führt meist nicht nur zu einer erhöhten Motivation bei den Lernenden (vgl. hierzu Plötner & Schlaak, 2017, S. 55–60), sondern auch zu einem mehrschichtigen Spracherwerbsprozess, da fremdsprachliche Strukturen durch musikalische Einbindung kreativ eingeübt werden können. Wie auch bei Musik, bei der sich wiederholende Elemente wie der Refrain, eine bekannte Melodie oder ein eingängiger Rhythmus schnell einprägen, so ist auch im Spracherwerbsprozess genau dieser Aspekt von Bedeutung, da durch einen parallelen wiederholenden Memorierungsprozess fremdsprachliche Strukturen über die Musik leichter gelernt werden. Rhythmen können beim Vokabellernen genutzt, Akzente durch Klatschen betont werden, bekannte Melodien von Kinderliedern und der Lieblingsmusik der Lernenden dazu verwendet werden, grammatische Regeln oder die Konjugationen von Verben zu verfestigen usw.

Man kann auch vielfältige didaktisch-methodische Möglichkeiten nutzen, um literarische Aspekte im romanischen Fremdsprachenunterricht einzubinden (vgl. u.a. Schrader, 1995; Caspari, 2005). Während bis heute fremdsprachliche Literatur von vielen Lehrkräften eher in fortgeschrittenen Klassen eingesetzt wird, bieten sich durch dieses Mittel auch enorme kreative Potenziale für den Anfangsunterricht. Sich mit Literatur auseinanderzusetzen, kann häufig einen beachtlichen produktiven fremdsprachlichen Output mit sich bringen (vgl. hierzu u.a. Caspari, 1994, 2005; Hinz, 2003; Koch, erscheint 2018). Texte durch andere Betonung zu lesen, Texte durch die Puzzletechnik zu rekonstruieren, eigene Buchcover oder Werbeplakate zu erstellen, authentische Texte aus einer anderen Perspektive wiederzugeben, Texte durch Zeichnung eines Comics oder durch Fotos zu visualisieren; dies sind nur ausgewählte didaktische Möglichkeiten, wie „Literatur" in den Fremdsprachenunterricht eingebunden werden kann.

12.2.5   Ganzheitliches und globales Lernen: Fächerübergreifender Unterricht und Projektarbeit

Auch fächerübergreifender Unterricht und Projektarbeit sind wesentliche Maßnahmen in einem potenzialorientierten Fremdsprachenunterricht, da hierdurch die Lernenden nicht nur mit komplexen Problemen konfrontiert werden, sondern auch durch die Bezüge mit anderen Fächern eine verstärkte Vernetzung der fremdsprachlichen Inhalte zustande kommt. Der Vorteil ist zudem, dass die Schülerinnen und Schüler ihr Wissen aus den einzelnen Fachrichtungen kombinieren können bzw. müssen. Hierdurch entstehen Synergieeffekte, die unterschiedliche Herangehensweisen und Lösungsansätze kombinieren und gegenüberstellen können. Die Lerngegenstände werden zudem handlungsorientiert und lebensnah vermittelt. Auch sollten vermeintlich weit auseinanderliegende Fächer, die vermeintlich keine Verbindung zueinander aufweisen, verstärkt im Sinne des globalen Lernens miteinander kombiniert werden (vgl. die Ausführungen zu konkreten Beispielen für den Fremdsprachenunterricht Plötner & Schlaak, 2017, S. 103–105). Etwa können „authentische" Kriminalgeschichten im Fremdsprachenunterricht analysiert und interpretiert und gleichzeitig im Chemieunterricht die jeweiligen kriminaltechnischen Verfahren und die Analyse der Giftstoffe und Chemikalien behandelt werden. Themen wie „Essen", „Einkaufen" oder „typische Rezepte des fremden Landes" usw. lassen sich im Fremdsprachenunterricht behandeln. Im Biologieunterricht wird zeitgleich das Thema „Ernährung", „Kohlenhydrate", „Fette" usw. bearbeitet. Eine Schülerin bzw. ein Schüler, die bzw. der z.B. im Fach Chemie oder Biologie größere Leidenschaft zeigt, hat so die Möglichkeit, auch das jeweilige Themenfeld aus einer anderen fachlichen Perspektive zu betrachten, sodass sich dies auch positiv für den Fremdsprachenerwerb auswirken kann, da die Motivation durch die Verbindung unterschiedlicher („Lieblings"-)Fächer erhöht wird.

12.2.6   Leistungsbeurteilung und -evaluation

Das gängige, weit verbreitete Bewertungssystem durch Noten, das durch mündliche und schriftliche Tests sowie Lernerfolgskontrollen, Klausuren usw. gekennzeichnet ist und das sich wesentlich durch eine Suche nach Fehlern in der jeweiligen Fremdsprache auszeichnet, entspricht nicht dem Ansatz eines potenzialorientierten Fremdsprachenunterrichts. Auch wenn es durch äußere Strukturen – z.B. die Möglichkeit der Wahl schriftlicher und mündlicher Prüfungen beispielsweise im Rahmen des Abiturs – durchaus möglich ist, auf die unterschiedlichen Kompetenzen der Schülerinnen und Schüler einzugehen, muss auch bei der Leistungsbewertung und -evaluation verstärkt eine individuelle Differenzierung vorgenommen werden. Die jeweiligen Lerngruppen setzen sich aus unterschiedlich mehrsprachigen Kindern und Jugendlichen mit verschiedenen kulturellen und sprachbiographischen Hintergründen zusammen, so dass nicht alle Lernenden im (fremd-)

sprachlichen Sinne die gleichen Voraussetzungen mitbringen. Mehrsprachige Schülerinnen und Schüler können sich möglicherweise beim Wortschatzerwerb durch das Zurückgreifen auf andere Sprachen effizienter und schneller Vokabeln aneignen, während sie bei der phonetisch-phonologischen Realisierung eventuell größere Schwierigkeiten haben. Da der Fremdsprachenunterricht im Bereich des Kompetenzerwerbs so vielseitig und vielfältig in seiner Breite ist, können nicht alle Lernenden ein- und dieselben Kompetenzstufen bzw. -niveaus erreichen. Das Festlegen individueller Bewertungsmaßstäbe in den jeweiligen Kompetenzbereichen wäre daher ein notwendiger Schritt. Auch alternative Leistungsüberprüfungsverfahren und das Verwenden unterschiedlicher Leistungsformen, z.B. Portfolios, Lernverträge, Lerntagebücher usw., wären wesentliche Maßnahmen (vgl. hierzu Plötner & Schlaak, 2017, S. 108–115), um eine individuelle Bewertung und damit auch Förderung sicherzustellen. Bei schriftlichen und mündlichen Leistungsüberprüfungen können verschiedene Aufgabentypen oder Wahlmöglichkeiten ein weiterer Schritt im Sinne der Bewertung individueller Kompetenzzuwächse sein.

12.3   Fazit und Ausblick

Beachtung der Heterogenität, verstärkte Einbindung binnendifferenzierender Maßnahmen in den Unterricht, Fördern individueller Bedürfnisse usw. – dies alles sind keine neuen Forderungen, sondern Ansätze, die bereits seit Jahrzehnten immer wieder in der Pädagogik und in Fachdidaktikkreisen diskutiert werden. Heutzutage wird die Individualisierung im höchstmöglichen Maße gefordert: Mit der inklusiven Bildung soll eine defizitorientierte Perspektive der Vergangenheit angehören. Die Förderung aller denkbaren Potenziale der Lernenden ist stattdessen gefordert. Im (romanischen) Fremdsprachenunterricht muss in diesem Sinne vor allem die kulturelle und sprachliche Vielfalt der Schülerinnen und Schüler Beachtung finden. Dazu gehört, dass die Lehrkräfte einen produktiven Umgang mit diesen mehrsprachigen Potenzialen finden. Offene Lernformen, kooperative Methoden, spielerisches und kreatives Lernen, neue Formen der Leistungsbeurteilung, differenzierende Maßnahmen, vernetztes und globales Lernen sind wesentliche Ansätze, um dieses Reservoir der Möglichkeiten in einer Lerngruppe aufzugreifen, in den Unterricht einzubinden und für jede Einzelne bzw. jeden Einzelnen, aber auch für die gesamte Lerngruppe, zu nutzen. Im potenzialorientierten Fremdsprachenunterricht sollte unbedingt auf die vorhandenen Sprachpotenziale eingegangen werden, denn so können mehrsprachige Handlungskompetenzen besonders ausgebildet und weiter gefördert werden.

Literatur

Bär, M. (2009). *Förderung von Mehrsprachigkeit und Lesekompetenz. Fallstudien zu Interkomprehensionsunterricht mit Schülern der Klassen 8 bis 10*. Tübingen: Narr.

Butzkamm, W. (2004). *Lust zum Lehren, Lust zum Lernen. Eine neue Methodik für den Fremdsprachenunterricht*. Tübingen (u.a.): Francke.

Caspari, D. (1994). *Kreativität im Umgang mit literarischen Texten im Fremdsprachenunterricht: theoretische Studien und unterrichtspraktische Erfahrungen*. Frankfurt am Main: Lang.

Caspari, D. (2003). *Fremdsprachenlehrerinnen und Fremdsprachenlehrer. Studien zu ihrem beruflichen Selbstverständnis*. Tübingen: Narr.

Caspari, D. (2005). Kreativitätsorientierter Umgang mit literarischen Texten – revisited. *Praxis Fremdsprachunterricht* (6), 12–16.

Caspari, D. & Holzbrecher, A. (2016). Individualisierung und Differenzierung im kompetenzorientierten Französischunterricht. In L. Küster (Hrsg.), *Individualisierung im Französischunterricht. Mit digitalen Medien differenzierend unterrichten* (S. 7–37). Seelze: Klett/ Kleymeyer.

De Cilia, R. (2008). Plädoyer für einen Paradigmenwechsel im Umgang mit Mehrsprachigkeit. In M. Frings & E. Vetter (Hrsg.), *Mehrsprachigkeit als Schlüsselkompetenz: Theorie und Praxis in Lehr- und Lernkontexten. Akten zur gleichnamigen Sektion des XXX. Deutschen Romanistentages an der Universität Wien (22. bis 27. September 2007)* (S. 69–84). Stuttgart: Ibidem-Verlag.

De Florio-Hansen, I. (2008). Mehrsprachigkeit – ein Gesamtsprachenkonzept für alle. In M. Frings & E. Vetter (Hrsg.), *Mehrsprachigkeit als Schlüsselkompetenz: Theorie und Praxis in Lehr- und Lernkontexten. Akten zur gleichnamigen Sektion des XXX. Deutschen Romanistentages an der Universität Wien (22. bis 27. September 2007)* (S. 85–108). Stuttgart: Ibidem-Verlag.

Dirim, I. (2005). Verordnete Mehrsprachigkeit. In A. Datta (Hrsg.), *Transkulturalität und Identität. Bildungsprozesse zwischen Exklusion und Inklusion* (S. 83–97). Frankfurt am Main (u.a.): IKO.

Fäcke, C. (2011). *Fachdidaktik Spanisch*. Tübingen: Narr.

Fernández Amman, E. M., Kropp, A. & Müller-Lancé, J. (2015). Herkunftsbedingte Mehrsprachigkeit im Unterricht der romanischen Sprachen: Herausforderungen und Chancen. In E. M. Fernández Amman, A. Kropp & J. Müller-Lancé (Hrsg.), *Herkunftsbedingte Mehrsprachigkeit im Unterricht der romanischen Sprachen* (S. 9–22). Berlin: Frank & Timme.

Frevel, C. (2008). Französischunterricht heute – Eine Lehrerrolle im Wandel? In C. Fäcke, W. Hülk & F.-J. Klein (Hrsg.), *Multiethnizität, Migration und Mehrsprachigkeit. Festschrift zum 65. Geburtstag von Adelheid Schumann* (S. 55–66). Stuttgart: Ibidem-Verlag.

Hegele, I. (2006). Stationenarbeit. Einstieg in den offenen Unterricht. In J. Wiechmann (Hrsg.), *Zwölf Unterrichtsmethoden. Vielfalt für die Praxis* (S. 58–71). Weinheim & Basel: Beltz.

Heyder, K. H. (2017). Inklusion und Mehrsprachigkeit – Beispiele aus dem Französischunterricht an einer Integrierten Gesamtschule. In S. Thiele & C. Schlaak (Hrsg.), *Migration, Mehrsprachigkeit und Inklusion. Heterogenes und interkulturelles Lernen als Herausforderung* (S. 61–78). Stuttgart: Ibidem-Verlag.

Hinz, K. (2003). Kreative literaturbezogene Textproduktion im Englischunterricht: Aufgaben, Textverstehen und Leistungsbeurteilung. *Praxis des neusprachlichen Unterrichts* (4), 351–359.

Klein, H. G. & Stegmann, T. D. (2000). *EuroComRom – Die sieben Siebe. Romanische Sprachen sofort lesen können.* Aachen: Shaker.

Klemm, K. & Preuss-Lausitz, U. (2012). Was ist guter inklusiver Unterricht? In K. Metzger & E. Weigl (Hrsg.), *Inklusion – praxisorientiert. Didaktische und methodische Anregungen. Erprobte Modelle und Materialien. Für alle Jahrgangsstufen* (S. 19–32). Berlin: Cornelsen-Verlag.

Koch, C. (erscheint 2018). El potencial didáctico de cómics en la clase de E/LE a través del ejemplo de la novela gráfica El arte de volar. In C. Gonzáles Casares (Hrsg.), *Literatura en la clase de español como lengua extranjera.* Berlin: tranvía [im Druck].

Kommission der Europäischen Gemeinschaften. (2008). *Mitteilung der Kommission an das Europäische Parlament, den Rat, den Europäischen Wirtschafts- und Sozialausschuss und den Ausschuss der Regionen. Mehrsprachigkeit: Trumpfkarte Europas, aber auch gemeinsame Verpflichtung.* Brüssel.

Paradies, L. & Linser, H. J. (2008). *Differenzieren im Unterricht.* (3. Aufl.). Berlin: Cornelsen.

Plötner, K. & Schlaak, C. (2017). *Inklusions-Material Spanisch.* Berlin: Cornelsen.

Schlaak, C. (2015). *Fremdsprachendidaktik und Inklusionspädagogik: Herausforderungen im Kontext von Mehrsprachigkeit und Migration.* Stuttgart: Ibidem-Verlag.

Schlaak, C. (2017). Auf dem Weg zu einer Kultur inklusiver Bildung mit Blick auf die Lehrkräfteausbildung des Französischen und Spanischen. In S. Thiele & C. Schlaak (Hrsg.), *Migration, Mehrsprachigkeit und Inklusion. Heterogenes und interkulturelles Lernen als Herausforderung* (S. 45–59). Stuttgart: Ibidem-Verlag.

Schöpp, F. (2015). Die Thematisierung herkunftsbedingter Mehrsprachigkeit im Unterricht der romanischen Sprachen. In E. M. Fernández Amman, A. Kropp & J. Müller-Lancé (Hrsg.), *Herkunftsbedingte Mehrsprachigkeit im Unterricht der romanischen Sprachen* (S. 159–183). Berlin: Frank & Timme.

Schrader, H. (1995). Am Leser orientierter Umgang mit literarischen Texten. *Fremdsprachenunterricht* (4), 264–269.

Trim, J., Borth, B. & Coste, D., (in Zusammenarbeit mit Sheils, J.). (2001). *Gemeinsamer europäischer Referenzrahmen für Sprachen: lernen, lehren, beurteilen. Übersetzung von Jürgen Quetz/Raimund Schieß, Ulrike Skóries und Günther Schneider.* Straßburg: Europarat, Berlin/München: Langenscheidt.

Willwer, J. (2016). „Wir lassen die Katze aus dem Sack!" – Phraseologismen mit Tierkomponenten im Französischunterricht. In C. Discher, B. Meisnitzer & C. Schlaak (Hrsg.), *Komplexität von Phraseologismen in den romanischen Sprachen: Theorie und Praxis in der Linguistik und der Fremdsprachendidaktik* (S. 125–144). St. Ingbert: Röhrig Universitätsverlag.

Michael Pfitzner

13. Potenzialorientierte Sportdidaktik

13.1 Einleitung

In sportdidaktischen Konzepten stehen die Potenziale der Schülerinnen und Schüler nicht expressis verbis im Vordergrund. Ein Konzept einer „potenzialorientierten Sportdidaktik" gibt es dementsprechend derzeit nicht. Sehr wohl lassen sich aber eine Reihe von Fundstellen heranziehen, die darauf verweisen, dass die Potenziale der Schülerinnen und Schüler das sportdidaktische Interesse binden.

Die Frage, ob das Lehren und Lernen im Sport von den Subjekten ausgehend in Angriff genommen werden soll, was eine entsprechend besondere Betonung der Potenziale der Schülerinnen und Schüler erwarten lassen könnte, oder ob der Sport inhaltlich im Mittelpunkt steht, unterscheidet vorliegende sportdidaktische Konzepte. Nicht erst im Zuge der Inklusionsdiskussion, aber dadurch nochmals forciert, ergeben sich neue Akzentuierungen in der Sportdidaktik. Wie der Wettstreit um die Positionen in der (inklusionsorientierten) Sportdidaktik unter einem besonderen Fokus auf die Potenzialorientierung ausfällt, ist die Frage, der in diesem Beitrag nachgegangen wird.

Der Terminus „Potenzial" ist in einer leistungssportförderlichen Auslegung in der Sportwissenschaft und aktuell auch für die sportinteressierte Öffentlichkeit präsent. Nach den Olympischen Spielen 2014 in Brasilien hat eine Neuausrichtung in der deutschen Spitzensportförderung eingesetzt, die unter dem Akronym „PotAS" geführt wird. Die „Potenzialanalyse Spitzensport" möchte „Sportarten und Disziplinen feststellen, die besondere Erfolgsaussichten besitzen. Am Ende werden die Sportverbände in drei unterschiedliche Kategorien eingeteilt und je nach Einstufung Fördergelder erhalten" (Deutschlandfunk, 2018). Aspekte der Spitzensportförderung, die mit Blick auf die frühe Phase der Entwicklung hin zu einem Leistungssportler bzw. einer Leistungssportlerin unter dem Titel „Talentförderung" firmieren, haben dann auch eine im vorliegenden Kontext relevante Dimension.

Nachfolgend wird daher zunächst der Potenzialorientierung im Talentkontext nachgegangen. Es schließt sich eine Auseinandersetzung mit allgemeineren didaktischen Konzepten für den Sportunterricht an, ehe schließlich die Diskussion um den inklusiven Sportunterricht hinsichtlich der darin enthaltenen Impulse für ein potenzialorientiertes Handeln gesichtet wird. Der Beitrag schließt mit einem Resümee und Ausblick ab.

13.2 Talente im Sport

Die Zuwendung zu den bei jungen Sportlerinnen und Sportlern vorhandenen Potenzialen in sportmotorischer Hinsicht unter dem Begriff des Talents weist in der Sportwissenschaft eine lange Tradition auf und wird immer wieder auch aus einer pädagogisch-didaktischen Perspektive heraus bearbeitet (vgl. u.a. Bohn, Brach, Krüger & Pfitzner, 2010; Grupe, 2012; Neuber & Pfitzner, 2014, 2018; Stibbe, 2005). Es geht im Talentthema um die Art und Weise der Förderung einer jungen Sportlerin bzw. eines jungen Sportlers,

> die sich noch in der Entwicklung zu ihren individuellen Hochleistungen in einer Sportart befinde[n] und von der eine künftige Entwicklung besonders hoher Leistungsfähigkeit und hoher Erfolge im Spitzensport erwartet wird (Güllich, 2013, S. 628).

Das Schul- und Sportsystem arbeiten dabei zusammen, wobei der Schule in erster Linie eine „instrumentell-unterstützende Rolle" (Stibbe, 2005, S. 305) zukommt. So verfolgt z.B. das nordrhein-westfälische „Verbundsystem Schule und Leistungssport" die Zielsetzung,

> die schulische und sportliche Ausbildung jugendlicher Nachwuchstalente so zu koordinieren, dass neben dem Hinführen zur sportlichen Höchstleistung gleichzeitig das Erreichen der angestrebten Schul- und Bildungsabschlüsse sicher gestellt wird (zit. in Bohn et al., 2010).

Zur Sichtung und Förderung sportlicher Talente bis hin zum Spitzensport haben sich vielfältige Organisationsformen herausgebildet. Dazu gehören die verschiedenen „Verbundsysteme Schule-Leistungssport" (Wendeborn, Drewicke & Hummel, 2018), die „Eliteschulen des Sports (EdS)" (vgl. für die Eliteschulen des Fußballs Breithecker & Brandl-Bredenbeck, 2018), im Erwachsenenalter die „Partnerhochschulen des Spitzensports" sowie die Sportförderung z.B. bei der Bundeswehr. Die Umsetzung der Talentförderung ist davon geprägt, dass Akteure mit unterschiedlicher Expertise aus verschiedenen Institutionen in einem Netzwerk kooperieren. Während die Zusammenarbeit in früheren Arbeiten wiederholt als nicht reibungslos beschrieben wird (vgl. z.B. Prohl & Stiller, 2011; Schaffrath, 2008; Stiller, 2008; Teubert, Borggrefe, Thiel & Cachay, 2005), fällt das Fazit der Evaluationsstudie von Körner et al. (2017), in der die seit 2011 zertifizierten 18 NRW-Sportschulen im Fokus standen und die ersten acht installierten davon nochmals genauer unter die Lupe genommen wurden, recht positiv aus. Körner et al. (2017, S. 180–182) führen in ihrer Bilanz an, dass die untersuchten Schulen gemäß der ihre Arbeit leitenden Rahmenvorgaben agieren. Das Miteinander der Sportschülerinnen und -schüler und der Nicht-Sportschülerinnen und -schüler gelingt insgesamt gut. Die Sportschülerinnen und -schüler zeigen sich zufrieden mit der Vereinbarkeit von Schule und Leistungssport. Gleiches gilt für die weiteren Akteure im System, wie die Trainerinnen und Trainer und die Koordinatorinnen und Koordinatoren sowie die außerschulischen Partner. Aus einer nochmals spezifischeren Betrachtung an zwei NRW-Sportschulen resultiert die Erkenntnis, dass sich deren Sportschülerinnen und -schüler auch Zugänge zu anderen kulturellen Feldern wie Musik, Schauspiel usw. eröffnen. Als Leerstelle markieren Körner et al., dass den NRW-Sportschulen ein „einheitliches und systematisch ausgearbeitetes Talentverständnis auf der strategischen Steuerungsebene" (2017, S. 181) fehlt. Hier sei nachzubessern, um ein „Systemgedächtnis" zu etablieren, in dem vor dem Hintergrund eines geklärten Talentverständnisses Kennziffern der Talentförderung erfasst werden. Damit entstünden Voraussetzungen für systematische Selbstevaluationen, die derzeit fehlen.

Die positiven Ergebnisse der Studie von Körner et al. (2017), können nicht darüber hinwegtäuschen, dass pädagogische Überlegungen in den Verbundsystemen Schule–Leistungssport nicht an erster Stelle stehen und bisweilen sogar vollkommen vernachlässigt werden. Insbesondere ein Aufgreifen der bei den Sportschülerinnen und -schülern vorhandenen hohen Potenziale in sportmotorischer Hinsicht im unterrichtlichen und außerunterrichtlichen Bereich wird vernachlässigt. Sie verdienten eine vertiefte Auseinandersetzung, damit die leistungssportlich talentierten Schülerinnen und Schüler ihre Potenziale umfassender als bisher in die Schule einbringen können (vgl. Neuber & Pfitzner, 2014; Neuber & Pfitzner, 2018). Eigene Studien deuten z.B. darauf hin, dass die Förderung sporttalentierter Schülerinnen und Schüler im Regelunterricht bisweilen sogar kontraproduktiv ausfällt, da den Lehrkräften der Umgang mit diesen Schülerinnen und Schülern nicht immer leicht zu fallen scheint. So äußern vereinssportlich aktive Schülerinnen und Schüler, von denen einzelne sogar bis auf Bundesniveau in ihren Sportarten agieren, dass ihre Sportlehrkräfte sie vielfach ohne Vorankündigung zur Demonstration sportlicher Fertigkeiten heranziehen. Dabei ist ihnen ihre herausgehobene Rolle als „Sportler bzw. Sportlerin" nicht immer recht und sie nehmen sich selber vielfältiger wahr als es die gespürte „Reduktion" auf „Leistungssportler" bzw. „Leistungssportlerin" für sie darstellt. Noch stärker lehnen sie es ab, punktuell in die Rolle der Lehrkraft schlüpfen zu müssen, wenn sie ihren Mitschülerinnen und -schülern Feedback zur Bewegungsausführung geben sollen oder gar in die Notenfindung eingebunden werden (Pfitzner, 2018).

Die Evaluationsstudie von Körner et al. (2017) zeigt zusammenfassend eine Reihe erfreulicher Befunde zur Vereinbarkeit von Schule und Leistungssport. Der Umgang der Lehrkräfte mit den „Leistungssportlern" bzw. „Leistungssportlerinnen" allerdings erfolgt in der Schule neben den systemisch verankerten Elementen nicht immer so, wie es sich die Schüler und Schülerinnen selber vorstellen. Zudem ist das Talentverständnis im Sport recht eng gefasst. Geht es um Talente im Sport, so lässt sich bilanzieren, sind bestimmte Talente gemeint. Es sind diejenigen, die eine gewisse Könnerschaft in einer Sportart oder Disziplin im Erwachsenenalter erwarten lassen dürfen. Aber darüber hinaus haben auch diejenigen Anrecht auf Förderung, die weniger disziplinspezifische Talente sind, sondern sich als allgemeine Bewegungstalente zeigen. Hier fehlt es gerade in der frühen Phase einer Begabung an außerschulischen allgemeinen Angeboten zur Förderung, da Sportvereine i.d.R. auch für Kinder jüngeren Alters bereits spezialisierte Angebote bereithalten (Bohn et al., 2010). Keine Rolle spielen in den tradierten Herangehensweisen soziale Talente im Sport im Sinne bürgerschaftlichen Engagements, die sich z.B. als Sporthelfer bzw. -helferin engagieren (Neuber & Pfitzner, 2019). Hier weist die sportwissenschaftliche Zuwendung weiße Flecken auf.

Bei Fragen der Talentförderung dominieren – wie verdeutlicht wurde – schulorganisatorische und netzwerkorientierte Perspektiven. Didaktische Aspekte sind eher randständig. Worin die Schwerpunkte sportdidaktischer Konzepte liegen und inwieweit dies mit potenzialorientierten Anliegen harmoniert, wird im nachfolgenden Abschnitt thematisiert.

13.3 Schulsportdidaktische Konzepte

Eine „Sortierung" sportdidaktischer Konzepte hat Neumann (2004) vorgelegt. Dabei unterscheidet er fünf Positionen. Eine von ihnen lässt sich als „überfachlich" charakterisieren, kann unter „allgemeinere Schulsportkonzepte" subsumiert werden und verspricht für die Identifizierung von Anknüpfungspunkten einer Potenzialorientierung weniger Anhaltspunkte. Auch das von Volkamer (1995) vertretene „kontrastierende Konzept" wird hier nicht detaillierter betrachtet, da es keine weitergehenden pädagogischen Zielsetzungen für den Sportunterricht vorsieht, auf Freiwilligkeit, Lust bzw. Spaß beruht und eine Entpädagogisierung des Schulsports mit dem Ziel einer vollständigen Gegenwartsorientierung verfolgt, was im schulischen Kontext nicht umsetzbar ist. So verbleiben die „affirmative", „pragmatische" und die „emanzipatorische" Position, deren zentrale Anliegen nachfolgend skizziert werden, um deren Affinität für potenzialorientierte Zugänge zu prüfen.

Affirmative Konzepte
Affirmativ steht dafür, dass der außerschulische Sport in den betreffenden Konzepten bejaht bzw. bestätigt wird. Die Sportarten – so Söll, einer der Hauptvertreter – sind „wesentliche Bedeutungsträger des Sports und [bieten] die entscheidenden didaktischen Ansätze […]". Die Sportarten – so Söll weiter – müssen gemäß „der ihnen eigenen Struktur des von ihnen ausgehenden eigenen Anspruchs unterrichtet werden." (1995, S. 65). Hinweise zu Sölls Auffassung von „Struktur" und „Anspruch" bietet Abbildung 13.1. „Optimierung" kennzeichnet die Sportarten „in engerem Sinne" wie die Leichtathletik. Gymnastik, Ballett, Tanz usw. repräsentieren die „ästhetisch-künstlerische" Bewegungsqualität. Um „Effektivität" geht es in den Sportspielen, Geschicklichkeitsspielen usw.

Abbildung 13.1: Grafische Darstellung des ‚richtig verstandenen Sportartenkonzepts' (Söll, 1995, S. 67)

Exemplarisch für das Gerätturnen formuliert Söll (1990, S. 107), dass „die bildenden und erzieherischen Werte nicht erst in das Gerätturnen hineininterpretiert werden [müssen], sondern sich aus der Sache selbst [ergeben]".

Pragmatische Konzepte
Sportdidaktische Konzepte, die das Setting Schulsport mit seinen prägenden Rahmenbedingungen in besonderer Weise als relevant für die pädagogischen Zielsetzungen erachtet, werden als pragmatische Konzepte bezeichnet. In ihnen geht es darum, Schülerinnen und Schüler handlungsfähig im Sport werden zu lassen. Sie sollen unterschiedliche Sinne im Sporttreiben erfahren. Der „Sinn" wird in doppelter Weise als bedeutsam erachtet. „Im Handeln folgt der Mensch nicht nur einem vorab feststehenden Sinn, sondern im Handeln wird ebenso nach Sinn gesucht – auch im Sport" (Kurz, 1986). Die Sinngebungen des Sports in den frühen Arbeiten von Kurz lauten „Leistung", „Spannung", „Miteinander", „Gesundheit", „Körpererfahrung" und „Ausdruck". Diese sind bis heute innerhalb der „pädagogischen Perspektiven" in den Lehrplänen präsent. Sie lauten „Das Leisten erfahren, verstehen und einschätzen", „Kooperieren, wettkämpfen und sich verständigen", „Die Wahrnehmungsfähigkeiten verbessern, Bewegungserfahrungen erweitern", „Sich körperlich ausdrücken, Bewegungen gestalten" und „Gesundheit fördern, Gesundheitsbewusstsein entwickeln" (vgl. Kurz, 2000). Schülerinnen und Schüler sollen auf der Grundlage eines mehrperspektivischen Sportunterrichts differenzierte Entscheidungen für den Platz des Sports in ihrem Lebenskonzept treffen, Sport verstehen und organisieren können.

Emanzipatorische Konzepte
Emanzipatorische sportdidaktische Konzepte sind Ausdruck der Kritik am Wettkampfsportsystem, das nicht vorrangiger Bezugspunkt schulsportdidaktischer Konzepte sein dürfe. Der in Sportverein und -verband organisierte Sport beinhalte zu viele Widersprüche. Doping oder Kommerzialisierungsentwicklungen, die keine Grenzen kennen, dürften keine Referenz für einen pädagogisch verantwortba-

ren Sportunterricht, den alle Kinder und Jugendlichen besuchen, sein. Vertreter dieser Konzepte (u.a. Funke-Wieneke, 1997; Laging, 2006) orientieren sich weg vom Sport hin zu „Bewegung", aus Sportunterricht wird Bewegungsunterricht. In diesem darf es

> weniger um das Lehren normierter Bewegungen nach dem Vorbild guter Sportler gehen, weil die Schülerinnen und Schüler damit den vorgefertigten Bewegungsschablonen ausgeliefert würden, sondern zu fördern sei die von jedem Schüler selbst zu leistende ‚Enträtselung der Bewegungsgeheimnisse' (Funke-Wieneke, 1997, S. 70).

Es geht um eine Wahrnehmungsschulung im Rahmen einer bewegungszentrierten Entwicklungsförderung. Funke-Wieneke sieht die Wahrnehmung beim Sich-Bewegen differenziert in einer Werkzeug-, Beziehungs-, Symbol-, Sinn- und Erscheinungsfunktion. Die Schülerinnen und Schüler sollen zunehmend besser das Bewegungsverhältnis zu ihrer Umwelt gestalten, ein verbindendes Verhältnis zu ihren Mitschülern entwickeln, sich durch Bewegungsbotschaften mitteilen und ihr Bewegungsverhältnis zu sich selbst klären und gestalten können.

13.4 Zwischenfazit

Der von Balz (2009) erstellte sportdidaktische Würfel veranschaulicht die Gegensätze der zuvor skizzierten sportdidaktischen Konzepte auf drei Ebenen, die im Würfel als Pfeile dargestellt sind (vgl. Abbildung 13.2).

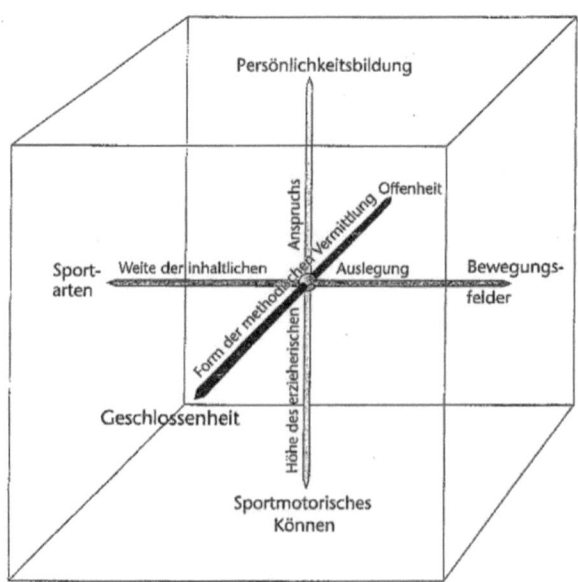

Abbildung 13.2: Der fachdidaktische Würfel (Balz, 2009, S. 30)

Konzepte mit einer tendenziell inhaltlichen Orientierung beim Sport zeichnen sich durch vorwiegend geschlossene Vermittlungsformen und Ansprüchen vor allem an die Entwicklung des sportmotorischen Könnens aus. „Bewegungsfelder", „Offenheit" und „Persönlichkeitsentwicklung" sind dagegen Charakteristika der alternativen Konzepte, die zuvor unter der Überschrift „Emanzipatorische Konzepte" vorgestellt wurden. Eine explizite Orientierung an bzw. auf die Potenziale der Schülerinnen und Schüler erfolgt in den Konzeptionen nicht. Gleichermaßen schließen sie ein potenzialorientiertes Handeln nicht aus. So werden Schülerinnen und Schüler, die auch außerhalb der Schule Sport treiben, in einem Unterricht, der einem affirmativen Ansatz folgt, spüren, dass an etwas angesetzt wird, über das sie verfügen bzw. für das sie gute Voraussetzungen mitbringen. Mit Blick auf Schülerinnen und Schüler, die den Sport, wie er außerschulisch geprägt ist, nicht als ihr Feld entdeckt haben, erscheint es weniger gerechtfertigt, in affirmativen Konzepten Potenziale zur Potenzialorientierten Förderung zu erkennen.

Mit den Anliegen der emanzipatorischen Position scheint eine Orientierung an den Potenzialen der Schülerinnen und Schüler gut vereinbar, verlagern die Vertreterinnen und Vertreter dieser Konzepte das Bildsame des Unterrichts vollständig in die Subjekte und ihre wahrnehmungsbezogenen Erfahrungen, die es zu fördern gilt. Es bleibt allerdings fraglich, wie die subjektorientierte Bewegungszentrierung in offenen Unterrichtsarrangements mit den gegenstandsbezogenen Anliegen des Sports in Einklang zu bringen sind.

Das als pragmatisch bezeichnete Konzept ist den beiden ‚jeweils am Ende der Kontinuen genannten Aspekten (Persönlichkeitsbildung und Sportmotorisches Können, Offenheit und Geschlossenheit, Bewegungsfelder und Sportarten) verpflichtet (im Treffpunkt der Kontinuen), da es Bewegung, Spiel und Sport in einem weiten Verständnis zum Inhalt (ohne Sport zu vergessen und die subjektiven Qualitäten des Sich-Bewegens aus dem Auge zu verlieren) macht, sich des Konzepts der Mehrperspektivität bedient und als komplementär, also ergänzend, zu verstehen ist. Den Potenzialen der Schülerinnen und Schüler wird, ohne dass dieses in einer expliziten Form so benannt ist, grundsätzlich Raum gegeben, da es Ziel dieses Konzeptes ist, Schülerinnen und Schüler handlungsfähig im Sport werden zu lassen. Dazu dürften Schülerinnen und Schüler in besonderer Weise an vorhandenen Potenzialen anknüpfen, um ihren Sport in subjektiv bedeutsamer Weise zu erleben. Bewegung, Spiel und Sport in dem einem Unterrichtsvorhaben intentional leistungsorientiert zu erfahren, in einem anderen Unterricht dann stärker wagnisbezogen oder gesundheitsorientiert beinhaltet die Möglichkeit, dass Schülerinnen und Schüler an ihren Potenzialen ansetzend agieren können.

Nachfolgend wird vor dem Hintergrund der sportdidaktischen Kontroverse um konservative, alternative und intermediäre Konzepte nach den Schwerpunkten in der inklusionsorientierten sportdidaktischen Diskussion gefahndet.

13.5 Zur Bedeutung potenzialorientierter Förderung in den sportdidaktischen Modellen für den inklusiven Sportunterricht

Auch die Sportwissenschaft und speziell die Sportpädagogik und -didaktik hat den Inklusionsdiskurs aufgenommen, wie eine Fülle von konzeptionellen Publikationen, aber auch Forschungs- und Lehrprojekten bis hin zu praxisnahen Hinweisen zeigen (vgl. u.a. die Herausgeberwerke von Giese & Weigelt, 2015a; Hunger, Radtke & Tiemann, 2016; Meier & Ruin, 2015; Ruin, Becker, Klein, Leineweber, Meier & Uhler-Derigs, 2018). Dass dabei nicht immer begriffliche Klarheit herrscht und Theoriebezüge erfolgen, die durchaus Nachfragen bzgl. ihrer Reichweite für Anforderungen der Inklusion bedeuten, ist wiederholt angemerkt worden (vgl. dazu exempl. Giese & Weigelt, 2015b; Pfitzner, 2017). Es ist vor allem Tiemann zu verdanken, dass die sportdidaktische Modellbildung im Themenfeld Inklusion in den vergangenen Jahren vorangekommen ist.

13.5.1 Handlungsmodell inklusiver Sportunterricht

Tiemann entwirft ihr „Handlungsmodell inklusiven Sportunterrichts" (vgl. Abbildung 13.3) im Kontext der Forderungen für einen diversitätssensiblen Sportunterricht. Es ist Tiemanns Ziel, eine gleichberechtigte Teilhabe aller Schülerinnen und Schüler zu erreichen. Gemeint sind dabei nicht nur Schülerinnen und Schüler mit attestierten Förderschwerpunkten. Es geht darum, „individuellen Bedürfnislagen sehr unterschiedlich ‚leistungsfähiger' Kinder einer Klasse gerecht zu werden und ein gemeinsames Sporttreiben für alle Beteiligten zu initiieren" (Tiemann, 2012, S. 169).

Tiemanns theoretischer Anker ist die Theorie der integrativen Prozesse (Deppe-Wolfinger, Prengel & Reiser, 1990). Der zufolge sind gemeinsame Sequenzen sportlichen Tuns, die die Gleichheit und Verbundenheit aller Individuen herausstellen, […] ebenso wichtig wie individualisierte, auf differenzierten Niveaustufen angebotene sportliche Aktivitäten. Wird die Balance von individuellen und gemeinsamen Lernsituationen gehalten, entsteht ein gewisses Spannungsverhältnis, das es zu beherrschen gilt (Tiemann, 2012, S. 169). Der Reflexion kommt dabei eine wichtige Bedeutung zu: „Soll keine Schülerin und kein Schüler ausgeschlossen werden, müssen Teilhabeprozesse, -chancen aber auch -risiken von den Lehrkräften kontinuierlich reflektiert werden" (Tiemann, 2016, o.S.).

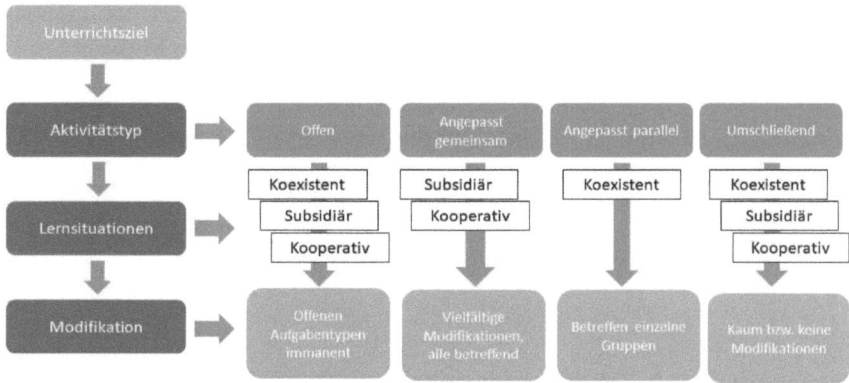

Abbildung 13.3: Handlungsmodell inklusiver Sportunterricht (Tiemann, 2015, S. 63)

Auf der Inhaltsebene plädiert Tiemann für ein breites Spektrum an Bewegungs-, Spiel- und Sportaktivitäten. Nicht ein enger, an den Sportarten des außerschulischen Wettkampfsports orientierter Kanon ist prägend. Es geht um eine Öffnung der Inhalte. Tiemann schließt explizit an das von Balz im fachdidaktischen Würfel (vgl. Abbildung 13.2) skizzierte Konzept eines Mehrperspektivischen Sportunterrichts an, das in Abschnitt 3 als pragmatisches Konzept vorgestellt wurde.

Auf der Methodenebene orientiert sich Tiemann an der Theorie der integrativen Prozesse und der Theorie der gemeinsamen Lernsituationen. Verschiedenheit und Gleichheit bilden in ihrem dialektischen Spannungsverhältnis den integrationstheoretischen Kern. Integrative Prozesse sind demnach solche, „bei denen ‚Einigungen‘ zustande kommen" (Klein, Kreie, Kron & Reiser, 1987, S. 37). Einigung „bedeutet den Verzicht auf die Verfolgung des Andersartigen und stattdessen die Entdeckung des gemeinsam Möglichen bei Akzeptanz des Unterschiedlichen'" (Klein et al., 1987, S. 38).

Wocken (2016) betont in seiner Theorie der gemeinsamen Lernsituationen, dass die Strukturen dieser zentral für den Erfolg gelingenden gemeinsamen Unterrichts sind. Zu unterscheiden sind koexistente, kommunikative, subsidiäre und kooperative Lernsituationen.

Auf der Methodenebene unterscheidet Tiemann verschiedene Aktivitätstypen, „die sich in Bezug auf inklusionsrelevante Charakteristika voneinander unterscheiden" (Tiemann, 2015, S. 56) und die Organisation von Aktivitäten und die Beziehung der Lernenden untereinander strukturieren. Sie sind in „offen, angepasst gemeinsam, angepasst parallel und umschließend" (Tiemann, 2016, o.S.) kategorisiert.

Für die unterste Ebene ihres Modells Modifikation schlägt Tiemann ihr „6+1-Modell eines adaptiven Sportunterrichts" (vgl. Abbildung 13.4) vor. Der Haltung der Lehrkraft im Zentrum des Modells kommt eine besondere Bedeutung zu, was in Anlehnung an Hutzler, Meier und Reuker (2017) besonders nachvollziehbar wird, die darauf verweisen, dass eine positive Haltung der Lehrkraft gegenüber dem Unterricht in inklusiven Settings über viele Studien hinweg trotz unterschiedlicher theoretischer Bezüge eine sehr hohe Bedeutsamkeit zukommt.

Abbildung 13.4: „6+1-Modell eines adaptiven Sportunterrichts" (Tiemann, 2015, S. 62)

13.5.2   Modell „Sportunterricht inklusiv"

Tiemanns Modell „Sportunterricht inklusiv" stellt eine Erweiterung des zuvor dargestellten Handlungsmodells dar (vgl. Abbildung 13.5).

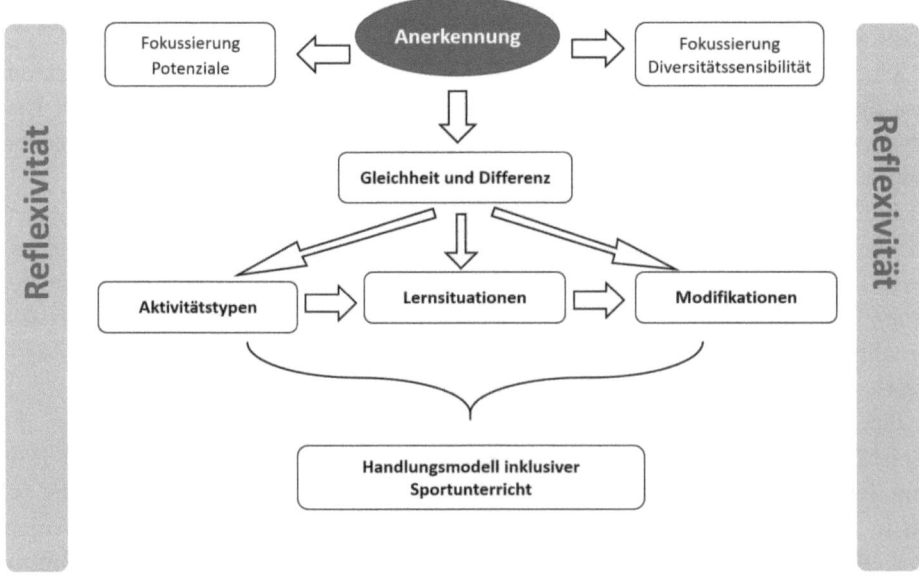

Abbildung 13.5: Modell „Sportunterricht inklusiv" (Tiemann, 2016, o.S.)

In den begleitenden Ausführungen erfolgt ein expliziter Fokus auf die unterschiedlichen Möglichkeiten der Schülerinnen und Schüler. Sie gilt es „als Potenziale zu sehen, an denen didaktisch angeknüpft werden kann" (Tiemann, 2016, o.S.). „Kategoriebezogene Zuschreibungen, die sowohl von Sportlehrkräften oder von den Lernenden ausgehen" (Tiemann, 2016, o.S.) und Stereotype verfestigen können, sollen ausgeschlossen werden. Die Verschiedenheit der Lernenden muss anerkannt werden, da jedes Kind sowohl ein Recht auf eine gleichberechtigte, als auch auf eine individuelle Behandlung hat. Dieses Verhältnis lässt sich wie im Handlungsmodell inklusiver Sportunterricht mit den drei Komponenten Aktivitätstypen, Lernsituationen und Modifikationen in der Unterrichtsplanung berücksichtigen. Als Rahmung des gesamten Ablaufs nennt Tiemann (2016) die Reflexivität.

13.6 Resümee und Ausblick

Die Potenziale der Schülerinnen und Schüler – so die Zwischenbilanz in Abschnitt 13.4 – stehen in Arbeiten zum Talentthema im Sport im Mittelpunkt des Interesses, allerdings in einer spezifischen Weise. Den sportart- bzw. disziplinspezifischen Potenzialen soll dahingehend Raum gegeben werden, dass deren Weiterentwicklung im außerschulischen Kontext gut gelingen kann, ohne die Bildungskarriere zu vernachlässigen. Beim Umgang mit den Talenten im Sportunterricht lässt sich noch Entwicklungspotenzial erkennen. Ein erweiterter Talentbegriff könnte weiteren Potenzialen junger Menschen auch schulsportlich eine größere Zuwendung verschaffen.

In den vorliegenden sportdidaktischen Konzepten sind Bezugnahmen auf die Potenziale der Schülerinnen und Schüler nicht explizit ausgewiesen. Pragmatische Konzepte bieten diesbezüglichen Spielraum. Tiemann, die seit geraumer Zeit die Modellentwicklung zugunsten eines inklusiven Sportunterricht vorantreibt, orientiert sich am pragmatischen sportdidaktischen Konzept der Mehrperspektivität.

Tiemann fordert mit ihrem Modell „Sportunterricht inklusiv" eine explizite Zuwendung zu den Potenzialen aller Schülerinnen und Schüler als Ausgangspunkt eines inklusiven Sportunterrichts.

Mit der auch von Tiemann zuletzt zu Rate gezogenen Theorie des „Universal Design for Learning (UDfL)" könnte der inklusionsorientierte sportdidaktische Diskurs eine theoretische Basis erhalten, die Widersprüche aufzulösen hilft, die sich darin kennzeichnen, dass Inklusion vielfach in einem weiten Verständnis propagiert wird, dann aber doch in einem engen Verständnis als Integration von Schülerinnen und Schülern mit sonderpädagogischem Unterstützungsbedarf umgesetzt wird. UDfL möchte eine flexible Nutzung von Lernangeboten für alle Lernenden ermöglichen. „Ziel ist es, diese menschliche Vielfalt von vornherein in die Unterrichtsplanung miteinzubeziehen, anstatt zunächst für eine fiktive Normgruppe zu planen und das Lernangebot im Nachhinein für einzelne ‚Normabweichler und -abweichlerinnen' zu modifizieren [Hervorhebung im Original]" (vgl. Leiß, i.d.B.). So sollen stigmatisierende Prozesse vermieden werden und Schülerinnen und Schüler nicht an einer vermeintlich gültigen Norm orientiert lernen und damit vielfach in ihrem Lernen behindert werden. Es gilt, verschiedene Zugänge zum Lernen zu ermöglichen, was die Berücksichtigung motivationaler und affektiver Aspekte einschließt, und vielfältige Angebote zum Lernen unter Nutzung unterschiedlicher Repräsentationsformen und in Kenntnis verschiedener Arbeits- und Sozialformen notwendig macht (Leiß, i.d.B., Vereinte Nationen [UN], 2006). An dieser Stelle gilt es den sportdidaktischen Inklusionsdiskurs weiter zu führen, um den Potenzialen aller Schülerinnen und Schüler Raum zu geben.

Literatur

Balz, E. (2009). Fachdidaktische Konzepte update oder: Woran soll sich der Schulsport orientieren? *Sportpädagogik, 33* (1), 25–32.

Bohn, C., Brach, M., Krüger, M. & Pfitzner, M. (2010). Der Beitrag des Sportunterrichtes zur Talenterkennung im Kontext individueller Förderung. *Sportunterricht, 59* (10), 297–301.

Breithecker, J. & Brandl-Bredenbeck, H.-P. (2018). Die Elite-Schule des Fußballs: Zur Vereinbarkeit von Schule und Leistungsfußball. *Sportunterricht, 67* (10), 440–445.

Deppe-Wolfinger, H., Prengel, A. & Reiser, H. (1990). *Integrative Pädagogik in der Grundschule. Bilanz und Perspektiven der Integration behinderter Kinder in der Bundesrepublik Deutschland 1976–1988.* Wiesbaden: VS.

Deutschlandfunk. (2018). *Potenzialanalyse im Spitzensport „Wo bleibt eigentlich der Athlet in diesem System?".* Zugriff am 23. Juli 2018 unter https://www.deutschlandfunk.de/potenzialanalyse-im-spitzensport-wo-bleibt-eigentlich-der.890.de.html?dram:article_id=411342

Funke-Wieneke, J. (1997). Vermitteln zwischen Kind und Sache. Erläuterungen zur Sportpädagogik. Seelze-Velber: Kallmeyer.

Giese, M. & Weigelt, L. (Hrsg.). (2015a). *Inklusiver Sportunterricht in Theorie und Praxis.* Aachen: Meyer & Meyer.

Giese, M. & Weigelt, L. (2015b). Konstituierende Elemente einer inklusiven Sportdidaktik. In M. Giese & L. Weigelt (Hrsg.), *Inklusiver Sportunterricht in Theorie und Praxis* (S. 10–52). Aachen: Meyer & Meyer.

Grupe, O. (2012). Kinder im Leistungssport – pädagogisch betrachtet. In O. Grupe (Hrsg.), *Tübinger Texte zum Sport. Mit einem Nachwort von Michael Krüger* (S. 105–122). Schorndorf: Hofmann.

Güllich, A. (2013). Talente im Sport. In A. Güllich & M. Krüger (Hrsg.), *Sport. Das Lehrbuch für das Sportstudium* (S. 623–653). Berlin, Heidelberg: Springer Spektrum.

Hunger, I., Radtke, S. & Tiemann, H. (Hrsg.). (2016). *Dabei sein ist (nicht) alles. Inklusion im Fokus der Sportwissenschaft.* Hamburg: Feldhaus Edition Czwalina.

Hutzler, Y., Meier, S. & Reuker, S. (2017). Einstellung von Sportlehrkräften zu inklusivem Sportunterricht – mögliche Bezugspunkte (inter-)nationaler Forschung Sonderpädagogische Förderung. *Sonderpädagogische Förderung, 62* (3), 244–254.

Klein, G., Kreie, G., Kron, M. & Reiser, H. (1987). *Integrative Prozesse in Kindergartengruppen. Über die gemeinsame Erziehung von behinderten und nicht-behinderten Kindern.* Weinheim: DJI Verlag.

Körner, S., Bonn, B., Grajczak, G., Segets, M., Steinmann, A. & Symanzik, T. (2017). *Evaluation der NRW-Sportschulen. Abschlussbericht.* Aachen: Meyer & Meyer.

Kurz, D. (1986). Handlungsfähigkeit im Sport – Leitidee einer pragmatischen Fachdidaktik. In G. Spitzer & D. Schmidt (Hrsg.), *Sport zwischen Eigenständigkeit und Fremdbestimmung. Festschrift für Hajo Bernett* (S. 28–43). Schorndorf.

Kurz, D. (2000). Die pädagogische Grundlegung des Schulsports in Nordrhein-Westfalen. In H. Aschebrock (Hrsg.), *Erziehender Schulsport. Pädagogische Grundlagen der Curriculumrevision in Nordrhein-Westfalen* (S. 9–55). Bönen: Kettler.

Laging, R. (2006). *Methodisches Handeln im Sportunterricht. Grundzüge einer bewegungspädagogischen Unterrichtslehre.* Velber: Kallmeyer.

Meier, S. & Ruin, S. (Hrsg.). (2015). *Inklusion als Herausforderung, Aufgabe und Chance für den Schulsport.* Berlin: Logos Verlag.

Neuber, N. & Pfitzner, M. (2014). Fachdidaktik Bewegung und Sport. In International Panel of Experts for Gifted Education (iPEGE) (Hrsg.), *Fachdidaktik und Begabtenförderung* (S. 21–36). Salzburg: ÖCBF.

Neuber, N. & Pfitzner, M. (2018). Begabungsförderung im Sport – schulische und außerschulische Perspektiven. *Journal für Begabtenförderung, 18* (1), 27–36.

Neumann, P. (2004). *Erziehender Sportunterricht. Grundlagen und Perspektiven.* Baltmannsweiler: Schneider-Verl. Hohengehren.

Pfitzner, M. (2017). Auf dem Weg zum inklusiven Sportunterricht. In M. Krüger & D. H. Jütting (Hrsg.), *Sport für alle – Idee und Wirklichkeit* (S. 299–319). Münster: Waxmann.

Pfitzner, M. (2018). *Lernaufgaben im kompetenzförderlichen Sportunterricht. Theoretische Grundlagen und empirische Befunde.* Wiesbaden: Springer.

Prohl, R. & Stiller, T. (2011). Leistungssport als Bildungsprozess – zu Funktion und Gestaltung der Eliteschulen des Sports. *Sportunterricht, 60* (3), 73–78.

Ruin, S., Becker, F., Klein, D., Leineweber, H., Meier, S. & Uhler-Derigs, H. G. (Hrsg.). (2018). *Im Sport zusammenkommen. Inklusiver Schulsport aus vielfältigen Perspektiven.* Schorndorf: Hofmann.

Schaffrath, B. (2008). NRW-Sportschule: die doppelte Karriere, Bildungsweg und Leistungssport. *Schulverwaltung Nordrhein-Westfalen, 19* (1), 17–18.

Söll, W. (1990). Warum Gerätturnen in der Schule? Versuch einer didaktischen und pädagogischen Analyse des Gerätturnens als Schulsportart. *Sportunterricht, 39* (3), 107–112.

Söll, W. (1995). Sportunterricht ohne Sportarten? Plädoyer für ein richtig verstandenes „Sportartenkonzept". In A. Zeuner, G. Senf & F. Hofmann (Hrsg.), *Sport unterrichten. Anspruch und Wirklichkeit* (S. 64–71). Sankt Augustin: Academia-Verl.

Stibbe, G. (2005). Schule und Leistungssport – Positionen, Probleme, Perspektiven. *Sportunterricht, 54* (10), 303–307.

Stiller, T. (2008). Die NRW-Sportschule – Ein besseres Verbundsystem zur Nachwuchsförderung? *Sportunterricht, 57* (12), 379–384.

Teubert, H., Borggrefe, C., Thiel, A. & Cachay, K. (2005). Spitzensport und Schule – Möglichkeiten der strukturellen Koppelung. *Sportunterricht, 54* (10), 292–296.

Tiemann, H. (2012). Vielfalt im Sportunterricht – Herausforderung und Bereicherung. *Sportunterricht* (6), 168–172.

Tiemann, H. (2015). Inklusiven Sportunterricht gestalten – didaktisch-methodische Überlegungen. In M. Giese & L. Weigelt (Hrsg.), *Inklusiver Sportunterricht in Theorie und Praxis* (S. 53–66). Aachen: Meyer & Meyer.

Tiemann, H. (2016). Konzepte, Modelle und Strategien für den inklusiven Sportunterricht – internationale und nationale Entwicklungen und Zusammenhänge. *Zeitschrift für Inklusion, 3.* Abgerufen von https://www.inklusion-online.net/index.php/inklusion-online/article/view/382.

Vereinte Nationen. (2006). Gesetz zu dem Übereinkommen über die Rechte von Menschen mit Behinderungen. Zit. nach Bundesgesetzblatt (2008) Teil II, Nr. 35, 31. Dezember 2008, 1419–1457. Abgerufen von http://www.bgbl.de/xaver/bgbl/start.xav?startbk=Bundesanzeiger_BGBl&start=//*%255B@attr_id='bgbl208s1419.pdf'%255D#__bgbl__%2F%2F*%5B%40attr_id%3D%27bgbl208s1419.pdf%27%5D__1450363608357 [09.10.2017].

Volkamer, M. (1995). Wieviel Pädagogik verträgt der Sport? – das Konzept der Entpädagogisierung. In A. Zeuner, G. Senf & F. Hofmann (Hrsg.), *Sport unterrichten. Anspruch und Wirklichkeit* (S. 58–63). Sankt Augustin: Academia-Verl.

Wendeborn, T., Drewicke, E. & Hummel, A. (2018). Verbundsysteme Schule – Leistungssport in der Bundesrepublik Deutschland. *Sportunterricht, 67* (10), 435–439.

Wocken, H. (2016). *Gemeinsame Lernsituationen. Eine Skizze zur Theorie des gemeinsamen Unterrichts.* Abgerufen von http://www.hans-wocken.de/Werk/werk23.pdf.

Ilka Siedenburg

14. Potenzialorientierung im Fach Musik – Individualisiertes Lernen im Kollektiv

14.1 Einleitung: Ein Blick in die Praxis

Die elfjährige Sarah besucht die Bläserklasse einer Gesamtschule. Zunächst ist sie mit Spaß dabei, im Laufe des fünften Schuljahres hat sie jedoch zunehmend Schwierigkeiten, die komplexer werdenden Stimmen auf der Querflöte umzusetzen. Schließlich beraten sich ihre Lehrkräfte und kommen zu dem Ergebnis, dass sie künftig lieber nicht mehr am vertieften Musikunterricht teilnehmen sollte. Es sei für das Mädchen frustrierend, nicht mithalten zu können und zudem sinnvoller, sich stärker auf Deutsch und Mathematik zu konzentrieren. Sarah hat einen erhöhten Förderbedarf im Bereich Lernen. Beim Schulwechsel hatte man sie zur Teilnahme an der Bläserklasse ermutigt, da man davon ausging, dass sie davon in besonderer Weise profitieren könne. Diese Erwartungen haben sich nicht erfüllt.

Wenn ich ein Beispiel des Scheiterns von Inklusion an den Anfang meines Beitrags setze, möchte ich damit nicht zum Ausdruck bringen, dies stelle im Musikunterricht den Normalfall dar. Im Gegenteil: Es gibt ausgesprochen positive Erfahrungen, auf die ich weiter unten noch zu sprechen kommen werde. Nichtsdestotrotz lässt der Fall von Sarah einige Schwierigkeiten erkennen, die m.E. für den Umgang mit Inklusion im Fach Musik charakteristisch sind. Einerseits werden hier häufig besondere Förderungsmöglichkeiten gesehen, und die Erwartungen an eine positive Wirkung des Unterrichts sind entsprechend hoch. In der schulischen Praxis gelingt es aber oftmals nicht, diesen Erwartungen gerecht zu werden.

Ich möchte im Folgenden die besonderen Chancen und Schwierigkeiten der Inklusion im Unterrichtsfach Musik analysieren und dabei der Frage nachgehen, inwieweit ein potenzialorientierter Ansatz (u.a. Veber, 2015) dazu beitragen kann, erstere zu nutzen und letztere zu lösen. Zunächst lege ich dar, aus welchen Gründen der Gegenstand Musik besondere Möglichkeiten für die Realisierung des Inklusionsgedankens bietet. Darauf werde ich aufzeigen, welche Differenzlinien in diesem Unterrichtsfach von besonderer Bedeutung sind und wie eine potenzialorientierte Didaktik mit ihnen umgehen könnte. Es folgt eine Analyse von Fachtraditionen und didaktischen Konzeptionen im Hinblick auf ihre Auswirkungen für die Realisierung potenzialorientierter Inklusion. Daran anknüpfend skizziere ich den Diskussionsstand in Bezug auf die inklusive Praxis in der Musikpädagogik[1] und arbeite heraus, auf welche Weise Potenzialorientierung dabei eine Rolle

---

1 Die Begriffe „Musikpädagogik" und „Musikdidaktik" weisen große Überschneidungen auf und werden unterschiedlich angewandt. In Anlehnung an die übliche Praxis verwende ich „Musikpädagogik", wenn es um allgemeine Fragen des Musiklernens

spielt. Ausgehend von der Idee, Potenzialorientierung als Chance einer didaktischen Neuorientierung zu nutzen, schlage ich zum Abschluss vor, wie die nächsten Schritte auf dem Weg zu einem potenzialorientierten Musikunterricht gestaltet werden könnten.

14.2 Potenziale der Musik für eine Potenzialorientierung

Musik zeichnet sich gegenüber anderen Lerngegenständen dadurch aus, dass sie Menschen nicht nur auf kognitiver, sondern in besonderer Weise auch auf emotionaler Ebene anspricht (u.a. Kreutz, 2008). Für das ästhetische Erleben und Erlernen von Musik hat die Fähigkeit, sich emotional auf Musik einzulassen, daher eine hohe Relevanz. Da davon ausgegangen werden kann, dass nahezu alle Menschen unabhängig von ihren kognitiven Voraussetzungen emotional auf Musik reagieren können, sind die Lernvoraussetzungen anders verteilt als in den übrigen Fächern. Musikunterricht bietet dadurch gute Bedingungen, um allen Schülerinnen und Schülern ästhetische Erfahrungen zu ermöglichen und sie damit in besonderer Weise zu fördern (Eberhard & Höfer, 2016).

Auch motorische Aspekte spielen eine wichtige Rolle: Musik regt zur Bewegung an und erfordert Bewegung zu ihrer Erzeugung. Das musikalische Lernen ist daher eng mit dem sensomotorischen Lernen verbunden (Amrhein, 2000). Für Schülerinnen und Schüler mit unterschiedlichen motorischen Potenzialen lassen sich individuelle Wege zur praktischen Auseinandersetzung mit Musik finden, denn durch die Vielfalt an Musikinstrumenten,[2] vokalen und tänzerischen Ausdrucksformen ist ein breites Spektrum an Möglichkeiten vorhanden. Aus den individuellen Potenzialen können sich Aufgabenverteilungen ergeben, die nicht nur die jeweiligen Bedürfnisse und Fähigkeiten berücksichtigen, sondern gleichzeitig eine wichtige Grundlage der gemeinsamen Praxis darstellen – etwa im Zusammenspiel eines Ensembles, in dem sich unterschiedliche Instrumente und Stimmen zu einem vielfältigen Gesamtklang verbinden.

Des Weiteren ergeben sich durch die identitätsstiftende Funktion von Musik besondere Potenziale. Kinder und Jugendliche orientieren sich innerhalb ihrer musikalischen Umwelt, identifizieren sich mit Musikszenen oder Stars und entwickeln dabei ihre Identität weiter. Musik hat in der Regel eine hohe persönliche Bedeutung für die Heranwachsenden und wird von ihnen zur soziokulturellen Abgren

---

geht und sich das pädagogische Tätigkeitsfeld nicht auf den Bereich Schule beschränkt. „Musikdidaktik" steht dagegen für Fragestellungen, die Lehr-Lernsituationen im schulischen Unterricht betreffen (hierzu auch Schatt, 2007).

2   Eine besondere Herausforderung kann sich daraus ergeben, dass Musikinstrumente bereits durch ihre Bauweise eine bestimmte Handhabung nahelegen, die für manche Lernende nicht zu realisieren ist. Als Alternative bietet sich der Einsatz von Software und elektronischen Instrumenten an, die teilweise speziell für inklusive Settings entwickelt wurden (Dehler, 2012).

zung oder Zuordnung genutzt (Heyer, Wachs & Palentien, 2013). Diese Prozesse
können durch die Einbeziehung von musikalischen Schülerinteressen unmittelbar
in den Unterricht integriert werden. Die Beschäftigung mit unterschiedlichen musikalischen Stilistiken kann zudem dazu beitragen, dass sich Jugendliche der daraus resultierenden sozialen Verortungen bewusst werden und sie diese reflektieren.
Damit wird die Identitätsfindung unterstützt und eine Verständigung über den
eigenen soziokulturellen Kontext hinaus initiiert. Auch die Gruppenidentität kann
durch Musik gestärkt werden: Zum einen durch den Austausch über musikalische
Präferenzen, aber auch durch das Gemeinschaftsgefühl beim Musizieren und die
Identifikation mit dem gemeinsamen musikalischen Produkt.

Ein besonderes Potenzial wird vielfach auch in den Transfereffekten musikalischer Tätigkeiten gesehen. Ausgelöst durch eine im Jahr 2000 erschienene Studie
von Bastian wurde weiter geforscht und kontrovers diskutiert, inwieweit Musikunterricht sich tatsächlich positiv auf außermusikalische Lern- und Entwicklungs-
bereiche auswirken kann (u.a. Bastian, 2000; Gembris, Kraemer & Maas, 2003).
Inzwischen überwiegt die Skepsis, denn Bastians in Medien und Schulprogram-
men vielfach zitierte These, ein vertiefter Musikunterricht steigere die kognitiven
Leistungen auch in anderen Lernfeldern und verbessere das Sozialverhalten, hat
sich in nachfolgenden empirischen Studien nicht oder nur in geringem Maße bestätigt (Schwippert & Nonte, 2014; Schumacher & Altenmüller, 2006; Schumacher,
2009). Der zunächst attraktive Gedanke, dass sich gerade im Kontext von Diversität durch diese Transfereffekte eine besondere Förderung realisieren lassen könnte,
ist daher bei näherer Betrachtung wenig Erfolg versprechend.

In der Fachdiskussion wurde zudem wiederholt eingefordert, den Wert musikalischer Bildung an sich anzuerkennen, anstatt Transfereffekte zu ihrer Begründung heranzuziehen (Knigge, 2014). Gerade auch in inklusiven Kontexten liegt
die Stärke von Musikunterricht darin, musikalische Erfahrungen und kulturelle
Teilhabe zu ermöglichen und nicht darin, die Leistungen in anderen Fächern zu
verbessern. Nichtsdestotrotz spricht vieles dafür, dass Musikunterricht im Sinne
einer ganzheitlichen Förderung allgemeine positive Effekte mit sich bringen kann.
Diese Möglichkeiten tatsächlich zu nutzen und dabei *alle* Kinder mit ihren unterschiedlichen Voraussetzungen einzubeziehen, stellt die Musikpädagogik vor Herausforderungen. Bedingung für das Gelingen ist ein didaktisches Konzept, dass die
Potenziale der Musik nutzt, um Schülerinnen und Schüler bei der Nutzung ihrer
jeweiligen individuellen Potenziale zu unterstützen.

14.3   Facetten der Diversität[3] im Musikunterricht

Wenngleich die Differenzlinien im Fach Musik teilweise anders verlaufen als in anderen Fächern, sind die Voraussetzungen der Lernenden sehr heterogen. Die größten Diskrepanzen ergeben sich dadurch, dass einige Schülerinnen und Schüler von einer außerschulischen musikalischen Förderung profitieren können, während andere diese Möglichkeit nicht haben. Ob eine solche Förderung stattfindet oder nicht, steht im engen Zusammenhang mit ökonomischen Voraussetzungen: Viele Familien können sich einen Musikschulunterricht schlicht nicht leisten. Nicht nur im Instrumentalspiel, sondern auch in ihren Kompetenzen im Notenlesen unterscheiden sich die außerschulisch musikalisch Aktiven von den Nicht-Aktiven in der Regel deutlich. In den Lehrplänen spielt der Umgang mit Notation eine wesentliche Rolle, sodass es nicht selten zu einer Überforderung der einen bei gleichzeitiger Unterforderung der anderen Gruppe kommt. Allen gerecht zu werden und sowohl den musikalisch Erfahreneren als auch den Unerfahreneren Lernfortschritte zu ermöglichen, stellt für Musiklehrkräfte eine erhebliche Herausforderung dar.

Neben ökonomischen Aspekten ist auch das soziokulturelle Umfeld von hoher Relevanz für die Lernvoraussetzungen. Welche Musik im Elternhaus zu hören ist, ob Konzerte besucht werden, ob gemeinsam musiziert, gesungen oder getanzt wird, hängt auch von der sozialen und regionalen Herkunft sowie dem Bildungsniveau ab. Die Kinder und Jugendlichen bringen dadurch sehr unterschiedliche Vorerfahrungen, Einstellungen und Präferenzen mit in die Schule (von Gross & Walden, 2013; Siedenburg, 2009). Ein Musikunterricht, der diese Diversität berücksichtigt und es den Schülerinnen und Schülern ermöglichen will, sowohl an Vertrautes anzuknüpfen als auch Neues zu entdecken, muss daher vielfältige musikalische Inhalte und Praktiken einbeziehen.

Im Hinblick auf das musikalische Lernen wird zudem häufig der Begabung eine hohe Relevanz zugesprochen, sodass auch dieser Aspekt zur Diversität im Musikunterricht beitragen kann.[4] Der auch im Alltagsdiskurs verankerte und mit dem Begabungsbegriff im engen Zusammenhang stehende Terminus „Musikalität" benennt diese Differenzen,[5] ist aus wissenschaftlicher Perspektive allerdings unscharf (Olbertz, 2013; Gembris, 2002): Musikalität setzt sich aus unterschiedli-

---

3   Der Terminus „Diversität" impliziert an dieser Stelle in Anlehnung an Sliwka (2012) die Betrachtung von Unterschiedlichkeit als Gewinn und Lernressource und steht damit für eine Perspektive auf Heterogenität, die mit dem Gedanken der Potenzialorientierung im Einklang steht.

4   Hier besteht eine Analogie zur sportpädagogischen Diskussion, in der der Begriff des „Talents" eine lange Tradition hat. Im Fach Sport wird somit ebenfalls dem Aspekt der Begabung eine besondere Bedeutung beigemessen (Pfitzner, in diesem Band).

5   Olbertz (2013) differenziert zwischen „musikalischer Begabung" als Begriff zur Beschreibung besonderer Leistungen und „Musikalität" als Terminus zur Benennung der grundlegenden, aber unterschiedlichen Fähigkeit zur Beschäftigung mit Musik. Demgegenüber spricht die alltagssprachliche Klassifikation „unmusikalisch" vielen Menschen diese Fähigkeit weitgehend ab.

chen Komponenten zusammen und lässt sich kaum präzise definieren (Gembris, 2002). Darüber hinaus ist der Musikalitätsbegriff kulturabhängig (Olbertz, 2009). Dementsprechend ist es schwierig, diese Differenzen verlässlich zu erfassen: Musikalitätstests messen weitgehend musikalische Leistungen, die auf die oben genannten unterschiedlichen Vorkenntnisse zurückzuführen sind, und können somit dem Anspruch, die Potenziale im Bereich Musik zu prüfen, kaum gerecht werden. Für den schulischen Musikunterricht ist m.E. wesentlich, dass der größte Teil der Menschen ein grundlegendes musikalisches Entwicklungspotenzial mitbringt und es nur sehr wenige gibt, die man als *unmusikalisch* oder *amusisch* bezeichnen könnte (Gembris 2002). Dennoch sind musikalische Potenziale nicht gleichmäßig verteilt. Musikalische Begabung muss jedoch als Kontinuum verstanden und nicht zur dichotomen Kategorisierung in *musikalisch* und *unmusikalisch* herangezogen werden. Für den schulischen Musikunterricht ergibt sich daraus die Aufgabe, diese Potenziale auf jedem Niveau zu fördern. Eine besondere Fokussierung von Spitzenbegabungen ist in diesem Kontext m.E. nur begrenzt sinnvoll, zumal im außerschulischen Bereich in der Regel bessere Bedingungen für die Förderung solcher besonderer Potenziale vorhanden sind.

Des Weiteren spielen auch geschlechtstypische Phänomene eine Rolle im Musikunterricht. Sozialisationsbedingt haben Jungen oftmals eine größere Distanz zu diesem Unterrichtsfach (Heß, 2015), und vielen fällt es schwer, sich auf bestimmte musikalische Tätigkeiten wie das Singen und Tanzen einzulassen. Mädchen sind dagegen Handlungsfelder wie Improvisation, Komposition oder das Instrumentalspiel im Bereich der Populären Musik durchschnittlich weniger zugänglich (Siedenburg, 2009 & 2016). Wenn sich Kinder und Jugendliche auf Aktivitäten in geschlechtstypischen Bereichen festlegen, schränkt dies jedoch ihre Erfahrungsmöglichkeiten ein, sodass sie ihre Potenziale möglicherweise nicht ausschöpfen können. Es gehört daher auch zu den Aufgaben eines potenzialorientierten Musikunterrichts, die Bedeutung geschlechtsbezogener Zuschreibungen zu reduzieren. Ziel sollte es sein, die Schülerinnen und Schüler zu vielfältigen Formen musikalischer Tätigkeit zu ermutigen und sie darin zu unterstützen, auch Handlungsfelder für sich zu entdecken, die für ihr Geschlecht weniger typisch sind (Siedenburg, 2016; Oebelsberger, 2016).

Auch die Diversität hinsichtlich der physischen Voraussetzungen der Schülerinnen und Schüler kann für den Musikunterricht relevant sein. Neben den oben erwähnten motorischen Fähigkeiten hat hier der Hörsinn eine exponierte Bedeutung. Er gilt als selbstverständliche Voraussetzung für die Beschäftigung mit Musik. In der Praxis gibt es dennoch Beispiele für eine gewinnbringende musikpädagogische Arbeit mit hörbeeinträchtigten Menschen (Salmon, 2006). Nichtsdestotrotz stellt die Förderung der musikalischen Potenziale hörbeeinträchtigter Menschen eine besondere Herausforderung inklusiven Musikunterrichts dar.

Wie in anderen Unterrichtsfächern auch spielen darüber hinaus Differenzen aufgrund kognitiver Voraussetzungen eine Rolle. Dies zeigt sich besonders bei der theoretischen und reflektierenden Auseinandersetzung mit Musik und im Umgang mit Notation. Im Musikunterricht nehmen diese Inhalte teilweise einen nicht un-erheblichen Raum ein. Aufgrund der genannten Potenziale der Musik bietet sich jedoch die Chance einer ganzheitlichen Orientierung: Durch die Verknüpfung kognitiver Annäherungen mit motorischen oder emotionalen Zugängen können Barrieren reduziert werden.

Angesichts der Vielzahl an relevanten Differenzkategorien und ihrer komple-xen Verschränkungen liegt es auf der Hand, dass auch im Fach Musik eine in-dividuelle Diagnose Bedingung für die Realisierung potenzialorientierter Ansätze ist. Kategorien wie der ökonomische Status, das soziokulturelle Umfeld, Gender, die musikalische Begabung, die physischen oder kognitiven Voraussetzungen sind geeignet, um im Rahmen einer solchen Diagnose die jeweiligen Potenziale zu be-schreiben. Gleichzeitig besteht jedoch auch die Gefahr, diese Differenzen im Sinne eines *doing gender*, *doing class* oder *doing disability* zu reproduzieren (u.a. Barnes & Mercer, 1997; Siedenburg, 2016). Um dem entgegenzuwirken, ist eine intersekti-onale Perspektive hilfreich, die auch Wechselwirkungen und Verschränkungen der genannten Differenzkategorien berücksichtigt und so zur Reflexion von Stereoty-pen und diskriminierenden Zuschreibungen beiträgt (u.a. Lenz, 2010).

14.4 Potenzialorientierung in der Musikpädagogik

14.4.1 Fachtraditionen und Konzeptionen

Musikunterricht wird in Deutschland auf sehr unterschiedliche Weise realisiert. Es gibt ein breites Spektrum konzeptioneller Ansätze (Schatt, 2007), und die Lehrkräfte haben in der Regel eine gewisse individuelle Gestaltungsfreiheit in der Ausrichtung ihres Unterrichts. Die Bedingungen für die Realisierung der Poten-zialorientierung sind dadurch sehr unterschiedlich. Es gibt jedoch einige Fach-traditionen und Konzeptionen, die m.E. für den Umgang mit Schülerpotenzialen von besonderer Bedeutung sind und deshalb an dieser Stelle etwas ausführlicher dargestellt werden sollen.

Die bereits in den 1920er-Jahren unter dem Einfluss der Jugendmusikbewegung entwickelte Idee der *musischen Bildung* betont die Verbindung von Körper, Geist und Seele und die gemeinschaftsstiftende Funktion der Musik. Dabei wird das Ziel verfolgt, Menschen *durch* Musik (also nicht *zur* Musik) zu erziehen (Barth, 2016; Jank, 2013; Schatt, 2007). Dieser Ansatz wurde während des Nationalsozi-alismus zu politischen Zwecken funktionalisiert, hatte aber dennoch auch nach dem zweiten Weltkrieg einen hohen Einfluss auf die musikpädagogische Praxis. In der Nachkriegszeit wurden musische Orientierungen jedoch zunehmend kri-tisiert, da eine unreflektierte Gemeinschaftsstärkung durch Musik aufgrund der Erfahrung des Nationalsozialismus abgelehnt wurde. Unter anderem durch den Einfluss Adornos entwickelte sich eine am Kunstwerk orientierte Didaktik (Barth, 2016; Schatt, 2007; Jank, 2013). Diese hatte, insbesondere im gymnasialen Bereich, einen Musikunterricht zur Folge, der den Schwerpunkt auf kognitive Zugänge legte und Werke der klassischen Musik in den Mittelpunkt stellte. Wenngleich diese konzeptionelle Ausrichtung als historisch betrachtet werden kann, wirkt sie in die Gegenwart hinein. So werden Unterrichtsmodelle, die auf das gemeinschaftliche Musizieren ausgerichtet sind und der Reflexion von Musik wenig Raum geben, bis heute teilweise als „neomusisch" kritisiert. Dennoch lässt sich beobachten, dass dem gemeinsamen Musizieren im Unterricht häufig wieder die Priorität gegeben und – z.B. bei der Begründung von Musikprofilen – auf die erzieherischen Funktionen und ganzheitlichen Wirkungen der Musik gesetzt wird. Gerade auch im Hinblick auf inklusiven Unterricht spielt der Gedanke, durch Musik Gemeinschaft zu stiften, wieder eine zentrale Rolle (s.u.). Die Meinungen gegenüber einer solchen konzeptionellen Ausrichtung, in der Rationalität und Reflexion ein geringes Gewicht erhalten, sind nicht zuletzt aufgrund der Fachgeschichte geteilt (Geuen, 2012; Heß, 2013; Schläbitz, 2003).

Darüber hinaus wirken sich auch Ausbildungstraditionen auf die konzeptionelle Ausrichtung des Fachs Musik aus. Das Lehramtsstudium war ursprünglich weitgehend auf klassische Musik ausgerichtet. Populäre Musik wurde vielfach abgelehnt oder abgewertet (u.a. Terhag, 2009). Wenngleich diese Haltungen heute kaum noch geäußert und im Lehramtsstudium inzwischen unterschiedliche Musikrichtungen thematisiert werden, haben die musikalischen Praktiken der klassischen Musik bis heute eine exponierte Stellung. In den Eignungsfeststellungsverfahren der Universitäten und Musikhochschulen werden in der Regel umfangreiche musiktheoretische Kenntnisse aus der klassischen Musiktradition eingefordert. Studieninteressierte mit einer klassikgeprägten musikalischen Sozialisation haben damit größere Chancen auf einen Studienplatz als diejenigen, die eher popmusikalisch geprägt sind. Diese Auswahl hat Konsequenzen für die spätere Unterrichtspraxis, denn für klassisch Sozialisierte stellt die Verwendung von Noten oftmals eine solche Selbstverständlichkeit dar, dass es ihnen schwerfällt, darauf zu verzichten (Terhag, 2004). Damit lässt sich erklären, dass im Musikunterricht trotz eines deutlich verbreiterten Spektrums an Inhalten auch heute noch häufig Notation und Musiktheorie die Grundlage bilden, während auditiv geprägte Praktiken, wie sie im Bereich der Populären Musik verbreitet sind, oftmals weniger Anwendung finden. Für viele Schülerinnen und Schüler erschwert dies den Zugang zur Musik, da zunächst ein komplexes Zeichensystem erlernt und geübt werden muss, bevor man sich über Musik verständigen oder sich selbst musikalisch äußern kann.

Während die genannten Traditionen für eine potenzialorientierte Arbeit mit heterogenen Lerngruppen eher Schwierigkeiten mit sich bringen, lassen sich in jüngeren konzeptionellen Entwicklungen gute Anknüpfungspunkte finden. So ist die Perspektive der *ästhetischen Bildung* ein geeigneter Weg, um das individuelle Erleben von Musik in den Mittelpunkt zu stellen und im Musikunterricht ästhetische Erfahrungsräume zu inszenieren, die den Lernenden unabhängig von ihren kognitiven Voraussetzungen ein solches Erleben ermöglichen (Rolle, 1999; Dreßler, 2016). *Schülerorientierte musikpädagogische Konzepte* regen bereits seit vielen

Jahrzehnten dazu an, die musikalischen Interessen der Schülerinnen und Schüler gezielt in den Unterricht zu integrieren, aktueller Popmusik ein höheres Gewicht zu verleihen und die Lernenden an der Planung und Gestaltung des Unterrichts aktiv zu beteiligen (Günther, Ott & Ritzel, 1983; Jank, 2013). Sie wirken damit einer Exklusion aufgrund des soziokulturellen Umfelds entgegen. Eine stärkere Subjekt-orientierung wurde auch durch *konstruktivistische Orientierungen* vorangebracht. Sie legen den Fokus auf eine Verständigung über subjektive Bedeutungsgehalte von Musik (u.a. Jank, 2013) und geben daher besonders für den Umgang mit so-ziokultureller Vielfalt Anregungen. Schließlich gibt die auch innerhalb der Musik-pädagogik geführte Diskussion um *kulturelle Teilhabe* Impulse. Dabei geht es nicht primär darum, den Zugang zur sogenannten Hochkultur zu erleichtern, sondern ausgehend von einem weit gefassten Kulturbegriff allen ein musikalisches Invol-viertsein zu ermöglichen (Lehmann-Wermser & Krupp, 2014). Die Ermöglichung kultureller Teilhabe wurde in der Musikpädagogik nicht nur im Hinblick auf den Ausgleich sozialer Ungleichheiten, sondern auch für Menschen mit Behinderun-gen eingefordert und vorangebracht (Merkt, 2015).

All diese Ansätze unterstützen die Individualisierung musikalischen Lernens. Sie regen zum Austausch über unterschiedliche Perspektiven an und geben der Vielfalt musikalischer Ausdrucksformen Vorrang gegenüber der Einführung in eine musikalische Hochkultur. Die subjektiven Sichtweisen und individuellen Potenziale der Schülerinnen und Schüler erhalten damit ein höheres Gewicht, während außerschulische Vorerfahrungen und Notenkenntnisse an Bedeutung verlieren.

14.4.2   Konzeptionelle Orientierungen in der Praxis

In der musikpädagogischen Diskussion um Inklusionskonzepte werden vielfach Best-Practice-Beispiele zum Ausgangspunkt genommen. Diese Beispiele sind häufig im außerschulischen Bereich verankert oder bewegen sich an der Schnitt-stelle zwischen Schule und außerschulischer kultureller Bildung (u.a. Merkt, 2015; Krönig, 2013; Meier & Weber, 2014; Tang, 2016). Im Mittelpunkt steht dabei stets das gemeinsame Musizieren. Die Musik wird in der Regel in einem Prozess ge-meinsam entwickelt und bietet Raum für Improvisation. Stilistisch bewegt sie sich häufig entweder im experimentellen Bereich oder in der Populären Musik.

In den konzeptionellen Erläuterungen wird Potenzialorientierung zwar nicht ausdrücklich eingefordert, dennoch sind Grundgedanken dieses Ansatzes immer wieder erkennbar. Besonders deutlich wird dies bei Meier und Weber (2014), die sich mit dem Konzept der an der Bochumer Musikschule verankerten Big Band *Just Fun* auseinandersetzen. Das Ensemble, in dem bereits seit 1998 in wechseln-den Besetzungen Jugendliche und Erwachsene mit und ohne Behinderungen gemeinsam musizieren, hat eine beträchtliche öffentliche Aufmerksamkeit erhal-ten und kann als Vorzeigemodell inklusiver musikpädagogischer Ensemblearbeit betrachtet werden (ebd.). Zur Analyse der didaktischen Ausrichtung des Projekts beziehen sich Meier und Weber auf das Modell des *Orchestrating Learning* von Boban und Hinz (2008), welches das Zusammenspiel in einem Orchester als Idealbild für inklusive Lehr-Lern-Settings heranzieht und damit die Bedeutung von Vielfalt und Individualität innerhalb eines Kollektivs betont.[6] Sie arbeiten heraus, dass bei *Just Fun* viele Aspekte dieses Modells eingelöst werden können, indem Heterogenität als Gelingensbedingung betrachtet wird und kooperatives Lernen die Grundlage bildet. In der Probenarbeit werden sowohl Individualisierungs- als auch *Kommunalisierungsprozesse*[7] (ebd.) ausgemacht. Gerade die Ausgewogenheit dieser Aspekte sei eine besondere Stärke der musikalischen Arbeit. Für den Umgang mit Heterogenität wird die Kommunalisierung bzw. Vergemeinschaftung jedoch als besonders bedeutsam betrachtet.

Darüber hinaus analysieren Meier und Weber (2014), welche Voraussetzungen für erfolgreiches *Orchestrating Learning* in musikpädagogischen Kontexten gegeben sein müssen. Wesentliche Prinzipien sind demnach die Arbeit mit individualisierten Arrangements, eine fundierte Diagnose, die Improvisation sowie die Projektarbeit. Es wird erkennbar, dass Lehrkräfte nicht nur in didaktischer Hinsicht, sondern auch im musikalischen Bereich besondere Fähigkeiten mitbringen müssen, um eine solche Arbeit realisieren zu können: Die Entwicklung von individualisierten Arrangements, die auf den jeweiligen Potenzialen und musikalischen Ideen der Teilnehmenden basieren, erfordert ein hohes Maß an musikalischer Flexibilität und kreativem Gestaltungsvermögen.

Der dargelegte Ansatz weist zahlreiche Überschneidungen und Anknüpfungspunkte mit anderen konzeptionellen Annäherungen auf. So wird wiederholt der Aspekt der Individualisierung genannt (Merkt, 2015; Eberhard & Höfer, 2016) und die besondere Bedeutung von Gemeinschaftlichkeit betont (Vogel, 2016; Eberhard & Höfer, 2016). Beides wird auch von Krönig (2013) thematisiert und mit unterschiedlichen didaktischen Prinzipien in Verbindung gebracht. Er stellt heraus, dass neben dem Prinzip der Differenzierung, bei dem Aufgabenstellungen individualisiert werden, auch das Prinzip der Homogenisierung, unter der er das gemeinsame Erarbeiten eines identischen Inhalts versteht, eine bedeutende Funktion habe. Damit wird auch hier die Ausgewogenheit individualisierter und kollektiver Lernsituationen eingefordert und der hohe Stellenwert des Gemeinschaftlichen hervorgehoben.

---

6   Das Bild des „Orchestrating Learning" ist m.E. nur begrenzt überzeugend, da im Orchester durch das Dirigat eine sehr leitungszentrierte Form des Zusammenspiels realisiert wird und auch durch den vorgegebenen Notentext der Individualität Grenzen gesetzt werden. Meier und Weber erweitern das Bild daher auf selbst organisierte Ensemblekonzepte, die ohne ein Dirigat arbeiten (ebd.).

7   Meier und Weber übernehmen den Begriff „Kommunalisierung" von Wocken (2013), der darunter die Vergemeinschaftung oder Vergesellschaftung der Unterrichtsprozesse versteht.

Diese hohe Bedeutung kollektiver Prozesse und gemeinschaftlichen Lernens stellt m. E. eine besondere Qualität und Herausforderung potenzialorientierter Didaktik im Fach Musik dar. Sie resultiert aus der Tatsache, dass sich beim musikalischen Lernen vieles erst aus dem gemeinsamen Tun erschließt und es gerade in der Gruppe zu Flow-Erlebnissen kommt.

14.5 Konsequenzen

Viele Praxisbeispiele inklusiver musikpädagogischer Arbeit lassen eine Nähe zu potenzialorientierten Ansätzen erkennen. Es bleibt zu prüfen, inwieweit die vielfach im außerschulischen Bereich oder innerhalb von Kooperationsprojekten gewonnenen Erfahrungen auch auf den regulären Musikunterricht in der Schule übertragbar sind, denn die Bedingungen beider Felder sind unterschiedlich: Wenn auf freiwilliger Basis gemeinsam musiziert wird, sind die motivationalen Voraussetzungen in der Regel besser als im Regelunterricht. Auch die personelle Konstellation und die räumliche Situation sind in den erwähnten Projekten oftmals günstiger. Dennoch können diese Beispiele Anregungen für den schulischen Musikunterricht geben. Sie legen eine praxisnahe, kreativitätsfördernde Arbeit nahe, die projektorientiert gestaltet und von einem multiprofessionellen Team begleitet wird.

Geeignete Voraussetzungen für ein solches Unterrichtskonzept lassen sich im Rahmen von schulischen Musikprofilen finden, etwa in Bläser- oder Streicherklassen. Hier sind in der Regel Teams aus schulischen Musiklehrkräften und Instrumentallehrkräften tätig, die um Inklusionsfachleute erweitert werden könnten. Projektorientiertes Arbeiten ist in diesem Kontext gut realisierbar. Eine stärkere Integration improvisatorischer Elemente könnte dazu beitragen, dass notationsbasiertes Musizieren an Bedeutung verliert. Schwierigkeiten ergeben sich dagegen durch die zusätzlichen Kosten, die mit diesen Angeboten verbunden sind. Sie müssen in der Regel von den Eltern getragen werden und haben damit soziale Exklusion zur Folge. Hier bestätigt sich einmal mehr, dass erfolgreiche Bildung für alle nur mit einer soliden staatlichen Finanzierung realisiert werden kann, die weit über dem liegt, was derzeit zur Verfügung steht.

Die Inklusionsdiskussion bietet die Chance, bisherige Ausrichtungen des Musikunterrichts zu überdenken und die Weichen neu zu stellen. Der Ansatz der Potenzialorientierung kann dazu beitragen, bestimmte Fachtraditionen auf den Prüfstand zu stellen, die in der Vergangenheit einigen Schülerinnen und Schülern den Zugang zum Musikunterricht erschwert haben. Wesentlich ist dafür zunächst die Anerkennung dessen, dass nahezu jeder Mensch über musikalisches Potenzial verfügt. Zudem ist ein weiter Kulturbegriff erforderlich, der unterschiedliche Musikrichtungen von Populärer Musik über Klassik bis zu allen weiteren Musikkulturen der Welt als gleichwertig betrachtet. Nur so kann es gelingen, musikalische Vorerfahrungen unterschiedlicher Art aufzugreifen und der Tendenz der sozialen

Distinktion durch eine vermeintliche musikalische Hochkultur entgegenzuwirken. Der Schwerpunkt sollte auf der eigenen musikalischen Praxis liegen, da sie in besonderer Weise geeignet ist, um den Lernenden Erfahrungen zu ermöglichen, die für sie persönlich bedeutsam sind. Für jede darüber hinausgehende Beschäftigung mit Musik wird damit eine Grundlage geschaffen. Da Notation für einige eine große Hürde darstellt, sollte das Musizieren ohne Noten eher der Regelfall als die Ausnahme sein. Gerade für diejenigen, die bisher noch keine Gelegenheit zum Musizieren hatten, führt die Anknüpfung an aurale Fähigkeiten in der Regel zu befriedigenderen Klangergebnissen und weniger Frustration. Die Arbeit mit Live-Arrangements (Terhag & Winter, 2011) bietet weitaus bessere Möglichkeiten, alle Beteiligten ihren Potenzialen entsprechend zu fordern, als das Spiel vorab festgelegter Kompositionen.

Die nächsten Schritte auf dem Weg zur Potenzialorientierung im Fach Musik lassen sich anhand der Vorschläge von Veber (2015) konkretisieren:

Selbstreflexive LehrerInnenbildung für Inklusive Bildung
Neben der von Veber vorgeschlagenen Selbstreflexion im Hinblick auf Bildungserfahrungen und pädagogische Fragen sollte auch die musikalische Sozialisation der angehenden Lehrkräfte im Studium thematisiert werden. Das Erkennen der spezifischen Aspekte des eigenen musikalischen Weges – im Fall vieler Musik-Lehramtsstudierenden sind dies eine intensive familiale Förderung, institutionelles Lernen und ein selbstverständlicher Umgang mit Notation – schärft den Blick für die Unterschiedlichkeit musikalischer Sozialisationsverläufe und die daraus resultierenden Potenziale der zukünftigen Schülerinnen und Schüler.

Teamarbeit in inklusiven Settings
Gerade im Hinblick auf die Arbeit im musikalischen Profilunterricht spielt die multiprofessionelle Kooperation eine zentrale Rolle. Neben den Fachkräften für Inklusion ist für Musiklehrerinnen und -lehrer auch die Zusammenarbeit mit Instrumentallehrkräften von Bedeutung. Diese künstlerisch-pädagogisch ausgebildeten Lehrkräfte haben selbst in der Regel in einem Umfeld gelernt, in dem die Orientierung am Individuum eine hohe Bedeutung hat, aber auch ein besonderes Maß an Leistungsorientierung vorhanden ist. Letzteres kann dem Gedanken der Potenzialorientierung unter Umständen im Wege stehen. Damit sich die Perspektiven von schulischen Musiklehrkräften, Inklusionsfachkräften und Instrumentallehrkräften ergänzen und bereichern können, ist eine Verständigung über die jeweilige Sichtweise und die Vereinbarung gemeinsamer Ziele unabdinglich.

Unterrichtliche Praktiken
Um, wie von Veber vorgeschlagen, vorhandene fachspezifische Potenziale zu nutzen, kann an die praxisorientierte Arbeit in Musikprofilen angeknüpft werden. Auch die Fokussierung kollektiver Prozesse greift Traditionen des Faches auf. Mit der Stärkung von musikalischen Praktiken wie dem klanglichen Erkunden, dem

Spielen nach Gehör, dem Improvisieren und der Arbeit mit Live-Arrangements werden jüngere Entwicklungen der Musikpädagogik aufgegriffen, die sich in der außerschulischen inklusiven Arbeit bereits bewährt haben.

Zurück zum anfangs dargelegten Fallbeispiel: In einem potenzialorientierten inklusiven Unterricht hätte Sarah möglicherweise zunächst mehrere Instrumente ausprobiert, um herauszufinden, mit welchem sie am besten zurechtkommt. Im multiprofessionellen Team wäre besprochen worden, auf welche Weise sie sich am besten ins Klassenensemble einbringen und dabei Lernfortschritte machen kann. Im Idealfall hätte sie positive Erfahrungen beim Musizieren entwickelt und eine Stimme übernommen, die ihren Fähigkeiten entspricht. Möglicherweise hätte sie keine Noten erlernt, sondern sich stattdessen die Rhythmen, Töne oder Griffbilder durch Imitation und eigenes Entdecken angeeignet. Ohne überfordert zu sein, hätte sie von einem intensiven Gemeinschaftserlebnis profitiert. Zugegeben, eine sehr idealistische Sichtweise – doch halte ich es durchaus für realistisch, dass ein potenzialorientierter Musikunterricht dies unter geeigneten personellen und räumlichen Rahmenbedingungen leisten kann.

Literatur

Amrhein, F. (2000). Sensomotorisches Lernen als Basis für musikalisches Lernen. *Diskussion Musikpädagogik, 8*, 12–25.

Barth, D. (2016). Schlaglichter auf Positionen in der Fachgeschichte der Musikpädagogik/ -didaktik". In D. Barth (Hrsg.), *Musik. Kunst. Theater. Fachdidaktische Positionen ästhetisch-kultureller Bildung an Schulen* (S. 3–19). Osnabrück: EpOs Music.

Barnes, C. & Mercer, G. (1997). *Doing Disability Research*. Leeds: The Disability Press.

Bastian, H. G. (2000). *Musik(erziehung) und ihre Wirkung. Eine Langzeitstudie an Berliner Grundschulen*. Mainz: Schott.

Boban, I. & Hinz, A. (2008). »The inclusive classroom«. Didaktik im Spannungsfeld von Lernprozesssteuerung und Freiheitsberaubung. In K. Ziemen (Hrsg.), *Reflexive Didaktik. Annäherungen an eine Schule für alle* (S. 71–98). Oberhausen: Athena.

Dehler, T. (2012). *Förderung der Kreativität in der inklusiven Einführungsphase am Beispiel des Unterrichtsprojektes „Blobmusic – nichthaptische Instrumente als barrierefreier Zugang zur klassischen Musik des 20. und 21. Jahrhunderts"*. Verfügbar unter: https://kim.hfmt-koeln.de/fileadmin/redaktion/downloads/2014_11_kim_vortrag_ tobias_dehler.pdf [06.09.2017].

Dreßler, S. (2016). Ästhetische Erfahrung im Musikunterricht oder Begegnung mit Klingendem, die uns „aus dem Anzug stößt". In A. Lehmann-Wermser (Hrsg.), *Musikdidaktische Konzeptionen. Ein Studienbuch* (S. 45–64). Augsburg: Wißner.

Eberhard, P. D. D. M. & Höfer, U. (2016). *Inklusions-Material. Musik. Klasse 5–10*. Berlin: Cornelsen Scriptor.

Gembris, H. (2002). *Grundlagen musikalischer Begabung und Entwicklung* (2. Aufl.). Augsburg: Wißner.

Gembris, H., Kraemer, R.D. & Maas, G. (2003). *Macht Musik wirklich klüger? Musikalisches Lernen und Transfereffekte* (2. unveränderte Aufl.). Augsburg: Wißner.

Geuen, H. (2012). Klassenmusizieren oder allgemeinbildender Musikunterricht? Plädoyer für einen vielfältigen schulischen Musikunterricht. In M. Pabst-Krueger & J. Terhag (Hrsg.), *Musizieren mit Schulklassen. Praxis – Konzepte – Perspektiven* (S. 48–63). Oldershausen: Lugert.

Günther, U., Ott, T. & Ritzel, F. (1983). *Musikunterricht 5–11*. Weinheim: Beltz.

Heß, F. (2013). „…dass einer fidelt…" – Klassenmusizieren als Motivationsgarant? Ergebnisse der Studie Musikunterricht aus Schülersicht. In A. Eichhorn (Hrsg.), *Musikpädagogik und Musikkulturen. Festschrift für Reinhard Schneider* (S. 78–93). München: Allitera.

Heß, F. (2015). Das ist doch nichts für echte Kerle! Zum Zusammenhang zwischen Geschlechtsrollen-Selbstbild und Einstellungen zum Musikunterricht. Ergebnisse der Studie „Musikunterricht aus Schülersicht". In J. Wedl & A. Bartsch (Hrsg.), *Teaching Gender? Zum reflektierten Umgang mit Geschlecht im Schulunterricht und in der Lehramtsausbildung* (1., Aufl., S. 313–336). Bielefeld: Transcript.

Heyer, R., Wachs, S. & Palentien, C. (2013). Jugend, Musik und Sozialisation. Eine Einführung in die Thematik. In R. Heyer, S. Wachs, & C. Palentien (Hrsg.), *Handbuch Jugend – Musik – Sozialisation* (S. 3–18). Wiesbaden: Springer VS.

Jank, W. (2013). *Musik-Didaktik. Praxishandbuch für die Sekundarstufe I und II* (5. überarbeitete Aufl.). Berlin: Cornelsen Scriptor.

Knigge, J. (2014). Transfereffekte, Kompetenzen oder ästhetische Erfahrung? Musikpädagogische Anmerkungen zur Wirkungsforschung in der kulturellen Bildung. *Diskussion Musikpädagogik, 62,* 45–50.

Kreutz, G. (2008). Musik und Emotion. In H. Bruhn, R. Kopiez, & A. C. Lehmann (Hrsg.), *Musikpsychologie. Das neue Handbuch* (Orig.-Ausg., S. 548–572). Reinbek bei Hamburg: Rowohlt.

Krönig, F. K. (2013). *Populäre Musik in der kulturellen Bildung. Gedanken, Wege und Projekte zu einer inklusiven Musikpädagogik und didaktischer Öffnung*. Oberhausen: Athena.

Lehmann-Wermser, A. & Krupp, V. (2014). Musikalisches Involviertsein als Modell kultureller Teilhabe und Teilnahme. In B. Clausen (Hrsg.), *Teilhabe und Gerechtigkeit. Participation and equity* (S. 21–40). Münster: Waxmann.

Lenz, I. (2010). Intersektionalität. Zum Wechselverhältnis von Geschlecht und sozialer Ungleichheit. In R. Becker & B. Kortendiek (Hrsg.), *Handbuch Frauen- und Geschlechterforschung. Theorie, Methoden, Empirie* (3. erweiterte und durchgesehene Aufl., S. 158–165). Wiesbaden: VS Verlag für Sozialwissenschaften.

Meier, U. & Weber, M. (2014). Mit Musik(-unterricht) geht alles besser … auch Inklusion? In B. Amrhein & M. Dziak-Mahler (Hrsg.), *Fachdidaktik inklusiv. Auf der Suche nach didaktischen Leitlinien für den Umgang mit Vielfalt in der Schule* (S. 133–152). Münster: Waxmann.

Merkt, I. (2015). Inklusion, kulturelle Teilhabe und Musik. In G. Bernatzky & G. Kreutz (Hrsg.), *Musik und Medizin. Chancen für Therapie, Prävention und Bildung* (S. 113–124). Wien: Springer.

Oebelsberger, M. (2016). Singen – doch keine (reine) Mädchensache? Gendersensibler Singunterricht bietet großes Potenzial für die Entwicklung von Persönlichkeitsmerkmalen bei Jugendlichen. *Musikschule Direkt, 3,* 10–11.

Olbertz, F. (2009): *Musikalische Hochbegabung: Frühe Erscheinungsformen und Einflussfaktoren anhand von drei Fallstudien*. Berlin: LIT.

Olbertz, F. (2013): Begabung und Begabungsforschung auf musikalischem Gebiet. In T. Fritzlar & F. Käpnick (Hrsg.), *Mathematische Begabungen- Denkansätze zu einem komplexen Themenfeld aus verschiedenen Perspektiven.* (S. 221–240). Münster: WTM.

Rolle, C. (1999). *Musikalisch-ästhetische Bildung. Über die Bedeutung ästhetischer Erfahrung für musikalische Bildungsprozesse.* Kassel: Bosse.

Salmon, S. (2006). *Hören, Spüren, Spielen. Musik und Bewegung für gehörlose und schwerhörige Kinder.* Wiesbaden: Reichert.

Schatt, P. W. (2007). *Einführung in die Musikpädagogik.* Darmstadt: WBG.

Schläbitz, N. (2003). *Klassenmusizieren ade?* Verfügbar unter: http://www.schott-musik paedagogik.de/de_DE/material/sekundarstufe/nsp/reflexion/schlaebitz/index.html [14.08.2017].

Schumacher, R. (2009). *Pauken mit Trompeten. Lassen sich Lernstrategien, Lernmotivation und soziale Kompetenzen durch Musikunterricht fördern?* (Bildungsforschung Bd. 32), Bonn: Bundesministerium für Bildung und Forschung. Verfügbar unter: https:// www.bmbf.de/pub/Bildungsforschung_Band_32.pdf [06.09.2017].

Schumacher, R. & Altenmüller, E. (2006). *Macht Mozart schlau? Die Förderung kognitiver Kompetenzen durch Musik* (Bildungsforschung Bd. 18), Bonn: Bundesministerium für Bildung und Forschung. Verfügbar unter: https://www.bmbf.de/pub/Bildungsfor schung_Band_18.pdf [06.09.2017].

Schwippert, K. & Nonte, S. (2014): „Transfereffekte von Instrumentalunterricht. Der Einfluss von Instrumentalunterricht auf die soziale und motivationale Entwicklung von Schülerinnen und Schülern im schulischen Kontext". In A. Lehmann-Wermser, V. Busch & K. Schwippert (Hrsg.), *Mit Mikrofon und Fragebogen in die Grundschule: Jedem Kind ein Instrument (JeKi) – eine empirische Längsschnittstudie zum Instrumentalunterricht* (S. 31–62). Münster: Waxmann.

Siedenburg, I. (2009). *Geschlechtstypisches Musiklernen. Eine empirische Untersuchung zur musikalischen Sozialisation von Studierenden des Lehramts Musik.* Osnabrück: EpOs music. Verfügbar unter: http://www.epos.uos.de/books/s/siei009/OnlineBook/ [06.09.2017].

Siedenburg, I. (2016). *Populäre Musik, Gender und Musikpädagogik. Wirkungsweisen der Kategorie Geschlecht und Perspektiven für die Forschung.* Verfügbar unter: http:// www.pedocs.de/volltexte/2016/11572/pdf/Siedenburg_2015_Pop_Gender_MP.pdf [13.06.2016].

Sliwka, A. (2012): Diversität als Chance und als Ressource in der Gestaltung wirksamer Lernprozesse. In: K. Fereidooni (Hrsg.), *Das interkulturelle Lehrerzimmer* (S. 169–176). Wiesbaden: Springer VS.

Tang, A. (2016). Inklusive Ensemblearbeit. *Diskussion Musikpädagogik, 70,* 43–47.

Terhag, J. (2004). Vertraute Noten, fremde Improvisation und umgekehrt? Musikbezogene Fähigkeitsprofile bei mündlich und schriftlich sozialisierten Lerntypen. In M. Ansohn & J. Terhag (Hrsg.), *Musikkulturen – fremd und vertraut* (Bd. 5, S. 224–231). Oldershausen: Lugert.

Terhag, J. (2009). Zwischen Distanz und Nähe. 50 Jahre Populäre Musik in der Schule. *Musik und Bildung, 3,* 10–14.

Terhag, J. & Winter, J. K. (2011). *Live-Arrangement: vom Pattern zur Performance.* Mainz: Schott.

Veber, M. (2015). Potenzialorientierung – Weg und Ziel Inklusiver Bildung. *Schulpädagogik heute, 6,* 1–21.

Vogel, C. (2016). Inklusion und Partizipation. Ansprüche an eine zeitgemäße Musikpädagogik. *Diskussion Musikpädagogik, 70*, 4–9.

von Gross, F. & Walden, T. (2013). Jugendlicher Bildungshintergrund und Musikpräfe-
renz. In R. Heyer, S. Wachs, & C. Palentien (Hrsg.), *Handbuch Jugend – Musik – Sozialisation* (S. 343–370). Wiesbaden: Springer VS.

Wocken, H. (2013). *Zum Haus der inklusiven Schule. Ansichten – Zugänge – Wege*. Hamburg: Feldhaus.

Ulrike Witten

15. Potenzialorientierte Förderung als Chance für inklusive Bildung? Religionsdidaktische Reflexionen

Im vorliegenden Band wird davon ausgegangen, dass es intrapersonale Potenziale gibt, die sich in Form von verschiedenen Begabungen oder multiplen Intelligenzen ausdrücken. Die Potenzialorientierung wird eingeführt, um anstelle einer an Defiziten orientierten Wahrnehmung einen positiven Gegenbegriff zu etablieren. Um dem genauer auf die Spur zu kommen, setzen sich verschiedene fachdidaktische Perspektiven mit diesem Ansatz auseinander. In diesem Beitrag wird aus der Perspektive der evangelischen Religionspädagogik und mit religionsdidaktischem Fokus der Begriff der „Potenzialorientierten Förderung" beleuchtet. Es wird danach gefragt, inwiefern eine Potenzialorientierte Förderung eine Chance für inklusive Bildung sein kann. Inklusion wird dabei verstanden als ein Thema, das keinesfalls nur den Bildungsbereich betrifft, das hier aber in diesem Kontext diskutiert wird. Damit verbunden ist das Anliegen, Menschen, die von Marginalisierung bedroht und Diskriminierung ausgesetzt sind, gesellschaftliche Teilhabe zu ermöglichen. In pädagogischen Kontexten bedeutet dies, auf Dekategorisierung hinzuwirken, u.a. indem individuelle Lernwege wertgeschätzt werden, wie es sich im Begriff der Potenzialorientierten Förderung ausdrückt.

15.1 Religionspädagogische Spurensuche

Folgt man dem Begriff der Potenzialorientierung, ließe sich – überspitzt – sagen, dass eine religionspädagogische Auseinandersetzung eigentlich recht schnell beendet sein könnte, da religionspädagogisch der Begriff der „Potenzialorientierung" schlichtweg nicht bekannt ist.[1]

Zwar kennt die lateinische Bibel zu Genüge den lateinischen Ursprungsbegriff *potentia*. Die mit „Macht" oder politischer Gewalt Ausgestatteten sind viel vertreten, aber eher als die Mächtigen, die vom Thron gestoßen werden, so z.B. im Magnifikat der Maria (Lk 1, 52). Die Mächtigen erscheinen als Negativfolie. Doch mit der Potenzialorientierung ist im pädagogisch-psychologisch-didaktischen Kontext ein anderes Begriffsspektrum gemeint: nämlich die möglicherweise nicht sofort sichtbaren „Potenziale" im Sinne von „Leistung" oder „Ressourcen" bei Lernen-

---

1 Dieser Befund stellt sich ein, wenn man die gängigen religionspädagogischen Lehrbücher und Lexika betrachtet. Es wurden zwanzig übliche Titel geprüft. Auch im Handbuch Talententwicklung (Stamm, 2014) findet sich zum Bereich des religiösen Lernens kein Eintrag, sondern es werden Sprache, Lesen, Musik, Mathe, MINT und Sport fokussiert.

den. Diese Teilbegriffe sind natürlich religionspädagogisch bekannt, werden aber nicht unter dem Potenzialbegriff diskutiert.

Sucht man im religionspädagogischen Spektrum nach dem Potenzialbegriff im weiteren Sinne, dann geht es entweder darum, jemanden zu *ermächtigen* bzw. zu *befähigen*, wie dies z. B. in der Formel Grethleins (2006) von der Befähigung zum Christsein als Aufgabe des Religionsunterrichts zum Ausdruck kommt. Oder der Potenzialbegriff wird im Blick auf Theorien, Ansätze oder Ideen genutzt, und es wird deren Potenzial für religionspädagogisches Nachdenken diskutiert. Aber es finden sich m.W. keine Beispiele, in denen der Potenzialbegriff in Bezug auf Menschen benutzt wird. Liegt damit der Begriff quer zum religionspädagogischen Denken? Und bedeutet dies, dass keine religionspädagogische Auseinandersetzung mit der Potenzialorientierung stattfinden sollte?

Ganz so einfach sollte man es sich aus den folgenden drei Gründen nicht machen.

1) Obwohl Inklusion schon seit geraumer Zeit theoretisch diskutiert wird und verschiedene praktische Entwürfe bekannt sind, scheint eine konsequente Umsetzung noch in den Kinderschuhen zu stecken. Als eine Ursache dafür ließe sich die bereits 2004 benannte „Forschungslücke Fachdidaktik" (Seitz) markieren. Gründe für diese Forschungslücke könnten sein, dass die Fachdidaktiken sich nicht als Adressatinnen für die Entwicklung inklusionssensibler Settings verstehen, sondern die Zuständigkeit eher innerhalb der Förderpädagogik oder der Allgemeinen Pädagogik sehen.

   In den Fachdidaktiken bestehen unterschiedlich geprägte Fachkulturen, die nur teilweise an allgemeindidaktische Fragestellungen anschließen wollen oder können, oder die Diskurse werden völlig getrennt voneinander geführt. Würde man die Zuständigkeit für Inklusion eher innerhalb der Förderpädagogik verorten, entstünde das Phänomen einer sonderpädagogisierten Fachdidaktik, die das Potenzial von Dekategorisierung nur schwer einlösen kann.

   Im Interesse der Umsetzung von Inklusion wäre daher nach den fachdidaktischen Potenzialen für Inklusion zu fragen[2] und um diese nicht im Fachdiskurs zu belassen, sondern zurückzuspiegeln, erscheint es sinnvoll, diese unter einer Idee zu bündeln und zur kritischen Auseinandersetzung damit zu führen – wie es vorliegend am Beispiel der Potenzialorientierung geschieht.

2) Ein zweiter Grund liegt im wissenschaftstheoretischem Selbstverständnis der evangelischen Religionspädagogik: Diese versteht sich im Anschluss an Nipkow als Verbundwissenschaft zwischen Theologie und Pädagogik bzw. weiter könnte man die Humanwissenschaften allgemein sehen. Dies ist allerdings nicht als Suche nach einem Minimalkonsens zu verstehen, sondern als Suche nach „konvergierenden *und* divergierenden Elementen" (Nipkow, 1990, S. 177). Das Konvergenzmodell sieht theologische und pädagogische Perspektiven als gleichberechtigte Denkbewegungen. Dieser Anspruch soll hier eingelöst wer-

---

2   So pars pro toto auch die Forderung in der Stellungnahme der Deutschen Gesellschaft für Erziehungswissenschaft, DGfE (2017).

den, indem die „Potenzialorientierte Förderung" theologisch und pädagogisch geprüft wird.

3) Denkt man Inklusion und Religionspädagogik zusammen, bietet es sich an, im Horizont einer *inklusionssensiblen Religionspädagogik* nach dem Potenzial der Potenzialorientierung für die weitere Theoriebildung innerhalb der Religionspädagogik und der Allgemeinen Didaktik zu fragen. Zwar gehört es zu den Grundaxiomen einer inklusionssensiblen Religionspädagogik, dass Vielfalt als Bereicherung wahrgenommen und erfahrbar gemacht werden soll (Comenius-Institut, 2014, 2017), diese Denkbewegung scheint aber noch nicht umgesetzt zu sein, denn es überwiegt die Deutung von Vielfalt als Herausforderung (Kirchenamt, 2014). Möglicherweise kann der Rekurs auf Potenziale dazu beitragen, diesen tendenziell negativ konnotierten Rahmen zu verändern.

Plädiert wird also für eine kritisch-konstruktive Auseinandersetzung mit dem Begriff der Potenzialorientierung und damit verbundenen Möglichkeiten. Dazu wird zunächst kurz das pädagogische Verständnis des Begriffs skizziert, es folgen religionspädagogische Anfragen, bevor abwägend sowohl religionspädagogische Anschlussstellen als auch Herausforderungen in der Praxis religiöser Bildung, Potenzialorientierung zu realisieren, skizziert werden.

15.2 Potenzialorientierung – eine Auseinandersetzung in pädagogischer Perspektive

Der Begriff scheint zwei Wurzeln zu haben, eine eher betriebswirtschaftlich orientierte sowie eine pädagogische. Betriebswirtschaftlich geht es darum, Potenziale auszuschöpfen, indem man sie wahrnimmt, um „menschliche Ressourcen […] effektiv" (Hermann, 2016, S. 221) einzusetzen. Der Tenor solcher Texte lautet, dass es verborgene Potenziale – z. B. bei den „Silver-Agern" – gäbe, die es zu heben gilt (Neumann 2016a, 2016b; Thum & Semmler, 2003).

Pädagogisch hat der Begriff der Potenzialorientierung ein klares Gegenüber, nämlich die Defizitorientierung. Eine an Leistungsbewertung orientierte Schule definiert Ziele und Kompetenzstandards. Leistungen von Schülerinnen und Schülern, die von diesen festgelegten Standards abweichen, werden daher vor allem als Defizite wahrgenommen und eigene Lösungsstrategien oder Ansätze eher nicht bemerkt. Mit der Idee der Inklusion ist verbunden, eine solche defizitorientierte Wahrnehmung abzulegen und stattdessen die individuellen Leistungen wertzuschätzen, was mit dem Begriff der Potenzialorientierung ausgedrückt werden soll.

Didaktisch ist mit Potenzialorientierung eine *Haltung* der Lehrkräfte verbunden, die sich auf die Ergebnisse der Schülerinnen und Schüler verstehend einlässt und sich darum bemüht, darin Potenziale zu erkennen und die *Fähigkeit*, den Schülerinnen und Schülern eine Rückmeldung zu ihrem Ergebnis zu geben, die diese verstehen und ihnen Orientierung für nachfolgende Prozesse gibt (Merklinger, 2014).

In didaktischer Perspektive meint Potenzialorientierung also einen Perspektivwechsel von einer Sichtweise auf Lernende, ihren Lernprozess und dessen Ergebnisse unter der Frage, was jemand *noch nicht* kann hin zu einer Sichtweise auf Lernende, ihren Lernprozess und dessen Ergebnisse unter der Frage, was an Potenzialen, also Stärken, individuellen Zugängen, Begabungen, Reserven usw. *schon* vorhanden ist. Die Nähe zu inklusionssensiblen Lernsettings liegt auf der Hand. Hier scheint ein Konzept vorzuliegen, das es ermöglicht, die Wertschätzung von Vielfalt zu operationalisieren. Die Würdigung intraindividueller Lernziele, wie es sich in einem lernzieldifferenten Unterricht und in der Ermöglichung einer prozessorientierten Leistungsbewertung ausdrückt, scheint gut anschlussfähig an die Potenzialorientierung.

15.3 Religionspädagogische Anfragen an das Konzept der Potenzialorientierung

Eingangs wurde der Befund mitgeteilt, dass das religionspädagogische Denken die Potenzialorientierung nicht in Bezug auf Lernende kennt und gefragt, ob der Begriff quer zum religionspädagogischen Denken liegt. Es wurde aber dafür plädiert, dass eine Auseinandersetzung dennoch lohnenswert sein kann. Dazu stellt sich zuerst die Frage, warum es religionspädagogisch möglicherweise Vorbehalte gegenüber dem Begriff gibt und im zweiten Schritt soll danach gesucht werden, wo religionspädagogische Theoreme möglicherweise einlösen, was mit Potenzialorientierung intendiert ist.

Mögliche Ursachen, warum die Idee der Potenzialorientierung noch nicht religionspädagogisch aufgegriffen wurde, liegen in Vorbehalten gegenüber einer zu ökonomischen auf Outcome und Ressourcen ausgerichteten Denkweise. U.a. bildungstheoretisch begründet besteht religionspädagogisch durchaus die Tendenz, sich bildungspolitischen Erwartungen gegenüber kritisch zu verhalten, wie das besonders in den Diskussionen um die Kompetenzorientierung zu beobachten war. Im Selbstverständnis ist durchaus verortet, sich durch Einbringen der theologischen Traditionen als kritische Begleiterin von Bildungstheorie zu verstehen (Husmann & Guttenberger, 2007). Neben diesen eher fachkulturellen Ursachen ist aber m. E. ein weiter Grund darin zu sehen, dass es schwer ist, Potenziale für Religion auszumachen. Anders als im Sport-, Musik- oder Mathematikunterricht, wo man durchaus bestimmte Potenziale oder multiple Intelligenzen feststellen und auch durch Testverfahren erheben kann, erscheint das in diesem Sinne für die Voraussetzungen im Religionsunterricht deutlich schwieriger. Hinzu kommt, dass dies zudem nicht unbedingt intendiert ist, weil sich zentrale Aspekte von „Religion" nur schwer messen lassen, da sie z.B. im Blick auf die zu berücksichtigenden Faktoren voraussetzungsreich sind. Dass Potenziale nicht im Vordergrund stehen, spiegelt auch den bestehenden Anspruch, dass religiöse Bildung für jede bzw. jeden und in diesem Sinne gänzlich voraussetzungslos ist.

Gegenüber dem zum semantischen Netz von Potenzialorientierung gehörenden Begriff der *Begabung* besteht seitens der Religionspädagogik sogar eine dezidiert kritische Haltung. So verweist Lütze auf eine Tradition der Kritik am „fatalen, Ungleichheit scheinbar legitimierenden Begabungsbegriff" seit Schleiermacher und wiederholt Roths Forderung, „Pädagogik müsse Menschen begaben, statt von Begabung als vermeintlicher Naturanlage auszugehen" (Lütze, 2016, S. 97[3]). Grümme (2016) warnt davor, dass eine unreflektierte Nutzung des Begabungsbegriffs zu einem Mangel an Bildungsgerechtigkeit führen kann. Er analysiert verschiedene Erklärungen für Bildungsungerechtigkeit und resümiert im Blick auf das Habitusmodell von Bourdieu, dass Schule gesellschaftliche Hierarchien reproduziere, indem sie Begabungen für natürlich erklärt und zugleich bestimmte Dispositionen belohnt, andere jedoch abwertet. Diese Kritik rekurriert auf den Erziehungswissenschaftler Stojanov, der zu Recht herausstellt, dass Begabungsgerechtigkeit als Bildungsgerechtigkeit missgedeutet wird, wenn man annähme, „ein gerechtes Bildungssystem wäre dann erreicht, wenn die Verteilung von Bildungsgütern [...] anstatt nach Herkunft nach ‚Begabungen' bzw. nach kognitiven Ausgangsvoraussetzungen vollzogen wird. Dabei werden die ‚Begabungen' bzw. die ‚Intelligenzentwicklungspotenziale' der Einzelnen als bereits vor ihrem Eintritt in die Schule festgelegt postuliert" (Stojanov, 2016, S. 173).

Vor allem kritisiert er damit einen statisch-substanzialistischen Begabungsbegriff, der Begabungen als mit Geburt oder spätestens früher Kindheit genetisch bedingte Konstante ansieht. Stattdessen plädiert er für einen dynamisch-prozessualen Begabungsbegriff, der davon ausgeht, dass Begabungen dynamische Größen sind, „deren Entwicklung entscheidend von den sozialen Erfahrungen des Einzelnen abhängt" (ebd., S. 174). Daraus schlussfolgert er, dass Bildungsinstitutionen Menschen „auch ‚begaben' können, etwa dann, wenn sie diese als uneingeschränkt entwicklungsfähige Personen anerkennen" (ebd.). Von diesen Überlegungen ausgehend bestimmt er Bildungsgerechtigkeit als Anerkennungsgerechtigkeit und sieht ein gerechtes Bildungswesen dadurch gekennzeichnet, dass in ihm die „Anerkennungsformen der Empathie, des Respekts und der sozialen Wertschätzung institutionalisiert werden und als verbindliche Orientierungsmaßstäbe für pädagogisches Handeln dienen" (ebd., S. 177). Ungerecht wäre, „wenn Bedürfnisse und Erlebnisse der Educanden" vernachlässigt, sie zu statisch „zu essentialistisch verstandenen ‚Begabungen' und ‚kognitiven Fähigkeiten'" zugeordnet oder ihre „besonderen Kompetenzpotenziale" ignoriert würden (ebd.).

---

3   Lütze bezieht sich dabei auf Friedrich Daniel Ernst Schleiermacher: Pädagogische Schriften Band 1: Die Vorlesungen aus dem Jahre 1826. Hrsg. v. Erich Weniger Frankfurt/Main 1983, 16–19 sowie Heinrich Roth: Begabung und Begaben. Über das Problem der Umwelt in der Begabungsentfaltung. In: *Die Sammlung. Zeitschrift für Kultur und Erziehung, 9* (1952), 395–407.

In dieser kritischen Lesart erweist sich die Fokussierung auf Potenziale und Begabungen als hochanschlussfähig an religionspädagogisches Denken und an die Grundthese des vorliegenden Bandes. Deutlich ist aber auch, dass es eine kritische Auseinandersetzung mit den Begriffen und ihrer Verwendung braucht und dass die Suche nach einer „potenzialorientierten Förderung" sensibel für diese Kritikpunkte sein muss. Man muss sich aber auch bewusst sein, dass zu fördernde „Potenziale" Ergebnis u.a. sozialisatorischer Prozesse sind. Vor dem Hintergrund von Gerechtigkeitsfragen ist eine potenzialorientierte Förderung nicht nur im Sinne „vorhandener" Potenziale zu verstehen, sondern als grundsätzliche Frage, wie durch eine anerkennende Bildung Menschen begabt werden.

15.4 Potenzialorientierte Ansätze in der Religionspädagogik

Bevor ausgewählte religionspädagogische Ansätze unter der Frage nach einer potenzialorientierten Förderung vorgestellt werden, soll zunächst dem Potenzial von Religion selbst kurz nachgegangen werden. Religion kann als Ressource gesehen werden und religiöse Bildung stellt ein Angebot dar, Religion als Ressource für Prozesse der Vergemeinschaftung (Vieregge, 2013), der sozialen Kohäsion und für Coping (Pirker, 2016) oder im Sinne der Resilienz (Schweitzer, 2013) fruchtbar zu machen. Auch in diesem Sinne kann potenzialorientierte Förderung verstanden werden. Im nächsten Schritt werden theologische und religionspädagogische Prämissen, die sich als gut anschlussfähig für Potenzialorientierung erweisen, vorgestellt.

15.4.1 Prämissen

Hier ist zuerst an das Bild vom Lernenden und seinem Lernprozess zu denken. Grundlegend ist hierfür das Menschenbild aus der jüdisch-christlichen Tradition, was in Grundzügen skizziert werden soll.

Das Menschenbild beinhaltet das Vertrauen darauf, dass Gottes Liebe dem Menschen immer schon vorangeht. Dies kann entlasten, schließlich ist der Mensch nicht für das Heil der Welt zuständig, aber auch stimulieren, denn aus der Gottesliebe folgt die Selbst- und Nächstenliebe. Das eigenverantwortliche menschliche Handeln ist getragen vom Vertrauen, dass Gott die Welt und die Menschen erlösen wird (Gärtner, 2015). Unter irdischen Bedingungen bleibt menschliches Leben fragmentarisch.

Eine weitere zentrale Figur ist die Gottebenbildlichkeit (Gen 1,26, Ps 8), mit der häufig auch die Gleichheit aller Menschen sowie die Menschenwürde begründet werden. Gottebenbildlichkeit ist als schöpferischer Beziehungsakt, der „jedem Menschen ‚allerhöchste' Wertschätzung verleiht" zu sehen (Schweiker, 2015, S. 81). Begabungen werden als vom Geist Gottes zugeteilte Charismen verstanden (Maurer, 2007), daher gilt christlich-theologisch jeder Mensch als begabt, Begabungen und Potenziale sind von Gott geschenkt. Pemsel-Maier (2014, S. 59–60) bezieht sich auf Gardners Begriff der multiplen Intelligenzen und plädiert dafür, sie als Wahrnehmungshilfe zu verstehen und damit „die Aufmerksamkeit für mögliche eigene Begabungsfelder schärfen und durchaus auf entsprechende, im Rahmen schulischer Arbeit dringend wahrzunehmende Begabungsbereiche des Menschen [zu] verweisen".

Zudem kennt die christliche Tradition die Idee der „Gotteskindschaft". Sie begründet, warum jede bzw. jeder Lernende – egal wie begabt sie oder er ist, oder mit welchen Schwierigkeiten sie oder er zu kämpfen hat – theologisch immer schon als fähig angesehen wird, eine „eigene begründete Position in Religion auf die ihr oder ihm zukommende Weise auszubilden" (Schambeck, 2014, S. 50).

Aus diesen Überlegungen resultieren Anforderungen an die Gestaltung religiöser Bildungsprozesse, denn diese sollten den Prämissen nicht widersprechen. Nipkow (1978, S. 80) hat deutlich betont, dass es widersinnig und verantwortungslos sei, Lernenden „auf der Inhaltsebene Geschichten von Jesus zu erzählen, der die Hilflosen, die Kranken, die Armen, die Behinderten annimmt, und gleichzeitig auf der Beziehungsebene einen Umgangsstil zu praktizieren, der jenem Inhalt Hohn spricht". Wie wir miteinander umgehen, darf dem, was wir kommunizieren wollen, nicht widersprechen bzw. müssen sich der „Umgang miteinander im Unterricht, die Atmosphäre und Lernwege […] daran messen lassen" (Schambeck, 2014, S. 47). Die christlich-jüdische Tradition weiß jedoch um die Fehlbarkeit des Menschen. Menschen können aus eigener Kraft heraus kein umfassendes Heil schaffen (Kumlehn, 2015, S. 79) Der sog. „eschatologische Vorbehalt" bewahrt vor Selbstüberforderung und Selbstüberschätzung (Pemsel-Maier, 2014, S. 58).

In diesen theologischen Überzeugungen, die durchaus noch erweitert, aber auch kritisch diskutiert werden könnten, sowie in einem lern- und bildungstheoretischem Wandel fußt das religionspädagogische Prinzip der Subjektorientierung, was als *das* Grundprinzip religiöser Bildung in Theorie und Praxis verstanden werden kann. Es gilt, den konkreten Menschen in den Mittelpunkt aller weiteren Überlegungen zu stellen und die Subjektwerdung zu fördern (Schröder, 2012). Anzustellen sind Überlegungen zur wechselseitigen Erschließung von Mensch und Tradition. Von einseitigen auf Inhalt fokussierten Vermittlungskonzepten hat man lange Abstand genommen. Stattdessen soll ein Dialog zwischen Lernenden und Traditionsbeständen initiiert werden.

Es soll nun nicht behauptet werden, dass diese Grundannahmen immer gänzlich im Sinne der Lernenden eingelöst werden, aber es wird die These vertreten, dass es – berücksichtigt man die oben genannten kritischen Einwände – keine religionspädagogischen Prämissen gibt, die völlig konträr zur Potenzialorientierung stünden. In einem zweiten Schritt werden nun exemplarisch einige religionspädagogische Ansätze dargelegt, die prominent versuchen, diese Ansprüche einzulösen.

15.4.2   Ansätze

Der Tübinger *Elementarisierungsansatz* versucht konsequent die Subjektorientierung umzusetzen. Unterricht wird verstanden als wechselseitige Erschließung, als ein In-Beziehung-Setzen von Lernenden und Inhalt (Anderssohn, 2016). Auch die religionspädagogische Interpretation der *Kompetenzorientierung* beinhaltet als Strukturmoment die individuelle Erhebung der Lernausgangslage. Hier soll längst nicht nur das Vorwissen erhoben werden, sondern ebenso Interessen, Vorerfahrungen, Motivationen und Einstellungen und anschließend der weitere Kompetenzerwerb darauf aufbauend konzipiert werden (Lenhard, 2015).

Pointiert nimmt auch die *Kinder- und Jugendtheologie* die Forderung der Subjektorientierung auf und könnte als konsequente potenzialorientierte Förderung verstanden werden. Kinder- und Jugendtheologie knüpfen an das Philosophieren mit Kindern an und spricht Heranwachsenden zu, Theologinnen bzw. Theologen sein zu können, die eigenständig die großen Fragen bearbeiten und dabei theologische Traditionen nutzen. Büttner (2007, S. 136) führt aus, dass

> die Orientierung am Subjekt ,Kind' und dessen intellektuellen Hervorbringungen […] ein Verständnis von Theologie wachsen [ließen], das dessen diskursiven Charakter in den Vordergrund stellte. Theologie wäre demnach eine Versammlung von Versuchen, die Beziehungen zwischen Gott und der Welt zu verstehen und diesem Verständnis eine intellektuell nachvollziehbare Gestalt zu geben. […] Wenn dem so ist, dann gewinnen plötzlich auch die Theologumena der Tradition an Bedeutung, sind sie doch Gestalten, an die sich auch die jeweils eigenen intellektuellen Überlegungen anschließen lassen oder in denen sich diese spiegeln können.

Hier zeigt sich, wie die theoretischen Prämissen Niederschlag finden. Der Erfolg der Kinder- und Jugendtheologie liegt aber auch darin, dass gezeigt werden konnte, dass Kindern die Kindertheologie Spaß macht, es also der pädagogischen Prämisse der Orientierung am Kind entspricht (Büttner, 2007). Kritische Stimmen mahnen jedoch an, dass Kinder- und Jugendtheologie – entgegen ihrem Anspruch – nur bestimmte Heranwachsende im Blick hat, nämlich diejenigen, die es von zuhause gewöhnt sind, sich elaboriert auszudrücken und dass im Ansatz implizit die Norm eines privilegierten Milieus angelegt wird (Unser, 2014). Diesen Befund aufgreifend soll im Folgenden eine selbstkritische Reflexion erfolgen.

15.5   Religionspädagogik zwischen Anspruch und Wirklichkeit? – Kritische Anmerkungen

Bislang konnte gezeigt werden, dass religionspädagogische Theorie und Praxis in vielerlei Hinsicht an die Idee der potenzialorientierten Förderung anschlussfähig sind. Allerdings sind auch einige Beobachtungen kurz zu referieren, die im Blick auf eine potenzialorientierte Realisierung der dargestellten Ansätze kritisch stimmen.

Kritisch zu reflektieren wären in diesem Zusammenhang die latente Gymnasialorientierung vieler religionspädagogischer Ansätze und Lehrpläne (Lütze, 2016) oder die Tendenz, individuelle Förderung und Binnendifferenzierung zu sehr mit strikter Individualisierung im Sinne eines Allein-Lernens zu verwechseln. Aus interreligiösen Lernsettings ist die problematische Situation zu beobachten, dass Schülerinnen und Schüler als Expertinnen bzw. Experten für „ihre" Religion adressiert werden und „dass und damit eine kategorisierende Identitätszuschreibung stattfindet" (Schröder, 2014, S. 294) oder dies sogar als Differentsetzung oder Marginalisierung gegenüber der z.B. evangelischen, katholischen oder konfessionslosen Mehrheit erlebt werden kann.

Die Bedingungen, in denen Kinder aufwachsen, prägen ihre religiösen Vorstellungen (Dannenfeldt, 2009), und Glaubensaussagen werden milieuspezifisch unterschiedlich verstanden (Gennerich, 2010). Es gelingt dem Religionsunterricht nicht, alle Schülerinnen und Schüler gleichermaßen zu erreichen. Z.B. ergab eine Studie im ev. Religionsunterricht an bayerischen Mittel- und Realschulen, dass es stark mit dem Gottesglauben zusammenhängt, ob Schülerinnen und Schüler den Religionsunterricht als relevant erachten und ihn gern besuchen, aber „je kritischer SchülerInnen sich zum Gottesglauben verhalten, desto kritischer stehen sie auch dem Fach und wesentlichen Elementen innerhalb des Faches gegenüber". Einige nehmen Religionsunterricht als kognitiv zu wenig anregend und herausfordernd wahr (Schwarz & Dörnhöfer, 2016, S. 228–229, 239–241 (Zitat 240)). Eine andere Studie ergibt, dass Schüler gegenüber Schülerinnen und Lernende aus sozial unterprivilegierten Familien im Religionsunterricht benachteiligt sind. Ebenso wie den Lernenden, die die Vorstellung eines personalen Gottesbildes ablehnen, ist Lernenden aus sozial unterprivilegierten Familien die aktive Mitarbeit erschwert (Unser, 2016).

Die Ursachen für diese nachdenklich machenden Befunde, die der Zielstellung religiöser Bildung eklatant widersprechen, sind unklar und es bestehen verschiedene Erklärungen. Sie sollen kurz vorgestellt werden, auch wenn sie sich nicht stringent im Blick auf die Potenzialorientierung einfügen, sondern eher ein breite Gemengelage zeigen.

Die Ursachen werden mit einer fehlenden Passung zwischen Schule und den in ihr agierenden Lehrkräften und Schülerinnen und Schülern und ihren Kontexten, Lebenswelten usw. erklärt (ebd.). Diskutiert wird auch die Milieuverengung von (ev.) Kirche (Lütze, 2016), Religionspädagogik (Unser, 2014) und Religionslehrkräften (Grümme, 2016). Eine andere Erklärung, warum es dem Religionsunterricht in Abhängigkeit von den Kontexten, in denen junge Menschen aufwachsen, gelingt oder misslingt, Schülerinnen und Schüler zu erreichen, geht davon aus, dass sich in Materialien für den Religionsunterricht nur begrenzte Milieus widerspiegeln, sich also ein Teil der Lernenden nicht wiederfindet (Gärtner, 2015). Ebenso findet sich eine lerntheoretisch orientierte Erklärung, die vor allem in der familialen Sozialisation die Ursache sieht. Dass christlich sozialisierte Schülerinnen und Schüler explizit christlich-religiösen Bezügen im Religionsunterricht mit größerer Offenheit gegenüber stehen, „hat auch damit zu tun, dass ihnen diese Themen zumindest vom Grundansatz her vertraut und sie – wenngleich in individuell abgestufter Weise – lebensweltlich relevant sind. Bei denen, die sich selbst als nicht gläubig verstehen, fehlt dieser lebensweltliche Bezug." (Domsgen, 2017, S. 223, 225, in Bezug auf die Ergebnisse in Domsgen & Lütze, 2010). Domsgen weist zudem auf die Milieugebundenheit familialer religiöser Erziehung hin, die zu unterschiedlichen Startbedingungen, Vorwissen, Einstellungen usw. führt.

Es erscheint am sinnvollsten, die Erklärungsversuche in ihrer Zusammenschau zu sehen und in dieser Komplexität die Begründung für die benannten Zusammenhänge zu suchen. Insgesamt sind diese Zusammenhänge noch zu wenig erforscht und auch noch nicht im Hauptaufmerksamkeitsfokus wissenschaftlicher Religionspädagogik. Die Problemlage ist allerdings deutlich markiert. Die empirischen Befunde zeigen, dass es alles andere als einfach ist, in der Praxis die vorhandenen Potenziale dergestalt einzubringen, dass sie sich tatsächlich entfalten können.

Eine auf Handlungsorientierung ausgerichtete Religionspädagogik diskutiert auch Wege, wie man mit diesen Befunden umgehen kann. Beispielsweise plädiert Domsgen in Bezug auf Koerrenz dafür, die „herkömmliche fachdidaktische Perspektive […] zu erweitern um eine sozialisatorisch ausgerichtete Perspektive, die danach fragt, „welchen inhaltlichen Steuerungseinflüssen die Lernenden (und Lehrenden) in der Vielfalt der Lernbotschaften, die letztlich von Menschen veranlasst werden, unterliegen" und fordert, dass Schule und Religionsunterricht „den Kontakt zu den Familien der Schülerinnen und Schüler suchen" sollen (Domsgen, 2017, S. 227, 230).

Veränderungsmöglichkeiten liegen m.E. in der Sensibilisierung für diese Zusammenhänge bei den für religiöse Bildung in Theorie und Praxis Verantwortlichen, die sich ihres eigenen Milieus, ihrer religiösen Orientierungen, ihrer Vorurteile und ihres Handelns gegenüber Lernenden, die ihnen als nicht ähnlich erscheinen, bewusstwerden und Handlungsstrategien entwickeln, erwerben und einüben müssen, die den oben skizzierten Prämissen religiöser Bildung entsprechen. Aufgabe der wissenschaftlichen Religionspädagogik wäre es, die Professionalisierung von Lehrkräften durch die Entwicklung von Handlungsstrategien sowie einen Theorie-Praxis-Transfer zu unterstützen.

15.6 Ausblick

Der vorliegende Beitrag stellt keinesfalls eine abgeschlossene Auseinandersetzung mit einer religionspädagogischen Betrachtung von Potenzialorientierung dar, sondern leistet eine erste Sondierung. Noch offengeblieben ist, wie Potenzialorientierte Förderung und Inklusion sich genau zueinander verhalten, wie zwischen nahen, aber doch verschiedenen Begriffen von Potenzial und Begabung oder Einstellungen unterschieden werden kann und was genau in religionspädagogischem Sinn diagnostisch bei Lernenden unter Potenzial zu verstehen ist. Hier wäre weiterführende Forschung sinnvoll, denn die Auseinandersetzung mit dem Begriff offenbarte zahlreiche Anschlussstellen im Bereich von Theologie und Religionspädagogik. Das zeigt, wie ertragreich eine solche Beschäftigung sein kann. Abschließend sollen einige weiterführende Überlegungen skizziert werden.

Gegenwärtig ist religiöse Bildung in der Schule, vor allem in Form des konfessionellen Religionsunterrichts, sehr stark angefragt. Darauf wird durch die Entwicklung von Modellen reagiert, die die Kooperation der konfessionellen Religionsunterrichte miteinander und mit dem Ethikunterricht forcieren. Es liegt auf der Hand, dass hierbei die Potenziale der Lernenden besonders zur Geltung kommen sollen. Diese liegen in der Begegnung und im Dialog mit Gleichaltrigen, *ihren* Fragen, Überzeugungen und (religiösen) Praxen in Auseinandersetzung mit den verschiedenen religiösen und weltanschaulichen Traditionen.

Weiterführend für eine Auseinandersetzung mit der Potenzialorientierten Förderung erscheinen eine Erforschung der Potenzialorientierung in *historisch-systematischer* Absicht. Zu untersuchen wäre, welche religionspädagogischen Konzeptionen und Ideen in welchem Maße und unter welcher Zielstellung der Potenzialorientierung in besonderer Weise gerecht werden (oder auch nicht). Im vorliegenden Aufsatz konnten dabei erste Beispiele herausgestellt werden.

Durch Denkfiguren aus der jüdisch-christlichen Tradition wie z.B. der Gottebenbildlichkeit wird jeder Mensch unabhängig seiner Leistungen und Fähigkeiten als begabt und mit Potenzialen ausgestattet angesehen. Dies zu kommunizieren, bleibt im u.a. auf Leistungsbewertung ausgerichteten System Schule zwischen Anspruch und Wirklichkeit nicht spannungsfrei. *Empirisch* wäre zu prüfen, inwiefern es in religiösen Bildungsprozessen *tatsächlich* gelingt, dem Anspruch der Potenzialorientierung gerecht zu werden und welche Settings sich dabei als förderlich erweisen, ob darin eine religionspädagogische Spezifik zu erkennen ist und inwiefern dies einen Beitrag zu den Zielen von Inklusion leistet.

Zu hoffen wäre, dass – über den religionspädagogischen Tellerrand hinausgedacht – der Potenzialorientierung im Blick auf das Verständnis und die Profilierung von Inklusion eine Katalysator-Funktion[4] zukommen könnte. Der Fokus

---

4   Diese Annahme geht zurück auf eine Beobachtung von Hoyningen-Süess und Gyseler, die die These vertreten, dass Hochbegabung als Katalysator eines veränderten sonderpädagogischen Selbstverständnisses fungieren kann. Während die deutschsprachige Sonderpädagogik traditionell als ihre Adressatinnen und Adressaten diejenigen sieht, die Schulschwierigkeiten haben, was sonderpädagogische Interventionen erforderlich macht, kann ein weiteres Verständnis von Sonderpädagogik als reagierend auf „special needs", so die nordamerikanische Prägung, den Kreis weiten. Sonderpädagogik könnte sich neu profilieren an pädagogischen Bedürfnissen oder „als besondere Pädagogik unter besonderen Umständen" und sich von der Orientierung „am Bild des schwachen, gebrechlichen, physisch oder psychisch kranken und sozial benachteiligten Menschen" (Hoyningen-Süess & Gyseler, 2006, S. 20–21) lösen.

auf Potenzialorientierung könnte dann daran erinnern, alle Menschen mit ihren Potenzialen und Hintergründen im Blick zu haben, und könnte helfen, falsche Engführungen von Inklusion zu vermeiden.

Literatur

Anderssohn, S. (2016). *Handbuch Inklusiver Religionsunterricht. Ein didaktisches Konzept. Grundlagen – Theorie – Praxis.* Neukirchen-Vluyn: Neukirchener Verlag.

Büttner, G. (2007). Theologisieren mit Jugendlichen. Ein religionsdidaktischer Ansatz zum Umgang mit intellektueller Begabung. In B. Husmann & G. Guttenberger (Hrsg.), *Begabt für Religion. Religiöse Bildung und Begabungsförderung* (S. 136–145). Göttingen: Vandenhoeck & Ruprecht.

Comenius-Institut (2014, 2017). *Inklusive Religionslehrer_innenbildung. Module und Bausteine.* Münster: Comenius-Institut.

Dannenfeldt, A. (2009). *Gotteskonzepte bei Kindern in schwierigen Lebenslagen. Rostocker Langzeitstudie zu Gottesverständnis und Gottesbeziehung von Kindern, die in mehrheitlich konfessionslosem Kontext aufwachsen* (S. 321–332). Jena: Garamond Verlag.

Deutsche Gesellschaft für Erziehungswissenschaft (2017). *Inklusion: Bedeutung und Aufgabe für die Erziehungswissenschaft.* Zugriff am 04.09.2017. Verfügbar unter http://www.dgfe.de/fileadmin/OrdnerRedakteure/Stellungnahmen/2017.01_Inklusion_Stellungnahme.pdf. 1–8: 8.

Domsgen, M. (2017). Religiöse Bildung und Elternarbeit im schulischen Kontext. *Zeitschrift für Pädagogik und Theologie* (3), 219–230.

Domsgen, M. & Lütze, F. M. (2010). *Schülerperspektiven zum Religionsunterricht. Eine empirische Untersuchung in Sachsen-Anhalt.* Leipzig: Evangelische Verlagsanstalt.

Gärtner, C. (2015). *Religionsunterricht – ein Auslaufmodell? Begründungen und Grundlagen religiöser Bildung in der Schule.* Paderborn: Ferdinand Schöningh.

Gennerich, C. (2010). *Empirische Dogmatik des Jugendalters. Werte und Einstellungen Heranwachsender als Bezugsgrößen für religionsdidaktische Reflexionen* (Praktische Theologie heute, Bd. 108). Stuttgart: Kohlhammer.

Grethlein, C. (2006). Befähigung zum Christsein – ein lernortübergreifendes religionspädagogisches Ziel. *Theo-Web. Zeitschrift für Religionspädagogik* (2), 2–18.

Grümme, B. (2016). School matters. Zur Relevanz von Schule und unterrichtlichem Handeln für einen bildungsgerechten Religionsunterricht. In B. Grümme & T. Schlag (Hrsg.), *Gerechter Religionsunterricht. Religionspädagogische, pädagogische und sozialethische Orientierungen* (Religionspädagogik innovativ, Bd. 11, S. 125–138). Stuttgart: Kohlhammer.

Hermann, B. (2016). *Die Auswahl. Wie eine neue starke Recruiting-Kultur den Unternehmenserfolg bestimmt.* Weinheim: Wiley-VCH.

Hoyningen-Süess U. & Gyseler, D. (2006). *Hochbegabung aus sonderpädagogischer Sicht.* Bern: Haupt Verlag.

Husmann, B. & Guttenberger, G. (2007). Vorwort. In Husmann, B. & Guttenberger, G. (Hrsg.), *Begabt für Religion. Religiöse Bildung und Begabungsförderung* S. 7–13). Göttingen: Vandenhoeck & Ruprecht.

Kirchenamt der EKD (Hrsg.). (2014). *Religiöse Orientierung gewinnen. Evangelischer Religionsunterricht als Beitrag zu einer pluralitätsfähigen Schule. Eine Denkschrift des Rates der Evangelischen Kirche in Deutschland (EKD).* Gütersloh: EKD.

Kumlehn, M. (2015). Offener Blick und offene Fragen zwischen Affirmation und Ideologiekritik. Plädoyer für einen deutungsmachtsensiblen Umgang mit dem Inklusionsdiskurs im Studium der Evangelischen Theologie auf Lehramt. In I. Nord (Hrsg.), *Inklusion im Studium Evangelische Theologie. Grundlagen und Perspektiven mit einem Schwerpunkt im Bereich von Sinnesbehinderungen* (S. 69–83). Leipzig: Evangelische Verlagsanstalt.

Lenhard, H. (2015). Kompetenzorientierter Religionsunterricht. In: *WiReLex.* Zugriff am 04.09.2017. Verfügbar unter https://www.bibelwissenschaft.de/stichwort/100016/

Lütze, F. M. (2016). Redet die Religion auch mit den Ungebildeten unter ihren Verächtern? Protestantische Überlegungen zur Bildungsgerechtigkeit. In B. Grümme & T. Schlag: *Gerechter Religionsunterricht. Religionspädagogische, pädagogische und sozialethische Orientierungen* (Religionspädagogik innovativ, Bd. 11, S. 96–109). Stuttgart: Kohlhammer 2016.

Maurer, E. (2007). Die Bedeutung des Intellekts in der christlichen Anthropologie. In B. Husmann & G. Guttenberger (Hrsg.), *Begabt für Religion. Religiöse Bildung und Begabungsförderung* (S. 94–105). Göttingen: Vandenhoeck & Ruprecht.

Merklinger, D. (2014). Potenzialorientierung statt Defizitblick. Rückmeldungen zu Schülertexten formulieren. *Grundschule Deutsch* (43), 41–43.

Neumann, A. (2016a). Perspektiven fürs letzte Drittel. *Personalwirtschaft* (9), 40–42.

Neumann, A. (2016b). Profitieren vom Know-how der Silver Ager. *Die Bank*, (45), 72–75.

Nipkow, K. E. (1978). Das Evangelium als Grund und Hilfe an Schulen für Behinderte. In Comenius-Institut (Hrsg.), *Evangelium und Behinderte. Beiträge aus Sonderpädagogik und Religionspädagogik* (S. 65–96). Münster: Comenius-Institut.

Nipkow, K. E. (1990). *Grundfragen der Religionspädagogik. Bd. 1: Gesellschaftliche Herausforderungen und theoretische Ausgangspunkte.* Gütersloh: Gütersloher Verlagshaus.

Pemsel-Maier, S. (2014): Christlicher Glaube und Religionspädagogik: Zur Inklusion prädestiniert – zu kritischer Differenzierung verpflichtet. In S. Pemsel-Maier & M. Schambeck (Hrsg.), *Inklusion!? Religionspädagogische Einwürfe* (S. 53–72). Freiburg i. Br.: Herder.

Pirker, V. (2016). Lehrkräfte als Bildungsagent(inn)en: Religionspädagogische Perspektiven auf eine professionelle Grundhaltung. In B. Grümme & T. Schlag: *Gerechter Religionsunterricht. Religionspädagogische, pädagogische und sozialethische Orientierungen* (Religionspädagogik innovativ, Bd. 11, S. 139–154). Stuttgart: Kohlhammer.

Schambeck, M. (2014). Inklusion – eine Fundamentalkategorie auf der Suche nach ihrer praktischen Umsetzung. In S. Pemsel-Maier & M. Schambeck (Hrsg.), *Inklusion!? Religionspädagogische Einwürfe* (S. 23–52). Freiburg i. Br.: Herder.

Schröder, B. (2012). *Religionspädagogik* (NThG). Tübingen: Mohr Siebeck.

Schröder, B. (2014). Interreligiöse Bildung – empirisch betrachtet. In P. Schreiner & F. Schweitzer (Hrsg.), *Religiöse Bildung erforschen. Empirische Befunde und Perspektiven* (S. 291–301). Münster: Waxmann.

Schwarz, S. & Dörnhöfer, A. (2016) SchülerInnenperspektiven auf den evangelischen Religionsunterricht in Bayern. Ausgewählte Ergebnisse. *Theo-Web. Zeitschrift für Religionspädagogik, 15* (1), 205–243.

Schweiker, W. (2015). Überlegungen zu einem inklusiven Menschenbild. In I. Schnell (Hrsg.): *Herausforderung Inklusion. Theoriebildung und Praxis* (S. 72–83). Bad Heilbrunn: Julius Klinkhardt.

Schweitzer, F. (2013). *Das Recht des Kindes auf Religion.* Gütersloh: Gütersloher Verlagshaus.

Seitz, S. (2004). Forschungslücke Inklusive Fachdidaktik – ein Problemaufriss. In I. Schnell & A. Sander (Hrsg.), *Inklusive Pädagogik* (S. 215–231). Bad Heilbrunn: Julius Klinkhardt.

Stamm, M. (Hrsg.). (2014). *Handbuch Talententwicklung. Theorien, Methoden und Praxis in Psychologie und Pädagogik.* Bern: Hogrefe.

Stojanov, K. (2016). Bildungsgerechtigkeit aus bildungsphilosophischer Perspektive. In B. Grümme & T. Schlag (Hrsg.), *Gerechter Religionsunterricht. Religionspädagogische, pädagogische und sozialethische Orientierungen* (Religionspädagogik innovativ, Bd. 11, S. 168–180). Stuttgart: Kohlhammer.

Thum, W. E. & Semmler, M. (2003). *Kundenwert in Banken und Sparkassen. Wie Berater Ertragspotenziale erkennen und ausschöpfen.* Wiesbaden: Gabler.

Unser, A. (2014). Wie kann sich Religionspädagogik von Bildungsgerechtigkeit herausfordern lassen? Eine Entgegnung auf Judith Könemann. *Relionspädagogische Beiträge, 71,* 17–25.

Unser, A. (2016). Soziale Ungleichheiten im Religionsunterricht. Eine quantitativ-empirische Untersuchung mit Blick auf die religionspädagogische Debatte um Bildungsgerechtigkeit. In B. Grümme & T. Schlag (Hrsg.), *Gerechter Religionsunterricht. Religionspädagogische, pädagogische und sozialethische Orientierungen* (Religionspädagogik innovativ, Bd. 11, S. 80–95). Stuttgart: Kohlhammer.

Vieregge, D. (2013) *Religiosität in der Lebenswelt sozial benachteiligter Jugendlicher. Eine empirische Studie* (Religious Diversity and Education in Europe, Bd. 26). Münster: Waxmann.

Janieta Bartz

16. Potenzialorientierung in der inklusiven Religionsdidaktik: Von Geistesgaben, schöpferischer Dynamik und den konkreten Handlungsoptionen im Alltag

Wenn wir heute von Religionsunterricht in Deutschland sprechen, sind Diversität und Heterogenität – in diesem Kontext insbesondere die Vielfalt an Werteinstellungen und Weltanschauungen bzw. die unterschiedlichen Einstellungen und Sichtweisen in Bezug auf bestimmte Glaubensinhalte – zentrale Themen. Lehren und Lernen unter den realen Bedingungen von Inklusion und Interreligiosität werden verstärkt mit einem Fokus auf diese Themen wahrgenommen und diskutiert – dabei kommt es nicht selten zur Problematisierung der gegenwärtigen Ausgangslage. Der Ansatz der Potenzialorientierung stellt vor diesem Hintergrund ein Gegenkonzept dar, das auf ein positives inklusionssensibles pädagogisches Handeln abzielt. In einem Dreischritt wird im Folgenden das Konzept auf den Bereich der Religionsdidaktik übertragen: Zunächst wird nach der Bedeutung von Potenzialorientierung als Ausgangspunkt pädagogischen Handelns für eine inklusive Schule und Gesellschaft gefragt (Kap. 1). Anschließend wird der Ansatz mit dem pastoraltheologischen Konzept der Charismenorientierung verglichen, zu dem es viele Berührungspunkte gibt und das sich folglich ebenso als didaktisches Prinzip fruchtbar machen lässt (Kap. 2). Drittens wird das „Universal Design for Learning" als Rahmenkonzept zur Gestaltung inklusiven Unterrichts als Möglichkeit vorgestellt, Potenzial- bzw. Charismenorientierung im Religionsunterricht konkret umzusetzen (Kap. 3). In den verschiedenen Antworten auf die Frage, warum die Potenziale unterschiedlicher Schülerinnen und Schüler im Unterricht wahrgenommen und auf welche Weise sie im Kontext heterogener Lerngruppen optimal gefördert werden sollten, scheint bisweilen auch durch, welches Potenzial der Religionsunterricht selbst für eine inklusionssensible Schule und Gesellschaft bereithält.

16.1 Bedeutung von Potenzialorientierung als Ausgangspunkt pädagogischen Handelns für eine inklusive Schule und Gesellschaft

Wer schulische Lehr- und Lernprozesse potenzialorientiert ausrichten will, setzt wertschätzend bei der intrapersonalen Diversität von Schülerinnen und Schülern – den in jedem Individuum bereits vielfältig angelegten Fähigkeiten und Interessen – an und sieht sie als Ausgangspunkt für gemeinschaftliches Lernen (vgl.

Veber, in diesem Band). Ein von Vielfalt geprägtes Lernen bedeutet nicht einfach nur ein Lernen in einer Lerngruppe mit unterschiedlichen Menschen. Es ist schon insofern vielfältig, als jede Schülerin und jeder Schüler selbst vielfältig ist. Jeder Mensch hat Stärken und Schwächen, Kenntnisse, Fähigkeiten und Interessen, die ihn von anderen unterscheiden und ihn als Individuum auszeichnen. Im aktuellen Vielfaltsdiskurs rund um die Themen Inklusion und Interreligiosität besteht jedoch die Gefahr, dass Aspekte der intrapersonalen Diversität von Schülerinnen und Schülern zu begrenzt wahrgenommen werden. Dem will ein potenzialorientiertes Unterrichten vorbeugen:

> Potenzialorientierung als Ausgangspunkt pädagogischen Handelns zu stellen kann positive Auswirkungen u.a. auf die individuelle Entwicklung der Schüler*innen, die Interaktion zwischen ihnen, damit reflexiv verbunden die interdisziplinäre Teamarbeit und die gesamte Schulgemeinde haben (Veber, in diesem Band).

Ein erster Schritt eines potenzialorientierten Denkens und Handelns in Unterricht und Schule ist also, die vielfältigen individuellen Fähigkeiten einer Schülerin oder eines Schülers bewusst wahrzunehmen. Durch die bewusste Konzentration auf Potenziale wird die Orientierung an Defiziten oder die Reduzierung einer Person auf ein bestimmtes Merkmal vermieden. Die folgenden Beispiele zeigen die naheliegende Gefahr einer – wenn auch gut gemeinten – einseitigen Potenzialorientierung: Maria, 10 Jahre alt und Schülerin einer ostwestfälischen Grundschule, wurde von ihren Lehrerinnen und Lehrern *ausschließlich* als Schülerin mit einer sprachlichen Hochbegabung wahrgenommen. Ähnliches trifft auf ihren Mitschüler Ekrem zu, dessen sportliche Fähigkeiten im Mittelpunkt standen. Dass sich Ekrem zudem für die Kultur seiner Eltern, für Sprachen und Naturkunde interessiert, wurde leider kaum bemerkt. Ekrem resümiert wie folgt:

> Wenn es um Fußball geht, hatte meine Lehrerin mich immer unterstützt. Das finde ich auch gut. Aber ich war dann immer Fußball-Ekrem. Ich interessiere mich aber auch für Bio oder Physik. Ich kenne mich auch gut in der Kultur von meinen Eltern aus. Oder überhaupt ich kann verschiedene Sprachen sprechen. Das sehen die aber nicht. Sie sehen nur Fußball-Ekrem. Alles andere wird nicht so wirklich gesehen – und das nervt mich manchmal schon.[1]

Potenzialorientierung im Kontext von inklusiver Bildung meint also, das Potenzial von Schülerinnen und Schülern vor dem Hintergrund ihrer intrapersonalen Diversität zu entdecken. Eine Förderung individueller Fähigkeiten ist vor allem in ganzheitlicher Form sinnvoll. Bei Maria wäre es hilfreich, sie nicht nur weiter

---

1   Die Datenerhebung im Projekt „DoProfiL – Dortmunder Profil für inklusionsorientierte Lehrer/-innenbildung" dient als Grundlage dieses und nachfolgender Beispiele. Das Projekt wird im Rahmen der gemeinsamen „Qualitätsoffensive Lehrerbildung" von Bund und Ländern aus Mitteln des Bundesministeriums für Bildung und Forschung gefördert.

sprachlich zu fördern, sondern mit ihr gemeinsam weitere Interessen und Fähigkeiten aufzuspüren, die in ihr schlummern. Auch bei „Fußball-Ekrem" ist ein ganzheitlich-potenzialorientiertes Vorgehen mehr als sinnvoll, da er selbst bereits auf Interessen und Fähigkeiten jenseits seiner Fußball-Begabung hinweist und sich als vielseitige Person darstellt. Es kommt darauf an, verschiedene Potenziale eines Individuums zu sehen – mitunter in Verbindung zueinander zu bringen – und zu fördern.

Der Anspruch einer ganzheitlichen Förderung im Rahmen der Potenzialorientierung ist gerade für gemeinschaftliche Lernprozesse von großer Bedeutung. Wenn Schülerinnen und Schüler lernen, dass sie und andere vielseitige Individuen sind, können sie gewohnte stigmatisierende Denkmuster beispielsweise über ‚Ausländer', ‚Behinderte', ‚Asoziale' etc. in Frage stellen. Sie sind vielmehr in der Lage, ihren Mitschülerinnen und Mitschülern wertschätzend gegenüberzutreten und deren Vielseitigkeit anzuerkennen. Diese wechselseitige Ent-Stigmatisierung und Anerkennung stellt eine wichtige Ausgangslage für ein gemeinsames Lernen in der Schule dar.

Potenzialorientierte Unterrichtsplanung und -analyse ist folglich nicht auf Defizite der Lernenden fokussiert, sondern will ihre individuellen Fähigkeiten anerkennend entdecken und im Dialog mit anderen fördern. Diese Grundhaltung ist für inklusive Lehr-Lern-Arrangements von besonderer Bedeutung, da *alle* Schülerinnen und Schüler per se am gemeinsamen Lernprozess beteiligt sind: Sie müssen nicht erst ‚integriert' werden, sondern nehmen selbstverständlich als selbstbestimmte Subjekte mit vielfältigen Fähigkeiten am Unterricht teil, prägen und gestalten somit den Lernprozess mit. Es spielt weniger eine Rolle, ob jemand ein Sprach-, Lern- oder Verhaltensdefizit hat – wichtiger ist, was dieser Jemand vor dem Hintergrund seines Könnens und Wissens im Unterricht einbringen kann und wie Potenziale individuell und kollektiv entdeckt und gefördert werden können.

Die Bedeutung potenzialorientierten Lehrens und Lernens für den schulischen Kontext lässt sich zu folgenden fünf Kernthesen bündeln. Potenzialorientierung im pädagogischen Handeln bietet damit die Chance mehrerer Paradigmenwechsel: von der Etikettierung einer Person zur Wahrnehmung ihrer Vielseitigkeit, von der defizitären Stigmatisierung zu einer Fähigkeitsorientierung, von der Ablehnung und bisweilen auch Angst vor Vielfalt/Heterogenität zu deren Wertschätzung als Chance für eine vielfaltstolerante und -fähige Schule und Gesellschaft.

1. Jede Schülerin und jeder Schüler ist willkommen.
2. Ihre und seine vielseitigen Fähigkeiten stehen bei der Unterrichtsplanung und -analyse im Vordergrund.
3. Fähigkeiten werden jenseits von Defizitorientierung und Etikettierung systematisch beobachtet und gefördert.
4. Diese Fokussierung auf das Können der Schülerinnen und Schüler bildet die Grundlage für gewinnbringende gemeinschaftliche Lernprozesse.

5. Vielfalt, wie sie in inklusiven Lernsettings stärker wahrgenommen wird, ist nicht eine Herausforderung, sondern eine Chance, auf vielfältigen Wegen gemeinsam, selbstbestimmt und auf Augenhöhe miteinander zu lernen.

16.2 Charismenorientierung im Religionsunterricht – das theologische Pendant zur Potenzialorientierung

Als theologisches Pendant zur Potenzialorientierung im Kontext inklusiver Bildung und gleichsam als hermeneutischer Schlüssel für die religionsdidaktische Perspektive kann die sogenannte ‚Charismenorientierung' angeführt werden, welche im Schreiben der deutschen Bischöfe „Gemeinsam Kirche sein" zur Erneuerung der Pastoral (gemeint ist Seelsorge im weiten Sinn: in der Kirche, in kirchlichen Einrichtungen, in Diakonie und Caritas, in der Jugendarbeit und nicht zuletzt in der Schule) postuliert wird (Die deutschen Bischöfe, 2015). Hierbei geht es weniger um eine Fixierung auf eine charismatische Persönlichkeit, die auf andere – ähnlich wie ein Popstar – faszinierend wirkt. Umgekehrt geht Charismenorientierung theologisch von dem Vertrauen aus, dass jeder Mensch Begabungen – Charismen – von Gott geschenkt bekommen hat, die er im Bewusstsein seiner göttlichen Berufung konstruktiv mit anderen Menschen teilt (Hennecke, 2011b). Ein Charisma, im neutestamentlichen Sinn nach Paulus auch „Geistesgabe" (1 Kor 12,1-11) genannt, meint also eine Fähigkeit, 1. über die der Mensch von Geburt an verfügt oder die er im Laufe seines Lebens erworben hat, 2. die er als Geschenk Gottes bewusst annimmt und die er 3. nicht zum Selbstzweck, sondern in Beziehung zu anderen Menschen entdeckt und entfaltet (Kollig, 2015). Radlbeck-Ossmann betont in diesem Zusammenhang, dass eine besondere Begabung eines Menschen ihn nicht über andere erhöht:

> Das theologische Verständnis gesteht dem charismatisch begabten Menschen deshalb auch keinen besonderen Status zu. Es eignet sich nicht dazu, eine Herrschaft von Menschen über Menschen zu begründen und schafft von daher auch keine Untertanen. (Radlbeck-Ossmann, 2015, o. S.).

Ein charismenorientiertes Miteinander findet also auf Augenhöhe statt. Die Entdeckung und Entfaltung von individuellen Charismen kommt vor diesem Hintergrund vor allem in der Gemeinschaft zum Tragen. Die deutschen Bischöfe sehen die Vielfalt von Charismen als „Reichtum der Kirche", also als Ausgangspunkt vielfältiger kreativer Entfaltungs- und Begegnungsprozesse, bei denen Gott auf ganz unterschiedliche Weise erfahrbar ist. Im Vergleich zum Konzept der Potenzialorientierung fokussiert der Charismen-Begriff also den soziokommunikativen Zweck und fundiert ihn vor dem Hintergrund einer dezidiert theologischen Anthropologie.

Die Charismentheologie ist nicht nur für die Pastoral, sondern auch für das religiöse Lehren und Lernen an Schulen aufschlussreich. Geht man davon aus, dass jede Schülerin/jeder Schüler, d. h. jedes Individuum, von Gott so ausgestattet ist, dass es etwas beizutragen hat, wo immer es mit anderen zusammenkommt, ist jede Form von Defizitorientierung ausgeschlossen. Im Gegenteil leistet jeder für sich mit seinen individuellen Charismen – in seinem So-Sein – einen Beitrag dazu, dass sich alle entfalten können. Dies gilt für den Erwerb religionsbezogener Kenntnisse in einem schwerpunktmäßig religionskundlichen Unterricht ebenso wie für den performativen Aspekt (Roebben, 2016): schöpferische Entfaltung und bereichernde Begegnungen als Erfahrungsräume des Transzendenten (s. u.). Für die Konzeption von Lernarrangements, bei denen von der (Geist-)Begabung jedes einzelnen am Lernprozess Beteiligten ausgegangen wird, spielt es keine Rolle, welche charakterisierenden, bisweilen auch stigmatisierenden Merkmale wie z. B. Geschlecht, Behinderung oder Migrationshintergrund auf eine Schülerin oder einen Schüler zutreffen. Die diagnostische Arbeit konzentriert sich darauf, Fähigkeiten aufzuspüren und zu fördern, die im gemeinsamen Lernprozess entdeckt und entfaltet werden können: Wie können Schülerinnen und Schüler ihre individuellen Fähigkeiten wahrnehmen, anerkennen und im Unterricht gut einbringen?

Ausgangspunkt eines gemeinsamen religiösen Lernens unter dem Vorzeichen der Charismenorientierung ist also die Wertschätzung intra- *und* interpersonaler Diversität, die den Menschen in seiner Individualität wahr- und ernst nimmt *sowie* ihn als Teil einer vielfältigen Gemeinschaft versteht. Es geht also prinzipiell um einen Unterricht, in dem die Schülerin/der Schüler nicht eine bestimmte erwartete Rolle erfüllt, sondern als Mensch und wertvolles Mitglied der Lerngemeinschaft dabei sein kann. Nicht die Frage, wie „ein Leistungsschwacher" auf den Stand der anderen gebracht werden kann, ist entscheidend, sondern wie jede und jeder am gemeinsamen Lernerfolg mitwirken kann. An folgenden Beispielen soll dieser Grundgedanke verdeutlicht und hinsichtlich neuer Desiderate reflektiert werden:

16.2.1   Charismen entdecken

Ausgangspunkt eines charismenorientierten Religionsunterrichts ist das Vertrauen darauf, dass Gott jeden Menschen in seiner Einzigartigkeit geschaffen und mit Fähigkeiten (Charismen) ausgestattet hat (s. o.). Wenn Menschen sich als gewollte Geschöpfe Gottes begreifen, ist ihnen die bewusste Annahme der Gnade Gottes, die ihnen beispielsweise durch geschenkte Charismen zuteilwird, möglich. Auf dieser schöpfungs- und gnadentheologischen Grundlage aufbauend, gilt es nun zu überlegen, wie die unterschiedlichen Charismen der Schülerinnen und Schüler überhaupt entdeckt werden können.

Im Religionsunterricht gibt es vielfältige Wege, Charismen zu entdecken. Lehrerinnen und Lehrer können durch verschiedene Diagnoseverfahren, insbesondere durch Befragung und Beobachtung, auf Potenziale ihrer Schülerinnen und Schüler aufmerksam werden (Reis & Schwarzkopf, 2015). Auch die Schülerinnen und Schüler selbst sollten regelmäßig ihren Fähigkeiten nachspüren können. Grundlage hierfür ist eine regelmäßige Reflexion des gemeinsamen Lernprozesses: Was hat mich an einem Thema (z. B. ‚Wunder') besonders fasziniert? Möchte ich meine Lernerfolge als Text oder in anderer Form dokumentieren? Welche meiner Stärken tragen dazu bei, dass wir als Klasse gut miteinander lernen können? Welche Talente sehe ich bei den anderen, die uns helfen können, einem Thema auf die Spur zu kommen?

Ein Charisma wird – dem pastoraltheologischen Verständnis zufolge – dann zum Charisma, wenn es nicht einem Selbstzweck, sondern der Lerngemeinschaft dient. Das Wahrnehmen und Fördern von Charismen ist also keine individuelle Angelegenheit, sondern Teil eines gemeinschaftlichen Entdeckungsprozesses (s. o.). Nachfolgend wird am Beispiel der Heilungserzählung von Bartimäus (Mk 10,46-52) gezeigt, wie Charismenorientierung im Religionsunterricht auf einfache Weise umgesetzt werden kann:

Die Heilungserzählung in Mk 10,46-52 wird häufig im Religionsunterricht verwendet. Sie berichtet von der Begegnung des Bartimäus, eines blinden Bettlers, mit Jesus. Bartimäus nimmt wahr, dass Jesus mitsamt Begleitung ganz in der Nähe ist und ruft nach ihm. Dabei lässt er sich von der umstehenden Menschenmenge nicht einschüchtern, bis Jesus schließlich auf das Rufen reagiert und so ein Gespräch zustande kommt. Das Gespräch findet auf Augenhöhe statt und Bartimäus erlebt eine körperliche Heilung, worauf er in die Nachfolge Jesu tritt. Der Anfang der Heilungserzählung ist eine gute Grundlage, um sich differenziert mit der Situation und den Fähigkeiten von Bartimäus auseinanderzusetzen. Dies können die Schülerinnen und Schüler auf ihre je eigene Situation übertragen. Eine Befragung von Lernenden der 4. Klasse einer Förderschule im Ruhrgebiet zeigt, dass die Lernenden durchaus in der Lage sind, Bartimäus nicht ausschließlich auf seine körperliche Behinderung zu reduzieren (Kammeyer & Jesuthasan, 2013). Sie entdecken die intrapersonale Diversität des Bartimäus und benennen folgende weitere Eigenschaften, die ihn vor der Begegnung mit Jesus prägen: Armut, soziale Isolation freundschaftlicher und familiärer Art, gutes Gehör, Mut, Intelligenz und Gottvertrauen. Ein charismenorientiertes Lehren und Lernen würde nicht nur bei der differenzierten Wahrnehmung einer Person ansetzen, sondern auch potenzialorientiert bleiben: Nicht die Blindheit der Person wird fokussiert – z. B. mit Blick auf das gemeinsame Lernen –, sondern ihre Fähigkeit, gut zu hören. Durch biblische Figuren wie Bartimäus lassen sich Schülerinnen und Schüler im Religionsunterricht im Sinne der Charismenorientierung ermutigen, ihren individuellen Fähigkeiten nachzuspüren und in einem scheinbaren Defizit auch etwas Gutes, ein Potenzial zu sehen. Das Aufspüren der Charismen sollte stets im Wechselspiel zwischen Selbstreflexion und gemeinschaftlichem Dialog erfolgen.

16.2.2   Charismen teilen

Das folgende Beispiel zeigt, wie unterschiedliche Charismen gut im Unterricht miteinander vernetzt werden können. Anna ist 14 Jahre alt und besucht ein Gymnasium im Ruhrgebiet. Aufgrund mehrerer Schicksalsschläge in ihrem eigenen Leben interessiert sie sich sehr für die sogenannte ‚Theodizeefrage‘, die Frage nach Gottes Handlungsoptionen angesichts von Leiderfahrungen. Ihr Wissen basiert auf Erfahrungen und Erkenntnissen aus dem Religionsunterricht. Sie kann ihre Position zu dieser Frage glaubwürdig vertreten und sich zugleich in die Situation anderer hineinversetzen. Als besonders fruchtbar erwies sich dieses Charisma im Jahr 2016, als Anna einigen neuen Mitschülerinnen und Mitschülern begegnete, die sich aufgrund ihrer Kriegs- und Fluchterfahrungen dieselbe Frage nach Gott und Leid gestellt haben. Als die Theodizeefrage daraufhin im Religionsunterricht aus interreligiöser Perspektive diskutiert und reflektiert wurde, konnten Anna und ihre Mitschülerinnen und Mitschüler durch ihre Erfahrungen dazu beitragen, das Gottesverständnis im Islam und im Christentum zu konturieren. Annas Charisma besteht in ihrem Interesse für das theologische Grundthema und in ihrer Fähigkeit, ihr Wissen für andere emotional wie rational zugänglich zu machen. Dass die Kommunikation zwischen den Schülerinnen und Schülern unterschiedlicher Herkunft gelingen konnte, wurde durch die Sprach- bzw. zeichnerische Begabung zweier Schüler begünstigt: Durch erläuternde Zeichnungen und die Kommunikation auf Englisch wurden auf einfache Weise sprachliche und z. T. auch kulturelle Barrieren gut überwunden. Während des intensiven Austauschs übernahm zudem eine Schülerin spontan die Ergebnissicherung und Moderation des Dialoges, während andere Lernende bewusst eine beobachtende und/oder protokollierende Rolle annahmen.

An diesem Beispiel wird deutlich, dass nicht alle Charismen zur gleichen Zeit und in gleicher Intensität im Lernprozess berücksichtigt werden müssen. Für das gute, im theologischen Sinne ‚schöpferische‘ Miteinander ist es in erster Linie wichtig, dass Schülerinnen und Schüler die Möglichkeit haben, sich mit ihren Fähigkeiten (im interreligiösen Dialog) einzubringen. Dabei muss aber nicht jeder aktiv eine besondere Rolle einnehmen. Vielmehr sollten die Lernenden selbst bestimmen, wann sie sich wie einbringen möchten. Im oben geschilderten Beispiel ließ sich auf diese Weise unmittelbar und spontan ein interreligiöser Dialog über die Frage eröffnen, wie allmächtig Gott angesichts von Leid ist – ein sehr wertvoller, kaum planbarer Unterrichtsmoment.

16.2.3   Charismen fördern

Die Förderung von Charismen stellt im kirchlichen Kontext nach wie vor eine große Herausforderung dar (Schmitt, 2013). Es gibt zwar einen großen Bedarf an Interessierten, die sich im Raum der Kirche ehrenamtlich engagieren möchten.

Die Mitwirkungsmöglichkeiten scheinen aber auf ganz bestimmte Fähigkeitsprofile begrenzt zu sein: Lektor/innen, Musiker/innen, Hausmeister/innen, Mitarbeiter/innen in Sekretariaten, Räten etc. Die Frage ist, wie sich Menschen jenseits dieser Fähigkeitsprofile einbringen können – beispielsweise Menschen mit guten sportlichen Fähigkeiten oder gar ein Kampfsportler (Bartz, 2015)? Eine kleine Befragung[2] auf dem Domplatz in Münster zeigte, dass viele Menschen durchaus kreative Möglichkeiten sehen, auch solche Fähigkeiten sinnvoll einzubringen, die im kirchlichen Kontext auf den ersten Blick ungewöhnlich erscheinen. Der oben bereits genannte Kampfsportler gab z. B. an, im Rahmen kirchlicher Sozialarbeit jungen Menschen Werte wie Respekt und Fairness nahebringen zu wollen (Bartz, 2015). Das Beispiel zeigt, dass die Suche und Förderung von Charismen ergebnisoffen erfolgen muss. Die Frage darf nicht sein, welche Charismen gerade gebraucht werden, sondern wie bewusst gewordene Charismen zum Wohle aller entfaltet werden können (auch Hennecke, 2011a). Für den schulischen Kontext gilt daher: Charismenorientiertes Lernen setzt weniger bei der Planung als beim Lernen selbst an. Es geht nicht um die Frage, mit welchen Charismen ein bestimmtes Unterrichtsziel optimal erreicht werden kann, sondern darum, wie Lernprozesse idealerweise gestaltet sein müssen, damit die in einer Lerngruppe schlummernden vielfältigen Charismen diese bereichern können. Charismenorientiertes Lernen im Religionsunterricht bietet die Chance, dass Schülerinnen und Schüler ihre eigenen vielfältigen Fähigkeiten und jene ihrer Mitschülerinnen und Mitschüler als Bereicherung für das gemeinsame Lernen und Zusammenleben erfahren und als Bestandteil ihrer religiösen und sozialen Identität begreifen.

16.3 „Universal Design for Learning" – eine potenzialorientierte Lernumgebung für den Einsatz im inklusiven (Religions-) Unterricht

Wie kann Lernen so gestaltet sein, dass es das Entdecken und Fördern von Schülerpotenzialen begünstigt und ein vielfältiges Lernen ermöglicht? Diese Frage stellt sich gerade vor dem Hintergrund einer stärkeren Wahrnehmung intra- und interpersonaler Diversität im inklusiven Kontext. Eine mögliche Antwort angesichts der von vielen als enormes Problem angesehenen Ausgangslage bietet das aus dem amerikanischen Raum stammende Konzept Universal Design for Learning (UDL). Der Ursprung des Konzepts geht auf das Universal Design von Ronald L. Mace zurück (Mace, Hardie & Place, 1996). Ausgangspunkt für seine Überlegungen in den 1950er-Jahren ist die Vision von Gebäuden mit maximaler Zugänglichkeit für alle Menschen. Er möchte durch das Universal Design dafür sorgen, dass Gebäu-

---

2   Auf dem Domplatz in Münster wurden opportunistisch 20 Personen im Alter zwischen 20 und 65 Jahren zur Befragung mithilfe eines teilstandardisierten Fragebogens ausgewählt. Weitere Details zur Erhebung und zur Stichprobe sind in Bartz (2015) beschrieben.

de, Bauwerke und Industrieprodukte so wenige Barrieren wie möglich haben und somit für möglichst viele Menschen ohne größeren Aufwand zugänglich und nutzbar sind (Michna, Melle & Wember, 2016). Ein Beispiel: Mehrstöckige Gebäude sind dann für möglichst viele Menschen – insbesondere für solche mit Kinderwagen, Rollstuhl oder altersbedingter Bewegungseinschränkung – einfach zugänglich, wenn ein Aufzug zu ihren Ausstattungsmerkmalen zählt. Basierend auf diesem Design-Ansatz wurde die Idee einer möglichst barrierearmen Lernumgebung entwickelt (Rose & Meyer, 2002). Bei der Gestaltung von Lehr-Lern-Arrangements, die nach dem UDL ausgerichtet sind, wird berücksichtigt, dass sich Menschen darin unterscheiden, wie sie Informationen verarbeiten und verstehen (Schlüter, Melle & Wember, 2016):

> Das UDL stellt einen Rahmenplan zur Gestaltung inklusiven Unterrichts dar, der Lehrenden die Planung und Umsetzung von Unterricht erleichtern soll. Nach dem UDL sollte der Unterricht grundsätzlich Optionen anbieten, sodass sich jede und jeder Lernende individuell auf dem eigenen Niveau Kenntnisse und Fertigkeiten erarbeiten kann. (Hall, Meyer & Rose, 2012, S. 10).

Dies soll durch die Berücksichtigung dreier Grundprinzipien des UDL gewährleistet werden:

1. verschiedene Wahlmöglichkeiten bei der Aufgabenbearbeitung (representation),
2. aktive Lern- und Ausdrucksmöglichkeiten (action and expression),
3. motiviertes Lernen (engagement).

Fisseler & Markmann (2012, S. 15) führen den Zusammenhang zwischen den Prinzipien und dem Lernen wie folgt aus:

> Die drei Prinzipien des UDL basieren auf den grundlegenden Arbeitsweisen des Gehirns. Neurowissenschaftler haben herausgefunden, dass das Gehirn über drei Netzwerke verfügt, die für das Lernen eine wichtige Rolle spielen: (1) das Wahrnehmungsnetzwerk, das dem Erkennen von Mustern und Informationen dient; (2) das strategische Netzwerk, welches die Handlungsstrategien steuert; und (3) das affektive Netzwerk, das die Emotionen und Gefühle beim Lernen steuert.

Auch aus religionsdidaktischer Perspektive sind die UDL-Prinzipien vielversprechend, zumal für den potenzial- bzw. charismenorientierten Religionsunterricht. Das Prinzip der multiplen Repräsentationsformen (1) korrespondiert mit der Vielschichtigkeit vieler theologischer – auch alltags-, kinder- und jugendtheologischer – Fragestellungen oder der Polyphonie biblischer Texte, die es erlaubt, vielfältige Schwerpunktsetzungen vorzunehmen. Das Prinzip der vielfältigen Lern- und Ausdrucksformen (2) ermutigt, das Spektrum religionsdidaktischer Zugänge auszuschöpfen, das zwischen den Polen Kognition, Performation und Konfession aufgespannt ist. Der Fokus auf das Engagement (3) ruft schließlich die dienende – diakonische – Funktion des Religionsunterrichts in Erinnerung: Schülerinnen und Schüler sollen in Auseinandersetzung mit dem Transzendenten zu sich selbst finden, d. h. eine (religiöse) Identität entwickeln. Ohne die Bereitschaft, sich wirklich auf den religiösen Lernprozess einzulassen, kann dies nicht gelingen.

Wie die UDL-Prinzipien im religionsdidaktischen Kontext sinnvoll konkretisiert werden können, soll im Folgenden am Beispiel eines Theologieseminars zum Thema „Diversität im Religionsunterricht" illustriert werden, das nach den Prinzipien des UDL konzipiert und im Sommersemester 2017 an der Technischen Universität Dortmund durchgeführt und evaluiert wurde.[3] Die Darstellung der Anwendungsbeispiele folgt dem Schema: Vorstellung des UDL-Prinzips, Erläuterung anhand von Seminarbeispielen und Reflexion von Umsetzungsmöglichkeiten im schulischen Religionsunterricht.

16.3.1   Biete multiple Optionen der Information (representation)

Geht man davon aus, dass dem Lernen die Wahrnehmung und Identifikation von Mustern und Analogien vorausgeht, die in ihren Ausprägungen je nach persönlichen Voraussetzungen variieren können, sollten auch die zu lernenden Informationen selbst in multiplen Repräsentationsformen zur Verfügung gestellt werden. In Frage kommt die ganze Bandbreite möglicher Präsentationsformen und Medien: Arbeitsblätter, Plakate, Tafelbilder, Präsentationsfolien; zunehmend auch digitale Medien (Michna, Melle & Wember, 2016). Aber auch durch die sprachlich-mediale Darbietungsform (Text, Audio/ Video; Alltagssprache, einfache/leichte Sprache, Wissenschaftssprache) und nicht zuletzt durch den inhaltlichen Zuschnitt der verwendeten Lehr-Lern-Materialien lassen sich vielfältige Zugangsmöglichkeiten und -perspektiven eröffnen.

---

3   Die hochschuldidaktische Konzeption und Durchführung des Seminares erfolgte in Kooperation mit Katrin Feldhues, die im Rahmen ihrer Masterarbeit Zusammenhänge zwischen Lernerfolg und UDL-Lernumgebung untersucht hat. Sie hat dankenswerterweise ihre Daten für diesen Artikel zur Verfügung gestellt.

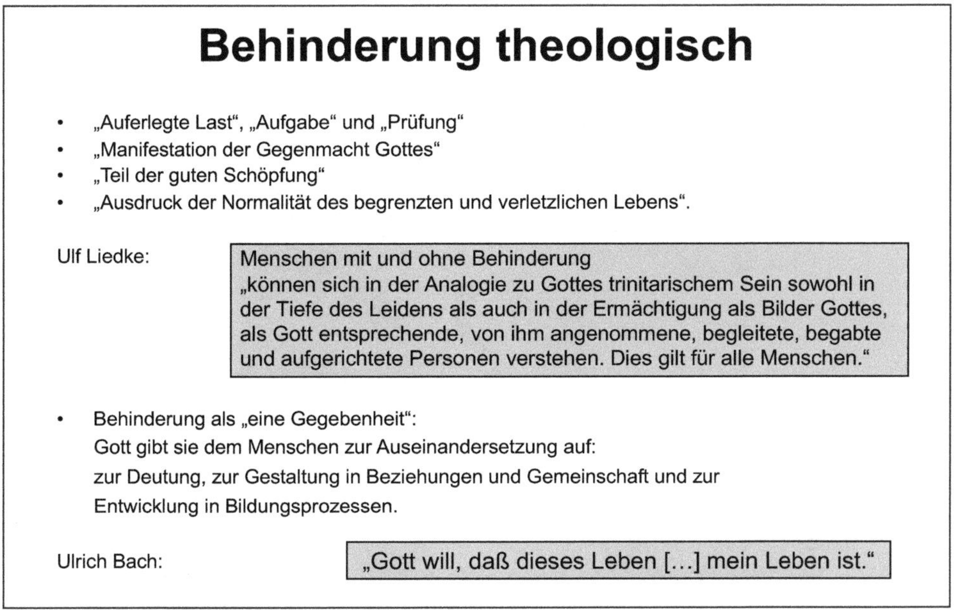

Behinderung theologisch

- „Auferlegte Last", „Aufgabe" und „Prüfung"
- „Manifestation der Gegenmacht Gottes"
- „Teil der guten Schöpfung"
- „Ausdruck der Normalität des begrenzten und verletzlichen Lebens".

Ulf Liedke:

> Menschen mit und ohne Behinderung
> „können sich in der Analogie zu Gottes trinitarischem Sein sowohl in der Tiefe des Leidens als auch in der Ermächtigung als Bilder Gottes, als Gott entsprechende, von ihm angenommene, begleitete, begabte und aufgerichtete Personen verstehen. Dies gilt für alle Menschen."

- Behinderung als „eine Gegebenheit":
  Gott gibt sie dem Menschen zur Auseinandersetzung auf:
  zur Deutung, zur Gestaltung in Beziehungen und Gemeinschaft und zur Entwicklung in Bildungsprozessen.

Ulrich Bach:

> „Gott will, daß dieses Leben [...] mein Leben ist."

Abbildung 16.1: Präsentationsfolie fachsprachlich[4]

Im Theologieseminar wurden beispielsweise Präsentationsfolien mit fachsprachlichen Textabschnitten (s. Abbildung 16.1) zu theologischen Gotteskonzeptionen von Menschen mit Behinderung um Folien in einfacher Sprache ergänzt (s. Abbildung 16.2). Neben der visuellen Präsentation wurden die Lerninhalte außerdem verbalisiert, um eine Informationsaufnahme über verschiedene Wahrnehmungskanäle zu ermöglichen. Mit derselben Zielsetzung wurde außerdem die Audioaufnahme eines Interviews abgespielt, in dem eine Lehrerin die Chancen und Schwierigkeiten eines inklusiven Religionsunterrichts reflektiert. Als Ergänzung zu einem ausgeteilten Fachartikel zu diesem Thema diente das Interview dazu, Informationen zu den Grundprinzipien inklusiven Religionsunterrichts in einer alternativen Darbietungsform zu präsentieren und sie zudem inhaltlich um die Praxisperspektive der im Interview befragten Lehrerin anzureichern. Begriffsbestimmungen zu Diversität, Heterogenität und Differenz wurden drittens nicht nur abstrakt-sprachlich, sondern zusätzlich mithilfe einer gegenstandbezogenen praktischen Übung erläutert.

---

4   Erwähnte Autoren: Liedke (2009), Bach (1980).

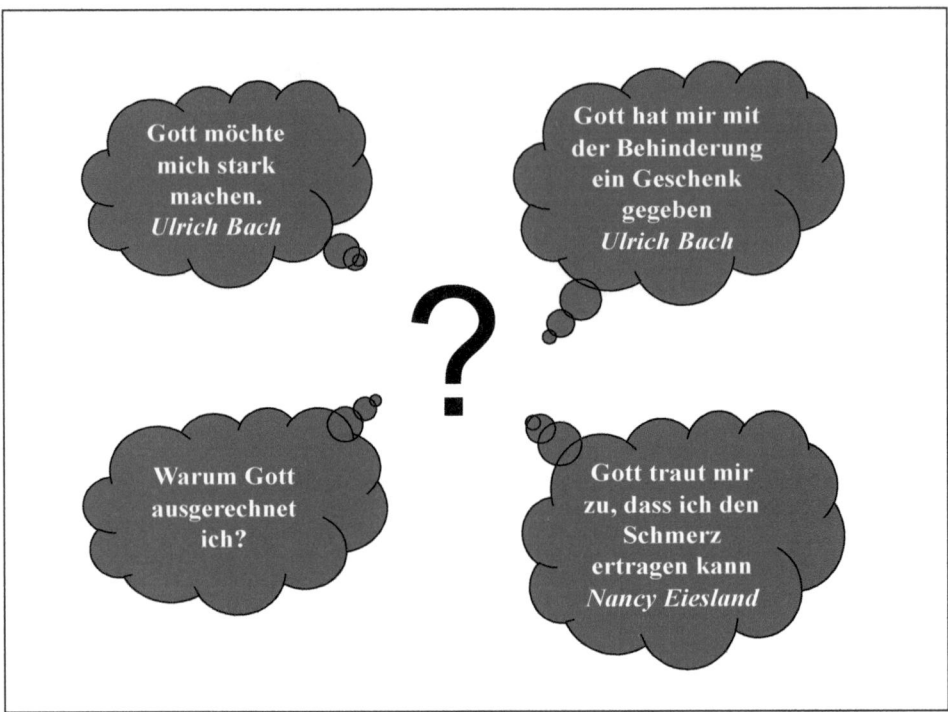

Abbildung 16.2:   Präsentationsfolie in einfacher Sprache[5]

Ob die anwesenden Studierenden in der geschilderten UDL-Lernumgebung Lernerfolge erzielt haben, hat Katrin Feldhues im Rahmen ihrer Masterarbeit untersucht.[6] Sie kommt

---

5   Erwähnte Autoren: Bach (1980), Eiesland (1994).

6   Kathrin Feldhues untersuchte in ihrer Masterarbeit die Fragestellung, ob und in wel-
    chem Umfang Studierende eines Lehramt-Studiengangs Theologie (BA-Niveau) im
    Rahmen einer religionsdidaktischen Seminarsitzung im UDL-Format hinreichende
    Kenntnisse und Reflexionsfähigkeiten erwerben, um unterschiedliche Konzeptionen
    interreligiösen Lernens in ihren wesentlichen Merkmalen erfassen und vor dem
    Hintergrund der aktuellen Situation und den Rahmenbedingungen des Religionsun-
    terrichts in Nordrhein-Westfalen bewerten zu können. Die themenbezogenen Kennt-
    nisse der insgesamt 21 Studierenden des Seminars und ihre Anwendung auf den
    Religionsunterricht in Nordrhein-Westfalen wurden vor und nach der Seminarsit-
    zung zu Konzeptionen interreligiösen Lernens mithilfe eines teilstandardisierten Fra-
    gebogens erhoben. Die Gestaltung der Seminarsitzung folgte den in diesem Artikel
    beschriebenen Prinzipien des UDL (s. Kap. 3). Die Fragebogenerhebung ermöglichte
    eine Zuordnung der Kenntnisse und Fähigkeiten jedes Probanden zu einem von fünf
    erreichbaren Niveaus: 1) Wiedergabe der Konzeptionen interreligiösen Lernens nur
    in Ansätzen, keine Anwendung auf den Religionsunterricht in Nordrhein-Westfalen;
    2) Wiedergabe der Konzeptionen in Grundzügen, Anwendung nur in Ansätzen; 3)
    Wiedergabe und Vergleich der Konzeptionen, Anwendung nur in Ansätzen; 4) Um-
    fassende Wiedergabe und Vergleich der Konzeptionen, differenzierte Anwendung,
    jedoch noch ohne Einschätzung der Gelingenswahrscheinlichkeit des interreligiösen

zu dem Schluss, dass die Studierenden in den nach UDL-Prinzipien gestalteten Seminarsitzungen deutlich hinzugelernt haben. Der Lernzuwachs bezieht sich nicht nur auf das nach der Intervention reproduzierbare Wissen, sondern insbesondere auch auf die zu beobachtenden Transferleistungen, die ein Kennzeichen der höheren Lernniveaus sind. Diese wurden nach der Intervention von insgesamt knapp 70% der Studierenden erreicht. Ein Drittel erreichte immerhin das nächsthöhere Niveau, alle Probanden verzeichneten also einen Lernerfolg (s. Abbildung 16.3). Die Studie zeigt: Vielfältige Darbietungsformen des Lernmaterials begünstigen Lernen und Lerntransfer.

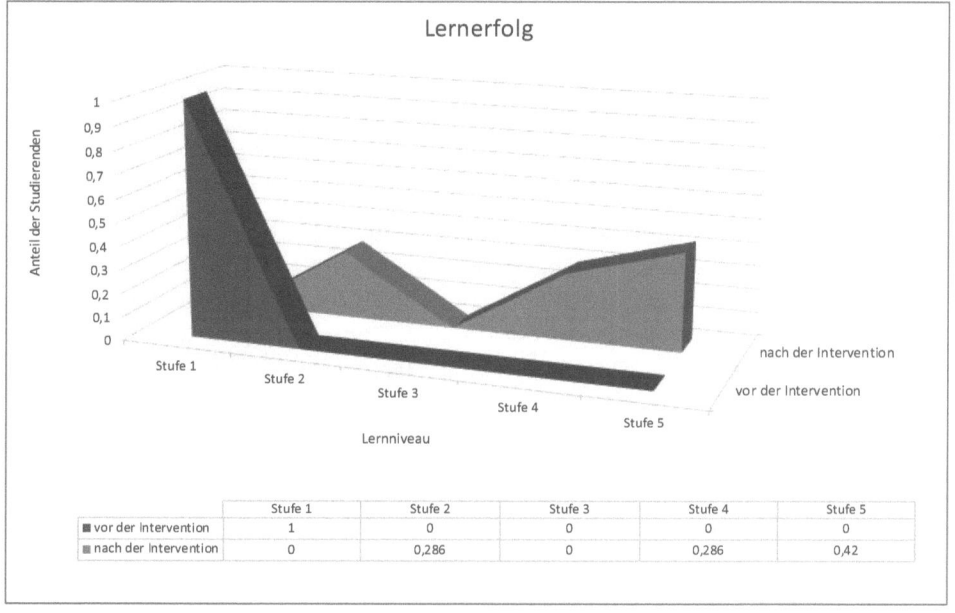

	Stufe 1	Stufe 2	Stufe 3	Stufe 4	Stufe 5
vor der Intervention	1	0	0	0	0
nach der Intervention	0	0,286	0	0,286	0,42

Abbildung 16.3:   Lernentwicklung in der UDL-Lernumgebung

Im Religionsunterricht lässt sich das Prinzip der multiplen Repräsentationsformen beispielsweise folgenderweise konkretisieren:

- Besuch eines Kirchenraums in Kombination mit Texten aus dem Schulbuch oder einem Audioguide,
- Arbeit an einem theologischen Thema wie z.B. „Heilung" mit unterschiedlichen Bibelausgaben, von denen jede eigene Schwerpunkte hat (z.B. Verständlichkeit, Nähe zum Ursprungstext etc.). Zusätzlich können Abbildungen hinzugezogen werden, die bestimmte Inhalte illustrieren.
- Verwendung von Symbolen und (Rollen-)Spielen, um Themen wie „Freundschaft", „Hoffnung", „Trauer" etc. in Ergänzung zu Fachtexten zu besprechen.

Lernens; 5) Umfassende Wiedergabe und Vergleich der Konzeptionen, differenzierte Anwendung, Einschätzung der Gelingenswahrscheinlichkeit des interreligiösen Lernens.

Multiple Optionen der Darstellung von Informationen regen dazu an, sich vielfältig – und damit nachhaltig – mit den Lerninhalten des Religionsunterrichts auseinanderzusetzen. Wenn Informationen auf vielfältigen Wegen für alle Lernenden einfach zugänglich sind, ist eine wichtige Voraussetzung dafür geschaffen, dass Letztere individuelle Potenziale – Charismen – entfalten können.

16.3.2   Wahlmöglichkeiten in Bezug auf Lernwege und Ausdrucksmöglichkeiten (action and expression)

Wenn man davon ausgeht, dass Schülerinnen und Schüler unterschiedlich lernen, hat das auch Konsequenzen für die Gestaltung der Lernwege und die Art und Weise, wie sich der Lernzuwachs manifestiert. Vor diesem Hintergrund erscheint es nach Michna, Melle & Wember (2016) sinnvoll, verschiedene Möglichkeiten der Informationserarbeitung und Ergebnispräsentation anzubieten.

Im Theologieseminar stand es den Studierenden beispielsweise frei, sich das Thema „Interreligiöses Lernen" entweder anhand eines Vortrags oder eines Fachtexts zu erarbeiten. Im Anschluss an eine Partner- oder Gruppenarbeit konnten sie darüber hinaus die Form der Ergebnispräsentationsform selbst wählen: Einige entschieden sich für die Darstellung der Ergebnisse in Leichter Sprache, andere für einen fachwissenschaftlichen Vortrag, wieder andere für eine grafische Visualisierung oder ein Standbild. Die nachfolgende Abbildung (s. Abbildung 16.4) zeigt ein Arbeitsblatt, das den Studierenden als Unterstützung und Anregung an die Hand gegeben wurde, unterschiedliche Lernwege und Präsentationsformen in Erwägung zu ziehen.

Die Optionenvielfalt auch in Bezug auf Lernprozesse und Learning-Outcomes birgt für den Religionsunterricht in der Schule noch weitgehend ungehobene Schätze. Eine Lernumgebung, in der Schülerinnen und Schüler selbst über adäquate Lernwege und Formen der Ergebnispräsentation nachdenken, folgt dem Prinzip der Selbstbestimmung. Dabei werden den Lernenden Potenziale und Charismen, individuelle Interessen und Fähigkeiten, aber auch Grenzen bewusst. Durch den Austausch in der Lerngruppe gewinnen die je eigenen Schwerpunktsetzungen an Kontur, gleichzeitig wächst der Respekt vor den von anderen eingeschlagenen Wegen. Eine völlige Wahlfreiheit kann je nach Lerngruppe aber auch überfordernd wirken. Michna, Melle & Wember (2016) empfehlen deshalb, Schülerinnen und Schüler mithilfe sogenannter „Strategieplaner" zu ermutigen, ihren Lernweg zu reflektieren. Vielfältige Lernmaterialien und die prinzipielle Möglichkeit, frei wählen zu können, werden mit einem empfohlenen Lernweg kombiniert. Musterlösungen ermöglichen den Lernenden, sich selbst zu kontrollieren und einzuschätzen.

Arbeitsauftrag

Beantwortet die folgende zentrale Fragestellung:

> ### Ist allen SuS ein interreligiöses Lernen möglich, wenn der Unterricht nach der Konzeption von Sajak gestaltet wird?

Bei der Beantwortung können euch folgende *Leitfragen* vielleicht eine Hilfe sein:
- Wie reagieren Lernende der verschiedenen Schülergruppen auf die Konzeption?
- Welche Chancen und Lernwege eröffnet ihnen die Konzeption?
- Welche Schwierigkeiten könnten sie im Unterricht haben?
- Was lässt die Konzeption außer Acht?

Als *Hilfestellung* findet ihr außerdem:
- die PowerPoint-Folie mit der Unterrichtskonzeption von Sajak
- ein Beispiel, wie Sajak seine Unterrichtskonzeption in schulischen Settings umsetzen würde
- eure Zusammenfassungen zur Unterrichtskonzeption (Schlagworte, Merksatz, Skizze, etc.)

Eure Ergebnisse könnt ihr in einer selbstgewählten Form präsentieren. Möglich sind z. B.
- Poster,
- Cluster,
- Standbild,
- Rollenspiel,
- Gedicht,
- Fotostory,
- Witz,
- ...

Abbildung 16.4:   Arbeitsauftrag für unterschiedliche Lernwege[7]

Für die Entfaltung vielfältiger Lernwege und Ausdrucksmöglichkeiten bietet der Religionsunterricht geradezu eine ideale Plattform – vorausgesetzt, die Schülerinnen und Schüler werden ermutigt, individuelle Akzente kraft der ihnen geschenkten Charismen einzubringen. Vielfältige Lernwege ergeben sich darüber hinaus durch:

---

7   Erwähnter Autor: Sajak (2012)

- die Einbindung interessanter Persönlichkeiten/Experten (z.B. Rabbi/Imam/ Pfarrer),
- den Einsatz verschiedener Medien (z.B. Bibeltext auch als Tondatei; Videos, beispielsweise zur Einführung in eine andere Religion etc.),
- Lernziele auf unterschiedlichen Niveaus (z.B. leicht/mittel/schwer: Die Schöpfungserzählung in Genesis wiedergeben/vom Kreationismus abgrenzen/hinsichtlich ihrer theologischen Aussage durch eine historisch-kritische Exegese neu bewerten).

Denkbare kreative Ausdrucksformen sind beispielsweise:
- grafische/zeichnerische Darstellung bedeutsamer Szenen der biblischen Überlieferung, z.B. der Berufung Moses,
- Vertonung elementarer Erfahrungen (Glück, Erleichterung, Enttäuschung, Verzweiflung, Trauer etc.),
- selbst gestaltete Rollenspiele, z.B. als Fallbeispiele interreligiöser Begegnung.

Die Möglichkeit vielfältiger Lernwege und Ausdrucksformen im Religionsunterricht ist der Nährboden, auf dem individuelle Potenziale und Charismen zur Entfaltung kommen können. In dieser Umgebung können sich Schülerinnen und Schüler selbst und gegenseitig als unverwechselbare Individuen wahrnehmen, die von Gott auf je einzigartige Art und Weise in ihr So-Sein berufen sind.

16.3.3   Biete multiple Möglichkeiten zur Förderung von Lernengagement und -motivation (engagement)

Für das Lernen im Kontext von UDL sollte es möglichst keine Barrieren geben – so lautet die übergeordnete Zielsetzung. Mangelnde Motivation und mangelndes Engagement können jedoch als Barrieren den Lernprozess behindern, wenn Lernende sich die Lerngegenstände, Zugänge oder Lernwege nicht zu eigen machen können oder Lernziele unerreichbar scheinen. Lernengagement und -motivation hängen also in nicht unerheblichem Maße davon ab, dass die vorangehend erläuterten ersten beiden UDL-Prinzipien hinreichend berücksichtigt sind. Darüber hinaus lohnt ein Blick auf die Auswahl der Lerngegenstände und -ziele, bei der die Lernenden möglichst weitgehend beteiligt werden sollten. Michna, Melle & Wember (2016) empfehlen eine lernprozessbegleitende Beratung, um die Reflexion der Lernprozesse und eine gute Auswahl von Lernzielen zu unterstützen. Lernaufgaben sollten ihren Empfehlungen zufolge auf unterschiedlichen Niveaus angeboten werden, um motivierende Lernerfolge sicherzustellen.

Bei der beispielhaften Umsetzung von UDL im Rahmen eines Theologieseminars führte die Berücksichtigung der UDL-Prinzipien bei der Konzeption der Lehr-Lern-Arrangements zu einer hohen Motivation und einem hohen Engagement der Studierenden, d.h. zu freiwilliger regelmäßiger Anwesenheit und aktiver

Mitarbeit. Bei der Abschlussreflexion des Seminars wurde insbesondere die Vielfalt an Angeboten und Zugängen als wichtige Voraussetzung für die hohe Lernmotivation hervorgehoben.

Dieser Befund macht Mut, auch im schulischen Religionsunterricht Räume für vielfältige Lehr-Lern-Prozesse zu eröffnen, in denen intra- und interpersonale Diversität bewusst als Potenzial aufgefasst wird. Solche Lehr-Lern-Prozesse leben von den unterschiedlichen Charismen und der gegenseitigen Anerkennung aller am Lernprozess Beteiligten: Von den Themen und Wissensbeständen, die sie als persönlich bedeutsam betrachten und einbringen (persönliche Anliegen und Sichtweisen; Themen wie Vertrauen, Leben nach dem Tod oder Liebe, jeweils verknüpft mit konkreten, individuellen Erfahrungen), von den unterschiedlichen individuellen Herangehensweisen an diese Themen und nicht zuletzt davon, wie diese Themen durch persönlich involvierte Individuen eingebracht werden.

16.4 Fazit und Ausblick

Im Rahmen des gegenwärtigen Diskurses zur Inklusion in Schule und Gesellschaft steht auch das Thema Diversität im Fokus der kollektiven Wahrnehmung. Diese problematisiert jedoch meist einseitig den Aspekt der interpersonalen Diversität, der zunehmenden Heterogenität in den Lern- und Lebensgemeinschaften. Dass sich durch diese Vielfalt auch Chancen ergeben und dass Diversität – v. a. wenn man die intrapersonale Diversität betrachtet, d. h. die in jedem Individuum angelegte Vielseitigkeit – mehr Normalität als Besonderheit ist, wird vielfach ausgeblendet. Der Ansatz der Potenzialorientierung stellt vor diesem Hintergrund ein Gegenkonzept dar, das auf ein positives inklusionssensibles pädagogisches Handeln abzielt.

In diesem Beitrag wurde das Konzept auf den Bereich der Religionsdidaktik übertragen. Dies erfolgte im Rahmen eines Dreischritts: Zunächst wurde nach der Bedeutung von Potenzialorientierung als Ausgangspunkt pädagogischen Handelns für eine inklusive Schule und Gesellschaft gefragt. Anschließend wurde der Ansatz mit dem pastoraltheologischen Konzept der Charismenorientierung verglichen, zu dem es viele Berührungspunkte gibt, und das sich folglich ebenso als didaktisches Prinzip fruchtbar machen lässt. Drittens wurde das „Universal Design for Learning" als Rahmenkonzept zur Gestaltung inklusiven Unterrichts als Möglichkeit vorgestellt, Potenzial- bzw. Charismenorientierung im Religionsunterricht konkret umzusetzen.

Zielsetzung war es, Antworten auf die Fragen zu finden, welche Chancen also die Potenzialorientierung für den Religionsunterricht, für Schule und Gesellschaft bietet, wie sie sich zum pastoraltheologische Konzept der Charismenorientierung verhält und welche Prinzipien für eine erfolgversprechende Umsetzung gelten.

Potenzialorientierung als Ausgangspunkt pädagogischen Handelns überwindet die oben angesprochene Engführung von Diversität als Problem und ermöglicht gleich mehrere Paradigmenwechsel: Wahrnehmung von Vielseitigkeit statt Etikettierung, Orientierung an individuellen Fähigkeiten statt Stigmatisierung, Wertschätzung von Vielfalt und Erschließung ihrer Potenziale für gemeinschaftliche (Lern-)Prozesse statt Abgrenzung und Angst. Dadurch ergibt sich eine Reichweite deutlich über den Unterricht hinaus bis in die Schulgemeinde und Gesellschaft hinein. Wenn Schülerinnen und Schüler lernen, sich und andere nicht defizitär wahrzunehmen, sondern als Individuen mit einem bestimmten Beitrag für die Lern- und Lebensgemeinschaften, in denen sie sich bewegen, lernen sie, Vielfalt als Bereicherung und Chance zu verstehen. Dies ist die Voraussetzung für die Verwirklichung einer inklusiven Schule und Gesellschaft.

Die große Reichweite zeigt sich insbesondere mit Blick auf das weitgehend analoge pastoraltheologische Konzept der Charismenorientierung, das im kirchlichen Kontext Ausgangspunkt für nichts weniger als die Neuausrichtung des kirchlichen Handelns in der Welt von heute ist, das wieder stärker auf die in jedem Menschen angelegten Fähigkeiten setzen will, Gottes heilsame Gegenwart bekannt und erfahrbar zu machen, sowie Gemeinde – Kirche – zu bilden. Auch die Charismenorientierung setzt auf Wertschätzung von Vielfalt, ist potenzial- und nicht defizitorientiert und betont die schöpferische Dynamik der gemeinschaftlichen Entfaltung individueller Fähigkeiten und Begabungen. Durch ihren theologisch-anthropologischen, ekklesiologischen (auf die Kirche und ihr Wesen/Selbstverständnis bezogen) und in der Konsequenz auch eschatologischen Impetus (auf die heilsame Vollendung des Einzelnen und der ganzen Welt bezogen) geht sie allerdings über die Potenzialorientierung hinaus und entwickelt eine eigene Hermeneutik: Es geht ihr um nichts Geringeres als das Paradies, das durch die gemeinschaftliche Entfaltung der gottgegebenen Charismen mitten in der Welt aufbrechen und jedem Einzelnen die Verwirklichung seiner individuellen Berufung ermöglichen soll.

Das „Universal Design for Learning" ist schließlich geeignet, die Konzepte der Potenzial- und Charismenorientierung für die konkrete Unterrichtspraxis zu erden und Bedingungen für deren Verwirklichung zu benennen: Biete multiple Optionen der Information, biete Wahlmöglichkeiten in Bezug auf Lernwege und Ausdrucksmöglichkeiten, biete multiple Möglichkeiten zur Förderung von Lernengagement und -motivation.

Literatur

Bach, U. (1980). *Boden unter den Füßen hat keiner. Plädoyer für eine solidarische Diakonie.* Göttingen: Vandenhoeck & Ruprecht.

Bartz, J. (2015). Gemeinsam Kirche sein. Die deutschen Bischöfe, unser Pastoralplan und die Menschen vor Ort. In Bischöfliches Generalvikariat Münster (Hrsg.), *Unsere Seelsorge, Charismenorientierung. Keinem gabst du alles, keinem nichts!* (S. 13–15). Münster: Bistum Münster.

Die deutschen Bischöfe (2015). „Gemeinsam Kirche sein". Wort der deutschen Bischöfe zur Erneuerung der Pastoral. Bonn: Sekretariat der deutschen Bischofskonferenz.

Eiesland, N. (1994). The Disabled God: Toward a Liberatory Theology of Disability. Nashville, TN: Abingdon Press.

Fisseler, B. Markmann, M. (2012). Universal Design als Umgang mit Diversität in der Hochschule, journal hochschuldidaktik 23 (1–2), 13–16.

Hall, T. E., Meyer, A. & Rose, D. H. (2012). An Introduction to Universal Design for Learning. Questions and Answers. In T. E. Hall, A. Meyer & D. H. Rose (Hrsg.), Universal Design for Learning in the Classroom. Practical Applications (S. 1–9). New York: The Guilford Press.

Hennecke, C. (2011a). Kirche, die über den Jordan geht. Expeditionen ins Land der Verheißung. Münster: Aschendorff.

Hennecke, C. (2011b). Glänzende Aussichten. Wie Kirche über sich hinauswächst. Münster: Aschendorff.

Kammeyer, K. & Jesuthasan, J. (2013). Wie gehen Kinder mit Behinderungen mit Heilungsgeschichten um? Dis/ability als hermeneutische Leitkategorie für Unterrichtsplanung und analyse am Beispiel der Bartimäus-Geschichte. In M. Zimmermann, C. Klein & G. Büttner (Hrsg.): Kind – Krankheit – Religion (S. 211–230). Neukirchen-Vluyn: Neukirchener.

Kollig, M. (2015). Ist es vielleicht doch ein Charisma? Versuch einer Begriffsbestimmung für das Bistum Münster. In Bischöfliches Generalvikariat Münster (Hrsg.), Unsere Seelsorge, Charismenorientierung. Keinem gabst du alles, keinem nichts! (12–13). Münster: Bistum Münster.

Liedke, U. (2009). Beziehungsreiches Leben. Studien zu einer inklusiven theologischen Anthropologie für Menschen mit und ohne Behinderung. Göttingen: Vandenhoeck & Ruprecht.

Mace, R. L., Hardie, G. J. & Place, J. P. (1996). Accessible Environments: Toward Universal Design. Raleigh, NC: North Carolina State University, The Center for Universal Design.

Michna, D., Melle, I. & Wember, F.-B. (2016). Gestaltung von Unterrichtsmaterialien auf Basis des Universal Design for Learning. Am Beispiel des Chemieanfangsunterrichts in der Sekundarstufe I (S. 286–303). Weinheim: Beltz Juventa.

Radlbeck-Ossmann, R. (2015). Was ist ein Charisma? Und wer ist ein charismatischer Mensch? In εὐangel. Magazin für missionarische Pastoral. Zugriff am 01.05.2018. Verfügbar unter: https://www.euangel.de/ausgabe-1-2015/begabung-und-leitung/was-ist-ein-charisma-und-wer-ist-ein-charismatischer-mensch/.

Reis, O. & Schwarzkopf, T. (2015). Diagnose im Religionsunterricht. konzeptionelle Grundlagen und Praxiserprobungen. Berlin: LiT-Verlag.

Roebben, B. (2016). Schulen für das Leben. Eine kleine Didaktik der Hoffnung. Stuttgart: Calwer Verlag.

Rose, D. & Meyer, A. (2002). Teaching every student in the Digital Age: Universal Design for Learning. Alexandria, VA: Association for Supervision and Curriculum Development.

Sajak, C. P. (2012). Interreligiöses Lernen im schulischen Religionsunterricht. In B. Grümme, H. Lenhard & M. L. Pirner (Hrsg.), Religionsunterricht neu denken. Innovative Ansätze und Perspektiven der Religionsdidaktik (223–233). Stuttgart: Kohlhammer.

Schlüter, A.-K., Melle, I. & Wember, F.-B. (2016). *Unterrichtsgestaltung in Klassen des Ge-meinsamen Lernens. Universal Design for Learning.* Weinheim: Beltz Juventa.

Schmitt, A. (2013). *Für eine Vielfalt der Charismen: die ministérios não ordenados der brasilianischen Kirche als Anregung für eine Neuordnung der Dienstämter in den Ge-meinden der Diözese Bozen-Brixen.* Brixen: Weger.

Veber, M., Benölken, R. & Pfitzner, M. (i. Ersch.). Zum Potenzial einer Potenzialorien-tierung. In *Potenzialorientierte Förderung in den Fachdidaktiken*, Münster: Waxmann.

Renate Engel

17. Inklusive Bildung und potenzialorientierte Förderung in der Fachdidaktik Philosophie

In der Didaktik der Philosophie finden sich bisher nur sporadische allgemein gesellschaftspolitisch relevante und philosophiedidaktische Erwägungen (Golus, 2017; Hitz, 2017; Tiedemann, 2017) und Erfahrungsberichte zu einer inklusiven philosophischen Bildung (Blesenkemper, 2017; Draken, 2017; Seller, 2017). Diese beschäftigen sich vor allem mit der philosophischen Legitimierung inklusiver Bildung auf der Grundlage des Begriffs der Menschenwürde und der gerechten Teilhabe an den Chancen für eine gute selbstbestimmte Lebensführung. Auch gibt es vereinzelt Unterrichtsvorschläge (Blesenkemper & Sikorski, 2017) z.B. zum Thema Gerechtigkeit, die per se Inhalt des Philosophieunterrichts ist und zugleich im Vollzug inkludierender Unterrichtsmaßnahmen praktiziert wird. Allerdings fehlt es in der Breite an didaktisch-methodischen Konzepten, die den spezifischen Erfordernissen inklusiver *potenzialorientierter* philosophischer Bildung genügen.

In diesem frühen Stadium der philosophiedidaktischen Diskussion über inklusiven Philosophieunterricht sollten zunächst erkenntnistheoretische und bildungsphilosophische Weichenstellungen expliziert werden, die in dem allgemein in der gegenwärtigen Philosophiedidaktik akzeptierten sokratisch-kantischen Paradigma wirksam sind. Von dem erkenntniskritischen Ansatz der Philosophie Immanuel Kants her wird nicht nur der emanzipatorische Anspruch des Philosophieunterrichts im Allgemeinen begründet, sondern auch die Ansprüche des potenzialorientierten inklusiven Philosophieunterrichts im Besonderen. Es soll gezeigt werden, dass inklusive Bildung und potenzialorientierte Förderung gewissermaßen ‚natürliche' Momente eines sokratisch-kantisch fundierten bildenden autonomisierenden Philosophieunterrichts sind (1).

In einem zweiten Schritt wird der emanzipatorische Anspruch eines potenzialorientierten inklusiven Philosophieunterrichts auf der Grundlage eines *präsentativen* Rationalitätsbegriffs erörtert, der unabdingbar ist für die Förderung der kreativ, anschaulich, emotional und leiblich vermittelten Denkwege und Symbolisierungsarten bei Schülerinnen und Schülern mit kognitivem Lernförderbedarf. Es soll dabei gezeigt werden, dass dieser präsentative Rationalitätsbegriff ebenso den emanzipatorischen Anspruch des Philosophieunterrichts erfüllt wie ein diskursiv-abstrakter Rationalitätsbegriff und dabei die genannte Schülergruppe einschließt (2). Dabei wird davon ausgegangen, dass bestehende allgemeine philosophiedidaktische Konzepte des präsentativen Philosophierens eine gute Grundlage für das inklusive potenzialorientierte Philosophieren darstellen (3).

In einem letzten Schritt wird der Vorschlag gemacht, das präsentative Philosophieren mit den erkenntnistheoretischen Mitteln der *Phänomenologie* auszuschärfen im Hinblick auf die Förderung der zentralen philosophischen Kompetenz, die zur autonomen Lebensführung befähigt: die Kompetenz der Reflexion auf das eigene Ich. Die Phänomenologie hält methodische Lehrstücke bereit, die es Menschen ermöglichen, den eigenen Bewusstseinsstrom in anschaulicher und emotiver Form zu *erleben* und die Selbstreflexion aus existenziellem Bedürfnis zu vollziehen. Die damit verbundene sich zunehmend klärende eigene Position in der Welt ist auf diese Weise auch Schülerinnen und Schülern mit kognitivem Lernförderbedarf zugänglich (4).

Insgesamt wird es vordringlich um die potenzialorientierte Förderung von Schülerinnen und Schülern mit kognitivem Lernförderbedarf gehen.

17.1   Inklusive Bildung – eine philosophische Vernunftidee

Eine sokratisch-kantisch inspirierte Fachdidaktik der Philosophie ist auf eine selbstbestimmte Lebensführung der Schülerinnen und Schüler, auf ihre Autonomie, ausgerichtet. Es widerspricht der Autonomie grundsätzlich, durch empirisch fundierte theoretische *Verstandesbegriffe* bestimmt zu werden, denn dadurch ist Autonomie schon durch die mit der Begriffsbildung selbst vollzogene Einschränkung auf ganz bestimmte empirische Erscheinungsformen zerstört. Das Verhältnis zwischen dem Ziel der Autonomie der Schülerinnen und Schüler, wenn es nur erst gedacht wird, und diesem Ziel, wenn es praktisch verwirklicht wird, muss das einer bloß *regulativen* Anleitung der praktisch Handelnden im konkreten Planen und Durchführen des Unterrichts sein, der der Kreativität und den Potenzialen sowohl der Lehrperson als auch der Schülerinnen und Schüler gerecht wird.

Die Vernunftidee „inklusive Bildung" leitet als *regulative Idee* das Handeln der Lehrpersonen so an, dass sie die Möglichkeiten der einzelnen Schülerinnen und Schüler genau dadurch fördern, dass sie sie nicht auf verstandesbegrifflich erfasste Fälle einschränken, sondern unendlich viele Möglichkeiten als Denk- und Handlungsoptionen bewahren. Damit öffnet sich der Raum, in dem sich die Potenziale aller Schülerinnen und Schüler entfalten können. Eine potenzialorientierte inklusive philosophische Bildung steht im Widerspruch zu defizitorientierten Lehrplänen, die feststellen, was Schülerinnen und Schüler mit Lernförderbedarf *nicht* können. Sie tun dieses gerade nicht mit dem Denkmittel der *Vernunftidee,* sondern mit dem des *Verstandesbegriffs.* Sie schließen von vergangenen begrifflich erfassten und damit empirisch eingeschränkten, aber illegitimerweise dennoch verallgemeinerten Fällen auf zukünftige Fälle und bringen den Raum der Potenziale der Schülerinnen und Schüler zum Verschwinden.

So erweist sich die Unterscheidung zwischen *Vernunftidee* und *Verstandesbegriff* von inklusiver potenzialorientierter philosophischer Bildung als ein notwendiges Moment in der philosophiedidaktischen Diskussion auf der Grundlage des auf Autonomie und Selbstrechtfertigung ausgerichteten sokratisch-kantischen Philosophieparadigmas. Das bedeutet, dass auch die zu erwerbenden Kompetenzen nur als Vernunftideen, nicht als Verstandesbegriffe im Übergang vom Denken zum Handeln im Unterrichten Platz greifen dürfen.

Die erkenntnistheoretische Unterscheidung von Ideen und Begriffen ermöglicht auch die Unterscheidung zwischen einer *praktischen Vernunft,* die Autonomie ermöglicht, indem jeder Handelnde die eigene Vernunft (die nicht nur die rational-diskursive sein muss) für sich selbst praktisch werden lässt, sich selbst als Zweck an sich selbst verwirklicht und damit eigenständiges, widerständiges, kritisches Denken bewahrt, und der *instrumentellen Vernunft,* die bloßes Mittel zu pragmatischer und potenziell manipulativer Verwirklichung von fremden Zwecken ist, z.B. denen der Wirtschaft, Politik, von sozialen Netzwerken und anderen dem Menschen selbst ‚fremden Mächten'.

17.2 Der emanzipatorische Anspruch eines potenzialorientierten inklusiven Philosophieunterrichts zwischen Anschauung und Begriff – Rational ist nicht nur diskursiv.

Mit dieser Grundeinsicht verbindet sich eine weitere, schon angedeutete erkenntnistheoretische Einsicht in die Möglichkeiten, den Philosophieunterricht auf Formen des inklusiven Philosophierens hin zu entwickeln. Es gilt, einen Rationalitätsbegriff zu bestimmen, der den Potenzialen *aller* Schülerinnen und Schüler gerecht wird. Dieser Rationalitätsbegriff umfasst präsentative, leibliche, anschauliche und emotionale Momente. Er vermittelt diese mit den Formen der diskursiven abstrakten Rationalität. Dieser Rationalitätsbegriff rechtfertigt sich, wenn man die Entwicklung des Menschen von seiner ursprünglichen Orientierungssuche im Kleinkindalter bis zu einer selbstbestimmten Lebensführung betrachtet.

Der Philosophieunterricht hat das Ziel, Schülerinnen und Schüler dazu zu befähigen, ihr Leben bewusst selbst zu führen. Die ursprüngliche Anlage dazu äußert sich schon in den suchenden Denkbewegungen der Kinder von Geburt an, die vor allem mit dem Greifen nach Handgreiflichem beginnen. Dabei lernt das Kind Ertastbares, Licht, Farben und Formen, Laute, Gesten und Gesichtsausdrücke als Zeichen mit bestimmten Bedeutungen zu versehen, zu verwenden und zu verstehen. Damit ist der leibliche Anfang eines lebenslangen Prozesses der autarken Welt- und Selbstaneignung durch *konkrete Symbole* gesetzt. Das Staunen über Fragwürdiges überführt im Kleinkindalter die suchende Denkbewegung in erste geistige Bemühungen, die sich, vom konkret-operationalen Denken und Sprechen ausgehend, immer abstrakterer Formen der *sprachlichen Symbolisierung* bedienen. Ihre Kultivierung befähigt dazu, sich selbst immer mehr in ein bewusstes Verhältnis zur Welt, zu den Anderen und zu sich selbst zu setzen. Die natürliche Welt, in der das Kind sich zuerst noch als ein Teil fühlt, wird durch die wachsende Kraft zur Kategorisierung zu einer Welt, die es als Objekt von sich selbst unterscheidet. Suchende Denkbewegungen werden im weiteren Leben von den *existenziellen Menschheitsfragen* motiviert. Hier tragfähige Antworten zu finden, erfordert, allge-

meine Strukturen in der begegnenden Welt auszumachen, bewusste und ‚selbst'-
bewusste Entscheidungen zu treffen, mehr und mehr sich vor den Anderen und
sich selbst als Autor der eigenen Haltungen zu profilieren, sich von Fremdbestim-
mungen zu befreien und autonom und verantwortlich zu handeln.

Die drei Kantischen Maximen des Selbstdenkens bieten in ihrem Zusammen-
wirken das grundlegende Koordinatensystem einer philosophischen Bildung, die
dieses emanzipatorische Ziel befördern will: „1) *Selbst* denken. 2) Sich (in der
Mittheilung mit Menschen) in die Stelle jedes *Anderen* zu denken. 3) Jederzeit
mit sich selbst einstimmig zu denken" (Kant, 1798, S. 228; Blesenkemper, 2015,
S. 316–318). In Ausdifferenzierung dieser Maximen stellen die Fähigkeiten zu Kritik, Dialog, Perspektivwechsel, Begriffsklärung, logischem Argumentieren und
Schließen, zur Begründung eigener Haltungen, Entscheidungen und Handlungen
und nicht zuletzt die personale Identitätsbildung im Sinne einer immer besser gelingenden Selbstübereinstimmung im Denken und Handeln wesentliche Ziele des
Philosophieunterrichts dar.

Dies alles wird durch *ein* Moment spezifisch philosophisch: Es gilt, in Situationen individueller Betroffenheit, in denen Alltagszusammenhänge fragwürdig
geworden sind, eine *allgemeine* menschliche Problemlage auszumachen und in ihr
eine *nichtempirische Tiefendimension* zu Tage zu fördern, in der mögliche *prinzipielle* Problemlösungen unter Absehung von individuellen Zufälligkeiten sichtbar
werden. Nur unter dieser Voraussetzung lässt sich ein Problem so formulieren,
dass tragfähige philosophische Antworten in Hinsicht auf die autonome Lebensführung gefunden werden können. Nur durch die das Faktische übersteigenden
philosophischen Einsichten können Handlungsmöglichkeiten in den Blick kommen, die vor affektiver Überwältigung von unbewussten heteronomisierenden
Strukturen schützen.

Hier stellt sich einer potenzialorientierten inklusiven Philosophiedidaktik die
Frage, auf welche Weise jene nichtempirische Tiefendimension gewonnen und der
emanzipatorische Effekt des Philosophierens erreicht werden können. Gelingt dies
nur auf einer Ebene der Abstraktion, die spezifisch ist für die starke platonisch-
kartesische Tradition der Philosophie, nach der das eigentliche Selbst des Menschen in seiner Fähigkeit besteht, Prinzipielles, Allgemeingültiges zu erkennen und
sein ‚cogito' nicht nur zum unerschütterlichen Fundament all seines Wissens, sondern sogar seines Seins zu machen? Und dies mittels einer sehr abstrakten kognitiven diskursiven Sprache in ihrer z.B. von Wittgenstein (1960) und Carnap (2004)
sprachphilosophisch begründeten Ideal-Ausprägung, die nur exakt definierte Zeichen oder Wörter benutzen darf, die einer rein logischen Grammatik gehorchen?

Wenn diese Fragen mit „Ja" beantwortet werden, sind Schülerinnen und Schüler mit kognitivem Lernförderbedarf vom emanzipatorischen Gewinn des Philosophieunterrichts ausgeschlossen, weil der hier geforderte, von Langer sogenannte
diskursive Symbolismus (1984, S. 87) sie u.U. überfordert, Nach Langer reihen
sich darin die Wörter „wie die Perlen des Rosenkranzes, eins ans andere […]". Sie
kennen „nur eine lineare, gesonderte, sukzessive Ordnung" (ebd.). Der diskursive

Symbolismus verlangt, eine lange Reihe von unanschaulichen Gedanken zu behalten und, um ihren philosophischen Ertrag zu verstehen, nicht abzugleiten in Zweideutigkeiten und nicht Intuitionen und Phantasien nachzugeben.

Es lässt sich schwerlich bestreiten, dass eine kreative anschauliche Idee wie, dass der *Wind die Seele Gottes sei, der durch das Ohr des Hasen pfeift, woraufhin der Hase weiß, dass er Hase ist,* von einem neunjährigen Kind geäußert (Calvert, 2000, S. 15–16) in Beantwortung der Frage nach der Identität eines Wesens, eine nichtempirische Tiefendimension des Denkens erreicht und zur Orientierung im Leben beiträgt. Der emanzipatorische Wert des Philosophierens besteht eben nicht allein in der Auffindung abstrakter Allgemeingültigkeit von logischen Prinzipien und der Anwendung einer idealen logischen Sprache, die alles Subjektive und Individuelle ausschließen, sondern darin, dass eine Allgemeinheit der Antworten gefunden wird, die das Subjektive als das Individuelle in Symbolisierungen integriert und kommunizierbar macht. In diesem Sinne macht Kant in seiner Begründung des ästhetischen Urteils neben der abstrakten *Allgemeingültigkeit* der Verstandesbegriffe eine bloße *Allgemeinheit* der ästhetischen Urteile geltend. In letzteren werde „nichts postuliert […] als eine […] *allgemeine Stimme* in Ansehung des Wohlgefallens ohne Vermittlung der Begriffe; mithin die *Möglichkeit* eines ästhetischen Urteils, welches zugleich als für jedermann gültig betrachtet werden könne. […]" (Kant, 1790, S. 216). Im „freien Spiel der Vorstellungskräfte" (ebd., S. 242) gesteht Kant der Einbildungskraft durchaus ihr Recht gegenüber dem Verstand zu. Eine solche *„allgemeine Stimme"* der ästhetischen und der moralischen Urteilskraft des Menschen kann allgemeine Antworten auf die existenziellen Fragen des Menschseins wie denen nach Freundschaft, Glück, Gerechtigkeit, Tod und Sterben und dem Sinn geben, ohne der Allgemeingültigkeit der Verstandesgesetze zu gehorchen. Sie kann individuelle Urteile anderer Menschen als allgemein anerkennbare ‚ansinnen' (ebd.). Jene bloß *allgemeine,* nicht *allgemeingültige* Stimme tut dies in ästhetischen Kunstwerken der bildenden Kunst, der Literatur, der Musik, der religiösen Spiritualität, der Mythen und Märchen. Diese sind die Medien, in denen sich die Potenziale aller Schülerinnen und Schüler entfalten können.

17.3 Konzepte der allgemeinen Philosophiedidaktik und der Fachphilosophie, die für die Entwicklung einer potenzialorientierten inklusiven Philosophiedidaktik geeignet scheinen

Diese Felder für eine potenzialorientierte inklusive und auf Emanzipation angelegte Philosophiedidaktik zu nutzen, dafür bietet auf der einen Seite das philosophiedidaktische Konzept eines *Graduierungsmodells* die Grundlage. Danach liegt schon im Ursprung der kindlichen suchenden und staunenden Denkbewegungen und präsentativen Symbolisierungen das Potenzial für die Entwicklung zu immer höheren Graden an Abstraktheit, wobei auf allen Stufen, auch denen der präsenta-

tiven Symbolisierung, philosophisches Denken stattfinden kann. Ein solches Graduierungsmodell vertritt Martens. Er sieht im Philosophieren eine Kulturtechnik,
die alle Menschen erlernen *sollen* (Martens, 2003) und die sie aufgrund ihres in
der Kindheit angelegten Potenzials zum präsentativen Symbolismus auch erlernen
können. Gerade weil das Potenzial der Schülerinnen und Schüler mit sonderpädagogischem Förderbedarf im Bereich Lernen auf dem Feld der anschaulichen
kreativen Selbst- und Weltdeutung gesehen werden kann (Schuppener, 2005), lässt
sich auf dieser Grundlage eine potenzialorientierte inklusive Philosophiedidaktik
entwickeln.

Auf der anderen Seite bietet dafür die *Philosophie der symbolischen Formen von
Cassirer* (2000) die fachphilosophische Legitimation. Sie erkennt die vielfältigen
intuitiven und kreativen sinnlich symbolisierten Kulturleistungen der Menschen
als gleichberechtigte Arten geistiger Deutungen und Transformationen dessen an,
was im Wahrnehmungs- und Erlebnisprozess auf den Menschen einstürmt und
dem er durch Umwandlung in symbolische Formen Sinn und Struktur verleiht.
Cassirer definiert eine symbolische Form wie folgt: „Unter einer ‚symbolischen
Form' soll jene Energie des Geistes verstanden werden, durch welche ein geistiger
Bedeutungsgehalt an ein konkretes sinnliches Zeichen geknüpft und diesem inner-
lich zugeeignet wird" (ebd., S. 161). Hier haben wir im Kern die Vermittlung von
Allgemeingültigkeit und Anschaulichkeit und die Erfüllung der Emanzipations-
forderung, wenn man dem „geistigen Bedeutungsgehalt" die Eigenschaft der Allgemeinheit zuspricht und die „innerliche Zueignung" als emanzipatorischen Akt
versteht. Recki bestätigt den emanzipatorischen Wert der symbolischen Formen.
In ihnen liege eine Form der Freiheit, der Freiheit durch kulturelle Transformation. Recki legt diese als *„das Distanz-Apriori der Freiheit"* aus, das *allen* Kultur-
schöpfungen der Menschen zukommt (Recki, 2013, S. 75–78).

Langer bestätigt die tragende Rolle des konkreten sinnlichen Zeichens. Schon
den sinnlichen Wahrnehmungsformen durch Auge und Ohr entspringe eine Ordnung der Eindrücke, die dazu berechtige, ihnen einen „nicht-diskursiven Symbolismus von Licht, Farbe oder Ton" zuzugestehen, der eine Art von „‚intuitiver'
Erkenntnis" darstelle, „die selber rational ist […]" (Langer, 1984, S. 104). „Wir
erkennen die Elemente dieser sinnlichen Analyse in allen Arten von Kombinati-
onen wieder; wir können sie imaginativ gebrauchen, um voraussichtliche Veränderungen in vertrauten Bildern zu begreifen" (ebd., S. 99). In einer Unendlichkeit
von individuellen emotionalen, kreativ-künstlerischen, geistigen und spirituellen
Formen der Sinnsuche und Sinnstiftung fungiert der präsentative Symbolismus im
Medium der Bilder aller Art: Bilder der bildenden Kunst, der anschaulichen dich-
terischen Sprache, der inneren Bilder, die von musikalischen Ideen, Melodien und
Harmonien, von gestischen, mimischen und tänzerischen Präsentationen erzeugt
werden und sich verdichten in Metaphern, Symbolen und Allegorien.

Auf der Grundlage des *präsentativen Symbolismus* in der Tradition von Cassirer bemüht sich die *neuere Philosophiedidaktik* in einem regen und fundierten
Diskurs (Nordhofen, 1991; Nordhofen, 1998; Sistermann, 2011; Tiedemann, 2011

u. 2014) um die Vermittlung der beiden Pole ‚Abstraktion' und ‚Anschaulichkeit'. Es besteht ein breiter Konsens darüber, dass der präsentative Symbolismus ein konstitutiver Bestandteil des Philosophieunterrichts sein soll (Rohbeck, 2005). So gibt es viele Ansätze des präsentativen Philosophierens, z.B. den mit Bildern (Engel, 2009a; Maeger, 2013; Münnix, 1997a u. 1997b; Wiesen, 2007), mit Metaphern (Calvert, 2000; Kurpiez, 2004), mit Märchen, Mythen und Filmen (Brüning & Martens, 2007; Steenblock 2013), mit Fabeln (Calvert & Calvert, 2001), mit Bilderbüchern (Engel, 2009b, 2012), mit literarischen Texten (Runtenberg, 2004) und mit theatralen Formen (Gefert, 2002). All diese Konzepte bieten hervorragende Ansätze für eine Weiterentwicklung zu einer potenzialorientierten inklusiven Philosophiedidaktik.

17.4 Ausschärfung der Methoden des präsentativen Philosophierens mit den Mitteln der Phänomenologie

Hier soll der Vorschlag gemacht werden, die Methoden des präsentativen Philosophierens im Rahmen der sinnlichen Ordnungssysteme „Raum, Licht, Farben oder Ton" (Langer, 1984, S. 104) insbesondere hinsichtlich bildlicher Präsentationen mit Hilfe von Grundideen der Phänomenologie Husserls und Sartres und deren Verständnis von Bewusstseinszuständen im Allgemeinen und vom *Bildbewusstsein* im Besonderen auszuschärfen (Engel, 2018a).

Dabei geht es darum, dass sich der Philosophieunterricht nicht mit einem „Aufblitzen" (Langer, 1984, S. 104) von Verstehen zufriedengeben kann. Um den *emanzipatorischen Mehr-Wert* des Philosophieunterrichts zu erzielen, soll die momentane ‚intuitive Enträtselung' von Symbolen, wie sie Langer als möglich ansieht, mit Hilfe phänomenologischer Methoden erweitert werden um die Einsicht in ‚allgemeine', anderen ‚ansinnbare' und auf Verständigung ausgerichtete Einsichten über den Wahrheitswert der Deutungen. Dazu zählt in erster Linie, dass die *Bedingungen der Möglichkeit* von Deutungen bewusstgemacht werden. Damit wird die „innere Haltung" (ebd.), in der die gewonnenen inhaltlichen Einsichten bewahrt werden, so gestärkt, dass auf ihr aufbauend weitere und komplexere Einsichten gewonnen werden können, die an ‚Allgemeinheit' zunehmen. Dazu zunächst einige grundlegende Gedanken der Phänomenologie nach Husserl: Die Beziehung zwischen Ich und Ding ist nach Husserl (1984b) eine „bezügliche Intention" (ebd, S. 386), und bei Wahrnehmung und symbolischer En- und Dekodierung als Arten von Vergegenwärtigungen von Wahrnehmungen handelt es sich um Erlebnis*akte*, d.h. psychische Tätigkeiten, in denen zeitlich nacheinander auftretende Sinneseindrücke vereinigt werden und in denen das Wesen der Dinge geschaut wird (Husserl 1984a, S. 383). Qua Akten nehmen die Schülerinnen und Schüler Stellung zu dem von ihnen Wahrgenommenen: Sie richten sich intentional auf dieses in einer Haltung der Zustimmung, des Zweifelns, der Freude, der Beängstigung usw. Diese inneren Stellungnahmen ins Bewusstsein zu heben durch besondere verbildlichende Methoden, bietet die Möglichkeit, dass Schülerinnen und Schüler ihre möglicherweise vorhandenen Vorurteile für sich selbst aufdecken und überwinden lernen, dass sie sich selbst als Autor dieser Stellungnahmen wie ihrer Bewusstmachung erleben. Auf diese Prozesse lässt sich nicht nur diskursiv-abstrakt, sondern auch existenziell-erlebbar didaktisch fördernd einwirken. Im Sinne einer emanzipatorischen inklusiven Philosophiedidaktik gilt es, den Vollzugscharakter solcher Akte den Schülerinnen und Schülern zu Bewusstsein zu bringen, indem die *noetischen, d.h. denkenden, Schwebezustände*, in denen sich das Ich in solchen Akten zwischen dem Bewusstsein und den Sachen und den in geistigen Gebilden kodierten Sachen befindet, durch geeignete Anreize motiviert und gestärkt werden. Ein ganz grundlegendes Lehrstück der Phänomenologie ist damit die Unterscheidung von *Noesis und Noema* (Husserl 2009, S. 188, 202). Sie meint die Unterscheidung zwischen dem Bewusstseins*vorgang* und dem Bewusstseins*produkt*. Sie macht Kants Unterscheidung zwischen dem Denken, das der Philosophieunterricht vermitteln soll gemäß den drei Maximen des Selbstdenkens, und den Gedanken, die nicht zur bloßen Rezeption bereitgestellt werden sollen, in ihren tieferen Schichten einsichtig. Wichtig ist, die Dynamik der in vielen Einzelaspekten wirksamen *noetischen Schwebezustände* in den Schülerinnen und Schülern mit präsentativen Mitteln zu erzeugen und damit die verborgenen Potenziale der Schülerinnen und Schüler zu aktivieren.

Damit zu drei phänomenologischen Theoriestücken, die schon seit Längerem in der Philosophiedidaktik als methodische Anleitungen genutzt werden (Rentsch, 2002), die aber möglicherweise um Aspekte der Inklusion erweitert werden können. Zunächst gilt es, die Methode der *phänomenologischen Beschreibung* für das Deuten von Bildern heranzuziehen. Diese ermöglicht einen emanzipatorischen Zugewinn, indem sie den Blick richtet auf die geistige Ergänzung eines wahrgenommenen Gegenstandes, der sich nur immer von einer Seite zeigt. Dies kann geübt werden anhand der genauen Beschreibung von Alltagsgegenständen. Um die genaue Beobachtung zu unterstützen, kann ein Gegenstand abgezeichnet werden, z.B. ein Tisch oder ein Apfel. Ziel ist es, die eigene Tätigkeit der *geistigen Ergänzung* der Gegenstandswahrnehmung zu registrieren. Da Schülerinnen und Schülern mit Förderbedarf das genaue perspektivische Abzeichnen unterschiedlich gut gelingen wird, kann zur Unterstützung die Aufgabe auf zwei verteilt werden: Ein Schüler ,porträtiert' den Apfel von ,vorne', ein anderer von ,hinten'. Das, was der eine Schüler in einem konkreten Bild ergänzt, so die nachfolgende Einsicht, ergänzt der jeweils andere Schüler ,von selbst' in seinem Kopf.

Damit ist auf einfache Weise der Weg geebnet zu einer sehr schwierigen geistigen Operation, der *Epoché*, die Husserl so beschreibt:

> In der Epoché habe ich das Weltbewusstsein und die bewusste Welt modifiziert, eben im Modus des Enthaltens vom natürlichen Welterleben in allen seinen Interessen. Ein neues Interesse soll betätigt werden, das Interesse am Universum des Subjektiven, worin Welt für mich ihren Seinssinn hat, worin

also mein menschliches Sein selbst seinen Seinssinn gewinnt (Husserl, 2006, S. 125).

Das „Interesse am Universum des Subjektiven" zu wecken, bedeutet einen weiteren Aspekt des emanzipatorischen Zugewinns durch den Blick auf die eigenen geistigen Leistungen in der Deutung von Bildern.

Des Weiteren kann im Dekodieren der inhaltlichen Bedeutungen von Bildern auch durch die Erzeugung des sogenannten *Widerstreitsbewusstseins* (Hussel, 1980, S. 46) im Anschauen von Bildern das Bewusstsein auf die Tatsache gelenkt werden, dass ein Bild eigentlich erst geistig hergestellt wird. Das Bild ist zum einen der Bildträger. Zum andern ist es das, was das Bild für den Betrachter aussagt und was nicht physikalisch, sondern nur geistig anwesend ist. Husserl nennt dies das „perzeptive Fiktum" (ebd. 1980, S. 515; Wiesing, 2005). Der Betrachtende macht aus dem, was das physikalische Bild hergibt, sein eigenes Bild. Dies kann leicht bewusstgemacht werden, indem man auf das Bild hinschaut und wieder wegschaut. Es ist in seiner Bedeutung für den Betrachtenden nur da, wenn er es durch sein Hinsehen entstehen lässt. Dies führt den philosophisch-emanzipatorischen Effekt bei sich, dass die Schülerinnen und Schüler ihre eigene Autorenschaft im Hinblick auf die Bilderscheinung erleben. Durch die Dynamik der eigenen Aktivierung des ‚Materials' können je nach Stimmung im Hinschauen unterschiedliche Bildelemente in den Vordergrund treten und inhaltlich unterschiedlich gedeutet werden, und es entsteht eine *Kommunikation mit dem Bild*, z.B. mit der dargestellten Figur anhand der eigenen geistigen Produktion der Deutung unterschiedlicher Gesichtsausdrücke und Körperhaltungen, z.B. der beiden Teddybären aus dem Bilderbuch *„Teddybären unter sich"* (Ingpen, 2011). Aus dieser Dynamik der geistigen Suchbewegungen drängen sich individuelle Sehnsüchte, Erfahrungen, Einstellungen in die Bilddeutung, die im Vergleich mit den Deutungen anderer Schülerinnen und Schüler ins Bewusstsein rücken. Das Verstehen der Gründe für verschiedene Deutungen soll sich im Gespräch mit den anderen ereignen. Im Herausfinden der Gemeinsamkeiten in den Deutungen werden dann allgemein ‚ansinnbare' Urteile z.B. über die Freundschaft zwischen den Teddybären aus dem Bilderbuch formuliert: Die Teddybären lernen sich kennen und unterhalten sich über ihre Namen, ihr Herkommen, ihren Zweck als Schmusetier für ein kleines Kind, ihre jetzige Nutzlosigkeit, ihre Fähigkeiten u.a. Und all diese Einzelheiten der Narration werden in zarten, aber besonders in Mimik und Gestik ausdrucksstarken Bildern dargestellt. Jene Urteile sind so sinnlich motiviert und zugleich allgemein ‚ansinnbar'.

Sartres Konzept der *Einbildungskraft* oder *Imagination* bietet der eigenen geistigen Leistung beim Bildersehen einen noch weiteren Raum in der Produktion von inneren Bildern. Sartre sieht in der Entstehung einer Bilderscheinung – anders als Husserl – eine völlige Unabhängigkeit des Betrachters von der Bindung an das Wahrgenommene, da sie eine eigenständige Leistung der Imagination darstellt, die in einer zunehmenden Emanzipation der Einbildungskraft von den sinnlichen Wahrnehmungen ein großes Potenzial an Deutungen bereithält und ein eigenes Wissen schafft (Sartre, 1980). Die narrativen Bilder eines Märchens können zu solchen unabhängigen Imaginationen in inneren Bildern von den Märchenfiguren anregen. Im Akt der Imagination, des Hineinsehens der im Märchen dargestellten Eigenschaften, z.B. vom jüngsten Bruder in dem Grimmschen Märchen *Die Bienenkönigin* (Grimm & Grimm, 1994 [1857]), in ein inneres Bild von ihm, erwächst zunächst eine Identifikation mit dieser Figur, vor allem auch unterstützt durch deren positive Eigenschaften, die Tierliebe und die Verantwortung. Das imaginierte Bild kann zur Unterstützung der Identifikation von den Schülerinnen und Schüler selbst gemalt werden. Darin wird man sie im besten Fall in einem Flowerlebnis in die Geschichte eingetaucht erleben. Sie werden so selbst zu einem Teil der Geschichte, stehen hinter der Märchenfigur und erleben die Geschehnisse aus ihrer Warte. Dies lässt sie den im Plot des Märchens kodierten Zeitstrom fühlen. In einem inneren Erleben wird ein Zeitstrom rekonstruiert mit den *Bewusstseinsphänomenen der Erinnerung und Imagination von Zukünftigem* (Husserl, 1969). Das Aussteigen aus dem imaginativen Zeitstrom und damit die reflektierende Distanznahme von der Geschichte können erwirkt werden, indem die Schülerinnen und Schüler ihre gemalten Bilder vergleichen und auf die abstraktere Ebene des Herausfindens von Unterschieden und Gemeinsamkeiten in den Bildern gelangen.

Darüber hinaus sind unbedingt die Erkenntnisse der Leibphänomenologie (Merleau-Ponty, 1974; Schmitz, 2011), der subjektiven Phänomenologie Patockas (1990, 1991) und der leibphänomenologischen Pädagogik (Meyer-Drawe, 1984) heranzuziehen. So in der Ausschärfung von *aisthetisch-ästhetischen Materialisierungen* von Gedanken.[1] Dazu zählen z.B. die Erstellung einer *Schulhof-Fund-Skulptur* unter einer bestimmten Themenstellung wie: „Mein schönster Tag" oder die Erstellung eines *Gedankenmoleküls*. Dies dient dazu, in sinnlich-anschaulicher Weise auf die kategoriale Anordnung von Gedanken hinzuführen, z.B. in der Suche nach den Gründen dafür, dass Kain seinen Bruder Abel tötete. Des Weiteren ist unter der Rubrik der *personalen Realisierung von Gedanken* z.B. der ‚*Helmtrick*‘ zu nennen, bei dem sich ein Schüler einen Wickingerhelm aufsetzt, um sich den Mut eines Wickingers ‚einzuverleiben‘. Unter dieser Rubrik sind auch alle Formen des *theatralen Philosophierens* zu nennen, die Gedanken durch Rollenübernahme kodieren (Gefert, 2002). Dazu lässt sich die ‚*Gedankensymphonie*‘ zählen, bei der wieder die leiblichen Kodierungen von Gedanken in deren Kategorisierung durch Begründung von ‚logischen‘ Zusammengehörigkeiten von zuvor verkörperten Gedanken überführt werden. Ein weiteres Feld tut sich auf mit der Musikphänomenologie (Lampson, 2003; Engel, 2018b).

---

1 Dies ist der Titel des von Gundula Mandelklott 2012 verfassten Aufsatzes. Die genannten Methoden sind diesem Werk nicht entnommen.

17.5   Fazit und Ausblick

Die dargelegten erkenntnistheoretischen, fachphilosophischen und philosophie-didaktischen Überlegungen bilden das Fundament für eine *bildungstheoretische* Ausrichtung des inklusiven potenzialorientierten Philosophierens. Diese erwächst, wenn die inklusive potenzialorientierte philosophische Bildung als regulative Idee alle Möglichkeiten in den Blick kommen lässt und diese in ihrer Unendlichkeit nicht einschränkt. Letzteres geschähe, wenn an die Stelle der bildungstheoreti-schen Ausrichtung die kompetenzorientierte und in Verstandesbegriffen einge-schlossene Erzeugung von Fertigkeiten und Bereitschaften träte. Hier würde die instrumentelle Vernunft in pädagogischen Prozessen wirken und das Mögliche verunmöglichen. Im Rahmen der Bildungstheorie und der Orientierung durch die Vernunftidee ist es nicht das Subjekt, das als allgemeines abstraktes transzendenta-les Subjekt im Mittelpunkt der bildenden Bemühungen steht, sondern das konkre-te einzelne Individuum. Im Licht der allen menschlichen Individuen zukommen-den Menschenwürde liegt die Essenz des Philosophierens in der selbstbestimmten Lebensführung, ob sie nun in diskursiver Abstraktion erworben wird oder in präsentativer Symbolisierung. Sie kann aus unendlich vielfältigen Potenzialen der Individuen erwachsen. Diese müssen wertgeschätzt werden in ihrer emanzipatori-schen Dignität für alle individuellen Schülerinnen und Schüler.

Literatur

Blesenkemper, K. (2015). Unterrichtsplanung. In J. Nida-Rümelin, I. Spiegel & M. Tie-demann (Hrsg.), *Handbuch Philosophie und Ethik, Bd. 1. Didaktik und Methodik* (S. 315–324). Paderborn: Fink (UTB).

Blesenkemper, K. (2017). Inklusive Bildung als besondere Chance für den philosophi-schen Unterricht?! *Zeitschrift für Didaktik der Philosophie und Ethik, 39* (4), 3–22.

Blesenkemper, K. & Sikorski, D. (2017). Praktische Philosophie inklusiv. Beispiele für den Unterricht mit jüngeren Schülerinnen und Schülern. *Zeitschrift für Didaktik der Philosophie und Ethik, 39* (4), 49–56.

Brüning, B. & Martens E. (Hrsg.). (2007). *Anschaulich philosophieren. Mit Märchen, Fa-beln, Bildern und Filmen.* Weinheim, Basel: Beltz.

Calvert, K. (2000). *Mit Metaphern philosophieren: sprachlich-präsentative Symbole beim Philosophieren mit Kindern in der Grundschule.* München: KoPäd.

Calvert, C. & Calvert, K. (2001). *Philosophieren mit Fabeln.* Heinsberg: Dieck.

Carnap, R. (2004). *Scheinprobleme in der Philosophie. Das Fremdpsychische und der Rea-lismusstreit.* Neuaufl. der Originalausgabe von 1928. Hamburg: Meiner.

Cassirer, E. (2000). Substanzbegriff und Funktionsbegriff. [1910]. In B. Recki (Hrsg), *Ernst Cassirer Werke, Ausgabe: Hamburger Ausgabe, Band 06.* Hamburg: Meiner.

Draken, K. (2017). Inklusionserfahrung in einem Unterstufenkurs Praktische Philoso-phie. Fachdidaktische Reflexion über Chancen und Stolpersteine in der Praxis. *Zeit-schrift für Didaktik der Philosophie und Ethik, 39* (4), 56–72.

Engel, R. (2009a). Denkbild. Pablo Picasso: Guernica. Moralische Anklage, das Ende der großen Erzählung vom Abendland oder ein neuer Ausgang aus der Höhle? *Zeitschrift für Didaktik der Philosophie und Ethik, 31* (3), 244–248.

Engel, R. (2009b). „Hüpfspiel meines eigenen Schicksals" – Erzählen, Symbole deuten und Nachdenken über die ,Bedingungen der Möglichkeit' selbstbestimmter Lebensführung im Philosophieren mit Kindern und im Fach Praktische Philosophie. In F.-J. Albers & R. Simon-Schaefer (Hrsg.), *Philosophie konkret: Praktische Philosophie in der Diskussion* (S. 219–236). Berlin: LIT.

Engel, R. (2012). Philosophieren mit Bilderbüchern – Präsentative und diskursive Momente im Philosophieren mit Kindern. In B. Neißer, & U. Vorholt (Hrsg.), *Reihe: Sokratisches Philosophieren* (S. 207–235). Berlin: LIT.

Engel, R. (2018a). Vom Erleben der Selbstreflexion und dem emanzipatorischen Wert der Phänomenologie. Ein Unterrichtsvorschlag zum phänomenologischen Philosophieren über das „Geheimnis der menschlichen Sprache" in der Jahrgangsstufe 5/6. *Zeitschrift für Didaktik der Philosophie und Ethik, 40* (3), 28–36.

Engel, R. (2018b). „Der Hölle Rache kocht in meinem Herzen" und „Der rechte Rückgang auf die Naivität des Lebens". Phänomenologische Reflexionen auf menschliche Bewusstseinserlebnisse und deren Bildungssinn in der musiktheoretischen und philosophischen Erarbeitung des Themas „Willensfreiheit". *Zeitschrift für Didaktik der Philosophie und Ethik, 40* (3), 54–62.

Gefert, C. (2002). *Didaktik theatralen Philosophierens*. Dresden: Thelem.

Golus, K. (2017). Inklusion als Gegenstand des Forschenden Lernens im Praxissemester Philosophie – ein Beitrag zur Lehrerprofessionsforschung. *Zeitschrift für Didaktik der Philosophie und Ethik, 39* (4), 35–41.

Grimm, J. & Grimm, W. (1994) [1857]: Die Bienenkönigin. In dies.: *Kinder- und Hausmärchen. Ausgabe letzter Hand mit den Originalanmerkungen der Brüder Grimm* (Mit einem Anhang sämtlicher, nicht in allen Auflagen veröffentlichter Märchen und Herkunftsnachweisen herausgegeben von Heinz Rölleke, Bd 3: Originalanmerkungen, Herkunftsnachweise, Nachwort. Durchgesehene und bibliographisch ergänzte Ausgabe, S. 122–124, 470). Stuttgart: Reclam.

Hitz, T. (2017). Philosophie, Behinderung und gutes Leben. Individualethische Überlegungen zum Wert des Philosophierens für Menschen mit Behinderung. *Zeitschrift für Didaktik der Philosophie und Ethik, 39* (4), 22–35.

Husserl, E. (1969). *Zur Phänomenologie des inneren Zeitbewußtseins (1893–1917)*. Hrsg. v. R. Boehm, Ausgabe: Husserliana (= Hua). Bd. X. Den Haag, Boston, London: Springer.

Husserl, E. (1980). *Phantasie, Bildbewußtsein, Erinnerung. Zur Phänomenologie der anschaulichen Vergegenwärtigung. Texte aus dem Nachlaß (1898–1925)*, Hrsg. v. E. Marbach. Hua, Bd. XXIII. Den Haag: Springer.

Husserl, E. (1984a). *Einleitung in die Logik und Erkenntnistheorie. Vorlesungen 1906/07*. Hrsg. v. U. Melle, Hua, Bd. XXIV. Den Haag: Springer.

Husserl, E. (1984b). *Logische Untersuchungen. Zweiter Band. Erster Teil. Untersuchungen zur Phänomenologie und Theorie der Erkenntnis.* Text der 1. und 2. Auflage ergänzt durch Annotationen und Beiblätter aus dem Handexemplar. Hrsg. v. U. Panzer. Hua, Bd. XIX/1. Den Haag: Springer.

Husserl, E. (2006). *Späte Texte über Zeitkonstitution (1929–1934): Die C-Manuskripte.* Hrsg. v. E. Schuhmann, M. Weiler u. D. Lohmar. Dordrecht, 2001 ff. Ausgabe: Husserliana – Materialienbände (= Hua -Mat), Bd. VIII. hrsg. v. D. Lohmar, 2006. The Hague, Boston, London: Springer.

Husserl, E. (2009). *Ideen zu einer reinen Phänomenologie und phänomenologischen Philosophie. Erstes Buch. Allgemeine Einführung in die reine Phänomenologie.* Nachwort [1930]. Text- und seitengleich nach der kritischen Edition in Hua, Bd. III/1, hrsg. v. Karl Schuhmann, Den Haag 1976 und „Nachwort" aus Hua, V, hrsg. v. Marly Biemel, Den Haag 1971. Hamburg: Meiner.

Ingpen, R. (2011). *Teddybären unter sich.* Aus dem Englischen von U. Ruwisch. Zürich: Bohem Press AG. Die Originalausgabe erschien unter dem Titel: *The Idle Bear.* Victoria, Australien: Lothian Books 1986.

Kant, I. (1790). *Kritik der Urteilskraft,* AA, Bd. V.

Kant, I. (1798). *Anthropologie in pragmatischer Hinsicht,* AA, Bd. VII.

Kurpiez, St. (2004). Verführung zum Denken. Vom Unterrichten mit Metaphern. *Zeitschrift für Didaktik der Philosophie und Ethik,* 26 (2), 151–159.

Lampson, E. (2003). Bildlichkeit im musikalischen Prozeß. In D. Rustemeyer (Hrsg), *Bildlichkeit. Aspekte einer Theorie der Darstellung* (S. 51–71). Würzburg: Königshausen & Neumann.

Langer, S. K. (1984). *Philosophie auf neuem Wege. Das Symbol im Denken, im Ritus und in der Kunst.* Aus dem Amerikanischen von Ada Löwith. Frankfurt a. M.: Suhrkamp; die Originalausgabe erschien 1942 unter dem Titel *Philosophy in a New Key. A Study in the Symbolism of Reason, Rite, and Art.* Cambridge, USA: Harvard University Press.

Maeger, S. (2013). *Umgang mit Bildern. Bilddidaktik in der Philosophie.* Paderborn, München, Wien, Zürich: Schöningh.

Mandelklott, G. (2012). Ästhetisch-aisthetisches Lernen. In H. Bockhorst, V.-I. Reinwand-Weiss & W. Zacharias (Hrsg.), *Handbuch kulturelle Bildung* (S. 115–120). München: kopaed.

Martens, E. (2003). *Methodik des Ethik- und Philosophieunterrichts. Philosophieren als elementare Kulturtechnik.* Hannover: Siebert.

Merleau-Ponty, M. (1974). *Phänomenologie der Wahrnehmung.* Berlin: De Gruyter.

Meyer-Drawe, K. (1984). *Leiblichkeit und Sozialität. Phänomenologische Beiträge zu einer pädagogischen Theorie der Inter-Subjektivität.* München: Fink.

Münnix, G. (1997a). *Menschlich?: Philosophie für Einsteiger. Jahrgangsstufe 5/6.* Stuttgart: Klett.

Münnix, G. (1997b). *Nirgendwo?: Jahrgangsstufe 7/8.* Stuttgart: Klett.

Nordhofen, E. (1991). Die Grenzen der Logik, oder: was ist sagbar? *Zeitschrift für Didaktik der Philosophie und Ethik,* 13 (1), 54–57.

Nordhofen, S. (1998). Didaktik der symbolischen Formen. Über den Versuch, das Philosophieren mit Kindern philosophisch zu begründen. *Zeitschrift für Didaktik der Philosophie und Ethik,* 20 (2), 127–132.

Patocka, J. (1990). *Die natürliche Welt als philosophisches Problem. Phänomenologische Schriften I,* hrsg. v. K. Nellen & J. Nemec, übersetzt v. E. & R. Melville. Stuttgart: Klett-Cotta.

Patocka, J. (1991). *Die Bewegung der menschlichen Existenz. Phänomenologische Schriften II.* hrsg. v. K. Nellen, J. Nemec, I. Srubar. Stuttgart: Klett-Cotta.

Recki, B. (2013). *Cassirer. Grundwissen Philosophie.* Stuttgart: Reclam.

Rentsch, T. (2002). Phänomenologie als methodische Praxis. Didaktische Potentiale der phänomenologischen Methode. In J. Rohbeck (Hrsg), *Denkstile der Philosophie* (S. 11–28). Dresden: Thelem.

Rohbeck, J. (Hrsg.) (2005). *Anschauliches Denken.* Dresden: Thelem.

Runtenberg, C. (2004). Essays und Aphorismen. Reflexionen von Theodor W. Adorno im Philosophieunterricht. *Zeitschrift für Didaktik der Philosophie und Ethik, 26* (2), 102–107.

Sartre, J.-P. (1980). *Das Imaginäre. Phänomenologische Psychologie der Einbildungskraft.* Reinbek b. Hamburg: Rowohlt.

Schmitz, H. (2011). *Der Leib.* Berlin: De Gruyter.

Schuppener, S. (2005). *Selbstkonzept und Kreativität von Menschen mit geistiger Behinderung.* Bad Heilbrunn: Klinkhardt.

Seller, H. (2017). Ich bin mich. *Zeitschrift für Didaktik der Philosophie und Ethik, 39* (4), 72–87.

Sistermann, R. (2011). Positionierungen zu Tiedemanns Zwischenruf „Mal mir was!" *Zeitschrift für Didaktik der Philosophie und Ethik, 33* (4), 334–337.

Steenblock, V. (2013). *Philosophieren mit Filmen.* Tübingen: Narr Francke.

Tiedemann, M. (2011). ‚Mal mir was!' Ein Zwischenruf. *Zeitschrift für Didaktik der Philosophie und Ethik, 33* (1), 78–80.

Tiedemann, M. (2014). Zwischen blinden Begriffen und leeren Anschauungen. *Zeitschrift für Didaktik der Philosophie und Ethik, 36* (1), S. 95–103.

Tiedemann, M. (2017). Exklusion, Separation, Integration und Inklusion. *Zeitschrift für Didaktik der Philosophie und Ethik, 39* (4), 41–48.

Wiesen, B. (2007). Bilder zeigen den ganzen Menschen. In B. Brüning & E. Martens (Hrsg.), *Anschaulich philosophieren* (S. 90–108). Weinheim, Basel: Beltz.

Wiesing, L. (2005). *Artifizielle Präsenz. Studien zur Philosophie des Bildes.* Frankfurt a.M.: Suhrkamp.

Wittgenstein, L. (1960). *Tractatus Logico Philosophicus, Tagebücher 1914–1916, Philosophische Untersuchungen.* Frankfurt a. M.: Suhrkamp.

Ralf Benölken, Michael Pfitzner und Marcel Veber

18. Potenzialorientierung – Denkspuren

Der vorliegende Band ist ein Kompendium, in dem Autorinnen und Autoren unterschiedlicher Fachdidaktiken über Ansätze der Potenzialorientierung in ihren jeweiligen Disziplinen reflektieren. Wie Marcel Veber in seinem einleitenden Beitrag impliziert, besteht der Anspruch nicht darin, ein allgemeingültiges Verständnis des Konzepts „Potenzialorientierung" herauszukristallisieren oder gar einzelne Fachrichtungen deduktiv danach zu bewerten, welche potenzialorientiert sei und welche nicht bzw. inwieweit eine Disziplin den Ansprüchen einer potenzialorientierten Fachdidaktik genüge. Dies verbieten die sehr unterschiedlichen und durchaus durch Antinomien geprägten Fachtraditionen, -kulturen und -praktiken. Gleichwohl mag der im einleitenden Beitrag vorgeschlagene delphische Zugang zu dem, was Potenzialorientierung sein kann, Vertreterinnen und Vertreter der Fachrichtungen ebenso wie die interessierte jeweils „fachfremde" Leserschaft dazu einladen, selbst über den „status quo", über Potenziale wie auch Grenzen von Potenzialorientierung in einer jeweiligen Disziplin oder disziplinübergreifend zu reflektieren. Zur Erinnerung, demgemäß wird

> Potenzial [als] ein dehnbares Gefäß, geformt von den Dingen, die wir im Lauf unseres Lebens tun [verstanden]. Lernen dient nicht dazu, sein Potenzial auszuschöpfen, sondern es zu entwickeln. (Ericsson & Pool, 2016, S. 22)

Der Einleitungsbeitrag zeigt ferner mit dem „Axiom" einer unbedingten Partizipation aller Lernenden sowie mit einer Debatte um die Bedeutung verschiedener Facetten von Fachlichkeit zwei Anker auf, die als Steigbügel für Diskussionen um Potenzialorientierung dienen mögen.

Natürlich kann man als Herausgebende des vorliegenden Bandes unmöglich die umfangreichen konzeptionellen, redaktionellen wie etwa auch kommunikativen Arbeiten unternehmen, ohne zu vergleichen und sich selbst Meinungen zu den oben angesprochenen Facetten oder gleichsam zu weiteren zu bilden – es sei ehrlich zugegeben: Auch im Herausgeberteam haben wir stets konstruktiv, aber kontrovers diskutiert. Ein zentrales Resultat unserer Erörterungen bestand darin, dass wir beispielsweise Antworten zu prinzipiell gleichen Fragen auf mitunter unterschiedliche Weise einschätzten. Hierin spiegeln sich vermutlich auch unsere eigenen sehr unterschiedlichen Fachsozialisationen wider. Die lebendige Diskussion mag man jedoch als ein Zeichen dafür interpretieren, dass die Disziplinen aus Sicht des Anspruchs einer potenzialorientierten Fachdidaktik „auf dem Weg" sind und sich diesem Anspruch auf eine Weise stellen, die ihren jeweiligen Traditionen, Praktiken und Kulturen entspricht, die sich jedoch keinesfalls als Gesamtkomplex fassen lässt (und wie oben bereits dargelegt, kann dies auch gar nicht der Anspruch sein).

Dieser letzte Teil des vorliegenden Bandes ist mit „Denkspuren" überschrieben und der vorgenommene Einblick in unsere Gedankenwelt mag der Leserschaft einige der Spuren vor Augen führen, die uns während der Arbeit an dem Band beschäftigt haben. Daher möchten wir der Leserin und dem Leser abschließend keine finalen Antworten mit auf den Weg geben, sondern eben die Fragen, die auch uns beschäftigt haben – mögen sie Anregungen für Diskussionen um Sinn und Unsinn von Potenzialorientierung in den Fächern wie auch übergreifend, über entsprechende Umsetzungs- oder Transfermöglichkeiten in Abgrenzung und Synthese mit anderen Zugängen liefern und Sie als Leserin bzw. als Leser zum Durch- und Querdenken animieren.

Wir haben, wie Sie sicher bemerkt haben, längst den üblichen Jargon eines Fachkompendiums verlassen. Es sei uns daher erlaubt, die abschließende Formulierung von Fragen in Ich-Form vorzunehmen:

- Was bedeutet Potenzialorientierung für mich? Entspricht mein Verständnis den gängigen Traditionen, Kulturen und Praktiken meines Fachs? Welche Bedeutung messe ich einer Orientierung an Potenzialen bei?
- Was erwarte ich anknüpfend an mein Verständnis von meinem Fach? Was erwarte ich von anderen Fächern?
- Welche übergreifende „Axiomatik" ist für mich zentral, um Potenzialorientierung zu diskutieren?
- Inwieweit deckt sich das in einem bestimmten Fach Berichtete mit meiner Sicht auf Potenzialorientierung?
- Welche übergreifenden Ausprägungen oder Entwicklungstendenzen nehme ich wahr?
- Worin bestehen die Herausforderungen für die Weiterentwicklung meines Fachs, anderer Fächer oder auch aus übergreifender Perspektive, wenn man eine Orientierung an Potenzialen postuliert?
- Berührt der wissenschaftliche Diskurs um Potenzialorientierung auch die schulpraktische Arbeit in meinem Fach? Oder ist vielleicht die Schulpraxis schon viel weiter als die Wissenschaftsdiskussion? Was nehme ich aus der Lektüre des Bandes persönlich mit?

Abschließend möchten wir in unseren Gedanken auf den Brummkreisel eingehen, der das Cover des Buchs schmückt und auf den wir uns in der Einleitung bezogen haben. In unseren gemeinsamen Überlegungen, die in den Anfragen zu dem vorliegenden Band mündeten, entstand in einer Besprechung die Idee des Brummkreisels. Michael Pfitzner hatte diese Idee, mit der verdeutlicht werden sollte, dass Potenzialorientierung ein bewegendes Moment im Umgang mit Vielfalt sein kann und es zudem vielfältiger Blicke aus unterschiedlichen Fachdidaktiken bedarf.

Der Brummkreisel liegt langweilig danieder, wenn er nicht bewegt wird. Die Initiierung der Bewegung erfolgt über die sog. Drillstange. Wenn der Kreisel nun in Bewegung kommt und das Drehen an Fahrt aufnimmt, verschwimmen in der optischen Wahrnehmung die Grenzen aber auch die Beschriftungen auf der Oberfläche des Kreisels. Übertragen auf den Diskurs in diesem Buch könnte es bedeuten, dass mit dem Impuls der Potenzialorientierung die Fachgrenzen verschwimmen. Sind die differenten fachdidaktischen Perspektiven im potenzialorientierten Umgang mit Vielfalt nicht mehr notwendig? Wäre ein übergreifender didaktischer Zugang die Alternative? Dies wäre u.E. eine wenig reizvolle inhaltliche Einengung, die auch nur eine optische Täuschung ist. Wie bei dem Kreisel – bildlich dargestellt – die unterschiedliche Fachdidaktiken erst ein Kreiseln ermöglichen, sind die verschiedenen Fachdidaktiken mit ihren diversen fachlichen Fundamenten notwendig, um auf die Potenziale aller Lernenden einzugehen. Dies haben die bereichernden Ausführungen im vorliegenden Band eindrucksvoll unterstrichen.

Gerne möchten wir mit Ihnen, den Lesenden, unseren Gedanken weiter nachspüren und weiterdenken. Wir freuen uns auf Ihre Rückmeldungen.

Wuppertal, Essen und Osnabrück im Frühjahr 2019
Ralf Benölken, Michael Pfitzner
und Marcel Veber

Literatur

Ericsson, K. A. & Pool, R. (2016). *Top. Die neue Wissenschaft vom bewussten Lernen.* München: Pattloch.

Autorinnen und Autoren

Abels, Simone, Prof. Dr., Professur für Didaktik der Naturwissenschaften an der Leuphana Universität Lüneburg, Postdoktorat am Österreichischen Kompetenzzentrum für Didaktik der Chemie (AECC Chemie) der Universität Wien mit dem Forschungsschwerpunkt inklusiver Naturwissenschaftsunterricht, Promotion an der Universität Hamburg zur Reflexionskompetenz von Chemie- und Physiklehramtsstudierenden für einen demokratieförderlichen Naturwissenschaftsunterricht, erstes und zweites Staatsexamen für Sonderschullehramt, Arbeitsschwerpunkte: inklusiver Fachunterricht, Umgang mit Diversität, Forschendes Lernen und reflexive Lehrer_innenbildung
Kontakt: Leuphana Universität Lüneburg, Institut für Nachhaltige Chemie und Umweltchemie, Universitätsallee 1, 21335 Lüneburg,
simone.abels@leuphana.de,
http://www.leuphana.de/universitaet/personen/simone-abels.html

Bartosch, Roman, Juniorprofessor Dr. phil., Universität zu Köln, Promotion an der Universität Duisburg-Essen zum Erkenntnispotenzial und ethischer Wirkmächtigkeit von Literatur, Lehr- und Forschungsaufenthalt an der University of Bath (UK) und Mitarbeit an den Universitäten Duisburg-Essen und Köln, Praxissemesterbeauftragter sowie Moderator des Fachverbunds Englisch und Moderne Fremdsprachen der Ausbildungsregion Köln, Mitglied im Vorstand des Interdisziplinären Forschungszentrums für Didaktiken der Geisteswissenschaften (IFDG) Köln, Fortbildungstätigkeit im Bereich Inklusion im Englischunterricht, Arbeitsschwerpunkte: englische Literatur- und Kulturdidaktik, Inklusive Bildung im Englischunterricht, Erziehung zur Nachhaltigkeit, Inter- und Transkulturelles Lernen.
Kontakt: Universität zu Köln, Englisches Seminar II, Gronewaldstr. 2, 50931 Köln,
roman.bartosch@uni-koeln.de,
http://anglistik2.phil-fak.uni-koeln.de/

Bartz, Janieta, Dr., Technische Universität Dortmund, Promotion an der Technischen Universität Dortmund zu Neuansätzen in der Jugendpastoral am Beispiel des XXVIII. Weltjugendtags in Rio de Janeiro, von 2016–2018 wissenschaftliche Mitarbeiterin im Projekt Dortmunder Profi l für inklusionsorientierte Lehrer/innenbildung und seit 2018 akademische Rätin am Lehrstuhl für soziale und emotionale Entwicklung in Rehabilitation und Pädagogik, Arbeitsschwerpunkt: Heterogenität, Interreligiosität und weltanschauliche Vielfalt im Kontext Inklusion und Sonderpädagogik.
Kontakt: Technische Universität Dortmund, Fakultät 13 Rehabilitationswissenschaften. Soziale und emotionale Entwicklung in Rehabilitation und Pädagogik, Emil-Figge-Str. 50, 44227 Dortmund,
janieta.bartz@tu-dortmund.de

Benölken, Ralf, Prof. Dr., hat an der Westfälischen Wilhelms-Universität Münster zu genderbezogenen Phänomenen im Kontext mathematischer Begabungen bei Prof. Dr. Friedhelm Käpnick promoviert. Es folgten ein Lehramtsreferendariat am Anne-Frank-Gymnasium in Werne (a.d. Lippe) bzw. am Studienseminar Hamm (Westf.) sowie v.a. eine mehrjährige Tätigkeit als Juniorprofessor an der Westfälischen Wilhelms-Universität Münster und Lehrstuhlverwaltungen an den Universitäten Kassel und Wuppertal. Seit 2018 ist Ralf Benölken Professor für Didaktik der Mathematik unter besonderer Berücksichtigung sonderpädagogisch relevanter Fragestellungen an der Bergischen Universität Wuppertal. Neben mathematischen Begabungen und Gender zählt v.a. Inklusive Bildung im Mathematikunterricht unter einem potenzialorientierten Fokus zu seinen Forschungsschwerpunkten.
Kontakt: Bergische Universität Wuppertal, Fakultät für Mathematik und Naturwissenschaften, Arbeitsgruppe Didaktik und Geschichte der Mathematik, Gaußstraße 20, 48119 Wuppertal,
benoelken@uni-wuppertal.de

Berlinger, Nina, Westfälische Wilhelms-Universität Münster, Promotion am Institut für Didaktik der Mathematik und der Informatik an der Westfälischen Wilhelms-Universität Münster zum räumlichen Vorstellungsvermögen mathematisch begabter Dritt- und Viertklässler, Referendariat an der Grundschule Loevelingloh mit den Fächern Sport und Mathematik, seit 2015 Studienrätin im Hochschuldienst an der Westfälischen Wilhelms-Universität Münster, Arbeitsschwerpunkte: mathematisch begabte Kinder, inklusiver Mathematikunterricht, Geometrieunterricht in der Grundschule.
Kontakt: Westfälische Wilhelms-Universität Münster, Institut für Didaktik der Mathematik und der Informatik, Fliednerstraße 21, 48149 Münster,
n.berlinger@uni-muenster.de

Dexel, Timo, M. Ed., Institut für Didaktik der Mathematik und der Informatik, Studium des Lehramts an Grundschulen mit den Fächern Mathematik, Deutsch und ev. Religionslehre. Derzeit wissenschaftlicher Mitarbeiter in der AG Käpnick. Promotionsvorhaben: Diversität im Mathematikunterricht der Grundschule. Arbeitsschwerpunkte: Inklusive Mathematikdidaktik, inklusionsorientierte Lehrer*innenbildung.
Kontakt: Westfälische Wilhelms-Universität Münster, Institut für Didaktik der Mathematik und der Informatik, Fliednerstr. 21, 48149 Münster,
t.dexel@wwu.de,
https://www.uni-muenster.de/IDMI/arbeitsgruppen/ag-kaepnick/mitarbeiter/dexel.shtml

Engel, Renate, Dr., Westfälische Wilhelms-Universität Münster, Promotion an der Westfälischen Wilhelms-Universität Münster zur praktischen und bildungstheoretischen Bedeutung von Kants Lehre vom Ding an sich, mehrere Jahre Lehrerin für Philosophie, Praktische Philosophie, Englisch, Ev. Religionslehre am Johannes-Kepler-Gymnasium Ibbenbüren, Moderatorin für Zertifikatskurse der Bezirksregierung Münster für Praktische Philosophie, Geschäftsführerin der Arbeitsstelle Praktische Philosophie (Bezirksregierung Münster und Philosophisches Seminar der WWU), Forschungsprojekt: Präsentative Rationalität und ihre didaktisch-methodische Umsetzung für das Philosophieren in der Grundschule. Z.Zt. Abgeordnete Lehrkraft für besondere Aufgaben am Philosophischen Seminar der WWU Münster.
Kontakt: Westfälische Wilhelms-Universität Münster, Philosophisches Seminar, Domplatz 23, 48143 Münster,
renate.engel@uni-muenster.de,
https://www.uni-muenster.de/PhilSem/mitglieder/engel/engel.html

Frehe-Halliwell, Petra, Dr., Vertreterin des Lehrstuhls für Wirtschaftspädagogik an der Friedrich-Schiller Universität Jena, Akademische Rätin (z.Zt. beurlaubt) an der Universität Paderborn, Promotion an der Professur für Wirtschafts- und Berufspädagogik an der Universität Paderborn zu didaktischen Fragestellungen am Übergang Schule – Beruf. Arbeitsschwerpunkte: Individuelle Förderung, Didaktik der Ausbildungsvorbereitung, Professionalisierung des Lehrpersonals an berufsbildenden Schulen, schulnahe Curriculumarbeit, Design-based Research (DBR).
Kontakt: Friedrich-Schiller-Universität Jena, Wirtschaftswissenschaftliche Fakultät, Lehrstuhl für Wirtschaftspädagogik, Carl-Zeiß-Straße 3, 07743 Jena,
petra.frehe@uni-jena.de,
http://www.wipaed.uni-jena.de/Team/Lehrstuhlvertretung.html
Universität Paderborn, Professur für Wirtschafts- und Berufspädagogik, Warburger Str. 100, 33098 Paderborn,
petra.frehe@uni-paderborn.de,
https://wiwi.uni-paderborn.de/dep5/wipaed-insb-mediendidaktik-weiterbildung-prof-kremer/lehre/team/wissenschaftliche-mitarbeiter/dr-petra-frehe/

Jahr, David, Westfälische Wilhelms-Universität Münster, wissenschaftlicher Mitarbeiter an der Professur für Erziehungswissenschaft mit dem Schwerpunkt Schulpädagogik: Inklusive Bildung, promoviert momentan an der Martin-Luther-Universität Halle-Wittenberg im Bereich politische Bildung zum Thema ‚Inklusion und Exklusion im Politikunterricht‘, vorher LfbA im Arbeitsbereich ‚Heterogenität und Inklusion‘ am Zentrum für Lehrerbildung der MLU, davor 2 Jahre Lehrer am Kreativitätsgymnasium Leipzig für Gemeinschaftskunde/Recht/Wirtschaft und Geografie, Arbeitsschwerpunkte: Differenz und Inklusion in Schule und Unterricht, qualitative Methoden der Sozialforschung (insbes. Dokumentarische Methode), kasuistische LehrerInnenbildung, Didaktik und Empirie des Politikunterrichts
Kontakt: david.jahr@uni-muenster.de

Köpfer, Andreas, Prof. Dr., BMBF-finanzierter Juniorprofessor für Inklusive Bildung und Lernen am Institut für Erziehungswissenschaft, Allg. Erziehungswissenschaft, der Pädagogischen Hochschule Freiburg und Mitarbeiter im Bereich „Inklusion und Heterogenität" des Freiburg Advanced Center of Education (FACE) im Rahmen der Qualitätsoffensive Lehrerbildung. Promotion an der Universität zu Köln (Titel: „Inclusion in Canada"), Dozentur an der Pädagogischen Hochschule FHNW und Vertretungsprofessur für Inklusive Pädagogik und Diversity an der Universität Duisburg-Essen. Arbeitsschwerpunkte: Inklusive Bildung/Inclusive Education im internationalen Kontext, Be-Hinderung im Kontext von Inklusion/Exklusion, Inklusive Schul- und Unterrichtsforschung, Lernräume, Rekonstruktive Inklusions- und Differenzforschung.
Kontakt: Pädagogische Hochschule Freiburg, Institut für Erziehungswissenschaft, Abt. Allgemeine Erziehungswissenschaft, Kunzenweg 21, 79117 Freiburg im Breisgau,
andreas.koepfer@ph-freiburg.de

Kremer, H.-Hugo, Prof. Dr., Universität Paderborn, Promotion an der Universität zu Köln zur Medienentwicklung und -verwendung; Habilitation zur Implementation didaktischer Theorie und Gestaltung didaktischer Innovationen in der beruflichen Bildung. Arbeitsschwerpunkte: Individuelle Kompetenzentwicklungswege in der beruflichen Bildung, Inklusion und individuelle Förderung, Curriculumentwicklung und -rezeption, Kompetenzorientierte Didaktik, Hochschuldidaktik und -entwicklung.
Kontakt: Universität Paderborn, Fakultät für Wirtschaftswissenschaften, Professor für Wirtschafts- und Berufspädagogik, Warburger Str. 100, 33098 Paderborn,
hugo.kremer@upb.de,
http://www.upb.de/kremer

Leiß, Judith, Dr., Studienrätin im Hochschuldienst am Institut für Deutsche Sprache und Literatur II der Universität zu Köln; Promotion am Institut für Deutsche Sprache und Literatur I der Universität zu Köln („Inszenierungen des Widerstreits. Die Heterotopie als postmodernistisches Subgenre der Utopie"); Zweites Staatsexamen in den Fächern Deutsch und Englisch (Gym/Ge); Arbeitsschwerpunkte: Inklusiver Literaturunterricht, Menschenrechtsbildung und Wertebildung im Literaturunterricht, Konzepte zur Anbahnung von Inklusionskompetenz im Rahmen der universitären Lehrer*innenausbildung.
Kontakt: Universität zu Köln Institut für Deutsche Sprache und Literatur II, Classen-Kappelmann Straße 25, 50931 Köln,
Judith.Leiss@uni-koeln.de

Oberhauser, Claus, Mag. Mag., PhD, PH Tirol und Universität Innsbruck, Promotion an der Universität Innsbruck über die verschwörungstheoretische Deutung der Französischen Revolution, fünf Jahre Lehrer für Deutsch und Geschichte an verschiedenen Schulen in Tirol, Vertragshochschullehrer an der PH Tirol für Geschichtsdidaktik und Projektleiter an der Universität Innsbruck, Arbeitsschwerpunkte: außerschulische Lernorte, gesellschaftliches Lernen, Verschwörungstheorien und Politische Bildung, Diplomatiegeschichte.
Kontakt: Pädagogische Hochschule Tirol, Zentrum für Fachdidaktik, Pastorstraße 7, 6010 Innsbruck,
claus.oberhauser@ph-tirol.ac.at,
https://ph-tirol.ac.at/en/claus_oberhauser.

Pfitzner, Michael, Prof. Dr., Universität Duisburg-Essen, Promotion an der Bergischen Universität Wuppertal zur Sicherheits- und Gesundheitsförderung im Schulsport, fünf Jahre Lehrer für Sport und Sozialwissenschaften am Gymnasium Arnoldinum Steinfurt, Habilitation an der Westfälischen Wilhelms-Universität Münster zu Lernaufgaben im kompetenzorientierten Sportunterricht, Referent für Sport in den Bildungsgängen zur Allgemeinen Hochschulreife an der Qualitäts- und UnterstützungsAgentur – Landesinstitut für Schule Nordrhein-Westfalen, Vertretungsprofessuren im Bereich der Sportpädagogik und -didaktik an den Universitäten Kiel und Duisburg-Essen, Arbeitsschwerpunkte: Individuelle Förderung im Sport, Sicherheits- und Gesundheitsförderung im Schulsport
Kontakt: Universität Duisburg-Essen, Institut für Sport- und Bewegungswissenschaften, Gladbecker Str. 180/182, 45141 Essen,
michael.pfitzner@uni-due.de,
https://www.uni-due.de/sport-und-bewegungswissenschaften/personal/pfitzner/index.php

Plattner, Irmgard, Mag. Dr., Pädagogische Hochschule Tirol, Magister für die Lehrämter Geschichte, Deutsch und Latein, Promotion an der Universität Innsbruck im Fachbereich Geschichte, AHS-Lehrerin, Leiterin des Zentrums für Geschichtsdidaktik an der Universität Innsbruck, Vizerektorin für Forschungs- und Entwicklungsangelegenheiten an der Pädagogischen Hochschule Tirol, Publikationen in Neuerer und Zeitgeschichte mit Schwerpunkt Gesellschaft und Kultur sowie in Geschichtsdidaktik, Schulbuchautorin.
Kontakt: Pädagogische Hochschule Tirol, Rektorat, Pastorstraße 7, 6020 Innsbruck, Österreich,
irmgard.plattner@ph-tirol.ac.at

Schlaak, Claudia, Dr., Universität Mainz, Promotion an der Universität Potsdam zur Sprachkontaktsituation und regionalen Identität im Baskenland, Abgabe der Habilitationsschrift an der Universität Mainz im Bereich der Mehrsprachigkeits-didaktik im Dezember 2018, verschiedene Lehrtätigkeiten (Gymnasium, Oberstu-fenzentrum, Integrierte Sekundarschule, Grundschule) in Berlin (inkl. Referenda-riat). Arbeits- und Forschungsschwerpunkte: Inklusiver Fremdsprachenunterricht, Mehrsprachigkeitsdidaktik, Sprachlehr- und -lernforschung, Kreativität im Franzö-sisch- und Spanischunterricht.
Kontakt: Universität Mainz, Romanisches Seminar, Jakob-Welder-Weg 18, 55099 Mainz,
cschlaak@uni-mainz.de,
https://www.blogs.uni-mainz.de/fb05romanistik-lehrende/dr-claudia-schlaak/

Siedenburg, Ilka, Prof. Dr., Universität Münster, Lehramtsstudium mit den Fä-chern Deutsch und Musik an der Universität Oldenburg, Aufbaustudium Instru-mentalpädagogik (Jazzsaxophon) an der Hochschule für Musik und Darstellende Kunst Frankfurt am Main, Promotion an der Universität Oldenburg, Tätigkeiten als Musiklehrerin, Instrumentalpädagogin, Musikerin sowie als Professorin für Didaktik Populärer Musik an der Hochschule Osnabrück, seit 2014 Professorin für Musikpädagogik an der Universität Münster, Arbeitsschwerpunkte: Populäre Musik und ihre Didaktik, Musikpädagogische Genderforschung, Musikalische So-zialisation.
Kontakt: Westfälische Wilhelms-Universität Münster, Institut für Musikpädagogik, Philippistr. 2, 48149 Münster,
i.siedenburg@uni-muenster.de,
https://www.uni-muenster.de/Musikpaedagogik/Personen/ProfessorInnen/sieden burg/index.html

Simon, Toni, Dr., Vertretungsprofessor für Erziehungswissenschaft mit dem Schwerpunkt Didaktik des Sachunterrichts an der Universität Siegen, Studium der Soziologie und Pädagogik sowie des Lehramts an Förderschulen, Leitung der AG Inklusion/inklusiver Sachunterricht der GDSU (gemeinsam mit Detlef Pech und Claudia Schomaker), Arbeitsschwerpunkte: Didaktik des Sachunterrichts, inklusive Schulpädagogik, inklusive Didaktik und Diagnostik, Partizipation, Einstellungen zur schulischen Inklusion im Professionalisierungsprozess
Kontakt: Universität Siegen, Fakultät II: Bildung – Architektur – Künste, Depart-ment Erziehungswissenschaft – Psychologie, Adolf-Reichwein-Str. 2, 57068 Siegen,
Toni.Simon@uni-siegen.de

Veber, Marcel, Dr., hat das erste und zweite Staatsexamen (Lehramt Sonderpädagogik) erworben und als Lehrer im Förder- und Regelschulbereich gearbeitet. Aktuell vertritt er nach Stationen an den Universitäten Köln, Münster und Halle sowie einer Tätigkeit am ‚Landeskompetenzzentrum für Individuelle Förderung NRW' die Professur für Erziehungswissenschaft mit dem Schwerpunkt Inklusion aus sonderpädagogischer Perspektive an der Universität Osnabrück.
Kontakt: marcel.veber@uni-osnabrueck.de

Witten, Ulrike, Dr., Martin-Luther-Universität Halle-Wittenberg, Promotion an der Universität Leipzig zum Diakonischen Lernen an Biographien, Gymnasiallehrerin für Fächer Ev. Religion und Geschichte, zur Zeit Wissenschaftliche Mitarbeiterin, Herausgeberin von „Religion betrifft uns", Arbeitsschwerpunkte: Inklusion und Religionspädagogik, Religionsdidaktische Fragestellungen, Diakonisch-soziales Lernen, Biographisch orientiertes Lernen.
Kontakt: Theologische Fakultät der Martin-Luther-Universität Halle-Wittenberg, D-06099 Halle (Saale),
ulrike.witten@theologie.uni-halle.de,
http://www.theologie.uni-halle.de/pt_rp/rp/witten/

Zurstrassen, Bettina, Prof. Dr., Universität Bielefeld, berufsbegleitende Promotion an der Uni BW München, 2007–2010 Juniorprofessur, ab 2010 ordentliche Professur für Didaktik der Sozialwissenschaften an der Ruhr-Universität Bochum. Seit 2012 Professur für Didaktik der Sozialwissenschaften an der Universität Bielefeld. Arbeitsschwerpunkte: Sozioökonomische Bildung, Politische Bildung am Berufskolleg sowie Strukturen sozialer Ungleichheit in der politischen, sozioökonomischen und gesellschaftlichen Bildung.
Kontakt: Universität Bielefeld, Fakultät für Soziologie, Gebäude X – C3-240, Universitätsstr. 150, 33615 Bielefeld,
Bettina.Zurstrassen@uni-bielefeld.de,
http://www.uni-bielefeld.de/soz/personen/zurstrassen/

David Rott, Nina Zeuch,
Christian Fischer, Elmar Souvignier,
Ewald Terhart (Hrsg.)

Dealing with Diversity

Innovative Lehrkonzepte
in der Lehrer*innenbildung
zum Umgang mit Heterogenität
und Inklusion

*2018, 234 Seiten, br., 34,90 €,
ISBN 978-3-8309-3881-1*

Heterogenität ist ein theoretisches Konstrukt, das als eine Herausforderung für die Lehrer*innenbildung wahrgenommen werden kann. Im vorliegenden interdisziplinär angelegten Band werden hochschuldidaktische Konzepte vorgestellt, die darauf abzielen, dass sich Lehramtsstudierende mit den Themenfeldern Inklusion und Heterogenität auseinandersetzen. Fachdidaktische und bildungswissenschaftliche Angebote werden gleichermaßen in ihrer Anlage beschrieben und bezogen auf verschiedene Dimensionen dargestellt. Hierzu zählen die Perspektiven, aus denen Schule und Unterricht betrachtet werden, sowie die Frage, wie die Studierendenschaft als heterogene Lernendengruppe eingebunden werden kann. Hinzu kommen Hinweise, wie innovative Lehrprojekte, die sich mit komplexen Inhalten beschäftigen, adäquat untersucht und evaluiert werden können.

Alle hier versammelten Beiträge basieren auf innovativen Lehrprojekten im Rahmen der Qualitätsoffensive Lehrerbildung am Hochschulstandort Münster. Dieses Förderprogramm bietet die Möglichkeit, die Lehrer*innenbildung im Themenfeld Inklusion und Heterogenität systematisch weiterzuentwickeln. Dieser Band richtet sich an Hochschullehrende, die Inspirationen für die eigene Lehre suchen, und auch an Forschende, die sich mit aktuellen Entwicklungen in der Lehrer*innenbildung beschäftigen.